阿里年鉴

2020

总第9卷

阿里地区地方志编纂委员会　编

方志出版社
Publishing House of Local Records

图书在版编目（CIP）数据

阿里年鉴.2020/阿里地区地方志编纂委员会编.—北京：方志出版社，2022.12
ISBN 978-7-5144-5720-9

Ⅰ.①阿… Ⅱ.①阿… Ⅲ.①阿里地区－2020－年鉴
Ⅳ.①Z527.52

中国版本图书馆CIP数据核字（2022）第258205号

责任编辑：程倩
责任校对：刘玉霞
责任印制：梅中英
出 版 者：方志出版社
地　　址：北京市朝阳区潘家园东里9号（国家方志馆4层）
邮　　编：100021
网　　址：http://www.zgfzcb.cn
发　　行：方志出版社图书营销中心（010-67110500）
印　　刷：河南和印印务有限公司
开　　本：889毫米×1194毫米　1/16
印　　张：24
字　　数：694千字
版　　次：2022年12月第1版
印　　次：2022年12月第1次印刷
定　　价：298.00元

编辑说明

一、《阿里年鉴（2020）》是由阿里地区地方志编纂委员会编辑出版的地方综合年鉴。本年鉴以马克思列宁主义、毛泽东思想、邓小平理论、“三个代表”重要思想、科学发展观、习近平新时代中国特色社会主义思想为指导，坚持辩证唯物主义和历史唯物主义的立场、观点和方法，真实、全面、系统载录阿里地区自然、政治、经济、文化、社会等方面的基本情况，为各级领导了解阿里地情，实施科学决策提供依据；为各行业、各部门、各单位查询资料，为国内外各界人士认识、研究阿里提供可靠的信息，是阿里地区精神文明建设和对外宣传的窗口。

二、本卷年鉴记录阿里地区2019年度经济社会发展的基本情况。重点反映阿里地委、行署及各部门深入贯彻落实习近平总书记关于西藏工作的重要指示和新时代党的治藏方略，深入实施“打造两点、贯通一线、统筹东西、全域发展”的空间发展战略过程中所取得的新成果、新经验。

三、本卷年鉴采用分类编辑法，由类目、分目、条目组成。条目标题统一用【 】表示，彩页单独标页，便于查阅。设有特载、大事记、地情概览、中国共产党阿里地区委员会、人大阿里地区工作委员会、阿里地区行政公署、中国人民政治协商会议阿里地区委员会、纪检监察、对口援藏、群众团体、法治、军事、经济综合管理、农业·水利、工业·商贸·旅游、城乡建设·生态保护、交通·邮政·通信、财税·金融、科学技术、教育文化·广播影视、卫生健康、社会生活、各县概览、人物·荣誉、统计资料25个类目。

四、本卷年鉴数字用法、标点符号用法分别采用国家标准《出版物上数字用法》（GB/T 15835—2011）、《标点符号用法》（GB/T 15834—2011），计量单位采用国家技术监督局1993年12月发布的《量和单位》系列国家标准。考虑到社会使用习惯，全书中亩不统一换算。

五、为免累赘，凡直书月、日，未写年份的，即为2019年。数据增减多少未说明与某一年份相比，即为记载当年（2019年）与上年（2018年）的比较。

六、本卷年鉴所提供的内容和数据，均由阿里地区各有关部门、各县人民政府及驻阿部队提供，经提供单位领导审核。所用综合性资料、数据，一律截至2019年底。因统计口径不同，部门和各县稿件中数据不尽一致，采用时请予注意。

阿里地区地方志编纂委员会

《阿里年鉴（2020）》编辑部

数说阿里 2019

- 地区生产总值　62.04亿元
- 第一产业增加值　6.80亿元
- 第二产业增加值　19.99亿元
- 第三产业增加值　35.25亿元
- 人均生产总值　50601元
- 农牧业总产值（现价）　96470.75万元
- 耕地面积　2480公顷
- 农作物播种面积　11501.48公顷
- 粮食播种面积　1600.01公顷
- 油菜籽播种面积　43.8公顷
- 油菜籽产量　52.75吨
- 蔬菜产量　3063.21吨
- 年末牲畜存栏数　2007275头（只、匹）
- 肉类总产量　10750.09吨
- 奶类总产量　9783.28吨
- 农畜产品综合商品率　69.7%

- 工业总产值　41071.9万元
- 全年发电量　10017.17万千瓦时
- 资质以上建筑业企业　25家
- 建筑业增加值　177048万元

- 公路货运总量　140.6万吨
- 客运总量　17.57万人次
- 车辆拥有量　17253辆
- 邮政业务总量　1774万元
- 移动业务总量　11258.14万元
- 电信业务总量　13685万元
- 联通业务总量　901万元

- 社会消费品零售总额　141851.4万元
- 外贸进出口（边民互市贸易）总额　3336.11万元
- 接待旅客数量　1099925人次
- 旅游营业收入　137463.8万元
- 旅游创汇收入　3083万美元

- 一般公共预算收入　43383万元
- 各项税收收入　25496万元
- 地方财政支出　1081456万元
- 金融机构存款余额　1426426万元
- 金融机构贷款余额　428273万元

- 学校　133所
- 电影站　8个
- 乡镇电影放映队　48个
- 电视转播台　8座
- 新华书店　9个
- 文化馆（站）　36座
- 文工团　8所
- 群众艺术馆　1座
- 卫生机构　47个
- 病床床位　890张
- 卫生技术人员　1020人

- 年末常住人口　123933人
- 城镇居民人均可支配收入　39989元
- 农村居民人均可支配收入　12228元
- 城镇居民人均生活消费支出　22421元
- 农村居民人均生活消费支出　10810元

2月19日，西藏自治区党委书记吴英杰率工作组在改则县调研指导脱贫攻坚工作。图为吴英杰（右一）一行在洞措乡向农牧群众了解脱贫工作情况

8月，全国政协常委、中国佛协副会长、中国佛协西藏分会会长班禅额尔德尼·确吉杰布（前排左二）在阿里地区行署广场参观指导。地委副书记、行署专员旦巴旺久（前排右二），地委委员、噶尔县委书记高宝军（前排右一）陪同

12月6日，西藏自治区党委副书记、人大常委会主任洛桑江村（前排右二）率队在阿里地区人民医院调研，地委副书记、行署专员旦巴旺久（前排右一）陪同

8月18日，河北省委常委、常务副省长袁桐利率河北省党政代表团在日土县调研对口援藏工作。图为袁桐利（左一）在阿里莲华之宝文化艺术有限公司调研产业发展情况，西藏自治区党委副书记、自治区常务副主席庄严（左三）陪同

10月23日，陕西省委常委、纪委书记王兴宁率陕西省党政代表团在阿里调研。图为王兴宁（左一）在噶尔县生态农业产业园指导工作，西藏自治区党委常委、自治区常务副主席姜杰（右一）陪同

5月3日，地委副书记、行署专员旦巴旺久（右三）率相关单位负责人到狮泉河城区部分区域，就城市公厕日常运行管理情况进行调研

4月30日，阿里地区政协党组书记、主席吕新民就全地区学校德育教育现状开展调研。图为吕新民（右二）一行在日土县调研德育工作

1月10日，地委副书记、地区地方志编纂委员会副主任张会明（主席台左二）在行署会议中心三楼视频会议室主持召开地方志工作推进会，地委委员、行署常务副专员袁富国（主席台右二），人大阿里地区工委副主任边巴卓玛（主席台左一），地区政协副主席洛桑次仁（右一）出席会议

2月23日，阿里地区纪委监委在地委会堂召开深化扶贫领域腐败和作风问题专项治理2019年第1次工作例会，地委委员、纪委书记、监委主任西绕加措（主席台右二）出席并讲话

5月3日，共青团阿里地区委员会在地区公安处一楼会议室举办纪念五四运动100周年暨“青春心向党 建功新时代”表彰大会，地委副书记张会明（主席台中）出席会议

5月15日，地委统战部、组织部、地直机关工委、宣传部、地区民宗局联合在地区公安处一楼会议室举办2019年阿里地区“学民族政策法·做团结带头人”民族团结知识竞赛

8月25日至31日，人大阿里地区工委组织区、县、乡三级人大代表在东三县视察调研脱贫攻坚工作。图为8月30日，参加视察调研的人大代表向措勤县贫困群众捐款

8月8日，首届阿里地区中直单位党建业务交流会在中国石油西藏阿里销售分公司举行，阿里地区行署副专员泽仁扎西（前排左）出席交流会，地区30余家单位参加。图为会议结束后，参会人员合影留念

11月4日，阿里地区在地委会堂召开2019年民族团结进步表彰大会，地委副书记、行署专员旦巴旺久主持。图为受表彰的民族团结进步模范集体和模范个人代表领奖现场

12月11日，阿里地委政协工作会议暨庆祝阿里政协成立60周年大会在地委会堂召开，地委副书记、行署专员旦巴旺久（主席台前排右三）主持，地区政协主席吕新民（主席台前排左一）讲话

4月20日，阿里地区金融扶贫“钻石卡”贷款户集中兑现利益联结贫困户扶持资金发放仪式在日土县城易地搬迁安置点举行

5月6日，2019年阿里地区“春风行动”暨民营企业招聘会在行署中心广场举行。该活动由地区人社局、工会办事处、妇联、工商联等单位联合举办，参与招聘的企业有18家，达成招聘意向363人

5月30日，阿里地区工商联组织龙腾建筑有限公司、噶尔县民间施工队、噶尔县红柳生态有限公司等18家民营企业在藏布居委会开展“阿里地区爱心企业送温暖活动”。图为地委副书记张会明（中）向爱心企业授予锦旗

7月14日，阿里地区首届高校毕业生就业创业主题系列活动启动仪式在行署会议中心一楼举行。该活动通过举办就业创业座谈会、就业指导培训、专场招聘会等系列活动提升高校毕业生就业创业能力。图为地委副书记、行署专员旦巴旺久（第五排中）与工作人员、高校毕业生合影留念

9月18日，阿里地区举办高校毕业生秋季招聘会。图为地委委员、行署常务副专员袁富国（前排右二）在现场指导工作

10月16日，阿里地区在康乐新居会议室举行“两癌筛查”走进西藏阿里启动仪式

10月17日，阿里地区在康乐新居举行全国第六个扶贫日系列活动，引导社会各界关注贫困问题，关爱贫困人口

11月，阿里地区举办第五届农畜产品交易会，实现销售额1223.04万元，较第四届增加378.92万元

措勤县紫绒山羊养殖基地

噶尔县生态农业产业园区阳光棚

措勤县紫绒山羊

革吉县牦牛养殖基地全貌

日土县白绒山羊提质增效产业项目基地外景

日土县白绒山羊养殖示范户采用科学养殖技术，经济效益明显提高

“康乐新居”是西藏阿里地区易地扶贫搬迁的首个重要工程。安置区内配套了水、电、路、信、暖等基础设施和村委会、警务站、幼儿园、卫生服务站、宗教活动场所等公共服务设施，并完善了小区硬化、绿化、亮化工程

夕阳下的狮泉河镇（摄于2019年8月）

阿里地区易地扶贫搬迁点——噶尔县康乐新居广场一角（摄于2019年10月）

12月，康乐新居基础设施进一步完善。图为实行冬季供暖后，群众幸福感进一步增强

普兰县科迦村村民搬迁后的幸福生活

7月12日，《共产党来了苦变甜》主题晚会巡回演出在阿里地区体育场开演

10月2日，噶尔县在狮泉河镇加木红柳湿地公园举办庆祝中华人民共和国成立70周年游园活动

10月15日，“壮丽70年·奋进新时代”暨第二届象雄锅庄舞大赛在地区体育场举行

12月20日，阿里（革吉）直属库红色爱国主义教育基地开馆

热烈庆祝中华人民共和国成立70周年 西藏民主改革60周年

9月7日，2019第二届阿里山地自行车越野挑战赛在玛旁雍错旁举办

10月16日，日土县举办第七届班公湖民俗文化旅游节暨第二届农牧民增收节

10月16日，中国西藏首届诗歌节主会场活动在札达县古格遗址前举行

10月19日，普兰县举行“跑上冈底斯”普兰口岸第三届马拉松挑战赛

9月27日，进藏先遣连纪念馆举行开馆仪式

加木红柳湿地公园

狮泉河城区段

扎日南木错

洞错

古格王国都城遗址

日土宗遗址

目 录

特 载

◆在地委经济工作会议上的讲话（摘要） …… 1
◆在地委经济工作会议上的讲话（摘要） …… 20

大事记

◆1月 …… 35
◆2月 …… 36
◆3月 …… 36
◆4月 …… 38
◆5月 …… 40
◆6月 …… 42
◆7月 …… 43
◆8月 …… 45
◆9月 …… 46
◆10月 …… 49
◆11月 …… 51
◆12月 …… 52

地情概览

◆建置区划 …… 54
位置境域 …… 54
考古发现 …… 54
地名来源 …… 54
历史沿革 …… 54
◆自然地理 …… 57
地形地貌 …… 57
河流湖泊 …… 58
气候气象 …… 58
自然资源 …… 58
羌塘国家级自然保护区 …… 58
◆自然景观 …… 59
雪山、湖泊 …… 59
地质景观 …… 59
地热景观 …… 60
阿里草原 …… 60
◆人文景点 …… 60
遗址 …… 60
岩画 …… 60
寺庙 …… 60
红色遗址 …… 61

◆ 国民经济和社会发展 …… 62
概况 …… 62
农牧业 …… 62
工业、建筑业 …… 63
固定资产投资 …… 64
交通运输、邮电通信 …… 64
贸易、旅游业 …… 65
财政金融 …… 65
教育文化 …… 66
人口、人民生活、卫生 …… 66

中国共产党阿里地区委员会

◆ 地委会议（摘要） …… 68
第1次地委会 …… 68
第4次地委会 …… 68
第5次地委会 …… 68
第8次地委会 …… 69
第11次地委会 …… 69
第14次地委会 …… 69
第15次地委会 …… 69
第16次地委会 …… 69
第17次地委会 …… 69
第18次地委会 …… 70
第19次地委会 …… 70
第22次地委会 …… 70
第23次地委会 …… 70
第24次地委会 …… 70
第25次地委会 …… 70
第26次地委会 …… 71
第27次地委会 …… 71
第28次地委会 …… 71
第29次地委会 …… 71
第31次地委会 …… 71
第32次地委会 …… 72
第33次地委会 …… 72
第34次地委会 …… 72
第36次地委会 …… 72
第39次地委会 …… 72
第40次地委会 …… 73
第44次地委会 …… 73
第46次地委会 …… 73
第47次地委会 …… 73
第48次地委会 …… 73
第49次地委会 …… 73
第50次地委会 …… 74
第51次地委会 …… 74
第53次地委会 …… 74
第54次地委会 …… 74
第55次地委会 …… 74
◆ 地委办公室工作 …… 74
概况 …… 74
办文办会 …… 75
督导检查 …… 75
政策调研 …… 75
保密管理 …… 75
法规与档案行政工作 …… 75
机要密码工作 …… 76
后勤保障 …… 76
◆ 组织工作 …… 76
概况 …… 76
“不忘初心、牢记使命”主题教育 …… 77
基层党建 …… 77
“两新”工作 …… 78
干部考察与选任 …… 78
对口援藏干部管理 …… 78
干部监督 …… 79

公务员管理 …… 79
工资福利 …… 79
干部教育培训 …… 80
人才引进 …… 81
干部保健 …… 81
“智慧组工”建设 …… 82
◆ 宣传工作 …… 82
概况 …… 82
理论学习 …… 83
“四讲四爱”群众教育实践活动 …… 83
对外宣传 …… 84
社会宣传 …… 84
文艺文化事业 …… 84
精神文明创建 …… 84
基层文化阵地建设 …… 84
《阿里报》工作 …… 85
◆ 统战工作 …… 85
概况 …… 85
地区统战工作会议 …… 85
党外人士队伍建设 …… 85
归国藏胞服务 …… 85
促进非公经济发展 …… 86
寺庙宣教 …… 86
涉宗领域扫黑除恶专项斗争 …… 87
自身建设 …… 87
◆ 政策研究 …… 87
概况 …… 87
全面深化改革 …… 87
社会体制改革 …… 88
经济体制改革 …… 88
生态文明体制改革 …… 89
民主法治领域改革 …… 90
文化体制改革 …… 90
社会事业领域改革 …… 91
党的建设制度改革 …… 91
纪检监察体制改革 …… 92
加强党对经济工作的统一领导 …… 93
◆ 老干部工作 …… 93
概况 …… 93
关爱老干部 …… 93
◆ 机构编制管理 …… 93
概况 …… 93
党政机构改革 …… 94
规范设置事业机构 …… 94
综合行政执法改革 …… 94
各行业体制改革 …… 94
◆ 党校教育 …… 94
概况 …… 94
教学培训 …… 94
科学研究 …… 95
◆ 网络安全和信息化 …… 95
概况 …… 95
网信工作 …… 96
◆ 档案管理 …… 96
概况 …… 96
档案接收与保管 …… 96
档案利用和研编 …… 96
档案展览 …… 96
数字化建设 …… 97
档案实体安全管理 …… 97
◆ 强基惠民 …… 97
概况 …… 97
思想宣传 …… 97
助力脱贫攻坚 …… 98
维护稳定 …… 98
推进乡村振兴 …… 98
精神文明建设 …… 98
强基础惠民生 …… 98

人大阿里地区工作委员会

◆综　述 …… 99
概况 …… 99
重要会议 …… 99
规范化建设 …… 100
宣传工作 …… 100
机关管理 …… 100
◆监督工作 …… 100
概况 …… 100
环保监督 …… 101
促进民生改善 …… 101
维护稳定 …… 102
◆代表工作 …… 102
概况 …… 102
督办意见建议 …… 103
助力脱贫攻坚 …… 103
“人大代表之家”建设 …… 103
提升履职能力 …… 103

阿里地区行政公署

◆综　述 …… 105
概况 …… 105
重点项目建设 …… 105
产业发展 …… 106
民生改善 …… 107
脱贫攻坚 …… 108
创新改革 …… 108
美丽阿里建设 …… 109
维护稳定 …… 110
政府自身建设 …… 110
◆行署专员办公会（摘要） …… 110
第1次专员办公会 …… 110
第3次专员办公会 …… 110
第4次专员办公会 …… 110
第5次专员办公会 …… 110
第8次专员办公会 …… 111
第9次专员办公会 …… 111
第10次专员办公会 …… 111
第11次专员办公会 …… 111
第12次专员办公会 …… 111
◆地区行署办公室工作 …… 111
概况 …… 111
精文减会 …… 112
督导检查 …… 112
信息报送 …… 112
信息化建设 …… 112
后勤保障 …… 113
◆行政审批和便民服务 …… 113
概况 …… 113
政务服务中心建设 …… 113
事项办理 …… 114
政务服务 …… 114
公共资源交易 …… 114
◆信　访 …… 114
概况 …… 114
创新工作方法 …… 115
◆藏语言文字　编译 …… 115
概况 …… 115
藏语言文字宣传 …… 115
业务培训 …… 116
◆阿里地区行署驻成都办事处 …… 116
概况 …… 116
慰问离退休人员 …… 116
协调服务 …… 116
招待所服务管理 …… 116
◆阿里地区行署驻拉萨办事处 …… 116
概况 …… 116

服务保障 …… 116
矛盾纠纷化解 …… 116
服务退休干部职工 …… 117
◆阿里地区行署驻乌鲁木齐办事处 …… 117
概况 …… 117
服务离退休干部职工 …… 117
工会工作 …… 117
处理联建阿里仓储中心移交问题 …… 117
企业经营管理 …… 118
指导叶城办事处工作 …… 118
◆阿里地区行署驻叶城办事处 …… 118
概况 …… 118
慰问帮扶 …… 118
服务协调 …… 118

中国人民政治协商会议阿里地区委员会

◆综　述 …… 119
概况 …… 119
政治协商 …… 119
提案办理 …… 119
民族团结教育 …… 119
文史资料整理 …… 120
助力脱贫攻坚 …… 120
参与生态建设 …… 120
办公室工作 …… 120
◆重要会议 …… 121
地区政协十届四次全委会 …… 121
常务委员会会议 …… 121

纪检监察

◆综　述 …… 122
概况 …… 122
推进“三项改革” …… 122
政治建设 …… 122
惩治群众身边腐败和作风问题 …… 122
纠治“四风” …… 123
深化反腐败斗争 …… 123
干部队伍建设 …… 124
◆巡　察 …… 124
概况 …… 124
组织领导 …… 124
巡察规范化建设 …… 125
巡察成果运用 …… 125

对口援藏

◆河北省第九批援藏工作队 …… 126
概况 …… 126
援藏干部人才管理服务 …… 126
援藏项目建设 …… 126
“十四五”援藏规划调研 …… 127
“组团式”援藏 …… 127
交往交流交融 …… 129
招商引资 …… 129
◆陕西省第九批援藏工作队 …… 129
概况 …… 129
调查研究 …… 129
援藏项目 …… 129
促进产业发展 …… 130
边境基础设施建设 …… 130
“十四五”援藏规划编制 …… 130
“组团式”援藏 …… 130
交往交流交融 …… 131
各领域干部履职 …… 131
◆国家电网公司第九批援藏工作队 …… 132
概况 …… 132

重点项目建设 …… 132
项目调整优化 …… 132
交往交流交融 …… 132
结对帮扶 …… 132
◆ 中国移动援藏工作组 …… 132
概况 …… 132
项目建设 …… 132
援藏资金使用 …… 133
◆ 中国联通援藏工作组 …… 133
概况 …… 133
项目建设与管理 …… 133
就业援藏 …… 133
助推脱贫 …… 133
推动国有企业规范化运营 …… 134
爱心捐赠 …… 134
◆ “组团式”教育援藏 …… 134
概况 …… 134
团队融合 …… 134
示范引领 …… 134
沟通交流 …… 134
◆ “组团式”医疗援藏 …… 135
概况 …… 135
医院等级创建 …… 135
技术帮扶 …… 135
沟通衔接 …… 136
优化服务管理 …… 136

群众团体

◆ 工　会 …… 137
概况 …… 137
劳模推选与表彰 …… 137
职工劳动保护 …… 137
慰问帮扶 …… 137
企业特困职工结对帮扶 …… 138
◆ 共青团 …… 138
概况 …… 138
青少年思想政治教育 …… 138
关心青年成长 …… 138
重要活动 …… 139
助力青年就业创业 …… 139
◆ 妇女联合会 …… 139
概况 …… 139
巾帼脱贫 …… 139
平安家庭创建 …… 140
文明创建 …… 140
妇女儿童维权 …… 140
关爱妇女儿童 …… 140
妇联组织改革 …… 141
◆ 工商业联合会 …… 141
概况 …… 141
优化营商环境 …… 141
促进“两个健康”发展 …… 142
企业调研 …… 142
践行社会责任 …… 142
对口援藏 …… 143
◆ 残疾人联合会 …… 143
概况 …… 143
慰问助残 …… 143
康复服务 …… 143
脱贫帮扶 …… 143
民生项目 …… 144

法　治

◆ 政法委与综治 …… 145
概况 …… 145
政法领域改革 …… 146

维护国家政治安全 …… 146
基层平安创建 …… 146
“先进双联户”创建 …… 146
矛盾纠纷排查调处 …… 146
实有人口服务管理 …… 147
扫黑除恶专项斗争 …… 147
政法队伍建设 …… 147
政法舆论宣传 …… 147
◆公 安 …… 147
概况 …… 147
扫黑除恶专项斗争 …… 148
执法规范化建设 …… 148
深化“放管服”改革 …… 148
队伍管理 …… 149
七县公安局工作 …… 149
◆检 察 …… 150
概况 …… 150
未成年人涉案检察 …… 150
法律监督 …… 150
司法改革 …… 151
检务公开 …… 151
检察受援 …… 151
从严治检 …… 151
◆法 院 …… 151
概况 …… 151
司法改革 …… 152
立案信访 …… 152
刑事审判 …… 153
民商事行政审判 …… 153
案件执行 …… 153
司法为民 …… 153
扫黑除恶专项斗争 …… 154
法院受援 …… 154
基层基础建设 …… 155
◆司法行政 …… 155
概况 …… 155
人民调解 …… 155
安置帮教 …… 155
社区矫正 …… 156
公证服务 …… 156
法律援助 …… 156
法律顾问服务 …… 156
法制宣传教育 …… 156
法治管理 …… 157

军 事

◆阿里军分区 …… 159
概况 …… 159
涉外工作 …… 159
民兵工作 …… 160
军营文化建设 …… 160
◆武警阿里支队 …… 160
概况 …… 160
军民共建 …… 160
部队建设 …… 161
◆阿里边境管理支队（原阿里公安边防支队） …… 161
概况 …… 161
安全保卫 …… 161
边境管控 …… 161
辖区管理 …… 161
执勤执法 …… 162
◆武警某部交通三支队养护二大队 …… 162
概况 …… 162
抢险救援 …… 163
道路养护 …… 163

慰问帮扶 …… 163

◆阿里地区消防支队（原阿里公安消防支队）…… 164

概况 …… 164

实战演练 …… 164

消防安全体系建设 …… 164

消防宣传与培训 …… 164

队伍建设 …… 165

后勤保障 …… 165

经济综合管理

◆发展和改革 …… 166

概况 …… 166

“十四五”规划编制 …… 166

项目审批 …… 166

重点项目 …… 166

价格监管 …… 167

开发建设活动环境保护 …… 167

防范化解重大风险 …… 167

◆统计　调查 …… 167

概况 …… 167

第四次全国经济普查 …… 167

统计服务 …… 168

统计援藏 …… 168

◆审　计 …… 168

概况 …… 168

重大政策措施落实情况跟踪审计 …… 169

经济责任审计 …… 169

政府投资审计 …… 169

财政财务收支审计 …… 170

扶贫资金审计 …… 170

自身建设 …… 170

◆国有资产监管 …… 170

概况 …… 170

国有资产管理 …… 170

发展特色优势产业 …… 171

央企助力富民兴藏 …… 171

◆市场监督管理 …… 171

概况 …… 171

深化商事制度改革 …… 171

食品安全监管 …… 171

药械药品和化妆品监管 …… 172

产品质量安全监管 …… 172

特种设备安全监管 …… 172

市场监督执法 …… 172

知识产权培育保护 …… 173

扫黑除恶专项斗争 …… 173

◆应急管理 …… 173

概况 …… 173

落实安全生产责任 …… 174

深化安全生产领域改革 …… 174

执法监督 …… 174

预防控制体系建设 …… 174

隐患排查整治 …… 175

强化企业主体责任 …… 175

农业·水利

◆农业农村 …… 176

概况 …… 176

项目建设 …… 177

特色农牧业发展 …… 177

动物防疫 …… 177

良种推广 …… 177

“三农”服务 …… 178

农牧业种植创新试验 …… 178

农牧业防抗灾 …… 178
农牧区改革 …… 178
农牧民增收 …… 179
农村人居环境整治 …… 179
农产品检疫 …… 179
畜禽污染及农业面源污染防治 …… 180
◆水　利 …… 180
概况 …… 180
项目规划 …… 180
重点项目建设 …… 180
民生水利建设 …… 180
水资源管理 …… 181
节水型社会建设 …… 181
河湖管理与保护 …… 181
水利执法 …… 181
水土保持 …… 182
水旱灾害防御 …… 182
水利建设管理 …… 182
水利受援 …… 182
水利脱贫 …… 183

工业·商贸·旅游

◆经济和信息化 …… 184
概况 …… 184
政策扶持 …… 184
减轻企业负担 …… 184
碘盐推广 …… 185
天然饮用水产业发展 …… 185
园区发展 …… 185
信息产业发展 …… 185
土盐资源开发利用 …… 186
深化定点扶贫 …… 186
◆供　电 …… 186
概况 …… 186
供电服务 …… 186
安全生产 …… 187
◆商　务 …… 187
概况 …… 187
国内贸易 …… 187
市场保供 …… 188
电子商务发展 …… 188
对外贸易 …… 188
供销工作 …… 188
精准扶贫 …… 188
环境保护 …… 189
安全生产监督检查 …… 189
◆狮泉河海关 …… 189
概况 …… 189
打击走私 …… 190
◆石油销售 …… 190
概况 …… 190
企业文化建设 …… 190
安全生产 …… 190
阿里地区首届中直单位党建业务交流会 …… 191
◆烟草专卖 …… 191
概况 …… 191
生产经营 …… 192
专卖管理 …… 192
◆旅游发展 …… 193
概况 …… 193
旅游规划 …… 193
项目建设 …… 193
旅游宣传 …… 193

拓展客源市场 …… 194
扩大旅游区域合作影响力 …… 194
景区和星级饭店行业评定 …… 194
旅游市场监管执法 …… 194
旅游扶贫 …… 194
安全生产 …… 195

城乡建设·生态保护

◆ 住房和城乡建设 …… 196
概况 …… 196
住房保障 …… 196
城镇基础设施建设 …… 197
危房改造 …… 197
城镇污水、垃圾处理设施建设 …… 197
厕所革命建设 …… 197
高原装配式建筑建设 …… 197
公积金归集管理 …… 197
建筑市场监管 …… 198
工程建设领域农民工工资保障 …… 198
项目审批和招投标 …… 198
城镇燃气管理 …… 198
◆ 自然资源管理 …… 198
概况 …… 198
土地空间规划 …… 199
重点项目建设 …… 199
用地管理 …… 199
“两违”清查整治 …… 199
矿产资源管理 …… 200
土地矿产卫片执法 …… 200
地质灾害防治 …… 200
◆ 生态环境保护 …… 200
概况 …… 200
环评审批 …… 200
生态项目建设 …… 201
生态示范创建 …… 201
流域生态保护 …… 201
蓝天碧水净土保卫战 …… 201
农业农村污染治理 …… 202
污染源普查 …… 202
建成生态环境保护监管体系 …… 202
环境监察执法 …… 202
环保宣传 …… 202
督察整改 …… 203
◆ 林业和草原保护 …… 203
概况 …… 203
消除“无树村、无树户” …… 203
实施生态修复与建设工程 …… 203
自然保护地建设与管理 …… 204
野生动植物资源保护 …… 204
销毁野生动物制品 …… 204
林政管理 …… 205
兴林富民 …… 205
草原建设监理 …… 205

交通·邮政·通信

◆ 道路交通运输 …… 206
概况 …… 206
项目建设 …… 206
公路养护 …… 207
抢险保通 …… 207
路政管理 …… 207
道路运输管理服务 …… 207
安全生产管理 …… 207
促进农牧民增收 …… 208
信访排查调处 …… 208
绿色交通发展 …… 208

公路水路联防及物流管理 …………… 208
◆ 民用航空阿里站 ……………………… 209
概况 ……………………………………… 209
空管保障 ………………………………… 209
◆ 邮政管理 ……………………………… 209
概况 ……………………………………… 209
普遍服务监督管理 ……………………… 209
快递市场监督管理 ……………………… 209
邮政机要通信监督管理 ………………… 210
发展“绿色邮政” ……………………… 210
扫黄打非 ………………………………… 210
快递业信用体系建设 …………………… 210
纪特邮票发行监督管理 ………………… 210
成立快递企业（快递员）工会委员会 … 211
宣传培训 ………………………………… 211
◆ 中国邮政集团公司阿里分公司 ……… 211
概况 ……………………………………… 211
金融业务发展 …………………………… 211
寄递翼、渠道平台业务发展 …………… 211
传统业务发展 …………………………… 212
普遍服务 ………………………………… 212
基础设施建设 …………………………… 213
◆ 中国电信股份有限公司阿里分公司 … 213
概况 ……………………………………… 213
基础设施建设 …………………………… 213
◆ 中国移动通信集团西藏有限公司阿里分公司 …………………………………… 213
概况 ……………………………………… 213
网络服务 ………………………………… 213
通信保障 ………………………………… 214
精准扶贫 ………………………………… 214
◆ 中国联合网络通信有限公司阿里地区分公司 …………………………………… 214
概况 ……………………………………… 214
安全生产管理 …………………………… 214
◆ 中国铁塔股份有限公司阿里地区分公司 …………………………………… 215
概况 ……………………………………… 215
队伍建设 ………………………………… 215

财税 · 金融

◆ 财　政 ………………………………… 216
概况 ……………………………………… 216
财政管理 ………………………………… 217
财政扶贫 ………………………………… 217
支农惠农 ………………………………… 218
民生投入 ………………………………… 218
基建预算管理 …………………………… 218
会计管理 ………………………………… 218
国有资产管理 …………………………… 218
◆ 税　务 ………………………………… 219
概况 ……………………………………… 219
减税降费 ………………………………… 219
优化营商环境 …………………………… 219
依法治税 ………………………………… 220
◆ 中国人民银行阿里地区中心支行 …… 220
概况 ……………………………………… 220
科技服务 ………………………………… 220
金融政策引导 …………………………… 221
服务实体经济 …………………………… 221
金融扶贫 ………………………………… 221
风险防控 ………………………………… 221
创新金融服务 …………………………… 221
反洗钱 …………………………………… 222
保护金融消费权益 ……………………… 222
◆ 中国农业银行阿里分行 ……………… 222
概况 ……………………………………… 222
小微企业金融服务 ……………………… 223

“三农”金融服务 …… 223
金融扶贫 …… 223
业务转型发展 …… 223
风险防控 …… 224
◆ 中国建设银行阿里分行 …… 224
概况 …… 224
服务地方实体经济 …… 224
◆ 中国银行阿里分行 …… 224
概况 …… 224
业务发展 …… 224
◆ 西藏银行阿里分行 …… 225
概况 …… 225
党建工作 …… 225
◆ 人保财险阿里分公司 …… 225
概况 …… 225
开办险种 …… 226
网点建设及服务延伸 …… 226
重大理赔 …… 226

科学技术

◆ 科技发展 …… 227
概况 …… 227
科技项目 …… 228
科技特派员及“三区”人才工作 …… 229
大众创业万众创新 …… 229
科技扶贫 …… 229
科普宣传 …… 230
举办“科技下乡”集中服务活动 …… 230
改则县野血牦牛品质检测 …… 230
设施蔬菜瓜果水培新技术示范推广 …… 230
医疗领域科研攻关 …… 230
科技援藏 …… 230
协调对接第二次青藏高原综合科考 …… 231
◆ 防震减灾 …… 231
概况 …… 231
监测预报 …… 232
震害防御 …… 232
应急救援 …… 234
援藏工作 …… 234
◆ 气象服务 …… 234
概况 …… 234
重要会议 …… 234
气象服务 …… 234
“三农”专项服务 …… 235
人工影响天气 …… 235
防雷安全 …… 235
气象业务现代化建设 …… 235
援藏工作 …… 236

教育文化 · 广播影视

◆ 教育　体育 …… 237
概况 …… 237
义务教育 …… 238
语言文字工作 …… 238
职业教育 …… 238
信息化建设 …… 238
教师培训 …… 238
教育援藏 …… 238
教育经费投入 …… 238
认亲结对帮扶 …… 238
项目建设 …… 238
体育发展 …… 239
平安校园建设 …… 239
◆ 文化　文物 …… 239
概况 …… 239
文化产业规划 …… 240
公共文化设施建设 …… 240

文化市场监管 …… 240
非遗传承保护 …… 240
文物保护 …… 241
文艺活动与创作 …… 241
文联工作 …… 241
◆广播　电视 …… 241
概况 …… 241
安全播出 …… 242
卫星接收设施管理 …… 242
项目建设 …… 242
扫黄打非 …… 243
◆阿里地区广播电视台 …… 243
概况 …… 243
新闻宣传报道 …… 243
广播电视节目播出 …… 244
融媒体改革 …… 244
公共服务 …… 245
安全播出 …… 245

卫生健康

◆综　述 …… 246
概况 …… 246
医药卫生体制改革 …… 246
两降一升 …… 247
健康扶贫 …… 247
先天性心脏病免费救治 …… 247
疾病防控 …… 247
公共场所卫生监督 …… 248
供血服务 …… 248
藏医药事业发展 …… 248
◆阿里地区人民医院 …… 248
概况 …… 248
医疗队伍建设 …… 249
学科建设 …… 249
课题研究 …… 249
医疗设施建设 …… 250
医疗质量管理 …… 250
护理服务 …… 250
义诊帮扶 …… 250
"组团式"援藏 …… 251
巩固"三乙"和创"三甲" …… 251
医院文化建设 …… 252
制度建设 …… 252
◆阿里地区藏医院 …… 252
概况 …… 252
临床业务 …… 252
藏医特色护理 …… 252
"三乙"创建 …… 253
业务技能培训 …… 253
首届象雄藏医药学术会前期准备 …… 253
藏药制剂 …… 253
冈底斯藏医分院情况 …… 253
天文历算研究 …… 253

社会生活

◆民　政 …… 254
概况 …… 254
脱贫攻坚兜底保障 …… 255
社会救助 …… 255
社会福利 …… 255
社会组织管理 …… 255
"双集中"服务管理 …… 256
基层政权和社区建设 …… 256
区划地名和界线管理 …… 256
◆人力资源　社会保障 …… 256
概况 …… 256
劳动就业 …… 256

社会保障 …… 257
构建和谐劳动关系 …… 258
援藏工作 …… 258
◆医疗保障 …… 258
概况 …… 258
职能变化 …… 258
信息化建设 …… 259
◆退役军人事务 …… 259
概况 …… 259
安置就业及保障 …… 259
拥军优抚 …… 259
褒扬纪念 …… 260
◆民族宗教事务 …… 260
概况 …… 260
民族团结进步创建 …… 260
创建全国民族团结进步示范地区互观互检 …… 260
全国少数民族特色村镇申报 …… 261
巡回宣讲 …… 261
◆扶贫开发 …… 261
概况 …… 261
责任落实 …… 261
落实“两不愁三保障” …… 262
脱贫攻坚成果巩固提升 …… 262
扶贫资金投入 …… 262
扶贫宣传 …… 262
产业扶贫 …… 263
易地搬迁 …… 263
转移就业 …… 263
生态扶贫 …… 263
教育扶贫 …… 264
社保兜底 …… 264
金融扶贫 …… 264
健康扶贫 …… 264
法治扶贫 …… 264
援藏扶贫 …… 264
结对帮扶 …… 265
推动落实自治区三年行动计划 …… 265
督导考核 …… 265
作风治理 …… 265
巡视整改 …… 265

各县概览

◆措勤县 …… 266
概况 …… 266
农牧业发展 …… 267
工业发展 …… 267
商贸与旅游业发展 …… 267
特色产业发展 …… 268
脱贫攻坚 …… 268
基础设施建设 …… 269
教育事业 …… 269
医疗卫生 …… 270
社会保障 …… 271
文化事业 …… 272
政务服务 …… 272
援藏工作 …… 272
党建工作 …… 273
廉政建设 …… 273
◆改则县 …… 274
概况 …… 274
农牧业发展 …… 275
脱贫攻坚 …… 275
项目建设 …… 276
招商引资 …… 276
教育发展 …… 276
医疗卫生 …… 276
社会保障 …… 277
文化事业 …… 277
生态环保 …… 277
援藏工作 …… 277

党建工作 …… 277
廉政建设 …… 278
◆革吉县 …… 278
概况 …… 278
农牧业发展 …… 279
工业发展 …… 279
商贸、服务业发展 …… 279
特色产业发展 …… 280
脱贫攻坚 …… 280
项目建设 …… 280
教育发展 …… 281
医疗卫生 …… 281
社会保障 …… 281
生态环保 …… 281
援藏工作 …… 282
党建工作 …… 282
廉政建设 …… 283
◆噶尔县 …… 283
概况 …… 283
农牧业发展 …… 285
脱贫攻坚 …… 285
项目建设 …… 285
招商引资 …… 285
社会事业发展 …… 285
生态环保 …… 286
援藏工作 …… 286
党建工作 …… 287
廉政建设 …… 287
◆普兰县 …… 288
概况 …… 288
农牧业发展 …… 288
脱贫攻坚 …… 289
项目建设 …… 289
城乡建设 …… 290
招商引资 …… 291
社会事业发展 …… 291
生态环保 …… 291
援藏工作 …… 291
党建工作 …… 292
廉政建设 …… 292
◆日土县 …… 292
概况 …… 292
农牧业发展 …… 293
脱贫攻坚 …… 294
基础设施建设 …… 294
社会事业发展 …… 294
生态环保 …… 295
援藏工作 …… 295
党建工作 …… 295
廉政建设 …… 296
◆札达县 …… 296
概况 …… 296
农牧业发展 …… 297
特色产业发展 …… 297
脱贫攻坚 …… 297
项目建设 …… 298
招商引资 …… 299
社会事业发展 …… 299
生态环保 …… 299
援藏工作 …… 299
党建工作 …… 300
廉政建设 …… 300

人物·荣誉

◆全国最美支边人物 …… 301
◆全国“最美奋斗者”、第七届全国道德模范 …… 302
◆全国民族团结进步模范个人 …… 302
◆全国模范退役军人、全国退役军人工作模范个人 …… 302
◆全国“人民满意的公务员” …… 303

◆全国脱贫攻坚奖奋进奖 ………………… 303
◆第16届“西藏青年五四奖章”集体 … 304
◆党政军群团机关及其工作部门主要领导名录…………………………………… 305
◆2019年阿里地区获自治区级以上表彰集体一览表……………………………… 316
◆2019年阿里地区获自治区级以上表彰个人一览表……………………………… 319
◆2019年阿里地区深入开展创先争优强基础惠民生活动第八批驻村工作先进集体和先进个人…………………………… 323
◆2019年阿里地区教育系统先进集体和先进个人………………………………… 327
◆2019年阿里地区脱贫攻坚先进集体和先进个人………………………………… 328

统计资料

◆2019年阿里地区国民经济和社会发展主要指标一览表………………………… 331
◆2019年西藏自治区及七地市主要经济指标表…………………………………… 354

索　引

…………………………………………………356

在地委经济工作会议上的讲话（摘要）

地委主要领导

（2019年12月29日）

一、深入贯彻落实党的十九届四中全会精神，加快治理体系和治理能力现代化步伐，切实把制度优势转化为治理效能

党的十九届四中全会是我们党站在“两个一百年”奋斗目标历史交汇点上召开的一次十分重要的会议，是在新中国成立70周年之际、我国处于中华民族伟大复兴关键时期召开的一次具有开创性、里程碑意义的会议。全会重点研究坚持和完善中国特色社会主义制度、推进国家治理体系和治理能力现代化问题并作出决定，是以习近平同志为核心的党中央从政治上、全局上、战略上全面考量，立足当前、着眼长远作出的重大决策，对于坚定全党全国各族人民的道路自信、理论自信、制度自信、文化自信，全面建成小康社会、全面建设社会主义现代化国家、实现中华民族伟大复兴的中国梦，具有十分重要的意义。习近平总书记的重要讲话，全面回顾总结了一年多来党和国家的工作，科学分析了国内外形势的发展变化，深刻阐述了坚持和完善中国特色社会主义制度、推进国家治理体系和治理能力现代化的重要性和紧迫性，围绕坚定制度自信深入回答了一系列方向性、根本性、全局性重大问题，对贯彻落实全会精神提出了明确要求。习近平总书记的重要讲话，高瞻远瞩、总揽全局，求真务实、守正创新，是马克思主义国家制度建设和国家治理理论的创新发展，为我们进一步增强“四个意识”、坚定“四个自信”、做到“两个维护”，坚持和完善中国特色社会主义制度、推进国家治理体系和治理能力现代化指明了前进方向、明确了目标任务、提供了根本遵循。全会通过的《中共中央关于坚持和完善中国特色社会主义制度、推进国家治理体系和治理能力现代化若干重大问题的决定》，深刻阐明了坚持和完善中国特色社会主义制度、推进国家治理体系和治理能力现代化的重大意义、总体要求、总体目标、重点任务和根本保证，体现了全党意志，反映了人民意愿，是新时代坚持和完善中国特色社会主义制度、推进国家治理体系和治理能力现代化的政治宣言和行动纲领，对于推动中国特色社会主义制度更加成熟更加定型、把我国制度优势更好转化为国家治理效能，对于统揽伟大斗争、伟大工程、伟大事业、伟大梦想，不断满足人民对美好生活新期待，战胜前进道路上的各种风险挑战，确保党和国家兴旺发达、长治久安具有重大而深远的意义。

全地区各级党组织和广大党员干部要把深入学习贯彻党的十九届四中全会精神作为党的理论武装工作的重点任务，结合“不忘初心、牢记使命”主题教育，全面系统学、深入思考学、联系实际学，切实把学习成效转化为武装头脑、指导实践、推动工作的政治自觉、思想自觉和行动自觉，加快推进治理体系和治理能力现代化建设，确保阿里长足发展和长治久安。具体来讲，学习好、贯彻好、落实好党的十九届四中全会精神特别是习近平总书记的重要讲话精神，首要是心怀感恩、绝对忠诚核心。阿里发展稳定的每一点成绩、人民群众生活的每一点改变，都离不开党中央的亲切关怀，离不开习近平总书记的关心牵挂，离不开区党委的坚强领导，阿里12.1万各族人民无不深感习近平总书记和党中央的英明伟大、恩情似海。我们一定要始终心怀对以习近平同志为核心的党中央的感恩感激之心，切实增强“四个意识”、坚定“四个自信”、做到“两个维护”，发自内心地拥戴、信赖、忠诚、捍卫核心，倍加珍惜当前来之不易的大好形势，一切工作都按照党中央号令办，一切事情都按照党中央部署要求去落实，以绝对忠诚核心的实际行动办好阿里的事情、做好阿里的工作。关键是振奋精神、坚定信心决心。当前我地区总体形势很好，呈现出科学发展、社会和谐、民生改善、民族团结、宗教和睦、生态良好、改革深化、党建加强、边疆稳固的良好态势，正处于历史上最好的时期之一，这些都得益于以习近平同志为核心的党中央的英明领导和亲切关怀，得益于区党委的坚强领导和特殊关怀，让我们切身感受到了社会主义制度的无比优越和祖国大家庭的无比温暖，进一步坚定了我们做好各项工作的信心和决心。我们一定要把党中央、区党委的关爱关怀转化为做好各项工作的动力，提振精气神、展现新作为，凝聚起全地区各族人民打好打赢脱贫攻坚战、决战决胜全面建成小康社会的强大合力，奋力推进阿里长足发展和长治久安，不辜负党中央的厚爱和区党委的重托。根本是真抓实干、展现担当作为。以习近平同志为核心的党中央的治边稳藏方略，区党委关于当前和今后一个时期稳定西藏、建设西藏、发展西藏的一系列决策部署，经历史检验和实践证明是无比英明、无比正确的，是我们做好各项工作的方向引领、行动指南和根本遵循。我们一定要毫不动摇坚持党中央的统一领导，坚持以习近平新时代中国特色社会主义思想为指导，深入贯彻落实党的十九大，十九届二中、三中、四中全会精神，贯彻落实自治区第九次党代会和区党委九届历次全会精神，不忘初心、牢记使命，主动担当、积极作为，不断推进治理体系和治理能力现代化，做到稳定上有招数、发展上有建树、民生上有质量、环保上有效益、党建上有水平，奋力开创阿里长足发展和长治久安新局面，以发展稳定生态的实际成效回报党中央的亲切关怀和区党委的关心支持。

一是强化创新理论武装，不断增强运用习近平新时代中国特色社会主义思想的立场观点方法分析和解决问题的能力。习近平新时代中国特色社会主义思想是我们做好一切工作的根本遵循，是提升治理能力和治理水平的强大思想武器。全地区各级党组织和广大党员干部要切实增强“四个意识”，坚定“四个自信”，做到“两个维护”，坚决贯彻落实习近平新时代中国特色社会主义思想和党的路线方针政策，提高运用习近平新时代中国特色社会主义思想的立场观点方法研究新情况、解决新问题的能力，把对以习近平同志为核心的党中央高度的思想认同、政治认同、情感认同转化为高度的思想自觉、政治自觉、行动自觉，把习近平总书记关于治边稳藏的重要论述和对西藏工作的一系列重要指示批示精神转化为推动新时代阿里长足发展和长治久安的强大动力，做到党中央提倡的坚决响应、党中央决定的坚决执行、党中央禁止的坚决不做。

二是践行以人民为中心的发展思想，不断增强改善民生凝聚人心的能力。坚持以人民为中心的发展思想，坚持困难麻烦由政府解决、把方便实惠送给群众，深入实施以“神圣国土守护者、幸福家园建设者”为主题的乡村振兴战略，扎实做好产业、就业、生态、教育、健康、援藏、社会保障等工作，抓好与群众切身利益密切相关的公共服务项目建设，实现重大项目与民生项目建设有益互补，着力提高基本公共服务水平，不断增强各族群众的获得感、幸福感和安全感，不断筑牢提升治理能力和治理水平的群众根基。

三是坚定不移推进高质量发展，不断增强推动经济社会持续健康发展的能力。坚持用新发展理念统领发展全局，以推进供给侧结构性改革为主线，以正确处理好“十三对关系”为根本方法，继续打好三大攻坚战特别是脱贫攻坚战，统筹做好稳增长、促改革、调结构、惠民生、防风险、保稳定各项工作，不断提升正确处理好“十三对关系”、深化供给侧结构性改革能力、推动新旧动能转换能力、加强区域经济治理能力、推进生产要素适度规模集中能力，加快质量变革、动力变革、效率变革，推动实现高质量发展，确保完成年度各项目标任务，坚决打好全面建成小康社会和“十三五”收官之战。

四是坚持总体国家安全观，不断增强维护社会和谐稳定的能力。坚持稳定压倒一切，以防患于未然为原则做工作，以防止出大事打基础做准备，以敢于担当落实责任为标准看干部，积极应对“后达赖”向“达赖后”转变的重大挑战，深入开展反分裂反暴恐反蚕食反自焚斗争，加强边境管控，抓好反恐防暴，依法加强宗教事务管理，全力维护意识形态安全，强化社会治安综合治理，依法管理宗教事务能力、巩固发展民族团结能力、教育引导群众淡化宗教消极影响能力、巩固意识形态领域绝对安全能力、确保边疆巩固边境安全能力，确保社会局势持续长期全面稳定。

五是树立绿水青山、冰天雪地就是金山银山的理念，不断增强建设美丽阿里的能力。要牢固树立绿水青山、冰天雪地就是金山银山的意识，严守生态红线底线制度，大力推进“蓝天碧水净土”工程和“造林绿化”工程，加大河流源头区草地、湿地、天然林及其生物多样性保护力度，坚持见缝插绿、宜林则林、宜草则草，积极引导群众在房前屋后植树种草、在屋内养花养草，巩固扩大消除“无树村”“无树户”成果，做美生态环境、建好绿色家园，不断提高严守生态红线高压线的能力、加强生态环境保护与建设的能力、把绿水青山、冰天雪地变为金山银山的能力，切实构筑国家重要的生态安全屏障，守护好世界上最后一片净土。

六是坚持党要管党、全面从严治党，不断增强进一步巩固党在阿里执政地位的能力。把加强党的建设作为一项基础性工程，全面推进党的政治建设、思想建设、组织建设、作风建设、纪律建设，大力实施

“藏西先锋·红色阿里”党建品牌创建工程，扎实推进村居活动场所标准化巩固提升工程建设，不断巩固党风廉政建设和反腐败成果。要毫不动摇坚持和巩固中国特色社会主义制度，与时俱进完善和发展中国特色社会主义制度和国家治理体系，严格遵守和执行制度，把提高治理能力作为新时代干部队伍建设的重大任务，维护制度权威，作制度执行的表率，确保党和国家重大决策部署、重大工作安排都按照制度要求落到实处，充分发挥制度指引方向、规范行为、提高效率、维护稳定、防范化解风险的重要作用。坚持“三个牢固树立”，提高对党忠诚、为党分忧、为党尽责、为民造福的能力，提高建设高素质专业化干部队伍的能力，提高持之以恒正风肃纪的能力，提高零容忍惩治腐败的能力，提高农牧区基层党组织听党话、跟党走、善团结、会发展、能致富、保稳定、遇事不糊涂、关键时刻起作用的能力，不断夯实党在阿里的执政根基。推进治理体系和治理能力现代化，是一项庞大系统工程，需要上上下下、左左右右、方方面面共同努力，敢于斗争、主动作为。全地区各级党委、人大、政府、政协和各部门、各企事业单位、各群团组织都要认真贯彻落实党中央和区党委的部署，在治理体系中找准定位、发挥优势、精准发力，使我地区治理体系和运行机制更加完善，治理能力和治理水平更加适应时代要求、满足人民需要。

二、认真总结成绩，坚定发展信心，奠定全面建成小康社会的坚实基础

2019年，在区党委、政府的坚强领导下，地委、行署团结带领全地区各族干部群众，深入贯彻落实党的十九大、十九届二中、三中、四中全会和中央经济工作会议精神，深入贯彻落实习近平总书记关于治边稳藏的重要论述和关于西藏工作的系列重要指示批示精神，贯彻落实区党委九次党代会、区党委九届系列会议和区党委经济工作会议精神，贯彻落实吴英杰书记关于做好阿里工作的一系列指示批示精神，大力实施“打造两点、贯通一线、统筹东西、全域发展”的空间发展战略，开创了阿里科学发展、和谐稳定、民族团结、宗教和睦、民生改善、生态良好、边疆巩固、党建加强的新局面。

一是经济增长稳步向前。预计地区生产总值完成62.4亿元，同比增长12.2%；固定资产投资完成60亿元，同比增长5.6%；地方财政收入完成4.32亿元，同比增长8%；社会消费品零售总额完成14.24亿元，同比增长13%；金融机构各项存款余额162.7亿元、贷款余额42.54亿元，同比分别增长2.8%、14.2%。接待游客110万人次、收入13.8亿元，同比分别增长24.7%、27.7%；非公经济发展迅猛，市场主体达1.02万户、吸纳就业4万人；完成进出口和边贸总额3336万元。昆莎机场完成旅客吞吐量8.24万人次，同比增长20%。落实援藏资金4亿元、实施援藏项目60个，保持了经济社会长足发展的良好态势。

二是脱贫攻坚取得决定性进展。坚持把脱贫攻坚作为保障改善民生的重要抓手，瞄准基本消除绝对贫困目标，聚焦“两不愁三保障”，坚持尽力而为、量力而行、节约为先，大力实施精准扶贫精准脱贫，推动脱贫攻坚工作取得重大决定性进展。四年累计实现减贫6214户23230人，今年实现减贫1833户6799人，贫困发生率从2015年的28.7%下降到零，噶尔、普兰、札达、日土4个县脱贫摘帽成效进一步巩固，革吉、改则、措勤3县达到摘帽标准。

三是基础设施日趋完善。国道216线新疆民丰至改则国防公路进展顺利，全年新增公路通车里程4127公里。总投资70.72亿元的阿里电网与藏中电网联网工程开工建设，即将结束阿里电力孤网运行的历史；热电联产项目顺利并网发电，成功接入主电网，有效缓解了狮泉河镇冬季电力供需矛盾；42项农网改造升级工程进展顺利，发电量完成8933万千瓦时，同比增长5.3%。加快推

进37个水利项目建设，噶尔县加木灌区工程、札达县热布加林水库进展顺利，普兰新城区防洪工程、噶尔县嘎多饲草料基地灌溉工程基本完工，阿青电站供水灌溉配套工程完成可研报告审查，狮泉河中游生态环境工程完成规划初稿。建成地县乡村四级综合文化体系，145个村居、58座寺庙实现书屋全覆盖，农村广播、电视综合覆盖率分别达96%、97%。

四是民生显著改善。整合各类资金43亿元，持续实施“十项民生工程”52件实事。地县财政支教资金比例提高到23%，“三包”标准达到年生均3720元，充分发挥“组团式”教育援藏作用，大力实施教师素质提升工程，陕西、河北两省12所学校与我地区16所学校建立“手拉手”结对帮扶友好学校，今年高考录取率达78.6%，“五个100%”目标基本实现。充分发挥“组团式”医疗援藏的传帮带作用，扎实推进地区“1+7”医院等级创建，地区人民医院创“三甲”工作进展顺利，地区藏医院通过“二甲”复审，完成噶尔、普兰、札达、日土、改则、措勤6个县人民医院创“二乙”评审。成立由地委、行署主要领导担任正副组长的地区高校毕业生就业创业工作领导小组，建立高校毕业生创新创业中心和创业孵化基地，582名地县级干部帮扶792名高校毕业生，开发高校毕业生就业岗位1499个，其中河北、陕西两省提供援藏岗位225个，17名阿里籍高校毕业生实现区外稳定就业，818名应往届高校毕业生全就业，就业率达100%。地县乡分别成立党委、政府“一把手”任正副组长的农牧民增收领导小组，科学有序组织农牧民群众外出务工打工，参与工程建设，提高劳务输出组织化程度，大力实施农牧民素质和农牧民施工能力提升工程，扩大群众就业门路和增收渠道，完成农牧民转移就业8570人，劳务收入12989万元、同比增长20%以上，农村居民人均可支配收入预计达到12281元，同比增长13%；城镇居民人均可支配收入预计达到39879元，同比增长10%；安全饮水完成情况进入国家第一梯队；人均预期寿命提高到60岁。推进机关事业单位养老保险制度改革，整合城乡居民基本养老保险制度、基本医疗保险制度，加快城乡最低生活保障制度统筹发展，扩大社会保险覆盖面，实现养老、医疗保险全覆盖，各险种参保总人数达到21.8万人次，筑牢社会兜底保障网。

五是生态环境不断优化。大力推进美丽阿里建设，坚决打好蓝天碧水净土保卫战，实施狮泉河盆地生物防沙治沙工程，大力实施机关单位大院和农牧区庭院绿化行动，推进全民种草植树绿化国土行动，有条件的地方实现消除“无树村、无树户”。完成“两江四河”造林绿化1.63万亩、防沙治沙7.43万亩、义务植树2400亩。落实农牧民补助奖励政策资金3.58亿元；兑现森林生态效益补偿资金6501.64万元；落实生态补偿脱贫岗位20111个，年人均补助3500元；7县县城空气优良天数达到98%以上。

六是城镇化建设步伐加快。狮泉河镇环城路进展顺利，供暖、供氧、供电、供水功能日趋完善，探索发展房地产业。完成6县县城地下综合管廊、供暖供氧工程，5县县城实现集中供暖、7县县城和37个乡镇实现供氧全覆盖，14个高海拔乡镇实现供暖，开工建设6县县城给排水工程。巴嘎（塔尔钦）国际旅游小镇、多玛自治区级特色小城镇加快推进，狮泉河镇生态产业园区开工建设，入驻企业11家，实现产值3327万元，实现税收109万元。完成65个行政村农村人居环境综合整治。大力推进厕所革命，建成并投入使用公共厕所96座。

七是社会局势持续和谐稳定。始终把维护祖国统一、加强民族团结作为工作的着眼点和着力点，紧紧围绕庆祝中华人民共和国成立70周年、西藏民主改革60周年这条主线，坚持稳字当头，深入排查调处矛盾隐患，建立健全维稳机制，加强边境边界管控，强化反恐防暴，创新寺庙管理，加强社会管理，深化开展“三个专项斗争”，确保意识形态安全，巩固民族团结，夯实基层基础，坚决打赢重要时段、敏感节点维稳安保攻坚战，实现“四无、三不出、三稳定”。

八是基层基础不断加强。坚持党要管党、全面从严治党，深入开展“不忘初心、牢记使命”主题教育，实现理论学习有收获、思想政治受洗礼、干事创业敢担当、为民服务解难题、清正廉洁做表率。“四讲四爱”“遵行四条标准、争做先进僧尼”“藏西先锋·红色阿里”党建品牌创建、“党的恩情照边疆·阿里人民心向党”基层宣传思想文化阵地建设、民族团结示范进步创建和学习《习近平谈治国理政》等系列教育活动成效明显，领导班子、干部队伍、人才队伍建设稳步推进；完成党政机构改革，开展“践行三个表率、建设模范机关”“担当作为、狠抓落实”“文经我手无差错，事交我办请放心”机关党建“三项活动”，推进村居标准化活动场所巩固提升工程建设，扎实开展强基惠民工作，坚决整顿软弱涣散基层党组织，不断发展壮大党员队伍，扎实推进为基层减负工作，强化党风廉政建设，着力把基层党组织建设成为听党话、跟党走，善团结、会发展，能致富、保稳定，遇事不糊涂、关键时刻起作用的坚强战斗堡垒。严守政治纪律和政治规矩，不断净化社会环境，营造风清气正的政治生态。

在肯定成绩的同时，我们还要深刻认识到，我们在发展上虽然取得了很大成绩，但底子薄、基础差、起点低的现实还没有从根本上得以改变。一是经济总量小、产业层次不高、积累少、贡献不大、竞争力薄弱的问题比较突出。二是虽然实现了脱贫摘帽、但脱贫群众稳定增收的长效机制还不健全，巩固脱贫攻坚成效任重道远，特别是在推进乡村振兴战略过程中实现人的现代化任务还十分艰巨。三是在稳定上虽然取得了很大成绩，但稳定的基础还不牢靠，社会治理体系还不健全，社会治理现代化能力亟待提高，人民群众的稳定发展共识还有待进一步形成。四是还有少数党员干部信仰不牢靠，奉献意识、服务意识不强，个别基层组织软弱涣散，急需整顿加强等等。这些问题都需要我们在今后的工作中勇于面对、认真加以解决。

三、深刻把握精神实质，切实把思想和行动统一到中央和区党委的重大决策部署上来

中央经济工作会议是党的十九届四中全会之后中央召开的一次重要会议，习近平总书记的重要讲话，全面分析当前国内国际经济形势，深刻阐述中华民族伟大复兴战略全局和世界百年未有之大变局之间的联动关系，明确提出明年经济工作的总体要求、政策取向和重点任务，科学回答了对当前经济形势怎么看、明年经济工作怎么干等问题，通篇贯穿着辩证唯物主义和历史唯物主义的世界观和方法论，是习近平新时代中国特色社会主义经济思想的重要文献，丰富和发展了马克思主义政治经济学，为我们正确认识当前经济形势、扎实做好明年经济工作提供了方向指引、根本遵循和科学指南。李克强总理在讲话中对明年的经济工作作出具体部署安排，具有很强的战略性、针对性和指导性。吴英杰书记在区党委九届七次全会暨区党委经济工作会议上的讲话，通篇贯穿了习近平新时代中国特色社会主义思想，贯穿了党的十九大、十九届四中全会和中央经济工作会议精神，立足于打好全面建成小康社会和“十三五”收官之战，科学部署了2020年全区发展稳定生态各项工作，特别是提出的发展“夜间经济”、实施“大县城战略”、打造“国家生态文明示范区”、推进“适度规模集中”等一系列新思路新举措，完全符合西藏实际，也完全符合阿里实际，充分体现了以吴英杰书记为班长的区党委强烈的政治担当、责任担当、使命担当，对于我们做好2020年经济工作，打好打赢脱贫攻坚战、决战决胜全面建成小康社会具有重要的指导意义。全地区各

级各部门一定要认真学习、深刻领会、准确把握，把学习领会中央经济工作会议精神和区党委九届七次全会暨区党委经济工作会议精神，贯穿于经济工作全过程和各方面，自觉把思想和行动统一到党中央、区党委的决策部署上来。一要准确把握我国、我区经济社会发展取得的新的重大成就。一年来，面对国内外风险挑战明显上升的复杂局面，以习近平同志为核心的党中央站高谋远、总揽全局，科学研判“形”与“势”，辩证把握“危”与“机”，保持战略定力，坚持稳中求进，坚定应对挑战，深化改革开放，带领全党全国各族人民谱写了新的历史篇章，“十三五”规划主要指标进度符合预期，全面建成小康社会取得新的重大进展。这些成绩来之不易，是以习近平同志为核心的党中央坚强领导的结果，是习近平总书记以马克思主义政治家的恢宏气魄和雄韬伟略为全党举旗定向、掌舵领航的结果，充分展现了习近平总书记、党中央驾驭复杂局面的卓越领导能力和强烈使命担当。我们要切实增强“四个意识”、坚定“四个自信”、做到“两个维护”，保持战略定力，坚定发展信心，全力以赴做好明年经济工作。二要准确把握党中央、区党委关于经济工作的重要规律性认识。习近平总书记精辟概括了近年来抓经济工作“四个必须”的重要认识，这是党中央推动我国经济发展实践的理论结晶，既是经验总结，也是做好明年经济工作的重要遵循，我们必须领会好、落实好，坚定不移地贯彻落实到我地区经济工作的各方面全过程。三要准确把握党中央、区党委对国际国内经济形势的科学判断。我们要坚持用辩证思维看待形势发展变化，胸怀两个大局，增强忧患意识，做好各方面工作预案，善于把外部压力转化为深化改革、扩大开放的强大动力，集中精力办好自己的事情、做好自己的工作。四要准确把握中央、区党委明年经济工作的总体要求和宏观政策取向。我们要切实用好用足用活国家、自治区各项政策举措，研究提出我地区明年经济增长预期目标及相关措施，确保体现新发展理念和高质量发展要求，与全面建成小康社会、“十三五”规划收官和编制“十四五”规划相衔接。五要准确把握中央、区党委明年经济工作的重点任务和部署要求。我们要紧紧扭住新发展理念推动发展，把注意力集中到解决各种不平衡不充分的问题上来，决不能再回到简单以地区生产总值增长率论英雄的老路上去，决不能再回到以破坏环境为代价搞所谓发展的做法上去，更不能再回到粗放式发展的模式上去。六要准确把握好中央、区党委政策措施蕴含的重大机遇。我们要准确把握党中央、区党委明确的政策导向，吃透政策、用好政策，争取把政策机遇转化为发展机遇，结合阿里实际谋划对接一批重大项目，为推动经济持续健康发展提供有力支撑。七要准确把握好党中央、区党委加强党对经济工作领导的鲜明要求。我们要全面贯彻党的十九届四中全会和中央经济工作会议精神，贯彻落实区党委九届七次全会暨区党委经济工作会议精神，切实增强“四个意识”，坚定“四个自信”，做到“两个维护”，主动担当、主动作为，着力推进治理体系和治理能力现代化，切实把党领导经济工作的制度优势转化为治理效能。

四、明确任务、突出重点，坚决打好全面建成小康社会和“十三五”规划收官之战

2020年是全面建成小康社会和“十三五”规划收官之年，做好明年的经济工作，意义非常重大。根据中央和区党委经济工作会议精神，结合阿里实际，2020年全地区经济工作的总体要求是：坚持以习近平新时代中国特色社会主义思想为指导，全面贯彻落实党的十九大和十九届二中、三中、四中全会及中央经济工作会议、中央第六次西藏工作座谈会精神，贯彻落实党的基本理论、基本路线、基本方略和习近平总书记关于治边稳藏的重要论述，贯彻落实自治区九次党代会、区党委九届三

次、四次、五次、六次全会和区党委九届七次全会暨区党委经济工作会议精神，按照区党委、政府的总体部署要求，紧扣全面建成小康社会的目标任务，坚持创新、协调、绿色、开放、共享的新发展理念，坚持稳中求进、进中求好、补齐短板工作总基调，坚持以供给侧结构性改革为主线，坚持以处理好“十三对关系”为根本方法，坚持改善民生凝聚人心，以迎接服务、学习贯彻中央关于西藏工作的重要会议为重点，全面做好“六稳”工作，落实“巩固、增强、提升、畅通”八字方针，推动经济高质量发展，巩固脱贫攻坚成果，统筹推进稳增长、促改革、调结构、惠民生、防风险、保稳定，大力实施“打造两点、贯通一线、统筹东西、全域发展”的空间发展战略，保持经济运行在合理区间，确保全面建成小康社会和“十三五”规划圆满收官。

2020年全地区经济社会发展的主要预期目标是：地区生产总值完成68.6亿元，增长10%；固定资产投资完成63亿元，增长5%；社会消费品零售总额完成15.66亿元，增长10%；地方财政收入完成4.45亿元，增长3%；农村居民人均可支配收入达到13878元，增长13%；城镇居民人均可支配收入达到43867元，增长10%；居民消费价格涨幅控制在4%以内，城镇调查失业率和城镇登记失业率控制在5.5%左右和3%以内；能耗、碳排放强度和污染减排指标控制在国家核定范围内，城镇空气质量优良天数比率保持在96%以上。为实现上述经济发展目标，明年重点要抓好以下10个方面的工作：

一要加大投资力度、推进重点项目建设。当前，投资拉动仍将是我地区经济发展的主要动力，项目建设在经济增长中起着至关重要的作用。各县各部门在这一点上都要有清醒认识和紧迫感，切实强化投资意识和项目意识，牢固树立抓投资抓项目就是抓经济、稳增长、惠民生、促发展的观念，把扩大投资作为经济工作的头等大事、把项目建设作为经济发展的“牛鼻子”，时时处处想项目、千方百计谋项目、聚精会神干项目，力争完成全社会固定资产投资63亿元，确保“十三五”规划圆满收官。一是狠抓前期，高度重视、集中力量突破项目前期工作严重滞后这个短板，对尚未审批的项目要只争朝夕、尽快完成项目建议书、可研报告、方案设计、环境评价、节能评估等前期工作，上报自治区有关厅局，争取尽早得到批复。二是全面开工，对已审批的项目，要严格项目工作责任制，加强项目的沟通与衔接，一个项目一个项目地盯紧，抓紧落实项目选址、用地、资金等配套条件，争取所有项目全部开工建设。三是加快建设，对在建项目在保证质量和安全的前提下，建立台账，倒排工期、挂图作战、强力推进，力争早建成、早竣工、早见效。四是加强监管，强化项目建设全过程的指导和协调，严格按基本建设制度和程序办事，严格施工监理，坚持建设与管理并重，建设与保护并举，转变观念，完善制度，严把程序关、质量关、生态关、安全关、廉洁关，最大限度发挥项目的作用和效益，以项目带动人员就业、形成产业聚集、促进经济发展、扩大社会效益，使之成为造福阿里各族群众的阳光工程、民心工程、精品工程。五是科学编制“十四五”规划，按照站位要高、谋略要深、规划要远、目标要实的要求，正确处理好建设重大项目和民生项目的关系，着眼实现“两个一百年”奋斗目标，加强与高质量发展综合绩效评价指标体系相对接，行署、发改委、各县各部门主要负责同志要亲自抓，组建专班、组织专人，科学编制好我地区“十四五”规划，同步做好专项规划、区域规划、空间规划、各县规划和援藏规划，确保有机衔接。同时，抓紧筛选储备一批涉及我地区基础设施、特色产业、脱贫攻坚、乡村振兴、民生改善、生态环境保护、基层政权建设等打基础、惠民生、利长远的大项目、好项目，争取使更多的项目纳入自治区

“十四五”规划总盘子。要抓紧时间、科学编制，积极与自治区有关厅局沟通衔接、与自治区总体规划相对接，用改革的精神、创新的理念、法治的思维、科学的方法，保证质量、加快进度，力争超前完成我地区“十四五”规划的编制工作。

二要破除瓶颈制约、改善基础设施条件。基础设施落后一直是制约我地区经济社会发展的最大瓶颈，也是影响城乡居民生活改善的最大难点。我们必须坚持基础设施先行、坚持不懈地打好基础设施建设攻坚战，强力推进交通、能源、水利、通信等重点领域基础设施建设，促进经济社会持续加快发展。要加快交通体系建设，加快推进国道216线新疆民丰至改则公路、狮泉河环城路建设，推进国省道干线改造、国边防公路、农村公路和旅游景点公路建设，重点抓好国边防公路建设，基本实现乡镇、建制村公路通畅，全地区公路通车总里程突破2万公里，其中油路突破5500公里；力争狮泉河至昆莎高等级公路、斜尔瓦友谊大桥立项实施，开工建设普兰支线机场，昆莎机场开通狮泉河至加德满都国际航线。贯彻落实好国家制定出台的支持边境地区高质量发展的指导意见，把边境地区基础设施建设摆在更加突出的位置，加快推进边境小康村和抵边公路建设，形成边境地区完善的交通运输体系，以此带动边境地区能源、水利、通信网络等基础设施建设，构建互联互通的基础设施体系，推动军民合力强边固防。要加快能源开发建设，加快建设阿里电网与藏中电网联网工程、农网改造升级工程，推进藏中电网延伸工程，力争联网工程实现初通供电，开工建设阿青电站，着力解决生产生活用电问题。要加快水利设施建设，加强安全饮水、区域防洪、节水灌溉、水源保护、水利骨干工程建设，加快推进农村饮水安全巩固提升工程，持续实施狮泉河、象泉河、孔雀河等主要河流治理和生态修复工程，积极争取狮泉河中游生态环境修复与保护工程立项实施，加快建设多油水库、热布加林水库、阿青电站供水灌溉配套工程，着力建设县乡给排水工程，解决农牧民饮水安全问题，增加工程供水能力，提高农田草场有效灌溉面积。要加快通信网络建设，加强统筹规划和网络建设改造，深入实施宽带通信工程，做好第5期农村综合信息服务站建设，完善信息网络服务，基本消除通信盲区，全面推进农牧区宽带入户基础设施建设。积极推进5G技术应用，力争狮泉河镇实现5G覆盖。要加强城镇建设，按照“一个中心、六个支撑、一批镇群、若干小镇”的总体布局，大力开展狮泉河镇和6县卫生、文明城市“双创”活动，加强噶尔重点城市和其他县所在地城镇、主要乡镇建设，全面完成6个县县城给排水等市政基础设施建设，加快建设普兰、札达、日土3县和巴嘎乡污水处理厂，积极争取普兰、札达2县和昆莎乡生活垃圾无害化处理项目，推进巴嘎乡人居环境整治和霍尔乡生活垃圾无害化处理设施项目建设，加快巴嘎（塔尔钦）国际旅游小镇和多玛自治区级特色新型小城镇建设步伐，着力打造结构合理、层次有序、辐射力强、功能互补的城镇体系，推动人口有序适度聚集。要积极支持“大噶尔”建设，布局若干带动能力强、产业链条较长的重大项目和高原农牧业、藏医药研发等平台、实验室，推动优质教育、医疗资源、要素和平台向“大噶尔”集聚，加大政策、项目、资金支持力度，提升经济圈内部基础设施通达能力和公共服务设施水平，促进房地产市场平稳健康发展。要以噶尔为重点发展“夜间经济”，打造夜间经济商圈，挖掘消费潜力，刺激消费，活跃消费市场，拉动经济增长。要加快其他中心城镇发展，实施“大县城”战略，重点选择培育一批人口多、基础好、潜力大的县城，改善软硬件条件，引导基础设施、公共服务资源和产业向重点县城布局，带动做大做强做优县域经济，助力乡村振兴。要加快推进边境小康村建设，围绕

"加快边疆发展、确保边疆巩固、边境安全"这条主线，坚持屯兵与安民并举、固边与兴边并重，聚焦"八到村、村九有、十到户"，加快推进边境小康村建设，地区发改委、西四县要利用冬春农闲季节，科学规划，对照任务一项一项进行细化分解，制定具体实施计划，明确牵头领导、责任人、责任单位、完成时限，明确任务书、时间表、路线图，立下军令状。已完工的边境小康村，着力在抓配套、抓产业、抓就业、抓增收、抓安居、抓保障、抓基础、抓示范上下功夫；正在建设的边境小康村，着力在抓工期、抓进度、抓质量、抓完工、抓验收、抓效益、抓入住上下功夫；未开工的边境小康村建设项目，着力在抓前期、抓招标、抓开工、抓建设、抓工期、抓进度、抓质量、抓完工、抓验收、抓效益、抓入住上下功夫，确保明年6月30日前全部建成并实现搬迁入住，持续改善边民生产生活条件，提升边境地区基础设施和公共服务水平，吸引鼓励腹心地区群众特别是极高海拔生态搬迁群众向边境一线抵边安置，扎根边境、建设边境、稳固边境，争做神圣国土守护者、幸福家园建设者。请旦巴旺久、袁富国同志统筹，地区发改委、西四县党政主要负责同志亲自负责，研究制定加快推进边境小康村建设计划，1月15日前报地委、行署。

三要大力改善民生、提高公共服务水平。坚持把改善民生、凝聚人心作为经济社会发展的出发点和落脚点，坚持困难麻烦由政府解决、把方便实惠送给群众，紧紧围绕实现"八个更加"的目标，今年再整合资金37.29亿元，持续推进"十项民生工程"65个项目建设，多做暖民心、得民心、稳民心的工作，满腔热情地为群众办实事、做好事、解难事、谋福祉，不断提高人民群众的幸福指数。要切实抓好高校毕业生就业工作，各县各部门要认真总结2019年的有效做法和成功经验，强化政策保障、拓宽就业渠道、提供充足就业岗位，建立起高校毕业生稳定就业的长效机制，坚持正确处理高校毕业生政府就业和市场就业的关系，把解决好高校毕业生就业作为保障改善民生的重中之重，稳定就业总量、改善就业结构、提升就业质量，落实好自治区和地区出台的一系列促进高校毕业生就业创业的政策措施，及时研究解决高校毕业生就业创业遇到的突出问题，努力让更多高校毕业生服务社会、施展才华。大力推进高校毕业生基层成长计划，持续推动高校毕业生返乡创业、参与脱贫攻坚成果巩固和乡村振兴。继续加强同援藏"两省三企"的沟通协调，创新就业援藏方式，尽量放宽条件、降低标准、扩大范围、以生设岗，力争让更多的高校毕业生到其他省（市）就业。对口援藏"两省三企"领队和地区人社局，要加强与对口援阿"两省三企"的汇报沟通，推动援阿"两省"每年各安排200名、"三企"每年各安排100名阿里籍高校毕业生就业，全年开发就业岗位1372个，力争实现阿里籍应届大学毕业生全就业。实现城镇新增就业2400人，动态消除城镇零就业家庭，确保每一个农牧民家庭有一人稳定就业，达到户户有门路、人人有事干、收入有保障。继续鼓励高校毕业生到人民军队锤炼成长。关心使用好乡村振兴专干，鼓励他们扎根基层、积累经验、增长才干。各级工青妇等群团组织，要主动协助各级党委政府做好高校毕业生及家长转变就业观念的教育引导，鼓励高校毕业生正确认识自我、发挥个人专长，勇于到市场就业、到企业就业、返乡创业和到其他省（市）就业。要拓宽农牧民增收渠道，把增加农牧民收入作为保障和改善民生工作最直接、最重要、最根本的工作来抓。继续落实农牧民增收"一把手"工程，发挥地县农牧民增收工作领导小组的作用，健全完善并严格落实所有建设项目必须使用当地农民工30%的制度，规范提升农牧民施工队伍，支持和鼓励农牧民参与工程项目建设，科学有序组织农牧民群众外出务工打工，参与工程建设，提高劳务输出组织化程度，凡是400万元以下、技术要求不高、农牧民有能力承接的项目全部交由本地农牧民施工队实施，让农牧民通过直接参与工程建设获得更多收入，确保农牧民劳务性收入增长20%以上，形成农牧民稳定增收的长效机制。地县人社、农业农村、扶贫、科技等部门要切实整合各类培训资源，大力实施农牧民素质提升工程，坚持菜单式、订单式培训与军旅式培训相结合，建立多渠道多层次多形式的农牧民技术教育培训体系，努力把群众从廉价的劳动力培养成有技术的劳动力，实现劳务输出从自发型、零散型、短期型、体力型向组织型、规模型、长期型、技能型转变，通过政府吸纳、企业吸收、订单接纳、劳务输出、能人带动等多种渠道，扩大群众就业门路和增收渠道，增加工资性、财产性和经营性收入，走以能带弱、以队带群、以富带穷，富一人带富一批、富一批带富一方的更宽广的增收路子。要优先发展教育事业，紧紧围绕习近平总书记“培养什么人、怎么培养人、为谁培养人”这一根本任务，坚持以立德树人为根本，以推进改革为主线，以优化学校布局为抓手，以提高教育教学质量为核心，以加强教学管理和师资队伍建设为关键，以加大资金投入为保障，突出教师和学生思想政治教育，大力实施教育质量提升和教师素质提升工程，用好“组团式”和短期教育援藏人才，推进教师队伍培训和双语教师培养计划，探索建立本地教师到乡镇完小、幼儿园支教的办法，鼓励地县中小学教师下沉到乡镇开展教学实践，全力抓好教育项目建设、学校信息化、标准化和规范化建设，优化教师队伍，完善学校基础设施，改善办学条件，提高教学质量。推进教育绩效考核，建立贫困学生救助基金，巩固提高控辍保学成果，巩固拓展“五个100%”成果，确保幼儿全部入园、适龄儿童全部入校，实现基础教育快速发展，职教体系不断完善，学前教育协调发展。要加快健康阿里发展，统筹推进医疗保障、医疗服务、公共卫生、药品供应、监管体制综合改革，完善以农牧区医疗制度为主体、大病医疗保险为补充、覆盖农牧区的多层次医疗保障体系，加大包虫病、“三病”筛查救治力度，实施好城乡居民和在编僧尼免费健康体检。抓好优质医疗资源向基层下沉，深入实施分级诊疗和县域综合改革、县域医共体建设，扩大基层巡回治疗范围，提升“组团式”和短期援藏医疗人才援藏效能，完善食品药品标准和检验检测体系，推进“互联网+医疗健康”，加快藏医药健康技术和产品研发，深入实施全民健康行动计划。推进地县骨干医生和乡村全科医生培养计划，通过培训提高、委托培养、引进人才等方式，确保每个乡村有两名以上全科医生。继续实施“百名医师支援农村卫生工程”，落实自治区海拔4500米及以上高海拔地区乡镇卫生院专业技术人员特殊岗位奖励补助办法，吸引更多医疗人才到高海拔乡镇卫生院工作。加快推进等级医院创建，推动地区人民医院创“三甲”、地区藏医院创“三乙”、革吉县人民医院创“二乙”，巩固6个县人民医院创“二乙”成果，推进乡镇卫生院和村居卫生室标准化建设，着力提高重大疾病预防控制、健康教育、妇幼保健、计划生育技术服务、应急救治等服务水平。要加快文化事业发展，坚持以完善文化管理体制、建立健全现代文化市场体系、构建公共文化服务体系、扩大对外文化交流与合作为重点，加强公共文化设施建设，深化文化体制改革，实施文化惠民工程，加快构建地县乡村四级综合文化体系，巩固扩大“村村通”“户户通”“舍舍通”覆盖面，不断丰富各族群众精神文化生活。加快推进新时代文明实践中心建设试点工作，开展好噶尔县试点工作，起到示范引领、以点带面作用。加强文物保护利用研究，开展文物安全隐患排查整治工作，规范管理、保护文物。规范运营管理原生态节目商业演出，打造象雄文化品牌，发展文化产业，推进文化与旅游融合发展。深化开展“四讲四爱”群众教育实践活动和“党的恩情照边疆·阿里人民心向党”基层宣传思想文化阵地建设活动，确保意识形态领域绝对安全。要健全社会保障体系，推进机关事业单位养老保险制度改革，继续整合城乡居民基本养老保险制度、基本医疗保险制度，完善多缴多得激励机制，做到应收尽收、应保尽保，落实城乡最低生活保障制度，巩固扩大“双集中”成果，大力开展社会救助，建立健全工伤保险制度，扩大社会保险覆盖面，实现养老、医疗保险全覆盖，加快构建覆盖城乡居民的社会保障体系和社会救助体系，实现五保老人有意愿集中供养率和孤儿集中收养率达到100%。

四要巩固好脱贫攻坚成果，全面建成小康社会。全地区各级党委政府和广大党员干部要深入贯彻落实汪洋主席“西藏海拔高、工作难度很大，但广大干部群众打赢脱贫攻坚战的决心更大；西藏氧气少、各种挑战很多，但扶贫工作办法和经验更多；西藏发展底子薄、条件差，但干部群众精神状态好，脱贫攻坚成绩更好”的重要指示要求，严格落实脱贫不脱政策，按照“四不摘”要求，把脱贫攻坚成果巩固放在重要位置，保持7个县37个乡镇党政正职稳定，持续强化脱贫攻坚巩固提升措施，建立稳定脱贫长效机制，对返贫和新发生贫困人口强化帮扶脱贫，对脱贫人口加大后续扶持，对脱贫不稳定的对象继续给予重点跟踪扶持。要建立防返贫机制，建立健全23230名已脱贫群众动态跟踪监测预警防返贫机制，把已脱贫群众全部纳入动态监测范围，加强跟踪监测。对脱贫不稳定和边缘人口进行监测预警，及时提供帮助，做到“即时出现、即时纳入、即时帮扶、即时脱贫”，最大限度防止返贫，努力实现稳定脱贫。要推动扶贫产业提质增效，坚持产业扶贫不松劲，把产业扶贫作为巩固提升脱贫成果的重要措施，加快推进规划内剩余16个项目建设进度，确保2020年全部建成投入见效，提升运营产业项目的经济效益，全面落实利益联结机制，真正发挥产业效益，带动脱贫群众持续稳定增收。要提升就业扶贫质效，继续发挥地县就业和农牧民增收工作领导小组的作用，加强与职业技术学校、专业培训机构和企业的合作，精准对接、精准培训，确保有劳动力的贫困户有稳定脱贫技能。积极开发扶贫岗位，优化就业服务，做好跟踪服务和政策落实，在小型基础设施、农村人居环境整治等项目上优先安排有劳动能力的贫困人口就业。要推动脱贫攻坚成果巩固与乡村振兴战略有序衔接，加强乡村人居硬件环境建设，大力推进基础设施、公共服务向乡村延伸，推动城乡基础设施互联互通，建设美丽宜居乡村。加强乡村人居软件环境建设，持续推进“四讲四爱”群众教育实践活动、“遵行四条标准、争做先进僧尼”教育活动、“藏西先锋·红色阿里”党建品牌创建、“党的恩情照边疆·阿里人民心向党”基层宣传思想文化阵地建设、全国民族团结进步示范地区创建活动，不断提高乡村社会文明程度。要建立志智双扶激励约束机制，坚持扶志、扶智、扶勤、扶德相结合，统筹推进，系统发力，综合施策，深化开展“志智”双扶活动，充分发挥脱贫典型示范作用，大力宣传尼玛顿珠、尼吉拉姆等脱贫致富先进典型，讲好脱贫攻坚故事，既管“肚子”又管“脑子”，教育引导贫困群众理性对待宗教，过好今生幸福生活。要推动各项保障措施落地见效，加强组织领导，做到机构不撤、人员不减、力量不降，继续实行地县乡三级干部包县包乡包村、结对帮扶机制；落实政策资金，查漏补缺、补齐短板；强化责任落实，落实四级书记抓脱贫攻坚责任制，坚决整治扶贫领域作风和腐败问题，强化督查考核，不断激励各级扶贫干部担当作为。

五要发展特色产业、培育新的经济增长点。推动当前经济发展、稳定经济增长预期，任务艰巨、压力较大。各县各部门要解放思想、拓宽视野，挖掘潜力、发挥优势，动脑筋、想办法、出实招，积极培育新的经济增长点，努力开辟经济发展的新天地。一是推进旅游文化产业发展。坚持把旅游业作为战略性主导产业进行重点发展，坚持政府引导、市场导向、讲究科学、遵循规律、搞好规划、多元投入、稳步推进，加大招商引资力度，推进旅游文化产业繁荣发展。紧紧围绕建设冈底斯国际旅游合作区，坚持“特色、高端、精品”发展路径，着眼于培育“象雄文化”“冈仁波齐、玛旁雍错”“札达土林”“暗夜公园”“国家生态公园”“红色旅游”等六大品牌，打造“地球第三极”旅游品牌，加快与援藏两省旅游企业、西藏国际旅游文化投资集团公司和西藏旅游股份有限公司合作开发建设步伐，推进札达土林、霞仪沟、普兰神山圣湖、日土班公湖、噶尔暗夜公园、噶尔天文科普站、措勤扎日南木错等旅游景区景点建设，加快札达古象雄文化精品旅游环线和普兰环圣湖景区旅游专线公路建设，打造阿里大峡谷等黄金旅游线路和无障碍旅游区。加强旅游软实力建设，推进景区“五通四有”工程建设，大力改善旅游接待服务条件，提升景区景点旅游道路、宾馆酒店、家庭旅馆和农（牧）家乐，打造乡村旅游重点村，推进各类新型旅游业态融合发展，满足多样化、多层次的旅游消费需求，力争全年接待游客126.5万人次，旅游收入15.9亿元，同比分别增长15%、15%。二是积极发展绿色工业。不断优化完善铜矿、盐湖锂资源开发的发展目标、空间布局、利用方式和开发时序，以政策、项目、资金、技术、人才为支撑，引进有资质、有实力、有信誉的大企业集团，加快推进改则多龙铜矿和盐湖锂资源保护性开发建设，加快推进革吉县盐湖乡盐湖工业用盐、保健用盐开发力度，科学布局发展一批盐湖锂晾晒等无污染、劳动密集型的初级加工类产业，把资源优势转化为经济优势、产业优势，实现群众就业增收。坚持扩大规模、拓展市场、打造品牌，集中力量做大做强冈仁波齐、夏岗江天然饮用水产业，打响“地球第三极好水品牌”。三是推进清洁能源产业。提早谋划阿里电网与藏中电网联网后的能源产业布局，规划建设一批太阳能、地热能、风能等清洁能源产业，培育打造一批骨干能源企业集团，建设清洁能源基地。四是发展特色农牧产业。大力实施绿色健康保障工程，着力发展特色农牧产业，从根本上扭转阿里特色农牧业产业化水平不高，企业小、散、弱、差和挖掘开发本地优势资源办法不多、能力不够、成效不大的问题。要立足本县实际，以农牧业资源优势为依托，以调整结构、促进群众增收为目标，以市场为导向，以效益为中心，以产业基地为基础，以“公司+基地+农户+保险”为模式，采取一个产业一个规划指导、一套扶持政策、一套班子促抓、一套管理体系、一个考核评价办法。大力发展优质、高效、安全、生态、绿色、无公害的特色农牧产业。对已经建成且具有一定辐射带动能力的噶尔蔬菜、普兰糌粑、札达苹果、改则野血牦牛、措勤雪鸡和措勤、日土、革吉绒山羊等要通过政府扶持、资产重组、相互参股、联合经营、实施兼并等多种方式，促进规模化发展，确保今年取得突破性进展，做成具有地理标志的品牌，切实把蔬菜、苹果产业做大，畜牧产业做优，糌粑产业做特，持续扩大规模、扩张总量、提升质量，让阿里的蔬菜、畜牧养殖、苹果等成为农牧民稳定增收的特色主导产业。要把蔬菜业作为平抑市场物价、保障民生、群众增收的“菜篮子”工程，采取政府扶持、技术引进、土地参股、订单生产、市场调控、服务跟进等措施，保生产、建好“菜园子”，促流通、管好“菜摊子”，稳价格、服务“菜篮子”，打造阿里蔬菜生产基地，提高蔬菜自给能力，解决广大干部群众吃菜难、菜价贵的问题。要通过牦牛改良、羊牛繁育、野血牦牛驯化养殖，大力发展特色畜牧养殖业，充分发挥好改则县物玛乡抢古村牛羊肉冷冻库示范作用，转变群众思想，克服惜杀惜售观念，提高牲畜出栏率、商品率，增加附加值，实现群众增收。五是培育壮大经合组织。大力实施青稞增产、牦牛育肥行动计划，扩大“藏青2000”和普兰白青稞良种种植面积，大力扶持龙头企业、现代农牧业产业园区、专业合作社、产业协会等新型经营主体，推进适度规模经营，激活农牧区生产要素，让资源变资产、资金变股金、农民变股东。全面推广改则县抢古村牧业改革经验，加快推进土地、草场流转，鼓励在稳定土地草场承包经营权的基础上，把土地草场适度向一些有种养经验的大户集中，促进规模经营、集约发展。六是繁荣发展商贸物流业。借鉴推广措勤县电子商务进农牧区综合示范县的经验做法，加快建设农牧区物流基础设施，深入实施“互联网+现代农业”行动，通过援藏等渠道，在区内外重点城市设立农畜产品外销窗口，全面推进“农超对接”，开展农畜产品展销推介，大力培育农牧区经纪人，推动电商、物流与产业融合，加快现代商贸物流向农牧区延伸，实现配送中心、乡镇商贸市场、农家店全覆盖，建立健全以县城为中心、以乡镇为节点的商品流通体系和物流配送体系。七是发展产业园区。园区建设具有规划统一，聚集生产要素，突出产业特色，优化功能布局，集约程度高，集中服务管理的优势和特点，是阿里融入新疆、青海、陕西、河北和拉萨、日喀则、那曲的重要平台，也是对外开放的重要窗口。地区发改委、商务局、住建局、经信局、自然资源局、生态环保局等单位特别是噶尔县要紧紧抓住国家、自治区扶持园区经济发展的政策机遇，加快推进园区集约化发展，明确区域产业定位，面向市场需求，以创新提升竞争力，转变发展方式，杜绝产业同质化竞争，着力在降低成本、改善服务、提高效率上下功夫，建立完备的投融资平台，推动园区标准化建设，坚持以龙头企业为依托，以资金、技术、产品为纽带，吸引企业向园区聚集，把产业园区建设成为结构优化、经济增长、产业升级的经济增长极和区域经济协作发展的窗口。八是加快民营经济发展。坚持公平竞争，对各类市场主体一视同仁、平等对待，让民营企业与国有企业在财政特殊费率补贴、提供担保等方面享受同等待遇；支持民营企业加强创新，强化公平竞争审查制度刚性约束，完善民营企业参与重大战略、重大项目实施机制；坚决破除歧视性限制和隐形障碍，优先保障土地、能源等生产要素，减轻民营企业用人、用地、用能、物流等运营成本和税费负担，健全金融机构服务民营企业体系，完善民营企业直接融资支持制度，建立清理和防止拖欠退款长效机制；构建亲清政商关系，落实行署领导联系国企、民营企业制度，定期不定期走访、座谈、交流，强化政府服务意识，建立规范化机制化政企沟通渠道，完善涉企政策制度和执行机制，创新民营企业服务模式，建立政府诚信履约机制，激发市场主体活力，保护民营企业家合法权益，督促民营企业合法合规经营，推动民营经济持续快速发展。

六要推进乡村振兴，建设社会主义新农村。各县各部门要深入贯彻落实习近平总书记关于乡村振兴的重要论述，按照党中央、区党委对“三农”工作的决策部署，紧扣全面建成小康社会目标，深入实施以“神圣国土守护者、幸福家园建设者”为主题的乡村振兴战略，统筹城乡发展，补齐“三农”短板，让广大农牧民过上更加幸福美好生活。要始终坚持农牧业农牧区优先发展，加强党对“三农”工作的领导，坚持四级书记抓乡村振兴，进一步理顺城乡关系，加大公共财政向农牧业农牧区的倾斜力度，促进各类发展要素向农牧区集聚，让农牧业成为有奔头的产业，让农牧民成为有吸引力的职业，让农牧区成为安居乐业的家园。要加快发展现代化农牧业，以农牧业供给侧结构性改革为主线，提高农牧业综合生产能力，发展农畜产品精深加工产业，深化农牧区改革创新，不断提高农牧业发展质量效益和整体竞争力，保障农畜产品有效供给，促进农牧民持续较快增收和农牧业可持续发展。要加大农牧业科技工作力度，通过地县财政和援藏资金支持建设一批农牧业推广站，鼓励农牧业技术人员到基层发挥作用，力争科技对经济社会发展的贡献率达到45%以上。要健全完善农牧业补贴政策，提高草原、森林生态效益补助标准，农业补贴覆盖一二三全产业链，落实好自治区制定出台的牲畜和饲草出售补贴政策；土地收益金和地方债要向“三农”领域倾斜，完善涉农保险覆盖面及理赔标准，对龙头企业、专合组织、家庭农牧场贷款实行贴息政策。要扎实推进乡村建设，注重规划引领，正确处理好城市发展和提高农牧区基本公共服务能力的关系，加强基础设施建设，加快推进高标准农田建设，大力实施水利“最后一公里”工程，进一步改善农牧区供电、供水、道路、信息、冷链物流等设施，健全农畜产品批发市场体系，提高农牧区教育质量，加强农牧区基层医疗卫生服务，健全农牧区社会保障体系，改善乡村公共文化服务，推进农牧区一二三产业融合发展，让农牧民群众在发展旅游、保护生态、牧业改革、乡村民宿、文化康养等方面持续增加收入，推动农村人居环境改善，提高公共服务水平，加快建设幸福家园和美丽乡村。要强化农村基层基础工作，深入贯彻党的十九届四中全会精神，健全乡村治理体系，建强农村基层党组织，加强“三农”队伍建设，积极培育文明乡风、良好家风、淳朴民风，维护农牧区和谐稳定，确保农牧区长治久安。

七要深化改革开放、增强经济发展动力。改革开放是推动经济社会发展的强大动力。要继续深入贯彻落实党的十九届四中全会精神，在深化改革上狠下功夫、在扩大开放上加大力度，不断迈出新步伐、激发新活力，努力打造阿里经济发展的升级版。要按照党中央、区党委的统一部署，正确处理好简政放权和地方承接的关系，积极承接好重要领域和关键环节改革，加快打造市场化、法治化营商环境。要深化工程建设项目审批制度改革，大力清理精简审批、核准等事项，分类压缩审批时间。要正确处理好企业增产提效和改善职工福利待遇、促进农牧民群众增收的关系，继续推进国企国资改革，对接落实好中央国企改革三年行动方案，提升国企国资改革综合成效。要推进财税体制改革，减轻企业税费负担，健全地方税体系，规范政府举债融资机制。要深化商事制度改革，全面推行“证照分离”改革，推进“照后减证”。要完善产权制度和要素市场化配置，加强社会信用体系建设，健全支持民营经济发展的法治环境，完善中小企业发展的政策体系。要深化农村改革创新，尊重农牧民群众意愿，统筹兼顾培养新型农牧业经营主体和扶持小农户，经营规模宜大则大、宜小则小，注重发挥新型农牧业经营主体带动作用，注重解决小农户经营面临的困难。

要全方位扩大对外开放、向开放借东风，加强与其他省（市）的协作交流，加强与兄弟省市的战略合作，积极融入新疆、青海、陕西、河北以及藏中、藏北经济圈，实现优势互补、互利共赢。积极对接“一带一路”和孟中印缅经济走廊，参与开辟南亚陆路大通道、建设环喜马拉雅经济带。认真贯彻习近平总书记访尼取得的重大成果，加强与印度、尼泊尔等南亚国家的交往交流，推动面向尼泊尔的共商、协商合作机制，深化与尼泊尔在旅游、文化、商贸、中药材、天然饮用水等领域的合作，完善普兰口岸各项功能，抓紧建设印度香客入境口岸旅检通道、检验检疫等相关配套设施，不断改善和提升香客接待工作，推进普兰唐嘎国际贸易市场建设，建设中尼跨境经济合作区，加快发展跨境贸易、小额贸易、边民互市贸易，扩大自产产品出口和资源性产品、消费品进口，推动对外贸易稳定增长，着力把阿里建设成为面向南亚开放的桥头堡、贸易物流中心和全区重要节点城市。

要加强招商引资工作，加强对招商引资工作的领导，每个县都要明确招商引资任务，把重点放在援藏2省和3家中央企业，推行完善招商引资全程代办、专班服务，建立健全联系企业和签约项目调度、招商引资奖励机制，确保明年从每个援藏省至少招2～3个企业进来，每家央企至少招1个项目进来，做得好的要重奖，做得不好的要追究责任。“两省三企”援藏干部人才特别是援藏领队要积极引导援藏省企业、科技人员、专业技术人员通过援藏平台参与阿里建设，引进对口援藏省和其他省（市）的大中型企业、民营企业到阿里发展，寻求政策、资金、项目、技术、人才等全方位对接，实现借资发展，借力发展，借智发展。这次会议结束后，2个省援藏总领队、对口支援4个县领队、3家援藏央企领队和地区组建的招商引资、冈底斯国际旅游合作区、噶尔县生态农业产业园区、狮泉河区域环境整治4个“小组团”援藏工作小组要利用春节休假轮休的契机，制定招商计划，加强与本省企业或其他省（市）企业的沟通协调，对接签约，确保休假轮休结束后，带着招商企业到阿里考察签约，落地实施。这里，我强调一下，这是一项政治任务，希望两省援藏总领队、各位援藏领队和招商引资等4个“小组团”援藏工作小组要发扬讲政治、讲大局、讲纪律，不讲条件、不讲困难的优良作风，集思广益、千方百计、想尽办法完成地委、行署交办的政治任务。地委、行署将提供一切优惠条件支持“两省三企”领队和招商引资援藏团队完成地区招商引资任务，地委组织部、地区发改委和各县要创造良好条件支持并督促县级援藏2省领队和3家央企领队完成本县招商引资任务，建立起常年招商引资的长效机制，架起两地之间合作交流的平台，招大商、招优商、招好商，从根本上解决招商难、引资难、落地难的问题。各县各部门都要把招商引资作为一个基础产业来做，重点在体制、机制上寻求突破，落实招商引资优惠政策，改进招商引资方式，建立招商引资服务体系，合理引导企业投向，充分发挥企业和项目单位的主体作用，引进和建设一批牵动力强、技术含量高、规模效益好的大项目，确保民间投资增长20%以上，拉动产业结构调整、促进产业优化升级。地区行署、地区发改委要根据自治区确定的落实投资任务，科学合理确定地区、各县和4个“小组团”援藏工作小组招商引资目标任务，交任务、压担子，严要求、重奖惩，推动招商引资任务落到实处。充分利用拉萨、藏青工业园区平台优势，借助藏青工业园区有关产业向西藏前移的契机，加大招商引资力度，借地招商，借鸡生蛋，助推阿里发展。地区行署、各县人民政府要深刻汲取种都公司招商引资教训，认真学习国家招商引资法律法规，健全完善招商引资办法，规范风险评估、资格审查、监督管理等程序，真正招好商、招优商。

八要加强生态保护，建设美丽阿里。要始终坚持把环境建设作为发展中的底线、生命线、高压线和警戒线，从规划引领、产业培育、环境整治、水源保护、宣传教育、体制机制等方面入手，加强生态文明建设。落实“水、气、土壤”三大行动计划，坚决打好蓝天、碧水、净土保卫战，集中整治城镇黑臭水体，大力实施水源涵养工程，加大河流源头区草地、湿地、天然林及其生物多样性保护力度，突出抓好狮泉河镇盆地造林绿化工程、札达普兰县城周边生态围城绿化工程和噶尔、日土苗圃基地建设，大力推进“两江四河”造林绿化工程、生态功能区保护工程、防沙治沙工程、人工种草工程和自然保护区建设，推进城镇生活垃圾分类处理和污水处理设施建设，加强集中式饮用水源地建设和保护，城镇集中式饮用水水源地水质达标率保持在100%。全面落实草原生态保护补助奖励和森林生态效益补偿机制，建立自然资源资产产权机制和用途管制制度，制定落实生态环境准入清单，继续实行矿山环境治理和生态恢复责任机制，积极争取自治区支持、地县财政自筹，力争完成历史遗留7个砂金矿区生态恢复治理工作，实行矿产开发自治区政府“一支笔”审批制度、环境保护“一票否决”制度。推进河湖长制，强化河湖监管，做到守河有责、守河担责、守河尽责。坚持所有建设项目严把“三关”（生态环境关、产业政策关、资源消耗关），严禁“三高”（高污染、高耗能、高排放）项目进入阿里，大力发展环保产业。强化污染防治和环境监管，建立健全生态环境监测监管体系，完善水土保持监测网络系统，加强灾害监测网络及能力建设，深化农村环境综合整治，积极推进厕所革命，加强农业农村污染治理，坚持主动治理、见缝插绿，在消除“无树村、无树户”的基础上，深入开展全民种草植树绿化国土行动，持续实施机关大院和农牧区庭院绿化行动，培育绿色生态文化，发展循环经济、推进节能减排，把生态环境做美、把生态产业做大、把绿色家园建好，构建国家重要的生态安全屏障。狠抓中央、自治区环保督察反馈问题整改，切实做好第二轮中央环保督察迎检工作。加快推进极高海拔生态搬迁工作，在确保完成独木契列安置点107户332人试点建设任务的基础上，确保今年按时完成日土县乌江村安置点108户359人、甲岗村安置点93户327人和噶尔县典角村安置点122户520人的安置工作，巩固边疆安全、保护生态环境、实现群众持续增收。请旦巴旺久、刘宏同志统筹，地区林业局、自然资源局、环境保护局特别是噶尔、日土等县要及早谋划，制定规划，未雨绸缪，提前行动，做好招投标，确保4月份开工建设，10月份实现搬迁入住。

九要抓住要害，确保持续和谐。阿里这些年来之所以能够保持长足发展的良好势头，主要在于有一个持续和谐稳定的社会环境和公平的政策环境，坚定不移地维护好社会稳定，是做好阿里各项工作的重要前提和基础。各级各部门一定要深化对维护稳定重要性的认识，把维稳工作与日常工作结合起来统筹推进，与群众工作结合起来群防群治，与基础工作结合起来强基固本，与制度建设结合起来形成长效机制，确保阿里持续长期全面稳定。关于维护稳定工作，地委还将做专门部署，这里我着重强调几点：维稳的弦要绷紧，深刻认识西藏主要矛盾和特殊矛盾，深刻认识反分裂斗争的长期性、尖锐性、复杂性，始终做到警钟长鸣、高度戒备，做到责任不松、力度不减，坚决防止因工作取得一点成绩，就盲目乐观、放松警惕，出现大起大落。维稳机制要健全，坚决贯彻落实中央、自治区关于维护稳定的系列决策部署，以反分裂反暴恐反蚕食反自焚斗争、防范应对安全风险、干部驻村驻寺、扫黑除恶打非治乱专项斗争、“先进双联户”创建评选等工作为抓手，从掌握维稳规律入手，从建立健全制度着眼，着力在健全稳定领导机制，强化应急处突演练，创新乡村治理模式，加强寺庙服务管理，推进城镇网格化管理，促进民族团结，加强社会治安综合治理，巩固边疆安全等方面下功夫，逐步建立起制度完备、责任明确、管理到位、运转高效、奖惩分明、有效管用的维稳长效机制。铜墙铁壁要筑牢，持续推进强基惠民、“四讲四爱”群众教育实践活动、“遵行四条标准、争做先进僧尼”教育实践活动、“藏西先锋·红色阿里”党建品牌创建、“党的恩情照边疆·阿里人民心向党”基层宣传文化阵地建设和全国民族团结进步示范地区创建活动，深入开展发动宣传组织引导群众工作，依靠群众维护稳定，重视发挥基层组织维护社会稳定第一道防线的作用，切实筑牢维护稳定的铜墙铁壁。维稳责任要强化，坚持维稳督查、明察暗访常态化，严格落实维稳第一责任，坚决执行维护稳定、安全生产责任追究制，以严格的责任、严明的纪律确保各项维稳措施落实到位。

十要建强基层基础，夯实执政根基。围绕建强基层组织，以“五个好”为目标，巩固选派“四个一”加强村居党组织建设成果，集中整顿软弱涣散基层党组织，选好配强村居“两委”班子。围绕发挥基层组织作用，不断深化强基惠民、基层党建示范点“标杆”工程、强乡兴村固本、党员素质提升等活动，教育引导基层组织特别是基层党员干部发挥战斗堡垒和先锋模范作用，把强农惠农政策掌握好、落实好，把群众宣传好、教育好、团结好，把基层的问题解决好、民生改善好、稳定维护好，把基层干部管理好、当地发展好、生态保护好。围绕建强党员队伍，加大在基层发展党员的力度，做好在退役军人、农牧民、企业、生产一线和青年中发展党员的工作，严把“入口关”，强化党员教育管理，深入开展“三个培养”活动，不断培养发展壮大党员队伍。围绕典型引路，地县乡三级党委、政府坚持每年围绕脱贫攻坚、维护稳定、生态环保等重点工作，兼顾其他工作，党委主要领导带头深化开展好重点工作自查考评，持续广泛深入开展县县有示范、乡乡有亮点、乡乡有典型、乡乡有实招、乡乡有新水平、村村有特色创建活动，着力打造一批富裕村、改革村、平安村、文明村、生态村、幸福村、团结村、产业发展村、劳务输出村，以点带面、示范带动。

五、切实加强党对经济工作的领导，确保党中央、区党委的决策部署落到实处

政治路线确定之后，干部就是决定的因素。明年经济社会发展的各项任务、重点工作已经确定，能不能实现改革发展稳定生态的目标任务，关键在于各级干部能否以优良作风扎实工作、狠抓落实。要把推进“不忘初心、牢记使命”主题教育制度化常态化作为党建工作的重中之重，以学习贯彻习近平新时代中国特色社会主义思想为主线，以“守初心、担使命，找差距、抓落实”为总要求，以群众满意作为检验标准，加强领导、精心组织、把握要求、落实措施，确保主题教育实现预期目标，取得让党和人民满意的效果，以主题教育的实际成效来提高各级党组织和党员领导干部领导经济社会发展能力和抓落实的能力。一要提高领导发展能力。各级党委要从战略和全局上总揽经济工作，既要具备领导经济发展的本领，又要有经济的头脑和眼光，还要有政治和哲学的思维与方法，用辩证的思维分析问题、解决问题，用普遍联系的观点整合资源、加强合作，用系统化的方法落实和推进工作，在统筹全局、确定方向、制定政策、做出规划、创优环境，集中精力抓大事，统筹各项发展上有新成效。二要提高政策执行能力。能否做到不折不扣地贯彻落实中央的大政方针、区党委的决策部署、地委的各项要求，是对每个党员领导干部党性强不强、作风正不正的重要检验。全地区各级干部特别是党员领导干部要把提高执行力作为增强“四个意识”、坚定“四个自信”、做到“两个维护”的试金石，认真贯彻执行下级服从上级、个人服从组织、全党服从中央的组织原则，不断增强运用习近平新时代中国特色社会主义思想的立场观点方法分析和解决问题的能力水平，自觉贯彻党总揽全局、协调各方的要求，严格遵守和执行制度，把党领导经济工作的制度优势转化为治理效能，推动中央精神、区党委部署和地委要求落地见效，确保政令畅通。三要提高督促检查能力。坚持全面检查与专项检查、定期检查与临时抽查、平时检查与年终考核相结合，使每项工作责任到人。围绕经济社会发展目标任务、重点项目和重大部署，研究制定体现科学发展观和正确政绩观的综合考评办法，健全和完善目标、责任、考核“三个体系”，既重“显绩”又重“潜绩”，既看增长幅度，又看工作基础。对明年确定的各项指标要求，年底要进行严格考核，做到奖优罚劣、奖勤罚懒、兑现政策。四要提高抓落实能力。常言道，喊破嗓子，不如甩开膀子。抓

落实就是真干事，干真事，把思路变为措施、化作行动，把定下来的事办成，把该管的事管好，把该抓的工作抓到位。树立重实干、抓落实、求实绩的工作导向，深入一线、沉在基层、敢抓敢管、善作善为、雷厉风行、一抓到底，做到在解决实际问题中见功夫，在推动发展中显身手，在干实事、抓落实中作表率，在密切联系群众、转变作风上做示范，以自己的实际行动带出一支善于抓落实、执行力强、推动力强的一流干部队伍。五要提高干事创业能力。要坚持实事求是，一切从实际出发，深入贯彻落实中央八项规定及其实施细则精神和区党委实施办法，持续推进为基层减负工作，力戒形式主义和官僚主义，坚决杜绝在贯彻执行党中央、区党委决策部署上做选择、搞变通、打折扣。要正确处理好鼓励干部担当干事和容错纠错的关系，树立正确的政绩观，坚持严管与厚爱相结合、约束与激励并重，旗帜鲜明为敢于担当、踏实做事、不谋私利的干部撑腰鼓劲，最大限度激发干部积极性、主动性、创造性，把广大党员干部的精气神引导到改革发展稳定上来。要牢固树立过紧日子的思想，坚守节用裕民正道，把压减下来的支出用于保障人民群众过好日子，严格落实自治区明确的地县本级部门项目支出压减16%、公用经费压减11%的规定，对那些不该花的、不必要花的和暂时不可以花的钱要坚决不花，能节约的尽量节约，以真正过紧日子的实际行动为全地区作出表率。

在地委经济工作会议上的讲话（摘要）

地委副书记、行署专员　旦巴旺久

（2019年12月29日）

一、2019年全地区经济工作成效明显

2019年，面对严峻复杂的宏观经济形势，地委、行署团结带领全地区各族干部群众，坚持以习近平新时代中国特色社会主义思想为指导，深入贯彻落实党的十九大，十九届二中、三中、四中全会和中央第六次西藏工作座谈会精神，深入贯彻落实习近平总书记关于治边稳藏的重要论述，深入贯彻落实汪洋主席在阿调研考察时的重要讲话精神以及吴英杰书记、洛桑江村主任等自治区领导同志关于做好阿里工作的系列指示批示精神，坚持以人民为中心的发展思想，牢固树立新发展理念，落实“六稳”要求，坚持“巩固、增强、提升、畅通”八字方针，正确处理“十三对关系”，按照“打造两点、贯通一线、统筹东西、全域发展”空间发展战略，围绕以优异成绩迎接新中国成立70周年和西藏民主改革60周年这一主题，不忘初心、牢记使命，坚持党对一切工作的领导，鼓足高质量发展的劲头，瞄准广大群众的盼头，攻坚消除贫困的目标，力补基本建设的短板，掀起乡村振兴的势头，高举改革开放的旗帜，勇立生态环保的潮头，誓保社会局势的稳定，把各领域各方面工作标准、工作成效推上了新的台阶。

总体看，全年经济发展主要有7个方面的特点。一是经济运行良好的态势持续向好。2019年地区生产总值预计完成62.4亿元，同比增长12.2%，增速连续4年保持在两位数。三产结构比例逐步趋于合理，二三产对GDP的贡献率达到89%。二是改善民生有力的形势持续向好。应届高校毕业生就业率达到100%，往届毕业生实现全就业。全年完成转移就业8570人、15640人次，实现劳务增收1.29亿元，分别完成年度任务的124%和156%，农牧民劳务性增速达到88%。城镇新增就业2248人，城镇登记失业率控制在3%以内。全年完成“十项民生工程”27件实事，总投资38.02亿元。农村居民人均可支配收入预计达到12281元、同比增长13%；城镇居民人均可支配收入预计达到39879元、同比增长10%。安全饮水全面推进，人均寿命逐年提高。实现1833户6799人脱贫，措勤、改则、革吉3县达到摘帽标准。三是经济结构不断优化的趋势持续向好。藏系绵羊、象雄半细毛羊、绒山羊、野血牦牛、经济林木、牦牛育肥、物流园区、边贸口岸等特色产业有序发展，高原现代农牧业初见成效。地区工业总产值预计达到2.3亿元，同比增长7%。全年接待游客110万人次，实现旅游收入13.8亿元，同比分别增长24.7%、27.7%，超额完成年度目标10个百分点和15个百分点。全年发电量达8933.76万千瓦时，增长5.3%。社会消费品零售总额达到14.24亿元、同比增长13%。四是不断深化改革的趋势持续向好。农牧区改革工作深入推进。“互联网+政务服务”服务平台实现地

县乡村四级覆盖。持续推进“证照分离”“多证合一（33证）”简易注销改革，市场主体发展到10263户，注册资本（金）137.3亿元，同比分别增长21.6%、34.6%。营商环境不断改善，社会投资持续向好，全年社会投资完成3.72亿元，同比增长55%。五是市政功能体系更加健全的趋势持续向好。狮泉河镇供电、供暖、供水、供氧体系运转正常，市政道路便捷畅通。日土、改则、革吉、措勤4个县实现集中供暖，7个县县城实现供氧全覆盖，霍尔等21个高海拔乡镇实现供氧；磁石、洞措、热帮、门士、昆莎5乡实现供暖；深入推进“厕所革命”，建成96座公共厕所，94座已投入使用、使用率97.92%。六是深化财税体制改革的趋势持续向好。全年累计减免税金1.12亿元，占税收收入的24.2%。金融机构各项存款余额162.7亿元，同比增长2.77%；各项贷款余额42.54亿元，同比增长14.23%。商用电价由每度2.5元下调为1.7元，下调幅度达32%；居民用电由每度0.85元下调为0.76元，下调幅度达10%。七是美丽阿里建设步伐加快的趋势持续向好。大气、水和土壤环境质量持续保持优良，积极推进农村环境综合整治，扎实推进生态示范区创建，择优申报符合创建条件的生态乡7个、生态村30个。全面落实河湖长制，实现2170条河湖地县乡村四级河湖长管理全覆盖。大力开展消除“无树村”“无树户”和机关单位庭院绿化工作，完成“两江四河”造林绿化1.63万亩、防沙治沙7.43万亩、义务植树2400亩，地区林草局获得“全国绿化模范单位”荣誉称号。落实农牧民补助奖励政策资金3.58亿元；兑现森林生态效益补偿资金6501.64万元；落实生态补偿脱贫岗位20111个，年人均补助3500元。

一年来，在自治区党委、政府和地委的坚强领导下，在全地区各级各部门的共同努力下，各项工作成效达到了年初既定的目标，我们主要做了以下工作。

一是坚定不移打好打赢三大攻坚战。在脱贫攻坚方面，聚焦“两不愁三保障”，实现1833户6799人脱贫，54个村（居）退出贫困村（居）行列，措勤、改则、革吉3县达到摘帽标准，全地区6214户23230人全部脱贫，贫困发生率下降至零，基本消除绝对贫困。在污染防治方面，坚决打好蓝天、碧水、净土保卫战，大力推进饮用水水源地环境问题清理整治工作，地表水国控断面水质达标率100%，主要江河湖泊水质保持良好，土壤环境质量总体保持稳定。实施狮泉河盆地生物防沙治沙工程，大力开展机关单位大院和农牧区庭院绿化行动，推进全民种草植树绿化国土行动，有条件的地方实现消除“无树村、无树户”目标。在风险防范方面，加强习近平总书记关于增强忧患意识、防范风险挑战重要论述的学习，坚持确保经济在合理区间运行的基础上防风险，在推动经济高质量发展中防范化解风险。制定出台了《阿里地区地方政府性债务风险应急处置预案》《阿里地区地方政府债务风险防范与化解实施方案》等指导性文件，认真做好摸底排查、加强动态监测，每月对全地区政府性债务进行一次系统性排查，在保证全年无新增政府性债务的同时，化解存量3.65亿元，牢牢守住了不发生系统性金融风险的底线。

二是坚定不移补齐基础设施短板。全年共实施重点项目279个，新增重点项目62个，预计完成固定资产投资60亿元、同比增长5.6%，全口径统计预计完成投资116.19亿元。交通基础设施建设稳步提速，国边防公路、农村公路、抵边自然村公路建设里程逐年增长。狮泉河至普兰高等级公路建设项目纳入“十四五”规划，斜尔瓦友谊大桥工程完成可行性研究报告，普兰支线机场完成预可研咨询评估。综合能源体系加快完善，狮泉河镇热电联产项目成功接入主电网顺利并网发电。阿里电网与藏中电网联网工程全面开工。“三区两州”42项农网改造升级工程进展顺利。水利设施体系加快构建，多油水库、阿青电站、狮泉河中游修复及保护工程、热布加林水库等37个水利建设项目进展顺利。

三是坚定不移深化改革开放。扎实推进“互联网+政务服务”工作，地区政务服务中心设立服务窗口50个，入驻30家单位，西藏政务服务网我地区法人用户注册量达5390个、个人用户注册量达到56954个，全地区政务服务类累计办件33.1万件，服务2.5万人次。积极对接“一带一路”倡议，完成昆莎机场航空口岸可行性论证工作，目前已具备临时开放条件，争取明年5月份开通首例国际航空包机航线。投资5.2亿元，开工建设阿里地区物流园区。全地区客运周转量达到4963万人公里，同比增长5.42%；快递行业快速发展，韵达、圆通、申通等13家快递公司在我地区开通快递业务。货运周转量达到12.77万吨公里，同比增长5.23%；航空客运达到8.24万人次。投资2.8亿元，开工建设阿里地区普兰国际边贸市场改扩建工程。大力支持边境口岸建设，普兰口岸斜尔瓦“一关两检”综合保障设施建设项目开工建设，全年进出口总额预计完成3336.1万元。

四是坚定不移保障和改善民生。着力提高教育教学质量，严格控辍保学机制，教育“五个100%”目标基本实现，高中异地办学顺利完成，今年高考录取率达78.58%，其中拉萨高中录取率94.84%。积极推进“互联网+教育”智慧教育，46所学校实现联网，联网率达86.9%。校园安全工作扎实有效，我地区2801名异地就读学生平安返乡。建成地县乡村四级综合文化体系，145个村居、58座寺庙实现书屋全覆盖，农村广播、电视综合覆盖率分别达到96%、97%，寺庙僧舍广播电视覆盖率达到100%，基层广播电视覆盖面不断扩大。积极推进智慧医疗服务。等级医院创建工作有序开展，包虫病和“三病”防治工作成效显著，“两降一升”“两癌筛查”“母婴安全”“健康儿童”和城乡居民暨在编僧尼免费健康体检、传染病防治、计划免疫等各项工作稳步推进，城乡居民健康保障水平大幅提高，孕妇住院分娩率91.54%，孕产妇死亡率259/10万，婴幼儿死亡率13.81‰，大中病可治数达397项。社保体系进一步完善，各项社会保险参保率、征缴率均有增长。成功举办地区第五届农畜产品交易会，实现销售额1223.04万元，较第四届增长378.92万元。圆满完成国务院安委会年度考核工作，全年未发生重大安全生产事故。

在看到成绩的同时，我地区还存在7个方面的短板和不足。一是经济总量不大、产业基础不强。全国经济由高速增长向中高速增长转变，全区经济增速呈逐年下降趋势。尽管今年我地区实现地区生产总值62.4亿元，但经济增长主要靠投资拉动，经济增长对投资的依赖没有改变，“十三五”进入末期，国家投资项目较前期有所减少，地方消费水平持续低迷，地区生产总值增速疲软。经济总量小，发展基础弱，基层基本公共服务水平不高，特色产业发展、区域协调发展不平衡、不充分的问题依然突出。二是固定资产投资增速不理想。受国家压缩国债项目投资、严防政府隐性债务等宏观政策的影响，全地区固定资产投资增长缓慢，部分重点项目进展不力，增速较去年同期下降14.8个百分点，未能如期实现年初22%的增长目标。三是金融存贷比不够协调。截至12月末，金融机构各项存款余额162.7亿元，同比增长2.77%；各项贷款余额42.54亿元，同比增长14.23%。受金融体制改革和企业信用度等因素的影响，企业“难贷”，银行“慎贷”，融资难的问题依然突出。四是财政收支不平衡。2019年，一般公共预算收入预计完成4.32亿元，同比增长8%。但主要靠基金和非税拉动，工商税收增幅不大。财政的短收，导致可用财力不足，而财政支出居高不下，资金调度异常困难。五是巩固脱贫攻坚战任务依然艰巨。扶贫产业项目效益尚未显现，利益联结机制不够完善，巩固脱贫攻坚成果压力较大，特别是革吉、改则、措勤3县基础较弱，返贫风险依然存在，后续巩固提升任务艰巨。六是就业增收问题突出。高校毕业生就业和农牧民转移就业任务依然繁重。增速与全国全区平均水平相比，我地区工资性、财产性收入比例过低，政策性收入过高等结构性矛盾突出。七是投资环境亟待改善。硬环境欠账较多、软环境仍然存在不少问题，各级干部的思想观念、行为方式、工作作风和知识水平，特别是执行力还不能适应市场经济的要求。同时，对这些短板和不足，我们要引起足够重视，在今后的工作中认真加以解决，努力把经济工作做得更好，千方百计加快阿里发展。

二、2020年经济工作的形势、目标和任务

当前和今后一个时期，是全区强边固防攻坚期、经济社会内生动力增强期、民生改善加速期、生态建设提升期、特殊矛盾加剧期。面临的形势更加复杂，矛盾更加尖锐，挑战更加严峻，任务更加繁重，突出体现为“四个短板”“四个压力”。这“四个短板”和“四个压力”犹如是在给我地区把脉问诊，直指病灶，发人深思。基础设施的短板：我地区是全国唯一一个没有接入国家骨干电网的地级市，长期孤网运行，电力保障水平低，用电高峰期，拉闸限电已成为常态。农村客运班线至今未有效联通，80%以上的建制村不通客车。物流成本、人员成本及各类商品价格居高不下，直接导致同等投入的资金在我地区远远不能解决和完成不了同样的任务。基本公共服务的短板：全地区只有全科医生8人，每万人口全科医生数还不到0.7人，离3人的达标要求还有较大差距，人均预期寿命比自治区70.6岁还低10.6岁，目前只有60岁。营商环境的短板：企业经营成本高，用本地工难的现象非常普遍，税率等方面没有特殊优惠政策，同时人才环境、融资环境与全区其他地市相比没有优势。新型城镇化建设的短板：与全区其他地市相比，我地区城镇化率和增速均排名垫底，已有的部分小城镇市政基础附属设施如：供电、通网、通水、垃圾和污水处理等远远达不到小城镇标准。稳投资的压力：受统计方式的调整，500万元以下项目和国边防公路等项目不列入统计口径，导致我地区很多项目不能计算为固定投资数。同时，“十三五”进入尾声，项目资金较往年都急剧减少，现阶段有眉目和着落的项目只有52.7亿元，完成2020年固定资产增速5%的63亿元的目标，压力巨大。稳就业的压力：高校毕业生在不断增加，能够开发的就业岗位在逐年减少，预计明年我地区将有超过300名阿里籍高校应届毕业生。持续增收的压力：我地区农牧民收入已经连续多年保持两位数增长，特别是18年、19年收入绝对值高于全区平均水平，随着农牧民转移收入接近天花板，特别是政策性收入在全区位于前列，提标扩面的空间逐步收窄。动能转换的压力：我地区产业基础薄弱，体系不健全，同质化问题突出，抗风险能力低，投入产出效益低，2019年工业增加值仅占生产总值的3.8%，比全区8%的平均数还少4.2个百分点。

做好明年经济工作，我们有着无比坚强的政治后盾，在以习近平同志为核心的党中央的坚强领导下，在习近平新时代中国特色社会主义思想和总书记治边稳藏重要论述的科学指引下，只要大家按照党中央的战略决策，贯彻落实好区党委、地委的工作要求，坚定信心、同心同德、保持定力、埋头苦干，一定能够战胜各种风险挑战，在明年的经济工作中掌握主动权、实现新跃升。

2020年是全面建成小康社会和“十三五”规划收官之年，中央即将召开有关西藏工作的重要会议，对今后一个时期西藏工作进行全面部署。做好明年的经济工作，对实现第一个百年奋斗目标，为“十四五”发展和实现第二个百年奋斗目标打好基础意义重大。总体要求是：坚持以习近平新时代中国特色社会主义思想为指导，全面贯彻落实党的十九大和十九届二中、三中、四中全会及中

央经济工作会议、中央第六次西藏工作座谈会议精神，贯彻落实党的基本理论、基本路线、基本方略和习近平总书记关于治边稳藏的重要论述，贯彻落实自治区九次党代会、区党委九届三次、四次、五次、六次和区党委九届七次全会暨党委经济工作会议精神，按照区党委、政府的总体部署要求，紧扣全面建成小康社会目标任务，坚持创新、协调、绿色、开放、共享的新发展理念，坚持稳中求进、进中求好、补齐短板工作总基调，坚持供给侧结构性改革为主线，坚持以处理好“十三对关系”为根本方法，坚持改善民生凝聚人心，以迎接服务、学习贯彻中央关于西藏工作的重要会议为重点，全面做好“六稳”工作，落实“巩固、增强、提升、畅通”八字方针，推动经济高质量发展，巩固脱贫攻坚成果，统筹推进稳增长、促改革、调结构、惠民生、防风险、保稳定，大力实施“打造两点、贯通一线、统筹东西、全域发展”的空间发展战略，保持经济运行在合理区间，确保全面建成小康社会和“十三五”规划圆满收官。

2020年经济社会发展主要预期目标是：地区生产总值同比增长10%；固定资产投资同比增长5%；地方财政收入同比增长3%；社会消费品零售总额同比增长10%；城镇居民人均可支配收入同比增长10%；农牧民人均可支配收入同比增长13%；居民消费价格指数涨幅控制在4%以内；城镇调查失业率控制在5.5%左右、城镇登记失业率均控制在3%以内；能耗、碳排放和污染减排指标控制在国家核定范围内；城镇空气质量优良天数比率保持在96%以上；外贸进出口总额同比增长20%；接待国内外游客同比增长15%，旅游收入同比增长15%。

以上几项主要指标，与自治区目标任务总体保持一致，仅地区生产总值高出自治区目标1个百分点，这是地委、行署综合考虑近年来经济增长情况，特别是在经济总量相对偏小、追赶任务相对较重的情况下，自我加压，用以持续巩固阿里近年来良好的发展态势。全地区上下要笃定发展目标，瞄准短板不足，精准施策加速加力，力争全年目标任务圆满完成。

关于明年全地区经济工作的指导思想、主要目标、方法措施，上午已经作了非常详细的安排部署。我们要认真领会，深入贯彻，着力抓好以下7个方面的工作。

（一）聚焦三大攻坚战，夯实全面建成小康社会的基础

总书记强调，“脱贫是全面小康的重中之重，是必须完成的硬任务”“确保如期实现全面建成小康社会目标，必须打好污染防治攻坚战”“必须确保不发生重大金融风险”。我们要不折不扣地坚决贯彻落实。一是抓好脱贫攻坚成果的巩固提升。基本消除绝对贫困仅仅是万里长征走完的第一步，巩固脱贫成果的任务更为艰巨繁重。地县两级脱贫攻坚指挥部要坚持力度不减、政策不变、责任不松的原则，严格落实“四不摘”工作要求，建立解决消除贫困的长效机制，将巩固脱贫成果作为一切工作的着力点和落脚点。一要提早谋划出台各县巩固提升措施，持续巩固脱贫攻坚成果。及时做好返贫人口和新发生贫困人口的监测和帮扶，以脱贫攻坚普查为契机，以问题为导向，精准施策、精准预警，持续解决致贫因素，尤其要把因病返贫摆在更加突出的地位，坚决防止一“脱”了事的情况出现，确保贫困人口稳定脱贫。二要加快补齐短板，继续对标“两不愁三保障”，提升公共服务水平，加快推进2019年续建扶贫产业项目、易地搬迁配套产业项目和脱贫攻坚三年行动项目的建设。提高产业效益的发挥，让扶贫产业真正成为群众稳定增收的摇钱树。不断完善利益联结机制，强化项目运营管理，提升产业发展效益，让脱贫群众不离家、不离土、就近就便融入产业发展，确保搬迁群众“搬得出、稳得住、能致富、有保障”。这方面我们经过探索有经验，也有教训，扶贫产业资金绝不能“撒胡椒面”，扶贫产业项

目绝不能“一哄而上”，必须聚焦品牌化、规模化、现代化，避免同质化，才能持续发展壮大。地区脱贫攻坚指挥部产业专班，要认真总结我地区产业扶贫项目效益发挥情况，帮助各县完善利益联结机制，真正发挥产业效益，带动群众持续稳定增收。三要扎实推进37个边境小康村建设，已建成的14个村抓巩固提升，尚未建成的23个村明时限、抓进度、保质量，噶尔、日土、普兰、札达4县要在2020年1月15日前，制定各自边境小康村建设计划，明确时间节点和责任部门及人员，确保2020年6月30日前，我地区所有边境小康村建设任务全部如期完成。地区边境小康村建设指挥部，要按照各县上报的时间进度，继续加大统筹指导和月调度通报力度，层层压实责任，对工作推进缓慢的县要从严问责。四要有机衔接乡村振兴战略，坚持农牧业农牧区优先发展，加强党对“三农”工作的领导，坚持四级书记抓乡村振兴。提前做好对接，积极配合自治区相关部门，认真组织实施好“十项惠民措施”，进一步理顺城乡关系，统筹城乡发展，补齐“三农”短板，让广大农牧民过上更加幸福美好的生活。请袁富国常务副专员具体牵头负责，行署各副专员、各县委、县政府和地县两级脱贫攻坚指挥部、地区和西四县边境小康村建设指挥部具体负责落实。二是打好打赢污染防治攻坚战。牢固树立“绿水青山就是金山银山、冰天雪地也是金山银山”的理念，把生态文明建设放在更加突出位置，严守生态红线底线制度，严格落实产业准入负面清单、水资源管理、耕地红线和基本草场保护制度，严禁“三高”项目进入阿里，建立自然资源资产产权制度和用途管制制度，以及环境保护“一票否决”制度，进一步落实属地管理责任，扎实深入开展“三整治、三提升”行动，大力开展七县卫生文明城市“双创”活动，确保我地区蓝天碧水没有一丝杂色。一要集中整治非正规垃圾堆放点，各县、各乡镇要彻底整治各自范围内的陈年垃圾，全面深入开展生活垃圾和建筑垃圾、河湖面漂浮垃圾等非正规垃圾堆放点的排查整治工作。地县两级生态环境局要加强指导督促，县乡两级政府具体负责组织实施，对各自辖区内非正规垃圾堆放点进行全面排查清理，并建立工作台账，实行限时销号制管理。二要集中整治白色污染，县乡两级政府要不定期组织力量对城镇周边和乡村、主要交通干线、旅游景区、江河湖泊等区域可视范围内白色垃圾进行不定期清理。同时，充分利用“6·5”世界环保日、“天上阿里”微信公众平台等，加大“减少白色污染从我做起”的主题宣传教育，从源头上减少一次性餐具和塑料袋的产生。三要深入整治人居环境，持续开展扬尘、污水排放等专项治理，年底前我地区7县都要具备对饮用水末梢水的卫生质量有初步监测能力，城镇集中式饮用水水源地水质达标率保证在100%。地县两级生态环境局要严厉打击生态环境领域违法违规行为，加大查处曝光力度，对不符合排放标准的企业和单位，该处罚的处罚、该整改的整改。四要不断提升垃圾分类工作，地区爱卫会、文明办和住建局等部门要加强协作，强化宣传教育，完善试运行机制，进一步深化生活垃圾分类理念，积极鼓励引导居民主动参与垃圾分类。年内形成“政府主导、部门牵头、试点带动、全民参与”的生活垃圾分类处理运行格局，切实推进我地区生活垃圾分类试点工作取得实效。五要不断提升环境卫生治理力量，各县要进一步细化环卫人员岗位责任范围，定人定岗定责，加大绩效考核，组织引导专兼职生态岗位人员共同参与环境卫生治理工作，形成人人参与的环境卫生治理氛围。六要继续深入开展消除“无树村”“无树户”“无树单位”工作，深入实施“两江四河”造林绿化工程、防护林体系建设工程和防沙治沙工程。继续实行矿山环境治理和生态恢复责任机制，争取自治区支持帮助，采取上级解决一部分、地县财政自筹一部分的办法，力争完成7个历史遗留砂金矿的生态恢复治理工作。严厉打击和坚决禁止乱捕乱猎行为，培育绿色生态文化，构筑国家生态安全屏障。七要做好迎接中央第二轮生态环保督察各项工作，各级各部门要高度重视，进一步提高认识，完成好第一轮反馈问题的整改，全力以赴准备迎接第二轮中央环保督察组。各县要参照迎接第一轮中央环保督察的要求和做法，制定工作方案，抓紧成立组织机构，对各专项工作组职责任务进行细化，明确责任人和完成时限。认真准备迎检资料，各单位主要领导要对迎检资料亲自把关，归档资料要签字确认，做到迎检材料统一规范，真实有效。请张会明副书记、段晓勇副专员具体牵头负责，各县委、县政府和地县两级生态环境部门及地区环保迎检专班、地直各部门负责落实。三是抓好防范化解重大风险。各级政府要切实树立底线思维和风险意识，担负起防范风险的主体责任，深入开展互联网金融风险专项整治工作，严厉打击非法金融活动，坚决守住不发生区域性、系统性金融风险的底线。各级财政部门要继续严格执行政府债务限额管理制度，认真组织开展好每月一次的政府性债务全面自查工作，坚决遏制政府隐性债务增量，减少存量，稳妥有序化解地方债务风险，确保风险等级始终保持在可控范围内。请梁庆副专员具体负责牵头，地区人民银行、各县委、县政府和地县两级财政部门负责落实。

（二）聚焦共建共享，增进全面建成小康社会的民生福祉

总书记强调，“要保障和改善民生，坚持公共服务项目优先安排，解决好群众反映强烈的上学难、看病难、行路难等问题”“深入推进矛盾纠纷排查化解工作，维护社会和谐稳定”。我们要坚持把保障和改善民生作为一切工作的出发点和落脚点，努力实现好、维护好、发展好广大人民群众的根本利益。一是办好民生实事。实施好2020年13个大项65个子项目民生实事，其中项目建设类51件，巩固提升类5件，政策补助类9件，总投资94.89亿元，年内计划完成投资37.29亿元，继续巩固提升机关食堂补助、高海拔乡镇集中供暖补贴、退休人员治病路费报销、集中供氧补贴等干部群众关注度高的民生实事，全面提高广大人民群众的幸福感和获得感。二是优先发展教育事业。进一步优化教育资源布局，突出教师和学生思想政治教育，推进学前双语教育第三期行动计划，巩固提升学前教育毛入园率。改善基层办学条件，充实基层教学力量，充分利用好“组团式”、短期教育援藏人才，努力提高教育教学水平，巩固提升教育“五个100%”成果，年内实现“互联网+教育”所有学校全覆盖。加快职业教育结构调整，深化产教融合、校企合作，强化技能型人才培养。三是加快发展卫生事业。深入推进健康阿里建设，加快推动等级医院创建，实施医疗队伍素质提升工程，深化“组团式”、短期医疗人才援藏成果，强化基层医疗人员教育培训，通过培训提高、委托培养、引进人才等方式，确保每个乡村有两名以上执业医师（助理医师），努力提升医疗服务水平。落实好自治区海拔4500米及以上高海拔地区乡镇卫生院专业技术人员特殊岗位奖励补助办法。深入开展卫生惠民工程，深入实施分级诊疗和县域综合医改，县域医共体建设和基层巡回诊疗范围扩大到所有乡镇，继续扩大城乡居民医疗保险制度、职工基本医疗保险制度和“互联网+医疗健康”智慧医疗服务覆盖面，实施好城乡居民和寺庙僧尼免费健康体检，巩固好包虫病综合防治成果，加强高原性心血管疾病、结核病、肝炎、大骨节病、妇女“两癌”筛查防治，不断提升农牧民群众健康水平。四是创新发展文化事业。进一步加强公共文化设施建设，深化文化体制改革，加快构建地县乡村四级综合文化体系，巩固扩大“村村通”“户户通”“舍舍通”覆盖面，巩固提升“党的恩情照边疆·阿里人民心向党”基层宣传思想文化阵地建设成果，实施好文化惠民工程，不断丰

富各族群众精神文化生活，继续开展文物安全隐患排查整治工作，不断提升文物安全防护水平。五是竭力提高社会保障水平。健全完善社会保障体系，扩大各类社会保险覆盖面，完善多缴多得激励机制，努力做到应保尽保，应收尽收。落实城乡最低生活保障制度，着力解决好“一老一小”两个特殊群体的托育，巩固扩大“双集中”成果，积极开展社会救助，切实保障困难群众基本生活。六是突出抓好稳定就业工作。就业仍然是明年工作的重中之重，要稳定就业总量，改善就业结构，提升就业质量，突出抓好重点群体就业工作，确保零就业家庭和高校毕业生稳定就业。2020年我地区应届高校毕业生将超过300人，目前能够继续开发的就业岗位已十分有限，要继续通过企业吸纳、公招考录、就业援藏等措施，以生定岗，加大就业岗位的开发，确保明年就业岗位开发数量不低于2019年总数。特别是“两省三企”要将就业援藏作为重点，坚持力度不减、岗位不少的原则，两省每年继续提供不少于400个就业岗位，三企每年继续提供不少于300个就业岗位，以生设岗就业不少于300名，帮助我地区实现有就业意愿的高校毕业生全部稳定就业。高度重视创业孵化基地建设和创业服务工作，加快推进创业孵化载体建设步伐，地区人社部门要参照学习拉萨创业孵化基地的成功做法，尽快拿出我地区建设创业孵化基地的项目可研报告和建设书，力争明年我地区创业孵化基地建设有实质性的进展。地县两级大学生就业工作专班，要认真总结2019年工作的经验教训，继续主动做好对接服务工作，实现应届高校毕业生全就业的目标。七是扎实做好农牧民增收和转移就业工作。继续落实农牧民增收“一把手”工程，健全完善并严格落实所有工程项目使用当地劳动力不少于30%用工总量的制度，支持和鼓励农牧民参与工程项目建设，凡是400万元以下、技术要求不高、农牧民有能力承接的项目全部交由本地农牧民施工队实施。人社部门和农牧民增收工作专班要加强协作，深入实施职业技能提升行动，扎实做好农牧民技能培训工作，要突出“订单定向式”培训这个主题，明年40%以上技能培训要达到“订单定向式”标准。要全面提升农牧民转移就业组织化程度，力争明年我地区每个县至少建成1～2个农牧民转移就业基地，全年开发就业岗位1372个，实现城镇新增就业2400人。顺利完成3000名以上农牧民技能培训任务，转移就业不少于7500人，人均劳务收入增长20%以上的目标。八是全面根治拖欠农民工工资问题。各职能部门要以全面实施建筑项目工人实名制管理、两账分离、银行按月支付工资为基础，以完善欠薪预警系统为重点，以治欠保支“动态清零”和“推送黑名单”为手段，全面落实根治拖欠农民工工资各项制度措施，规范建筑市场秩序，规范工资支付行为，严格落实政府主体及部门监管责任，加大问责和惩戒力度，确保不发生因欠薪引发群体性、极端性事件，确保实现政府投资项目无欠薪，推动我地区根治拖欠农民工工资工作取得明显进步。力争于2020年形成制度完备、责任落实、监管有力的治理格局，使拖欠农民工工资问题得到根本遏制，努力实现基本无拖欠的工作目标。请张小平常务副专员具体负责牵头，行署各副专员、各县委、县政府和地县两级卫健、教育、文化、民政、发改、人社等部门负责落实。

（三）聚焦基本建设，补齐全面建成小康社会的突出短板

总书记指出，“发展是解决西藏所有问题的关键”。我们要认真总结分析2019年固定资产投资下滑的主观原因，汲取经验教训，科学推进2020年重点项目建设，加快项目前期工作，明年第一季度各部门组成专班负责开展项目招投标等前期工作，地区重点项目办制定具体时间表，细化各项目前期完成时限，确保2020年所有计划内项目全部获批并开工建设。第二季度各项目法人单位督促各施工单位提早做好“三通一平”及开工

进场备料和设备安装调试等前置工作，地区重点项目办负责制定各项目进场时间表，督促各项目法人单位做好项目施工现场准备工作，确保如期开工建设。第三、四季度，抢抓工期，争取完成更多实物量，能够年内完工的项目，必须如期完工。地县两级重点项目办要改进工作作风，加大项目月调度力度，分析制约项目实施的根源，提出有针对性的解决措施，切实发挥好总调度、总协调的作用。同时，认真研究国家宏观政策导向和产业发展趋向，结合“十三五”规划执行情况和阿里地区实际，挖掘、论证、储备一批上规模、有竞争力，支撑性和成长性好的项目，提前做好“十四五”重大项目储备工作。一是强化交通建设。扎实推进G216线民丰至改则公路、10条边防公路建设，确保2020年底全部建成并投入使用。力争狮泉河至昆莎段高等级公路和斜尔瓦友谊大桥2020年内立项实施。加强“十四五”规划内公路建设项目的立项审批，完成2个乡（镇）和13个建制村公路通畅建设任务，力争达到乡（镇）、建制村公路通畅“双百”目标。加紧推进普兰支线机场建设，衔接协调推进狮泉河至新疆叶城219国道提升工程，衔接落实好新藏铁路建设项目，加快构建综合交通运输体系。二是强化能源建设。扎实推进阿里电网与藏中电网联网工程、“三区两州”农网改造升级工程，力争阿青电站全面开工建设。通过招商引资力争建设完成一座20兆瓦光伏储能电站，抓紧研究阿里电网与藏中电网联网后送电入户问题，尽快组织开展规划编制等前期工作，确保联网后广大人民群众能够及时受益。三是强化水利建设。着眼于城乡供水、节水灌溉、区域防洪、水源保护、生态保持和可持续发展，扎实推进农村饮水安全巩固提升工程，加快实施多油水库、阿青电站供水灌溉配套、热布加林水库等重大水利工程，继续实施狮泉河、象泉河、孔雀河等主要河流治理和生态修复，加快推进狮泉河中游生态修复与保护工程，补齐农田水利和防洪减灾短板，着力构建水利保障体系。全面落实最严格水资源管理制度，全面推行河（湖）长制，加强水环境治理，确保水生态安全。四是强化市政建设。继续实施城镇市容市貌改造提升和绿化美化亮化工程，加快完成6县县城综合管廊、集中供暖、给排水工程等市政基础设施建设收尾工作，加快建设普兰、札达、日土3县和巴嘎乡污水处理厂，积极争取普兰、札达两县和昆莎乡生活垃圾无害化处理项目资金，加快推进巴嘎乡人居环境整治和霍尔乡生活垃圾无害化处理设施建设项目，全面加强厕所革命公厕运维管理，继续实施好棚户区改造和周转房建设工程。加快巴嘎乡国际旅游小镇、多玛乡自治区级特色新型小城镇建设步伐。请张小平常务副专员具体负责牵头，行署各副专员、各县委、县政府和地县两级发改、交通、水利、住建等部门负责落实。

（四）聚焦产业建设，提高全面建成小康社会的经济质效

总书记指出，“加快改造传统产业、培育新兴产业”“积极发展高附加值特色农业，统筹旅游资源保护和开发，不断夯实高质量发展基础”。我们要立足阿里资源优势，以文化旅游业、绿色矿工业、特色农牧业、商贸物流业为重点，不断为阿里产业发展注入新活力，构建特色产业体系。在产业培育方面。坚持“打造两点、贯通一线、统筹东西、全域发展”的空间发展战略和“一体四牵引、一飞地”产业发展规划不动摇（“一体”：以冈底斯国际旅游合作区建设为契机，将文化旅游作为我地区的主导产业和产业发展的主体；“四牵引”：四大优势产业即“两羊一牛”产业、边境贸易产业、河谷经济产业、光伏发电产业；“一飞地”：在拉萨经济开发区建立阿里飞地产业园），以建设“五大基地”、打造“五大品牌”为突破口。在建设“五大基地”方面：一是阿里大峡谷旅游基地：以冈底斯国际旅游合作区建设为契机，构建以札达、普兰、日土、噶尔4县为

中心，辐射带动措勤、改则、革吉3县的阿里大峡谷旅游基地，全面提升我地区札达土林、霞义沟、普兰冈仁波齐、玛旁雍错、日土班公湖、噶尔暗夜公园、天文科普站、措勤扎日南木错等优质旅游资源基础设施建设和“吃、住、行、游、购、娱”六大旅游要素保障水平。二是绒山羊生产基地：不断延伸我地区绒山羊产业带布局，提高绒山羊产业附加值，建设以日土为核心，辐射带动我地区革吉、改则、措勤3县的绒山羊生产基地。三是象雄半细毛羊基地：充分运用好阿里象雄半细毛羊特有畜种的重要作用，将特有畜种资源转化为经济效益，建设以札达为中心，辐射带动改则、噶尔、普兰3个县的象雄半细毛羊生产基地。四是经济林果及苗圃生产基地：以象泉河、狮泉河、噶尔藏布、孔雀河等流域为半径，大力发展河谷农作物、人工种草、经济林果、苗圃、沙棘等产业，建设以河谷流域沿线各县为重点的农作物、人工种草、经济林果及苗圃生产基地。五是野血牦牛科技繁育基地：以改则县优质野血牦牛科技繁育为有效载体，尽快将科研成果转化为经济效益，引进有实力的企业做大做强野血牦牛毛、绒、肉、革深加工等全产业链和各项要素齐备的野血牦牛科技繁育基地。在打造“五大品牌”方面：一是打造世界第三极·阿里大峡谷系列旅游品牌：以自治区打造阿里大峡谷黄金旅游线路为抓手，以“象雄文化”“冈仁波齐、玛旁雍错”“札达土林”“暗夜公园”“国家生态公园”“红色旅游”等六大元素为支撑，加大宣传推广力度，深度打造旅游系列品牌。二是打造世界第三极·西藏绒山羊系列品牌：以研发绒山羊系列产品为抓手，研发打造世界第三极·西藏绒山羊系列品牌。三是打造世界第三极·象雄半细毛羊系列品牌：将象雄半细毛羊羊毛、羊肉和羊奶均优于区内其他品种的优势发挥好，深度宣传推广象雄半细毛羊，加强与自治区相关部门的合作，研发象雄半细毛羊系列品牌，积极参加区内各类物资交易活动，全面提升我地区象雄半细毛羊的知晓度。四是打造世界第三极·象雄林果系列品牌。以提升我地区河谷流域苹果、杏子、沙棘等产量为抓手，在调结构、提质量、增效益上做文章，充分借助“两省三企”的资金和技术，探索精深加工之路，研发象雄林果系列品牌。五是打造世界第三极·西藏牦牛原种品牌。在园区建设方面。园区建设是推动现代工业科技发展的有效形式，是我地区有效融入新疆、青海、陕西、河北和拉萨、日喀则、那曲的重要平台，也是对外开放的重要窗口。加大对狮泉河生态产业园区建设的支持力度，优先把狮泉河生态产业园打造成为自治区级生态产业园，辐射带动普兰、札达、日土、噶尔4县特色农牧业产业化发展。大力支持措勤、改则两县物流园区建设，以园区为中心辐射带动革吉、改则、日土及日喀则周边县域畜牧业产业化发展。加快推进“飞地经济”模式发展园区建设，积极探索在拉萨和两省产业园区建设阿里飞地产业园。在大力发展文化旅游业方面。坚持把旅游业作为战略性主导产业来打造，加强与西藏国际旅游文化投资集团公司和西藏旅游股份有限公司合作，组建阿里地区冈底斯山旅游文化投资公司，扎实推动冈底斯国际旅游合作区规划编制和衔接落地工作，加快与援藏“两省”旅游企业合作开发建设步伐。加快旅游基础设施建设，加快推动无障碍旅游区建设，提升改造景区（点）旅游道路、公共厕所、宾馆酒店、家庭旅馆和农（牧）家乐，打造一批品位高、特色突出的精品旅游景区。高水准举办好第八届象雄文化旅游节，大力宣传推广“阿里大峡谷”和“游三极峡谷、看象雄文化”旅游两大品牌，加快建设具有高原特色和民族特色的世界旅游目的地。确保明年全地区接待游客达到126.5万人次，同比增长15%；旅游收入预计达到15.9亿元，同比增长15%，有效提高农牧民增收中的旅游收入比例。在发展绿色工矿业方面。集中力量做大做强我地区冈仁波齐、夏岗江两大天然饮用水企业，使其尽快进入全区“世界第三极好水”行列。探索发展藏药产业，摸清阿里藏药产业市场前景，加大扶持力度，努力形成新的经济增长点。加大招商引资力度，努力建成一批符合阿里实际、具有阿里特色的骨干企业。加快推进改则多龙铜矿、盐湖锂资源和革吉盐湖乡盐湖工业用盐、保健用盐开发力度，把资源优势转化为产业优势、经济优势。提早谋划阿里电网与藏中电网联网后的能源产业布局，规划建设一批太阳能、地热能、风能等清洁能源产业，培育打造一批骨干清洁能源企业集团，满足生产生活用电需求，加快建设清洁能源基地。积极加强与西藏高争建材集团有限公司合作，促进阿里2500T/D熟料新型干法水泥生产线项目尽快得到自治区批准并开工建设。在巩固壮大特色农牧业方面。大力推动乡村振兴战略的深入实施，以农牧业供给侧结构性改革为主线，以保障主要农畜产品供给和促进农牧民增收为核心，加快构建现代农牧业产业体系、生产体系、经营体系。要加大农牧业科技工作力度，通过地县财政和援藏资金支持建设一批农牧业推广站，鼓励农牧业技术人员到基层发挥作用，力争科技对经济社会发展的贡献率达到45%以上，每县争取年内建设1～2个科技示范点。扎实做好2020年粮食安全专员（市长）责任制各项工作，继续做大做强蔬菜、林果、沙棘等产业，大力实施青稞单产行动计划，扩大“藏青2000”青稞和普兰白青稞良种种植面积，力争“十三五”期间实现亩产青稞增加50斤的目标。继续大力推广“八个统一”“七个有利于”牧区改革模式，推进适度规模经营，培育壮大经合组织，激活农牧区生产要素，让资源变资产、资金变股金、农民变股东，加速农牧区繁荣发展。在繁荣发展商贸物流业方面。加快构建农牧区物流设施，建立和完善以县城为中心、以乡镇为节点，适应城镇发展变化的农牧区商品流通体系和物流配送体系，深入实施“互联网+现代农业”行动，到2020年实现配送中心、乡镇商贸市场、农家店全覆盖。积极在区内外重点城市特别是陕西、河北两省主要城市设立阿里农畜产品外销窗口，开辟农畜产品流通新途径。全面推进“农超对接”，扶持农畜产品生产基地与超市、学校及大企业等产销对接，降低流通成本。积极组织参与区内外农畜产品展销推介活动，扩大特色农畜产品在区内外市场的销售份额。大力培育农牧区经纪人，充分利用农畜产品地理标志和商标促进特色农牧业发展。请张小平、韩学军常务副专员具体负责牵头，行署各副专员、各县委、县政府和地县两级发改、农业农村、商务、旅发、经信、文化等部门负责落实。

（五）聚焦改革创新，增强全面建成小康社会的发展后劲

总书记指出，“必须善于通过改革破解发展面临的体制机制障碍，困难越是增多越要加快改革”。我们要坚持把改革贯穿于经济社会发展各个领域，充分发挥市场在资源配置中的决定作用，更好发挥政府作用，以完善产权制度和要素市场化配置为重点，处理好简政放权和地方承接的关系，深入推进投融资体制、财税体制、国企国资、商事制度、行政体制、农村改革和养老保险制度等重点领域和关键环节改革，促进经济平稳健康发展。明年，重点对我地区现有6家国有企业进行全面重组改革，综合资源和资金，做优做大做强国有企业，力争形成一批有实力和影响力的新国有企业，彻底改变目前我地区国有企业“奄奄一息”的现状。紧紧围绕把阿里建设成为面向南亚开放的桥头堡、贸易物流中心和全区重要节点城市，加强与兄弟省市的战略合作，积极融入新疆、青海、陕西、河北以及藏中、藏北经济圈，实现优势互补、互利共赢。积极融入“一带一路”倡议，全面改善口岸基础设施条件，加快发展跨境贸易、小额贸易、边民互市贸易，推进中尼跨境经济合作区建设，打造环喜马拉雅经

济合作带，顺利完成明年外贸进出口总额4003.3万元，同比增长20%的目标。请段晓勇副专员、梁庆副专员具体负责牵头，行署国资委、地区商务局负责落实。一是进一步激活社会投资。抓招商引资就是抓经济发展、就是抓民生改善、就是抓大局稳定。我地区2019年社会投资完成3.72亿元，同比增长55%，可以说成效显著。2020年要以充分借助对口援助我地区“两省三企”的有效平台，按照区党委经济工作会议上的部署，每年从援藏省市招2～3个企业进来的要求，明年由陕西、河北两省和中国移动、中国联通、国家电网三企第八批援藏领队具体牵头，分别从两省各招商引资2家、从三企各招商引资1家有实力的企业进驻我地区。同时，“两省三企”对口援助噶尔、普兰、日土、札达、措勤、改则、革吉7个县的援藏领队至少为各县引进1个以上优质项目，确保在完成2020年社会投资达到4.46亿元，同比增长20%既定目标的同时，两省三企完成5.5亿元、14个援藏招商引资项目，全年招商引资力争达到10亿元以上。各援藏领队要亲自研究部署、周密组织，带头参与外出招商，主动对接拜访企业、科研院校和专家，洽谈引进项目，确保对口援藏招商引资工作取得实效。地区招商引资领导小组办公室要主动做好对接服务和统筹协调，要抽调精干力量，推行和完善全程代办、专班服务模式。同时，认真汲取种都公司的深刻教训，及时做好招商引资项目整理、筛选、甄别工作，将圆满完成明年各项招商引资任务，作为当前一项重要工作抓紧、抓好、抓实。请张小平常务副专员、韩学军常务副专员负责牵头，“两省三企”各县援藏领队、地区发改委负责落实。二是全面优化营商环境。认真落实《国家优化营商环境条例》各项规定，实现“从拼政策向拼环境转变，从拼资源向拼市场转变”，继续全面做好“放管服”改革工作。地县两级行政审批局要继续全面清理行政审批事项，动态调整全地区行政审批权责清单，继续深化“互联网+政务服务”建设，建立完善“一次受理、全程代办”的全程无偿代办机制，实现我地区地县两级便民服务大厅与自治区政务服务平台全面对接融合，逐步实现高频事项“一次不用跑”的目标。地县两级住建局要深化工程建设项目审批制度改革，分类压缩审批时间、细化办事流程。地县两级市场监管局要深入推进“证照分离”和“照后减证”工作，各级行政执法部门要建立完善各自“双随机、一公开”数据库，力争实现“双随机、一公开”执法监管全覆盖。请泽仁扎西副专员具体负责牵头，地县两级行政审批、住建、市场监管、各级行政执法部门负责落实。三是加快民营经济发展。全面构建亲清政商关系，落实好行署领导联系民营企业制度，经常与各联系民营企业开展走访、座谈、交流，强化政府服务意识，建立规范化机制化政企沟通渠道，完善涉企政策制度和执行机制，创新民营企业服务模式，建立政府诚信履约机制，激发市场主体活力，保护民营企业家合法权益，督促民营企业合法合规经营，推动民营经济持续快速发展。坚持公平竞争，对各类市场主体一视同仁、平等对待。支持民营企业不断发展壮大，减轻民营企业用人、用地、用能等运营成本和税费负担，健全金融机构服务民营企业体系。深入开展清理拖欠民营企业中小企业账款工作，要按照“属地管理、分级负责，谁监管谁负责”的要求，落实清欠工作责任。各县在前期全面开展排查的基础上，建立账款台账和清偿计划，扎实推进清欠工作，防止“边清边欠”“清完又欠”等现象发生，进一步激发民营企业中小企业的创新创业活力。请梁庆副专员具体负责牵头，地区经信局、工商联负责落实。

（六）聚焦乡村振兴，完善全面建成小康社会的区域格局

总书记强调，“把乡村振兴战略作为新时代三农工作的总抓手”。我们要紧扣全面建成小康社会目标，深入实施以“神圣国土守护者、幸福家

园建设者”为主题的乡村振兴战略，统筹城乡发展，补齐“三农”短板，大力推进农业产业、人才、文化、生态、组织振兴，全面完善建成小康社会区域格局。提升基础设施建设，力争具备条件的乡镇、建制村通畅率有新的提升。全力推进农网改造升级工程，巩固提升农村饮水安全。扎实开展农村人居环境整治，加强生活垃圾、污水处理和村庄规划，稳步推进农户厕所改革。发展壮大农村经济，积极推进特色小镇建设，促进农牧业与旅游、教育、文化等产业深度融合发展。开展农村集体经济组织成员身份确认和股份合作改革。启动新一轮农村改革试验任务，盘活农村土地、房屋等闲置存量资源，推进供销社改革发展。一是稳步推进极高海拔生态搬迁工作。按照区党委经济工作会议部署和《阿里地区极高海拔生态搬迁总体规划（2019—2025）》，明年我地区将组织实施3个搬迁安置点建设和323户1206人（日土县乌江村安置点108户359人、甲岗村安置点93户327人和噶尔县典角村安置点122户520人）极高海拔生态搬迁工作，时间紧、任务重、要求高、压力大。日土、噶尔两县要高度重视，参照脱贫攻坚易地搬迁有关成果经验，做好各项准备工作，提出具体建设计划，制定专项实施方案，报地区极高海拔生态搬迁工作专班审定。地区极高海拔生态搬迁工作专班要加大与自治区有关部门的对接，进一步做好规划设计、群众信息对接、配套设施建设，建立极高海拔生态搬迁调度信息系统，确保极高海拔生态搬迁工作“精准定位、精确到户”。同时，细化工作措施、明确工作任务、充实工作专班力量，稳扎稳打，有序有效推进我地区明年3个极高海拔生态搬迁安置点建设任务在4月份开工建设，1206名群众在明年10月底前全部搬得出、稳得住、能致富、有保障。请刘宏副专员具体负责牵头，地区极高海拔生态搬迁工作专班和噶尔、日土两县人民政府负责落实。二是深入落实区域发展战略。按照“一个中心、六个支撑、一批镇群、若干小镇”的总体布局，积极支持“大噶尔”建设，加强噶尔首府城市和其他县所在地城镇、主要乡镇建设，充分发挥县城、交通沿线、人口聚集区等区域的优势，统筹推进乡村振兴、边境小康村、新型城镇化、极高海拔生态搬迁建设，实现优势区域优先发展。要继续推进保障房和城镇棚户区改造，落实城市主体责任，按照卫生、文明城市创建标准和要求，继续扎实开展狮泉河镇卫生、文明“双创”工作，全面提升城镇化建设水平。明年重点加快塔尔钦国际小镇的建设步伐，确保核心区道路、给排水等附属设施全面开工建设，商业开发进入实质性阶段，土地招拍挂、规划设计等前置工作全面启动。继续加大房地产市场开发建设力度，确保我地区房地产起步平稳，健康发展。同时，以噶尔为重点、辐射普兰、札达、日土等县，大力探索发展“夜间经济”，进一步延伸狮泉河镇三产服务业商务活动时间，借助我地区夏季入夜晚的时段优势，鼓励重点街区的商场、超市、饭店、便利店等适当延长营业时间，挖掘消费潜力，活跃消费市场，拉动经济增长。请袁富国常务副专员负责牵头，地区发改委、住建局、光明城乡建设公司具体负责落实。

（七）聚焦安定和谐，优化全面建成小康社会的良好环境

总书记指出，“治国必治边、治边先稳藏”。没有社会的安全稳定，经济发展也就无从谈起。在地委的统一领导下，继续深入开展反分裂、反恐怖和反暴恐斗争，全面贯彻党的宗教工作基本方针和民族政策，深入开展民族团结宣传教育和进步创建活动，发挥宗教界人士和信教群众在促进经济社会发展、维护社会和谐稳定中的积极作用。坚定不移落实自治区十项维稳措施，健全完善地县乡三级维稳体制和机制，强化边境边界和社会面管控，健全基层综合服务管理平台，形成党政军警民协调联动的群防群治维稳格局。加强社会治安综合治理，创新立体化

社会治安防控体系，深化扫黑除恶专项斗争，强化行业乱象治理，依法打击各类违法犯罪活动。严格落实安全生产责任，以食品药品安全、道路交通、建筑施工等领域为防范重点，坚决预防和遏制较大以上安全事故的发生。完善涉法涉诉信访依法终结制度，妥善调处人民内部矛盾。继续加强和深化干部驻村驻寺工作，筑牢城乡稳定的社会根基。强化维稳责任，确保自治区的部署和要求落到实处，筑牢反分裂斗争的铜墙铁壁，确保社会持续稳定、长期稳定、全面稳定，为经济社会发展营造良好的氛围。请张小平常务副专员具体负责牵头，行署各副专员、各县人民政府和行署各部门负责落实。

三、认真做好会议精神的贯彻落实

（一）学深悟透会议精神抓好贯彻落实

区党委经济工作会议部署2020年经济工作，明确要求全面贯彻党的十九届四中全会精神，大力推进各方面治理体系和治理能力现代化，切实把党领导经济工作的制度优势转化为治理效能。当前，我地区处于滚石上山、爬坡过坎的关键阶段，发展压力、工作难度前所未有，需要应对的风险、解决的问题前所未有。越是形势复杂、挑战严峻，越要发挥党领导经济工作的制度优势，各级各部门要自觉贯彻党总揽全局、协调各方的根本要求，确保区党委、地委经济工作会议各项工作部署要求和安排不折不扣落到实处。要认真组织开展学习会议精神，学习吴英杰书记重要讲话精神工作，坚持辩证思维，增强必胜信心，强化问题导向、目标导向、结果导向，进一步把握好政策，吃透精神，主动对接汇报，争取项目、争取政策、争取资金，以更加奋发有为的精神状态、以“抓铁有痕”的干劲切实抓好会议决定事项的落实。

（二）对标全面建成小康社会和“十三五”规划目标

经测算，我地区全面建成小康社会的36项主要指标，2020年能够顺利完成31项，互联网普及率、城镇居民人均可支配收入、农村居民人均可支配收入、平均预期寿命、农村生活垃圾处理率5项指标，离全面建成小康社会的目标任务还有较大差距。“十三五”期间规划内项目21类共计438个，申报总投资457.98亿元，衔接项目总投资363.82亿元。截至目前，“十三五”规划内已落实项目323个，总投资401.01亿元，落实项目资金317.01亿元，占规划内项目个数的73.74%，占规划内衔接项目总投资87.14%；未落实项目共计115个，总投资56.97亿元，规划内衔接总投资46.81亿元，占规划项目个数的26.26%，占规划内衔接项目总投资的12.86%。从以上数据看，我地区离全面建成小康社会和圆满完成“十三五”规划，还有一定差距，各级各部门要紧盯全面建成小康社会经济发展、人民生活、民主法治、文化建设、资源环境5大类、36项主要指标和我地区“十三五”规划确定的21类438个项目，按照职责分工，主动对号、主动认领、对标对表，找差距，明措施，挂图作战，确保2020年圆满完成全面建成小康社会和“十三五”规划目标任务。

（三）科学谋划好2020年各项工作

继续坚持每季度召开一次经济形势分析调度会，每月举行一次重点项目建设、民生实事推进、边境小康村建设、极高海拔生态搬迁、就业增收工作开展情况汇报会议，每季度开展一次重点项目现场推进会，不断改进完善工作方式，增强有效性和执行力。同时，要坚持问题导向解决问题，加强对经济发展的分析研判，重大经济发展事项及时向地委请示汇报。当前重点要抓好2020年一季度“开门红”各项工作，拿出硬措施抓项目、抓政策、抓资金，确保明年经济发展开好局、起好步。

（四）认真做好岁末年初各项工作

岁末年初，各方面工作交织，时间很紧、任务很重，政府各部门要加强统筹，切实抓好各项工作，拿出硬措施抓项目、抓政策、抓资金，确保经济发展开好局、起好步。一要妥善安排好低保对象、特困人员和易地扶贫搬迁安置点群众的基本生活，确保特殊困难群体各项基本生活保障要素齐备。各级脱贫攻坚指挥部宣传报道组，要深入各搬迁安置点收集挖掘报道搬迁群众的新生活及感党恩的动人事迹，引导大家树立自食其力，过好美好生活的信心。二要精心组织开展“走基层”“送温暖”等慰问活动，抓紧制定出台“三大节日”期间慰问方案，确保困难群众温暖过冬过节。三要搞好市场供应保障，确保重要商品特别是生活必需品的市场供应和价格基本稳定。同时，及时兑现从事肉、菜、面等行业冬季留守商户的补贴，鼓励商户做好冬季保供工作。四要加强市场监管，重点加大食品、药品卫生安全管理和执法监督工作力度，确保人民群众生命健康安全。五要突出抓好安全稳定工作，强化交通运输、食品药品、人员密集场所等重点领域监管，全面排查、消除隐患。同时，密切关注天气变化，加强预警预测，完善应急预案，做好防抗灾各项准备工作，积极应对极端天气可能引发的冰冻、雪灾、风灾等灾害，全力减少灾害损失，保护好人民群众的生命财产安全。

最后，各级各部门还要坚持厉行节约，牢固树立过紧日子的思想，从严管理使用各自的“三公经费”，财政部门要从严审核部门经费支出，压减一切不必要的支出和报销，将压减下来的支出用于保障人民群众过好日子。“三大节日”即将来临，12月26日中共中央办公厅、国务院办公厅印发了《关于做好2020年元旦春节期间有关工作的通知》，各级各部门一定要认真学习领会，抓好贯彻执行，要严格执行中央八项规定精神，严防节日期间“四风”问题反弹回潮。同时，严格执行24小时专人值班和领导干部在岗带班、外出报备制度，保证节日期间各项工作正常运转。

1月

5日 地委副书记张会明主持召开出席自治区“两会”人大代表、政协委员会前学习培训会议，提高依法照章履行职责和参政议政能力。出席自治区“两会”的人大代表、政协委员及列席人员参加培训会。

10日 区党委副书记、自治区常务副主席庄严参加阿里代表团审议，对阿里近年来经济社会发展取得的显著成效给予肯定，要求阿里地区要深刻领会“两会”精神实质和丰富内涵，准确把握工作要求和具体部署，把“两会”精神学习好、宣传好、贯彻好。

14日 地区召开2018年度“四讲四爱”群众教育实践活动总结暨表彰大会。地委副书记张会明出席会议并讲话。地委委员、宣传部部长索南才旦主持会议。

21日 地区召开经济工作会议，贯彻落实中央经济工作会议精神、区党委经济工作会议精神，回顾总结2018年经济工作，分析研究当前形势，安排部署2019年经济工作。地委副书记张会明宣读《2018年度县级领导班子综合目标管理责任制先进集体表彰决定》。平措旦增、吕新民、西绕加措、旦巴旺久、葛庆敏、何兴茂、索南才旦、沈照山、高宝军等四大班子在家地级领导，地区中级人民法院院长、自治区人民检察院阿里分院检察长出席会议。会议以视频形式召开至乡（镇）一级。

22日 地区在狮泉河镇召开农村工作暨脱贫攻坚工作会议，传达学习中央农村工作会议、全国扶贫开发工作会议和自治区党委农村工作会议暨脱贫攻坚工作会议精神，通报2018年度全地区脱贫攻坚成效考核评估情况，表彰2018年度脱贫攻坚工作先进集体和先进个人。地委副书记张会明，地委委员旦巴旺久、葛庆敏、何兴茂、索南才旦、沈照山、高宝军、袁富国出席会议。会议以视频形式召开至县一级。在家地级领导出席会议。

30日 地区召开贯彻落实九届区纪委四次全会精神部署会。地委委员旦巴旺久、葛庆敏、沈照山、高宝军及人大、行署、政协在家地级领导出席会议。会议以视频形式召开至县一级。

31日 地区举行2019年春节、藏历新年团拜会。地委、人大、行署、政协在家地级领导及阿里退休地级领导出席团拜会。地（中、区）直各单位负责人，武警阿里支队及各族各界人士代表参加团拜会。

同日 “新时代，新阿里”——2019年春节、藏历土猪新年电视联欢晚会在地区影剧院上演。刘厚杰、旦巴旺久、葛庆敏、高宝军等在家党政军领导及加措、洛桑白姆等离退休地级干部观看演出。

本月 地区召开安全生产电视电话会议，传达学习李克强总理重要批示精神，全国、全区安全生产工作电视电话会议精神。地委委员、行署副专员葛庆敏出席会议并讲话。会议以视频形式召开至县（乡）一级。

本月 地区召开《习近平谈治国理政》第一卷、第二卷学习活动总结推进会，全面总结学习《习近平谈治国理政》第一卷、第二卷活动，部署2019年学习活动。地委副书记张会明，地委委员西绕加措、何兴茂、索南才旦、沈照山、高宝军、袁富国出席会议。会议以视频形式召开至县一级。人大、行署、政协在家地级领导，地（中、直）各单位主要负责人参加主会场会议。

本月 地区创建全国民族团结进步示范地区工作部署会召开。地委副书记张会明出席会议并讲话。地委委员、统战部部长旦巴旺久主持会议。唐文明、泽仁扎西、阿旺顿珠等地区领导参加会议。会议以视频形式召开至乡（镇）一级。

本月 区旅游发展厅副厅长姬越带队的考评组一行，对阿里地区落实2018年度消防安全目标责任落实情况进行考评。地委委员、行署副专员葛庆敏陪同。

2月

19日至20日 自治区党委书记吴英杰深入阿里地区措勤县、革吉县检查指导脱贫攻坚工作。区党委常委、秘书长刘江，自治区副主席江白陪同。

24日 地区纪委监委召开深化扶贫领域腐败和作风问题专项治理2019年第1次工作例会，通报2018年地区开展扶贫领域腐败和作风问题专项治理工作中存在的问题并提出改进建议；噶尔县委、地区发改委党组、地区脱贫攻坚指挥部督导考核组、札达县纪委、改则县纪委、地区纪委监委驻地区民政局纪检监察组6家单位作汇报发言。地委委员、纪委书记、监委主任西绕加措主持会议并讲话。地区纪委监委班子成员、地区脱贫攻坚指挥部成员单位负责人，地区纪委监委机关各部门、派驻纪检监察组，地委巡察机构负责人参加会议。

同日 地区召开党风廉政建设和防腐败工作会议。地委副书记张会明主持会议。地委委员西绕加措、旦巴旺久、袁富国出席会议。会议以视频形式召开至县一级。人大、行署、政协在家地级领导，地（中、区）直各单位主要负责人参加主会场会议。

27日 地委召开落实中央第三巡视组脱贫攻坚专项巡视反馈意见整改工作动员部署会，贯彻落实党的十九大，十九届二中、三中全会和中央第六次西藏工作座谈会精神，贯彻落实习近平总书记关于巡视工作、扶贫工作的一系列重要指示、批示精神和吴英杰书记在区党委落实第三巡视组脱贫攻坚专项巡视反馈问题整改工作动员部署会上的重要讲话精神。地委委员、行署常务副专员袁富国主持。

同日 地区召开维稳工作动员部署会，部署3月维稳工作。地委副书记张会明主持会议。地委委员高宝军、袁富国及人大、行署、政协在家地级领导出席会议。会议以视频形式召开至县一级。

3月

5日 地委理论学习中心组集中收听收看第十三届全国人民代表大会第二次会议开幕盛况，聆听学习李克强总理所做的政府工作报告。地委主要领导主持并就学习贯彻李克强总理所做的政府工作报告精神所做出部署。

6日 地区宣传思想文化工作会议召开，总结2018年宣传思想文化工作，安排部署2019年宣传思想文化工作。地委委员、行署常务副专员袁富国主持会议。地委委员、宣传部部长索南才旦做2018年度宣传思想文化工作报告。平措旦增、高宝军、梁庆、卫东等地级领导及地区中级人民法院院长、自治区人民检察院阿里分院检察长出席会议。会议以视频形式召开至县一级。地（中、区）直单位负责人、各县宣传部部长、地区宣传部（网信办）全体干部等参加主会场会议。

同日 地区召开组织工作会议，贯彻落实习近平新时代中国特色社会主义思想和党的十九大精神，贯彻落实习近平总书记关于党的建设和组织工作的重要论述、全国组织部长会议精神、自治区第九次党代会、区党委九届五次全会和全区组织部长会议精神，总结2018年组织工作，部署2019年组织工作。地委委员、噶尔县委书记高宝军主持会议。地委委员、组织部部长何兴茂做2018年度组织工作报告。

8日 地区召开“巾帼心向党·奋进新时代”纪念“三八”国际妇女节109周年大会。地委委员、宣传部部长索南才旦出席会议。

10日 地区司法处牵头，组织全地区50余家普法成员单位在狮泉河镇民政局、百益超市门口、十字路口等人员密集点，开展“以服代勤”为主题的综治维稳宣传月活动。接待各种咨询3000人次，发放法制宣传资料2.3万份，义诊240余人，发放药品价值4000余元。地委委员、政法委书记、公安处党委书记沈照山到现场指导。

12日 地区召开会议，传达学习贯彻落实吴英杰书记在区党委巡视三组脱贫攻坚专项巡视情况汇报时的重要讲话精神和区党委巡视三组对阿里地区开展脱贫攻坚专项巡视情况反馈会精神，专题研究部署反馈意见整改工作。地委副书记张会明，地委副书记、行署副专员张晓峰，地委委员西绕加措、旦巴旺久、葛庆敏、沈照山，人大地工委主任平措旦增，地区政协主席吕新民及人大、行署、政协在家地级领导出席会议。会议以视频形式召开至县一级。地（中、区）直单位主要负责人等参加主会场会议。

15日 自治区脱贫攻坚政策宣讲报告会在行署会议中心召开。邀请自治区社会科学院农村经济研究所副所长徐武达做《西藏打赢深度贫困脱贫攻坚战》的形势报告。地委副书记张会明主持。报告以视频形式召开至县（乡）一级。地委、人大、行署、政协在家地级领导，地（中、区）直单位县级以上干部、国有企业负责人和地区脱攻办工作人员参加。

16日 地区脱贫攻坚指挥部举办产业精准扶贫培训会。七县20余名产业专班副组长及工作专干参加培训会。

18日 人大地工委主任平措旦增深入措勤县人大，以召开座谈会、听取汇报、查阅资料等形式，了解措勤县三级人大规范化建设情况，部署2019年人大工作并看望慰问在职人大干部。

18日至19日 地区公务员局等多家单位挂牌成立，地委委员、宣传部部长索南才旦，地委组织部常务副部长、编办主任李平，行署副专员刘宏、梁庆，军分区副政委曹国胜等出席相关单位挂牌仪式。

18日至20日 自治区人大常委会党组副书记、副主任多托深入阿里地区人大扶贫联系点革吉县调研脱贫攻坚工作。人大地工委主任平措旦增陪同。

19日 自治区副主席多吉次珠到阿里视察指导脱贫攻坚工作，并主持召开阿里地区旅游发展工作会议。

24日 地区召开2019年“四讲四爱”群众教育实践活动动员部署会，贯彻落实全区宣传思想工作会议、全区宣传部长会议和全区“四讲四爱”群众教育实践活动动员部署会精神，全面总结2018年开展“四讲四爱”群众教育实践活动的主要成果和基本经验，动员部署2019年各项活动任务。地委委员、统战部部长旦巴旺久主持会议。地区政协主席吕新民，地委委员、组织部部长何兴茂，地委委员、宣传部部长索南才旦，地委委员、行署常务副专员袁富国出席会议。会议以视频形式召开至乡（镇）一级。

同日 地区召开学习《习近平谈治国理政》第一卷、第二卷活动动员部署会，总结2018年活动开展的主要成果，动员部署2019年各项活动任务，推动学习活动常态化、长效化。地委委员、统战部部长旦巴旺久主持会议。

26日 自治区政协副主席、工商联主席阿沛·晋源深入扶贫联系点阿里地区噶尔县扎西岗乡典角村、狮泉河镇加木村、康乐新居等地走访慰问6户结对帮扶群众。地区政协主席吕新民，地区政协副主席、噶尔县委书记、县长卫东陪同。

27日 阿里地区举行纪念西藏民主改革60周年暨西藏百万农奴解放纪念日文艺晚会，晚会以“党的恩情照边疆·翻身农奴把歌唱”为主题。

28日 地区领导集中收看庆祝西藏民主改革60周年大会电视直播，收看结束后，召开地委理论学习中心组第3次集体学习会，就深入学习贯彻大会精神特别是吴英杰书记重要讲话精神进行部署。地区政协主席吕新民，地委委员旦巴旺久、索南才旦、沈照山及人大、行署、政协在家地级领导参加学习。地（中、区）直单位负责人，驻阿各军警部队主官参加学习会。

同日 地区各族干部群众、学校师生、部队官兵在象雄文化广场举行“风雨六十载·建设新阿里”主题活动，纪念西藏百万农奴解放60周年。自治区政府办公厅副秘书长顿珠，自治区党委政法委副秘书长汪锋出席活动。张会明、吕新民、旦巴旺久、索南才旦、沈照山、高宝军、袁富国、嘎玛次珠、段晓勇、洛桑山丹等地区四大班子领导陪同出席。地委委员、噶尔县委书记高宝军致辞。地区政协副主席、噶尔县委副书记、县长卫东主持。

同日 地区各界召开庆祝西藏百万农奴解放60周年“忆往昔·话今生·共圆梦”座谈会。狮泉河镇藏布居委会居民、“康乐新居”易地扶贫搬迁群众、地区务工人员、企业职工、老党员、老干部、老同志代表及青少年学生代表、党政机关干部代表、地区人大代表、政协委员等各界人士40余人参加座谈。地委委员、宣传部部长索南才旦出席座谈会。

30日 地委理论学习中心组召开第4次学习会，深入学习《西藏日报》5篇“认清十四世达赖反动本质”系列评论员文章。地委副书记张会明，地区政协主席吕新民，地委委员西绕加措、旦巴旺久、索南才旦、沈照山、高宝军、袁富国及人大、行署、政协在家地级领导参加学习。地（中、区）直单位负责人、驻阿各军警部队主官参加会议。

本月 地区召开统战民族宗教工作会议，总结2018年工作，部署2019年任务。地委副书记、行署副专员张晓峰主持会议。地委委员、统战部部长旦巴旺久作2018年度统战民族宗教工作报告。

本月 地区召开脱贫攻坚中央专项巡视反馈意见整改工作推进会，听取七县脱贫攻坚专项整改工作情况。地委委员、行署常务副专员袁富国主持会议并讲话。地委委员、组织部部长何兴茂，行署副专员刘宏、梁庆出席会议。会议以视频形式召开至县（乡）一级。地（中、区）直各单位主要负责人参加主会场会议。

4月

2日 地区召开2019年包虫病防治工作领导小组第一次电视电话会议，部署全地区包虫病防治工作，各相关单位就包虫病防治工作和流浪犬收容工作开展情况作报告。行署副专员段晓勇、刘宏出席会议。行署副专员泽仁扎西主持会议。会议以视频形式召开至县一级。地（中、区）直各单位负责人参加会议。

4日　地区在行署会议中心三楼会议室召开“1+7”医院等级创建工作会议，行署副专员泽仁扎西主持，地委委员、组织部部长、地直机关工委书记何兴茂出席会议讲话。

9日　自治区纪念西藏民主改革60周年宣讲团巴桑卓玛教授一行到阿里地区开展巡回宣讲。地委委员、宣传部部长索南才旦主持报告会。人大地工委主任平措旦增等四大班子在家地级领导出席宣讲报告会。宣讲会以视频形式召开至乡（镇）一级。地（中、区）直单位正科级以上干部代表、国有企业干部职工代表、公安干警代表、学校师生代表、老干部老党员代表、群众代表等参加主会场报告会。

12日　地区行署新闻办公室、革吉县政府联合举行2019年首场新闻发布会。

14日　地委班子召开脱贫攻坚专项巡视整改专题民主生活会。地委副书记张会明，地委委员西绕加措、旦巴旺久、葛庆敏、何兴茂、索南才旦、沈照山、高宝军、袁富国参加。人大地工委主任平措旦增、行署副专员泽仁扎西列席会议。自治区纪委、组织部有关人员到会指导。

15日　人大阿里地区工委召开全地区人大系统突出围绕“保稳定、改民生、促环保”履职尽责活动动员部署视频会议，人大地工委主任平措旦增讲话，人大地工委副主任唐文明主持会议。

同日　全民国家安全教育日，地委国安办、宣传部、网信办，地区公安处、退役军人事务局、安全局、交通运输局等30余家单位围绕“坚持总体国家安全观，着力防范化解重大风险，喜迎新中国成立70周年、西藏民主改革60周年”主题，在狮泉河商场、民政局办公楼、百益超市、康乐新居广场前设立宣传点开展集中宣传活动。地委副书记张会明，地委委员葛庆敏、沈照山、高宝军等到现场检查指导。

22日　地区召开2019年度第一季度脱贫攻坚工作推进会，通报第一季度脱贫攻坚工作开展情况，部署国家发展和改革委员会2019年易地扶贫搬迁监管巡视迎检工作。行署副专员泽仁扎西主持。行署副专员巴桑罗布、梁庆出席。会议以视频形式召开至县（乡）一级。地（中、区）直各单位负责人，脱贫攻坚指挥部各成员单位主要负责人、各专项组负责人，措勤县、改则县、革吉县、日土县、噶尔县驻康乐新居负责人参加主会场会议。

24日　地区政协召开十届第二十五次主席会议，审议通过《关于召开政协第十届西藏阿里地区委员会常务委员会第十一次会议的决定》《阿里地区政协调研成果向地委报告制度（试行）》。

25日　地区举行为烈士、军属和退役军人等家庭悬挂光荣牌启动仪式。地委委员、行署副专员葛庆敏为烈属、军属和退役军人等家庭发放光荣牌。七县退役军人事务局负责人，烈属、军属和退役军人等家庭代表，地区退役军人事务局全体干部职工参加。

同日　自治区总工会以“喜迎新中国成立70周年·工会服务在基层”为主题的送温暖、送法律、送政策、送文化、送医送药“五送”活动在阿里地区狮泉河镇象雄文化广场正式启动。自治区总工会副主席秦少相出席并讲话，阿里地委副书记张会明、政协副主席王海龙等出席。

同日　地委委员、行署副专员葛庆敏主持召开阿里地区全面治理拖欠农民工工资问题2019年第一次部门联席会议。研究审定《阿里地区保障农民工工资支付责任追究办法》，研究讨论2018年参与阿里地区工程建设施工企业劳动保障守法诚信评价事宜，通报阿里地区2018年度保障农民工工资支付工作开展情况，并对2019年治理拖欠农民工工资工作进行安排。

30日　庆祝“五一”国际劳动节暨表彰阿里地区劳动模范大会在地委会堂召开，宣读表彰决定，劳动模范代表做交流发言。地委副书记、行署专员旦巴旺久主持会议。地委副书记张会明，人大地工委主任平措旦增，地区政协主席吕新民，地委委员西绕加措、何兴茂、索南才旦、高宝军等人大、行署、政协在家地级领导出席会议。地（中、区）直单位党政主要负责人，地委巡察办、巡察一组、巡察二组主要负责人，驻阿各军警部队主官，受表彰的劳动模范代表，地区范围内的全国、自治区、地区级劳动模范及五一劳动奖章代表，地区国有企业负责人、非公有制企业代表及地区工会办事处全体干部职工参加主会场会议。

同日 地委理论学习中心组集中收听收看纪念五四运动100周年大会实况直播，后召开学习会，就学习贯彻落实大会特别是习近平总书记的重要讲话精神进行部署。地委副书记、行署专员旦巴旺久，地委副书记张会明，地委委员葛庆敏、何兴茂、沈照山、高宝军，人大地工委主任平措旦增，地区政协主席吕新民及人大、行署、政协在家地级领导参加会议。会议以视频形式召开至县一级。地（中、区）直单位主要负责人参加主会场会议。

本月 青海省玉树藏族自治州政协主席尕桑带队的考察团一行深入普兰县、札达县、日土县、噶尔县，围绕“藏区民族历史文化保护与全域旅游融合发展情况”主题开展为期5天的考察，与地区政协进行座谈交流，地区政协副主席辜建中主持会议。副主席洛桑次仁出席会议。政协全体机关干部职工参加座谈会。

5月

4日 地区召开精神文明建设工作部署会议，总结2018年地区精神文明建设工作，安排部署2019年精神文明建设工作任务，研究审定地区推荐全国第七届道德模范候选人名单。地委副书记、地区文明委主任张会明出席会议并讲话。地委委员、宣传部部长、地区文明委副主任索南才旦主持会议。地区政协副主席、地区文明委副主任辜建中出席会议。地区文明委各成员单位负责人，地区文明办、创城办全体干部职工参加会议。

9日 地区召开党政机构改革工作总结会，总结地区深化党政机构改革工作，研究部署地县机构改革后续工作，地区机改办和七县分别汇报机构改革情况。地委副书记张会明，地委副书记、行署副专员张晓峰，地区政协主席吕新民，地委委员何兴茂、沈照山、高宝军出席会议。会议以视频形式召开至县一级。

同日 地区政协主席吕新民深入地区中小学调研“学校德育教育现状”。地区政协副秘书长金超，地区政协教科文卫体副主任吉旺、彭涛，地区教体局局长仁青巴桑陪同调研。

12日 地区防灾减灾委员会在地区民政局、百益超市门口开展“5·12”防灾减灾日主题宣传活动。地委副书记、行署专员旦巴旺久到活动现场检查指导。

同日 地区妇联“2019年农牧民妇女烹饪技能班”在地区中等职业技术学校开班。参加培训的农牧民妇女40人，培训时间45天。

13日 地区召开脱贫攻坚专项巡视反馈意见整改工作推进和整改工作督查部署会议，对巡视整改工作进行再强调、再安排、再部署、再落实，全面部署巡视整改工作督查事宜。地委委员、行署常务副专员袁富国主持会议。人大地工委主任平措旦增，地委委员葛庆敏、何兴茂、沈照山、高宝军及人大、行署、政协在家地级领导出席会议。

15日 地区公安处主办的“与民同心·为您守护”2019年“5·15”打击和防范经济犯罪宣传日活动在地区狮泉河商场门口启动。地区商务局、人行阿里地区中心支行、阿里地区农业银行等十余家单位参加宣传活动。

19日 地区民政、残联、扶贫、医疗保障等部门联合在地区民政局门口开展第二十九个全国助残日一条街宣传活动。地委副书记、行署专员旦巴旺久到现场检查。

20日 地委召开第6次地委专题会暨落实中央、区党委脱贫攻坚专项巡视整改工作推进会，传达学习《中共西藏自治区委员会关于脱贫攻坚专项巡视整改进展情况的通报》精神，听取地委落实中央脱贫攻坚专项巡视反馈意见整改、九届区党委脱贫攻坚专项巡视反馈问题整改、2016年以来扶贫领域各类监督检查发现问题整改和区党委巡视三组专项巡视阿里地区脱贫攻坚工作反馈意见整改工作进展情况汇报，研究部署各项整改推进工作。地委副书记、行署专员旦巴旺久，地委副书记张会明，人大地工委主任平措旦增，地委委员、组织部部长何兴茂及人大、行署、政协在家地级领导出席会议。地（中、区）直有关单位负责人，地委整改办、地区整改办、地直单位督导组全体成员参加会议。

21日 地委理论中心组召开2019年第6次集体学习会，传达学习《习近平扶贫论述摘编》内容，部署贯彻落实习近平总书记关于扶贫工作的重要论述及做好脱贫攻坚各项工作。地委副书记、行署专员旦巴旺久，地委副书记张会明，地委副书记、行署专员张晓峰，地委委员葛庆敏、何兴茂、郭勇、高宝军及人大、行署、政协在家地级领导参加集体学习会。地（中、区）直主要负责人参加集体学习会。

22日 “以习近平总书记重要论述指引西藏脱贫攻坚”专题报告会在地区行署会议中心举行。自治区扶贫开发办公室副巡视员刘峰做专题辅导报告，地委委员、组织部部长何兴茂主持报告会。地委组织部、地直各单位、脱贫攻坚专题培训班学员、地区脱贫攻坚指挥部全体干部职工等聆听报告会。

27日 地区第五次脱贫攻坚会议在地区行署会议中心召开，深入学习领会自治区党委副书记庄严在调研八宿县脱贫攻坚专项巡视整改工作座谈会上的讲话精神，进一步安排部署地区扶贫开发领导小组第11次会议有关工作任务、东三县脱贫摘帽及西四县巩固提升工作。地委副书记、行署专员、地区脱贫攻坚指挥部指挥长旦巴旺久出席会议并讲话。地委委员、行署常务副专员、地区脱贫攻坚指挥部常务副指挥长袁富国主持会议。行署副专员、地区脱贫攻坚指挥部指挥长刘宏、梁庆出席会议。会议以视频形式召开至县一级。地区脱贫攻坚指挥部成员单位各1名主要负责人，地区脱贫攻坚指挥部综合组全体人员及各专项组负责人参加主会场会议。

29日 地区召开地方志工作推进会暨档案工作会议，听取改则、日土地方志工作交流发言及措勤、革吉、噶尔、札达、普兰地方志工作表态发言，听取地区档案工作报告，安排部署下一阶段地方志和档案工作。地委副书记张会明出席会议并讲话。会议以视频形式召开至县一级。

30日 地区举行氧气质量检测中心揭牌仪式，标志着地区氧气质量检测工作正式启动。

31日 地区旅游发展局联合叶城县政府，在成都举办新藏线旅游推介会。

本月 地区召开教育工作会议。地委副书记、行署专员旦巴旺久主持会议。地委委员索南才旦、高宝军、袁富国及人大、行署、政协在家地级领导出席会议。

本月 地委副书记、行署专员旦巴旺久率噶尔县政府、地区住建局、自然资源局、生态环境局、卫健委、供电公司、环卫公司、城投热电、自来水公司等相关部门深入狮泉河城区部分区域，实地视察城市公厕日常运行情况。

本月 国家首席兽医师李金祥带队的国务院安委会第七考核组进驻地区，采取查看现场、听取汇报、问询座谈、查阅资料等方式，就省级政府安全生产和消防工作履职情况进行延伸考核及专项巡查。自治区应急管理厅厅长达木拉，地委副书记、行署专员旦巴旺久，地委委员、行署副专员葛庆敏等区地有关领导陪同检查。

本月 自治区政协副秘书长孙冬带队的调研组先后深入阿里地区政协、普兰县、札达县、日土县等地调研政协系统党的建设工作，并召开座谈会。

本月 自治区社科院调研组到地区开展“西藏旅游文化发展”课题调研工作，并召开座谈会。地委宣传部、统战部，地区文化局、旅发局、民宗局、商务局等有关部门负责人参加座谈会。

本月 地区举办“学民族政策法·做团结带头人”民族团结知识竞赛。

6月

1日 地区旅游发展局主办，成都宽窄巷子管理委员会协办、成都市文化广电旅游局支持，西藏航空、西藏旅游股份有限公司、阿里地区文旅集团等企业参与，以“藏西秘境·天上阿里”为主题的阿里旅游摄影展在成都宽窄巷子举行。

7日 “天路零公里·昆仑第一城”新藏线（叶城—阿里）旅游推介会在拉萨市举行。活动由叶城县人民政府、阿里地区旅游发展局主办，叶城县文化体育广播电视和旅游局、新疆旅游上海推广服务中心暨上海旅游网旅行服务有限公司、阿里大峡谷旅游开发有限公司承办，吸引拉萨当地旅行社、旅游从业者150余人。

8日 地区召开1—4月经济运行分析电视电话会议，贯彻落实1—4月全区经济运行情况通报暨经济工作部署电视电话会议精神，安排下一步重点工作。地委副书记、行署专员旦巴旺久出席并讲话。地委委员、行署常务副专员袁富国主持会议。地委委员、行署副专员葛庆敏通报地区1—4月经济运行情况。行署副专员段晓勇、刘宏、泽仁扎西出席会议。会议以视频形式召开至县一级。地（中、区）直单位、地区国有企业负责人参加主会场会议。

16日 阿里地区安委会开展“防风险、除隐患、遏事故”2019年“安全生产月”和“安全生产阿里行”活动，地委委员、行署副专员葛庆敏出席活动。

17日至18日 中央扫黑除恶第13督导组副组长张志杰率督导组一行深入阿里地区调研督导扫黑除恶专项斗争工作开展情况。

20日 少将袁国祥一行到阿里分工委旧址纪念馆缅怀革命先烈、追寻红色印记。地委委员、宣传部部长索南才旦陪同。

24日 地区“四讲四爱”群众教育实践活动第一节点总结暨转段工作推进会在地区行署会议中心召开。地委副书记张会明出席会议并讲话。地委委员、宣传部部长索南才旦主持。会议以视频形式召开至乡一级。地（中、区）直各单位主要负责人参加地区主会场会议。

同日 地区食品安全委员会在地区民政局门口开展“全国食品安全宣传周”活动。地区食安委各成员单位、食品流通领域、餐饮服务食品单位参加活动。

26日 地区禁毒委举办阿里地区首届“禁毒杯”篮球联赛。该联赛由地区禁毒办主办、地区体育局协办。地委委员、行署常务副专员袁富国，政协副主席辜建中，人大、地委禁毒委各成员单位主要领导及地区各界群众及学生代表600余人参加开幕式。

本月 中央纪委国家监委国际合作局正局级纪检监察专员郭松江带队的第一下沉督导组，深入阿里地区开展扫黑除恶专项督导工作。自治区高级人民法院副院长米玛次仁，地委副书记张会明，地委委员、政法委书记、公安处党委书记沈照山陪同。

本月 地委财经工作委员会召开第一次会议，学习贯彻落实习近平总书记在中央财经委员会第一次、第二次、第三次会议上的重要讲话精神，贯彻落实吴英杰书记在区党委财经委员会第一次会议上的重要讲话精神，部署地委财经委组建后的各项工作；审议并原则通过《中共阿里地区委员会财经工作委员会工作规则》《中共阿里地区委员会财经工作委员会办公室工作细则》《中共阿里地区委员会财经工作委员会2019年工作要点》等文件。

地委财经工作委员会委员出席会议。地委财经工作委员会成员单位有关负责人参加会议。

本月 地区召开2019年防震减灾工作会议，传达2019年国务院、西藏自治区防震减灾工作联席会议精神，宣读《阿里地区防震减灾工作联席会议制度》和各成员单位2019年重点工作任务分工，通报地区2018年防震减灾工作及贯彻落实自治区防震减灾工作落实情况。

7月

2日 地区召开促进农牧民持续增收暨高校毕业生就业创业工作推进会议，深入分析当前农牧民增收和高校毕业生就业创业工作面临的形势任务，研究部署促进农牧民持续增收、保障高校毕业生就业创业的推进措施。地委副书记、行署专员旦巴旺久出席会议并讲话。地委委员、行署常务副专员袁富国主持会议。会议以视频形式召开至县、乡一级。

同日 地委宣传部、团地委联合举办阿里地区庆七一"歌颂新时代·共筑中国梦"诗歌朗诵比赛决赛。地委委员、宣传部部长索南才旦出席活动。

8日 地区第八批优秀援藏干部人才表彰大会在地委会堂召开，贯彻落实习近平总书记关于治边稳藏的重要论述、全区第八批优秀援藏干部人才表彰大会精神，总结第八批干部人才援藏工作，表彰优秀援藏干部人才。

9日 自治区水利厅巡视员李克恭深入地区调研自然资源、生态环境、水利和林业草原等工作后，行署副专员刘宏主持召开座谈会，听取调研工作情况反馈。地区水利局、林草局等相关单位负责人参加会议。

13日至16日 阿里地区首届高校毕业生就业能力提升培训班在行署会议中心举办。该次培训邀请西藏他喜职业技能培训学校的专业导师，开展为期两天半的培训。

14日 地区首届高校毕业生就业创业主题系列活动启动仪式在行署会议中心一楼举行。地委副书记、行署专员旦巴旺久，地委委员、行署常务副专员袁富国出席活动。

15日 地区召开脱贫攻坚巩固提升和脱贫摘帽工作推进会，通报上半年脱贫攻坚工作情况，对下半年脱贫攻坚工作提出要求。地委副书记、行署专员、地区脱贫攻坚指挥部指挥长旦巴旺久主持会议。地委委员、行署常务副专员、地区脱贫攻坚指挥部常务副指挥长袁富国通报上半年脱贫攻坚工作情况。

同日 地区首届高校毕业生专场招聘会在象雄文化广场拉开帷幕。参会企事业单位29家，提供岗位384个。其中，行政事业单位4家、国有企业6家、民营企业19家；陕西省2019年就业援藏省属国有企业提供就业岗位46个。

16日至17日 自治区副主席汪海洲深入日土、噶尔县调研脱贫攻坚和就业创业工作，并与地县负责人和有关部门、企业及大学生进行座谈，地委副书记、行署专员旦巴旺久，地委委员、行署常务副专员袁富国陪同调研。

18日 地区举办西藏佛学院2019年全地区招生统一考试。西藏佛学院赴阿督导组到考试现场检查督导招生考试工作。

26日 地区召开增强"脚力、眼力、脑力、笔力"教育实践工作动员会，传达《全地区宣传思想战线开展增强"四力"教育实践工作实施方案》。地委委员、宣传部部长索南才旦出席会议并讲话。地委宣传部副部长蔡云峰主持会议。

26日至29日 自治区副主席多吉次珠率"不忘初心、牢记使命"主题教育调研组深入阿里地区乡村基层党组织，普兰县仁贡村文化中心、县图书馆和旅游龙头企业，日土县日松乡文化服务中心、德如村文化场所和班公湖周边旅游景点考察调研，并到军分区先遣连纪念馆开展党性教育活动，慰问贫困群众、寺庙僧尼、戍边战士、基层干部。地委委员、行署副专员葛庆敏和地区文化、旅游部门负责人参加调研。

29日 地区在象雄文化广场开展以“建功立业新阿里，健步走进新时代”为主题的“七一”党日活动，地委委员、组织部部长何兴茂出席活动并讲话。地（中、区）直单位有关负责人参加活动。

30日 地委召开“不忘初心、牢记使命”主题教育第3次专题研讨会。地委委员西绕加措、高宝军、袁富国结合实际工作做交流发言。在家地级领导出席会议。

同日 在中国人民解放军第92个建军节来临之际，地区主要领导带领四大班子领导到阿里军分区看望慰问驻阿各部队官兵。

本月 地区召开“不忘初心、牢记使命”主题教育第1次专题研讨会，围绕“学习贯彻习近平新时代中国特色社会主义思想，践行‘两个维护’”主题作深入研讨。地委副书记张会明，地委委员何兴茂、索南才旦、袁福国、王行义及人大、行署、政协在家地级领导参加会议。

本月 地委副书记、行署专员旦巴旺久率队深入革吉、改则、措勤三县，视察调研脱贫攻坚、农牧区改革等工作，并看望慰问基层一线干部群众。

本月 阿里地区在地区民政局门口开展“健康人生、绿色无毒”主题禁毒宣传活动。地委副书记张会明，地委委员、行署常务副专员袁富国，政协副主席辜建中及地区禁毒委成员单位主要领导出席。展出“毒品尝试、吸毒危害”主题展板8幅，发放禁毒法、毒品基本知识、青少年如何预防合成毒品等知识手册1200余份、宣传礼品1900份。

本月 地区召开县级融媒体建设座谈会，传达贯彻中央和自治区党委关于推进县级融媒体中心建设的相关文件精神，安排部署推进地区县级融媒体中心建设相关工作。地委委员、宣传部部长索南才旦出席会议并讲话。新华社新闻信息中心西藏中心主任田峰，北京中科闻歌科技股份有限公司副总裁汪晓东一行出席座谈会，并介绍在推进县级融媒体中心建设方面的优势与经验。地委宣传部、地区广播电视台有关负责人参加会议。

本月 地委理论学习中心组召开第10次集体学习会，专题学习研讨习近平总书记关于民族团结的重要论述相关内容。

本月 地区召开“不忘初心、牢记使命”主题教育第2次专题研讨会，围绕“学习贯彻习近平总书记关于治边稳藏重要论述，提升稳藏兴藏建藏能力”主题作深入研讨。地委副书记、行署专员旦巴旺久，地委副书记张会明，地委委员索南才旦、葛庆敏、沈照山、高宝军、王行义及人大、行署、政协在家地级领导参加会议。地委“不忘初心、牢记使命”主题教育小组成员，各专项组组长、副组长，地直单位主要负责人参加会议。

本月 地委理论中心组召开第11次集体学习会，重点学习研讨习近平总书记关于全面从严治党的重要论述和系列重要批示指示精神，学习《中国共产党廉洁自律准则》《中国共产党纪律处分条例》《中华人民共和国监察法》《公职人员政务处分暂行规定》等党规党纪法律法规。陕西省第九批援藏干部领队张小平，河北省第九批援藏干部领队韩学军，地委委员葛庆敏、何兴茂、索南才旦、沈照山、高宝军、王行义及人大、行署、政协在家地级领导，地（中、区）直单位负责人参加会议。

本月 地区召开河北省第八、九批援藏工作交接会，贯彻中央、区党委和河北省委援藏工作部署，做好第八、九批援藏工作交接，为此后三年援藏各项工作打好坚实基础。地区纪委、地委组织部相关人员参加会议。

本月 西藏自治区残疾康复中心副主任沈爱生带队，康复服务中心视力、听力、肢体、辅助器具等科室专家组成的康复服务小组深入阿里地区噶尔县、普兰县、革吉县、改则县、措勤县开展残疾人社区康复服务。配发20台盒式助听器、50台耳背式助听器及成人轮椅、坐便椅、盲杖等辅助器具50把（副）。

本月 地区召开“不忘初心、牢记使命”主题教育党风廉政警示教育大会。地委委员、纪委书记、监委主任西绕加措主持会议。地委、人大、行署、政协在家地级领导出席会议。

8月

1日 阿里地区举办“不忘初心、牢记使命”主题教育党风廉政建设教育展览。地委委员、纪委书记、监委主任西绕加措主持开幕式。

2日 地区召开欢迎“两省三企”援藏干部人才座谈会。地委委员、宣传部部长索南才旦主持会议。会议以视频形式召开至县一级。地委、人大、行署、政协在家地级领导，地区中级人民法院院长、自治区人民检察院阿里分院检察长，陕西、河北两省和中央三大企业第九批援藏干部人才，第五批“组团式”援藏医疗人才，地直各受援单位主要负责人参加主会场会议。

5日 地区2019年防汛抗旱第二次调度工作电视电话会议在行署会议室召开，贯彻落实习近平总书记关于防灾减灾救灾工作系列讲话精神，落实区党委、地委、行署决策部署，分析研判防汛抗旱形势，部署2019年地区防汛抗旱工作。地委委员、行署副专员葛庆敏出席会议并讲话。会议以视频形式召开至县一级。地区防汛抗旱指挥部成员单位主要负责人，驻地区各防汛重点企业及各灌区、水委会负责人参加会议。

8日 地区2019年禁毒业务培训班开班。培训为期5天，由中国刑警学院禁毒系教授陈莉、山西警察学院教授范斌等6名业务专家送教。地委委员、政法委书记、公安处党委书记沈照山出席开班仪式并讲话。河北省第九批援藏干部唐春青主持开班仪式。自治区公安厅禁毒总队副总队长牟晓刚出席开班仪式。

同日 由中国石油西藏阿里销售分公司承办的阿里地区首届中直单位党建业务交流会举行，阿里地区行署副专员泽仁扎西、中国石油西藏销售公司副总经理米玛顿珠出席交流会。

9日 地区召开高校毕业生就业创业工作推进会。地委副书记、行署专员旦巴旺久出席会议并讲话。地委委员、行署常务副专员袁富国主持会议。地委委员、行署副专员葛庆敏，行署副专员泽仁扎西参加会议。会议以视频形式召开至乡（镇）一级。

12日 地区开展四川知名医疗专家团保健知识讲座，宣传高血压、慢性病预防知识。行署副专员刘宏主持。四川大学华西医院急诊科副主任、主任医师聂虎教授，四川大学华西医院西藏成办分院副院长邬云红，成都中西医大学附属医院干部保健部部长、皮肤科主任医师雷晴巡诊团一行主讲。讲座以视频形式召开至乡（镇）一级。地区在家地级领导，地（中、区）直主要负责人，地直各单位部分干部职工参加讲座。

同日 地委召开“不忘初心、牢记使命”主题教育第4次专题研讨会，围绕“践行为民宗旨，履行担当职责”开展研讨，地委副书记、行署副专员张小平，地委委员索南才旦、袁富国、王行义及人大、行署、政协在家地级领导出席会议。地委“不忘初心、牢记使命”主题教育领导小组成员单位有关负责人，地（中、区）直单位主要负责人，驻阿各军警部队主官参加会议。

同日 地委理论学习中心组召开第13次集体学习会，传达学习贯彻习近平总书记关于“三农”工作的重要论述、《习近平关于“三农”工作论述摘编》相关内容、习近平总书记在《求是》杂志上发表的《把乡村振兴战略作为新时代“三农”工作总抓手》文章精神，研究地区贯彻落实意见。地委副书记、行署专员旦巴旺久主持会议并讲话。地委副书记、行署副专员张小平，地委委员西绕加措、索南才旦、袁富国、王行义及人大、行署、政协在家地级领导，地委“三农”工作领导小组成员单位、地（中、区）直单位主要负责人，驻阿各军警部队主官参加会议。

14日 地区召开2019年1至7月经济运行情况通报暨下半年经济工作部署会议。地委副书记、行署专员旦巴旺久出席会议并讲话。地委委员、行署常务副专员袁富国主持会议。地委委员、行署副专员葛庆敏出席会议。

16日 地区召开公安工作会议暨庆祝新中国成立70周年安保维稳动员部署会。地委副书记、行署专员旦巴旺久主持会议。地委、人大、行署、政协在家地级领导及各县县委书记参加会议。会议以视频形式召开至县一级。地（中、区）直各单位主要负责人参加地区主会场会议。

19日 自治区党委副书记、自治区常务副主席庄严深入噶尔县、日土县开展主题党日活动，调研边境基础设施和脱贫攻坚产业项目等情况。

20日 地区开展“领导干部全面素质能力建设”专题报告会。地委委员、组织部部长何兴茂主持。清华大学教授肖鹰主讲。地委、人大、行署、政协在家地级领导参加。报告会以视频形式召开至乡（镇）一级。地直各单位在家县级领导干部、正科级干部参加报告会。

20日至21日 中共中央政治局常委、全国政协主席汪洋先后深入地区普兰县、札达县，在普兰看望藏族群众，在札达走访县政协机关。

22日 地区扶贫开发领导小组召开第19次会议，研究审定森布村等54个贫困村（居）退出贫困村（居）行列，并上报自治区脱贫攻坚指挥部备案；研究审核革吉、改则、措勤三县脱贫摘帽并上报自治区扶贫开发领导小组研究审定。

23日 地区召开脱贫人口“回头看”工作电视电话会议，传达《西藏自治区脱贫攻坚指挥部关于印发〈西藏自治区脱贫人口“回头看”工作方案〉的通知》精神，地委主要领导、行署主要领导的批示精神及《阿里地区脱贫人口“回头看”工作方案》。地委委员、行署常务副专员袁富国出席会议并讲话，行署副专员泽仁扎西出席会议。会议以视频形式召开至乡镇一级。

27日 地区召开“四讲四爱”群众教育实践活动第二节点总结暨转段工作推进视频会，地委副书记张会明出席并讲话。地委宣传部常务副部长姚明菊主持会议。会议以视频形式召开至乡镇一级。地委、人大、行署、政协在家主要领导，地（中、区）直单位主要负责人，地管国有企业负责人参加会议。

28日 由自治区政府办公厅主办，地区行署办公室、行政审批和便民服务局承办的阿里地区“互联网+政务服务”和“互联网+监管”培训在地区党校大礼堂正式开班，地区各相关部门业务负责人、七县行政审批及政府相关部门业务人员共156人参加培训。

31日 团地委举办阿里地区第二届徒步大赛。

本月 阿里地区召开全地区寺庙管理工作座谈会，听取七县县委书记和部分寺管会负责人关于当前寺庙管理工作存在的困难、问题和建议。地委副书记张会明通报全地区寺庙管理工作情况，就《关于贯彻落实〈中共西藏自治区委员会、西藏自治区人民政府关于进一步加强和改进寺管会工作的指导意见〉的实施意见（征求意见稿）》做说明。地委副书记、行署专员旦巴旺久，地委副书记、行署常务副专员张小平，地委委员何兴茂、索南才旦、高宝军、袁富国及人大、行署、政协在家地级领导出席会议。七县县委书记、统战部部长，分管民宗工作副县长，地委统一战线工作领导小组成员单位主要负责人及部分重点寺庙管委会负责人参加会议。

9月

3日 陕西省水利厅与阿里行署就新时代水利援藏工作召开交流座谈会。地委委员、行署副专员葛庆敏出席会议并讲话，陕西省水利厅党组成员、纪检组长张敏一行出席会议。

4日 国家卫健委医政医

管局局长张宗久、中组部干部一局副巡视员王雷一行10人到阿里看望慰问第五批“组团式”援藏医疗人才和第九批援藏干部人才，考察上一轮援建项目建设情况，对新一轮援建项目开展情况进行调研。自治区党委组织部、卫健委，地委组织部、地区卫健委等主要领导陪同调研。地（中、区）直有关负责人参加调研。

7日 庆祝新中国成立70周年暨西藏民主改革60周年个人摄影作品展览在地区群艺馆开幕。地区摄影爱好者100余人参加开幕式。展出加措个人摄影作品46幅。

9日 地区举行“精准扶贫实践与中国梦的进程”专题报告会。邀请深圳国际公益学院副院长、教授，清华大学公共管理学员NGO研究所研究员黄浩明主讲。地委委员、组织部部长何兴茂主持报告会并讲话。地委、人大、行署、政协在家地级领导参加报告会。

12日 人大地工委办公室、行署办公室、政协办公室、地委组织部、地委宣传部等单位先后召开“不忘初心、牢记使命”主题教育第1次专题研讨会。人大地工委主任平措旦增，地委委员、组织部部长何兴茂，地委委员、宣传部部长索南才旦，人大地工委副主任嘎玛次珠，行署副专员刘宏、泽仁扎西以普通党员身份参加各自单位会议，地委巡回指导组列席各会场会议。

16日 地区民宗局牵头，联合地区统战、宣传、文化等27家地直相关单位和部门，开展“民族团结月”宣传教育活动。地委副书记张会明，地区政协主席吕新民等领导亲临现场指导。累计发放宣传资料4万余份，小礼品600个，受教育群众1300余人。

同日 以“感恩共产党、奋进新时代”为主题的西藏百万农奴解放纪念馆巡展在阿里象雄广场正式开展。地委副书记张会明，人大地工委主任平措旦增，政协主席吕新民，地委委员、宣传部部长索南才旦出席开幕式。

同日 地区开展“奋进70年、跨越60年”主题理论研讨会，深入贯彻落实习近平新时代中国特色社会主义思想和党的十九大精神。地直机关工委副书记赵叁文，地委党校副校长黄代江，地区公安处党委副书记、处长、督察长旦增普布，地委宣传部副部长翟民青分别作研讨交流发言。地委宣传部在家班子成员和全体党员干部参加会议。

17日 阿里与藏中电网联网工程开工仪式分会场在普兰县霍尔乡举行，与拉萨主会场同步，行署副专员段晓勇参加分会场会议，联网工程竣工后，将结束全国最后一个地级行政区电网孤网运行。

18日 阿里地区高校毕业生秋季专场招聘会在地区行政公署中心广场举行。招聘会为高校毕业生提供岗位508个。其中，河北省国有企业提供就业岗位79个，地区国有企业、民营企业、地直部门提供就业岗位429个。现场累计到场未就业高校毕业生450余人，达成就业意向437人次，发放宣传材料400余份。

20日 地区召开党外人士“不忘合作初心、继续携手前行”主题教育座谈会，深入贯彻落实自治区党委统战部《关于在全区党代表人士中开展“不忘合作初心、继续携手前行”主题教育活动的实施方案》精神，部署地区“不忘合作初心、继续携手前行”主题教育工作。

22日 自治区党委常委、宣传部部长边巴扎西，自治区副主席多吉次珠一行工作组到阿里督导检查、指导稳定发展、督导调研脱贫攻坚、巡回指导主题教育工作。

23日 行署党组召开“不忘初心、牢记使命”主题教育第8次专题研讨会，紧扣“助力脱贫攻坚，全面建成小康社会”主题，围绕深入贯彻落实党中央、区党委关于打赢脱贫攻坚战、大力实施以“神圣国土守护者、幸福家园建设者”为主题的乡村振兴战略决策部署，全力打造“产业兴旺、生态宜居、乡风文明、治理有效、生活富裕”的藏西新城进行深入研讨。地委副书记、行署专员旦巴旺久主持。地委副书记、行署常务副专员张小平，地委委员、行署常务副专员袁富国，地委委员、行署副专员葛庆敏，行署副专员段晓勇、刘宏出席会议。

同日 地区以“唱响乡村振兴主旋律、谱写全面小康新篇章”为主题，举行“中国农民丰收节”欢庆活动，同庆丰收、共迎新中国成立70周年。地委副书记张会明，地委副书记、行署常务副专员张小平，人大地工委副主任唐文明，地区政协副主席、噶尔县委副书记、县长卫东出席活动，狮泉河镇农牧民群众代表参加活动。

24日 地区召开扶贫开发领导小组2019年第20次会议暨脱贫攻坚工作推进会，通报地区脱贫攻坚工作总体情况，听取七县脱贫攻坚工作总体情况和脱贫攻坚资金支出进度情况，部署各县脱贫攻坚统筹整合资金支出进度、“东三县”脱贫摘帽迎接第三方考评评估准备和“西四县”边境小康村建设工作。

25日 地区召开“十四五”科技创新规划调研座谈会。地委副书记、行署专员旦巴旺久主持会议并讲话。地委委员、行署常务副专员袁富国，“十四五”科技创新规划编制专家组一行出席会议。

27日 进藏英雄先遣连红色革命教育基地在改则县先遣乡正式落成并举行揭幕仪式。吕新民、甘维汉、葛庆敏、索南才旦、嘎玛次珠、益西土登等四大班子领导及军分区领导出席仪式。

同日 由中共阿里地委、阿里地区行政公署主办的庆祝中华人民共和国成立七十周年“团结奋进新时代·携手共筑中国梦”主题文艺晚会在地区影剧院上演。

29日 地区举办庆祝中华人民共和国成立70周年——“伟大的变革”摄影巡回首展，累计参观干部群众240余人。

30日 地区召开庆祝中华人民共和国成立70周年座谈会，社会各族各界、各行业系统的区地县三级政协委员代表，地直单位党外代表人士，非公经济代表人士，宗教界代表人士，归国定居藏胞代表等参加会议。地区政协党组书记、主席吕新民，地区政协原主席加措、洛桑白姆，原副主席康巴·巴桑出席会议。

本月 地区召开扫黑除恶专项斗争推进会，传达学习习近平总书记关于扫黑除恶专项斗争系列重要批示和讲话精神，对中央扫黑除恶第13督导组督导反馈问题整改工作进行再动员、再部署。张小平、韩学军、西绕加措、葛庆敏、何兴茂、高宝军、袁富国及人大、行署、政协在家地级领导出席会议。

本月 地区召开主题教育第5次专题研讨会，围绕“力戒形式主义和官僚主义，着力为基层减负”专题作深入研讨。旦巴旺久、张会明、韩学军、西绕加措、葛庆敏、索南才旦、高宝军、袁富国、王行义及人大、行署、政协在家地级领导参加会议。

本月 地委理论学习中心组召开第14次集体学习会，专题学习习近平总书记全面依法治国新理念新思想新战略。旦巴旺久、张会明、韩学军、西绕加措、葛庆敏、索南才旦、高宝军、袁富国、王行义及人大、行署、政协在家地级领导参加会议。

本月 地委副书记、行署专员旦巴旺久，地委委员、政法委书记沈照山检查狮泉河水库汛期运行及河湖联通项目建设情况。地区水利局、国网阿里供电有限公司的相关负责人汇报地区入汛以来的水库调度运行和项目建设情况。

本月 地委理论学习中心组召开学习会暨“不忘初心、牢记使命”主题教育第1次专题研讨会，学习贯彻习近平新时代中国特色社会主义思想，重点围绕如何把学习贯彻习近平新时代中国特色社会主义思想走心走实，增强“四个意识”，坚定“四个自信”，做到“两个维护”进行深入探讨。旦巴旺久、张会明、韩学军、索南才旦、高宝军、袁富国及人大、行署、政协、法院、检察院在家地级领导参加会议。

本月 地区召开庆祝新中国成立70周年“团结奋进新时代·携手共筑中国梦”主题文艺晚会工作协调会。地委副书记张会明，地委委员、宣传部部长索南才旦出席会议。

本月 地委理论学习中心组召开学习会暨“不忘初心、牢记使命”主题教育系列专题研讨会，学习贯彻习近平总书记重要讲话精神，贯彻落实党中央、区党委关于打赢脱贫攻坚战、大力实施乡村振兴战略的决策部署，全面建成小康社会。就如何做到“三个表率”、建设模范机关，聚焦解决党的建设面临的紧迫问题，推动各领域党建工作均衡发展、创新发展、全面发展等方面深入研讨。区党委第七巡回指导组指导系列研讨会。

本月 “不忘初心、牢记使命”主题教育中央第十巡回指导组组长杜宇新、副组长张百如一行到地区调研主题教育开展情况，先后深入普兰县、札达县、噶尔县进行调研，并召开座谈会听取地委、普兰县委汇报。区党委常委、组织部部长、区党委“不忘初心、牢记使命”主题教育领导小组办公室主任陈永奇，地委委员、组织部部长何兴茂陪同调研。

本月 地委宣传部召开“不忘初心、牢记使命”主题教育第5次、第6次专题学习研讨会，会议围绕“力戒形式主义和官僚主义，着力为基层减负”和“学习贯彻习近平总书记在中央和国家机关党的建设工作会议上的重要讲话精神全面提高党的建设质量”进行学习研讨，同时围绕“六个力戒”“三个表率”、建设模范机关，聚焦解决机关党的建设面临的紧迫问题等，研讨贯彻落实意见。地委委员、宣传部部长索南才旦主持会议并讲话。

本月 自治区“扫黄打非”工作督导组深入地区对全地区“扫黄打非”工作开展专项督导检查。地区向督导组汇报工作开展情况，听取督导组就下一步做好“扫黄打非”工作的指导意见。地委委员、宣传部部长、地区“扫黄扫非”领导小组组长索南才旦出席汇报会。

10月

3日 地区召开2019年高校毕业生就业创业工作第三次推进会，深入贯彻落实9月30日自治区高校毕业生就业创业工作领导小组会议精神，研究部署下一步工作。地委副书记、行署专员旦巴旺久主持会议并讲话。地委委员、行署常务副专员袁富国参加会议。

5日 地区召开2019年1至9月重点项目推进工作电视电话会议，分析研判当前重点项目建设存在的困难和问题，部署下一阶段重点项目工作。地委副书记、行署专员旦巴旺久主持会议并讲话。地委委员、行署常务副专员袁富国，行署副专员梁庆参加会议。

8日 地委召开“不忘初心、牢记使命”主题教育专题学习会暨习近平新时代中国特色社会主义思想专题辅导讲座，邀请区党委党校马克思主义教研部主任史云峰教授围绕“深刻领会习近平新时代中国特色社会主义思想”做题为《不忘初心，牢记使命，永远奋斗》专题辅导。地委副书记张会明、人大地工委主任平措旦增、地区政协主席吕新民，地委委员何兴茂、索南才旦、高宝军出席讲座。

11日 地区召开边境小康村建设工作推进会，贯彻落实10月10日自治区边境地区小康村建设专题会精神，听取地区边境小康村建设情况汇报，对下一步边境小康村建设工作进行再部署、再推动、再落实。地委副书记、行署专员旦巴旺久，地委副书记、行署常务副专员张小平，地委委员高宝军、袁富国、王行义，噶尔、普兰、札达、日土四县县委书记、县长、分管副县长出席会议。

12日 地委副书记、行署专员旦巴旺久主持召开解决企业拖欠农民工工资问题电视电话会议，回顾总结前一阶段地区清理拖欠农民工工资工作，通报当前存在的主要问题，研究部署下一步工作。地委副书记、行署常务副专员张小平，地委委员袁富国，地委委员、行署副专员葛庆敏，行署副专员段晓勇、刘宏出席会议。

12日至13日 团地委组织开展庆祝新中国成立70周年“歌声献祖国·青春心向

党·建功新时代”阿里地区第三届青年歌手大赛。该活动由地委宣传部主办，共青团阿里地区委员会、地区工会办事处和地区妇女联合委员会协助举办，来自地区不同行业的31名选手参赛。

15日 阿里地区召开“互联网+政务服务”协调推进暨迎接2019年省级政府和重点城市网上政务服务能力第三方评估“互联网+政务服务”工作安排部署会议，行署副专员段晓勇出席会议并讲话。

同日 由自治区党委宣传部、西藏广播电视台主办，阿里地委宣传部、中共普兰县委、县政府协办，自治区藏语文宣传管理办公室、西藏广播电视台藏语节目中心承办的“藏地之音”第四届广播民歌秀颁奖典礼在普兰县举行。普兰县科迦村的达瓦玉珍、多吉普赤、曲尼玛三位老阿妈演唱的民歌《普兰民歌》获得一等奖。

同日 由中共阿里地委、地区行署主办，地委宣传部、地区文化局承办，地区群众艺术馆、地区象雄艺术团、阿里广播电视台协办的“壮丽70年·奋进新时代”暨第二届象雄锅庄舞大赛在阿里地区体育场举行。

20日 由自治区党委统战部、阿里地委统战部、西藏自治区中华职业教育社联合举办的阿里地区2019年“职业技能+国家通用语言”培训班开班，50名农牧民青年参加，该次集中培训为期45天。

22日 第二十六届中国杨凌农业高新科技成果博览会天上阿里馆正式开馆。地区首次在杨凌农业科技展览中心展示地区地域文化特色产品。

同日 以“产业发展引领乡村振兴”为主题的2019乡村振兴杨凌论坛在陕西杨凌国际会展中心酒店举行，阿里地区代表团参加论坛。

同日 中国移动终端公司与阿里地区行政公署在行署会议中心联合举行网络扶贫行动手机捐赠仪式。行署副秘书长张程良主持。行署副专员段晓勇、中国移动终端公司总经理栾晓维、中国移动终端公司人力资源部部长马长立、中国移动终端公司综合部战略调研主管李钊及中国移动西藏公司张爱国、格桑达瓦、钟伟等出席仪式。

23日至25日 陕西省委常委、省纪委书记、省监委主任王兴宁率陕西省党政代表团到阿里看望援藏干部人才。自治区党委常委、自治区常务副主席姜杰陪同看望。地委副书记、行署常务副专员、陕西省第九批援藏干部人才领队张小平，地委委员、行署常务副专员袁富国参加活动。

24日至11月5日 地区赴河北省招商引资团在石家庄、邢台、衡水、北京等地考察招商，与相关部门和企业座谈对接，并与部分企业签署合作协议。

28日 地区“四讲四爱”群众教育实践活动第二轮农牧民宣讲员培训班正式开班。特邀拉萨市委党校教授格桑次仁，全区优秀宣讲员代表尼玛次仁、尼玛、巴桑，地区获全国改革先锋、第七届道德模范、最美奋斗者称号的尼玛顿珠以及地直相关单位选派代表担任授课老师。培训分两期，为期10天，全地区145名村（居）基层宣讲员及七县“四讲四爱”活动办领导等相关单位156人参加。

本月 地委召开“不忘初心、牢记使命”主题教育专题报告会，传承和弘扬“老西藏精神”“两路精神”“孔繁森精神”“先遣连精神”“阿里精神”，区党委第七巡回指导组组长嘎玛泽登，地委、人大、行署、政协在家地级领导出席会议。地委委员、组织部部长何兴茂主持会议。

本月 地区召开2019年脱贫攻坚成效考核工作汇报会。自治区脱贫攻坚成效考核组第三组组长姜月霞出席会议。地委委员、行署常务副专员袁富国主持会议。地委、人大、行署、政协在家地级领导出席会议。

本月 地区召开座谈会，与赴阿考察调研工作的西藏银行工作组一行进行座谈交流。地委副书记、行署专员旦巴旺久出席并讲话。

本月 地区与西北农林科

技大学校地合作座谈会在陕西杨凌召开。行署副专员刘宏出席会议。西北农林科技大学副校长钱永华主持会议。

11月

7日 地委班子“不忘初心、牢记使命”主题教育对照党章党规找差距专题会议召开。区党委第七巡回指导组组长嘎玛泽登、副组长洛桑等到会指导。

8日 地区召开2019年根治拖欠农民工工资工作领导小组第3次会议，全面总结回顾当前工作，研究部署下一步解决治理拖欠农民工工资工作的具体措施，部署迎接自治区考核工作。地委副书记、行署专员旦巴旺久出席会议并讲话。地委委员、行署常务副专员袁富国主持会议。会议以视频形式召开至县一级。地区根治拖欠农民工工资工作领导小组各成员单位、地（中、区）直单位主要负责人参加会议。

11日 “西藏阿里地区职校高星级酒店运营与管理专业培训实习班”在河北承德旅游职业学院正式开班，培训时间2个月，地区职校15名师生参加培训。

20日 地区召开学校思想政治理论课教师座谈会，传达学习贯彻习近平总书记在全国学校思想政治理论课教师座谈会上的重要讲话精神、吴英杰书记在全区学校思想政治理论课教师座谈会上的讲话精神，部署地区学校思想政治理论课相关事宜。

同日 地区第5届农畜产品交易会在狮泉河体育场开幕，来自林芝市、日喀则市及地区七县500余家商户参展，商品涵盖农畜产品、民族手工艺品等1000余种。

21日 地区召开2020年重点项目投资暨“十四五”规划编制工作部署会，部署“十三五”重大项目收官工作，研究讨论2020年重点项目投资计划。地委副书记、行署专员旦巴旺久出席会议并讲话。地委副书记、行署常务副专员张小平主持会议。地委委员、行署常务副专员袁富国，行署副专员段晓勇、刘宏出席会议。

同日 地委副书记、行署专员旦巴旺久，人大地工委主任平措旦增，地区政协主席吕新民到地区第5届农畜产品交易会现场，视察各展区情况，检查指导工作。

同日 地区佛协第八届三次会议召开，深入贯彻落实中国佛协西藏分会第十一届全区代表大会精神，总结地区2019年佛协工作，研究部署下一阶段重点工作。地委副书记张会明出席并讲话。

25日 自治区党委宣传部副部长周黎明带队的自治区巡回宣讲团，深入地区宣讲党的十九届四中全会精神。地委、人大、行署、政协在家地级领导及党政机关、部队、企事业单位、学校的党员干部群众代表聆听宣讲会。

本月 中央扫黑除恶第13督导组组长朱维群一行下沉地区开展督导“回头看”工作。区党委常委、政法委书记、区扫黑除恶打非治乱专项斗争领导小组组长何文浩陪同。之后地区召开中央扫黑除恶督导“回头看”工作汇报会，朱维群、何文浩出席会议并讲话，地委副书记、行署专员旦巴旺久主持会议。

本月 区民委党组成员、副主任黄云素带队的自治区考核验收组一行先后深入札达、普兰、噶尔、日土四县乡镇、村居、学校、医院等，通过查阅资料、走访群众、座谈交流等方式，考核验收地区创建全国民族团结进步示范地区工作开展情况，对地区相关工作做指导、明方向、提要求、找不足、补短板。地委副书记、行署专员旦巴旺久，地委副书记张会明，地委副书记、行署常务副专员张小平，地委委员高宝军及人大、行署、政协地级领导陪同。

本月 第四届河北省旅游产业发展大会暨第24届中国北方旅游交易会在石家庄市举办，地委副书记、行署常务副专员韩学军率团参加，学习借鉴河北省旅游发展先进经验，并通过大会展示和推介地区资源。

12月

1日 在地区卫健委的协调下，由地区疾控中心承办，地区人民医院、地区海关、噶尔县疾控中心等单位协办，在人口密集的阿里地区百益超市门口开展以“社区动员同防艾，健康中国我行动”为宣传主题的第32个“世界艾滋病宣传日”宣传活动，并继续推进“性病防治主题宣传周”活动。

3日 地委班子“不忘初心、牢记使命”主题教育专题民主生活会召开。自治区党委第七巡回指导组组长嘎玛泽登、副组长洛桑及其他成员到会全程指导。人大、行署、政协在家地级领导，地区中级人民法院院长，自治区人民检察院阿里分院检察长，地直各单位主要负责人，部分党代表、人大代表、政协委员和党外干部、基层群众代表、人大代表、政协委员和党外干部、基层群众代表、服务对象代表等列席会议。

4日 地区开展“宪法宣传周”系列活动，深入学习宣传宪法，弘扬宪法精神，教育引导全地区各族干部群众自觉维护宪法权威。

5日至7日 人大阿里地工委组织自治区第十一届在阿人大代表深入噶尔县扎西岗乡、典角村、噶尔县垃圾处理厂、地区人民医院等地，集中视察脱贫攻坚、边境小康村建设、生态环境保护、医疗卫生等领域工作。自治区第十一届人大代表、阿里地委副书记、行署专员旦巴旺久，自治区第十一届在阿人大代表西绕加措、卫东等12名代表参加视察活动。

9日 地委举办第一期党的十九届四中全会精神专题培训班开班仪式。地委副书记、行署专员旦巴旺久主持开班仪式。

11日 由阿里地区林业和草原局主办的羌塘国家级自然保护区管理体制机制改革阿里地区专业管护员培训班在阿里地区中等职业技术学校开班。培训分为3期，每期5天，对360名管护员进行培训。来自革吉县、日土县、噶尔县的相关负责人以及115名专业管护队员参加第一期培训。

14日 地区召开文物安全联席电视电话会议，分析地区文物工作面临的形势，部署此后一段时期的文物安全工作。地委副书记、行署专员旦巴旺久出席会议并讲话。地委委员、政法委书记沈照山出席会议。

17日 阿里地区召开2019年度全地区各级党委、政府履行生态环境保护工作职责述职述责会议，听取行署党组和各县委、县政府履行生态环境保护职责情况，总结经验，查找问题。张会明、张小平、西绕加措、何兴茂等出席会议。

同日 地区召开2019年度县委书记、地直单位党委（党组）书记落实党风廉政建设责任制“第一责任人”责任述责述廉会议，听取各县委书记、地直机关党委（党组）书记落实党风廉政建设责任制“第一责任人”责任情况汇报，总结经验，查找不足，明确措施，狠抓落实，推进党风廉政建设和反腐败工作深入开展。张会明、张小平、平措旦增、西绕加措、何兴茂等地委、人大、行署、政协地级领导出席会议。

20日 地处革吉县的阿里直属库红色爱国主义教育基地正式开馆。

29日 地委经济工作会议在地委会堂举行，学习贯彻落实党的十九届四中全会和中央经济工作会议精神，贯彻落实区党委九届七次全会暨区党委经济工作会议精神，研究部署全地区推进治理体系和治理能力现代化，全面总结2019年经济社会发展情况，部署2020年经济工作。地委副书记、行署专员旦巴旺久主持会议并部署2020年经济工作。

31日 地区“扫黄打非”工作领导小组办公室牵头，联合公安、消防、网信、市场监督管理、文化市场执法等相关部门组成联合执法检查组，对地区各娱乐活动场所开展文化市场“扫黄打非”专项检查行动。

本月 区党委副书记、区人大常委会主任、区党委农村工作领导小组组长洛桑江村深入措勤、改则、革吉等县贫困户家、合作社、中小学校、医院、狮泉河镇农贸市场、超市，就做好脱贫攻坚工作和“三农”工作进行调研。地委副书记、行署专员旦巴旺久，人大地工委主任平措旦增等地区领导参加调研。

本月 地区政协工作会议暨庆祝阿里政协成立60周年大会召开，深入学习贯彻中央政协工作会议暨庆祝中国人民政治协商会议成立70周年大会精神，特别是习近平总书记的重要讲话精神和自治区党委政协工作会议暨庆祝西藏政协成立60周年大会精神，回顾总结60年来阿里政协工作取得的成绩经验，部署下一步重点任务。地委副书记、行署专员旦巴旺久主持会议。地区领导张会明、平措旦增、吕新民、何兴茂等出席会议。地区政协离退休地级领导人员，各县政协主席、县委统战部部长，地（中、区）直单位负责人，地区政协各专委会负责人，在狮泉河镇的全国政协委员、自治区政协委员、地区政协常委等参加会议。

本月 地委召集七县县委书记、地直单位党委（党组）书记，召开落实党风廉政建设责任制主体责任集体约谈会，针对学习贯彻落实习近平新时代中国特色社会主义思想和党的十九大，十九届二中、三中、四中全会精神的再部署，向各县委、地直各单位党委（党组）落实党风廉政建设责任制主体责任提要求，督促各县委书记、地直各单位党委（党组）书记严格落实责任主体，推动党风廉政建设和反腐败工作向纵深发展。

本月 地委理论学习中心组召开第24次集体学习会，专题学习习近平总书记关于扶贫工作的重要论述和重要指示批示精神，李克强总理、汪洋常委、胡春华副总理关于扶贫工作的系列讲话和指示批示精神。地委副书记张会明主持会议。地委委员何兴茂、索南才旦，地委委员、行署常务副专员袁富国，人大地工委副主任唐文明，地区政协副主席阿旺顿珠等出席会议并作专题研讨发言。

本月 中共阿里地区委员会、阿里地区行政公署对2019年度县级领导班子综合目标管理责任制考核中涌现出的先进县、先进单位进行表彰奖励，授予噶尔县、札达县、改则县“2019年度县级领导班子综合目标管理责任制先进县”称号；授予地区纪委、地委组织部、地委宣传部等20家地直单位“2019年度县级领导班子综合目标管理责任制先进单位”称号；授予地区税务局、地区邮政管理局、国网西藏阿里供电有限公司等12家中（区）直单位“2019年度阿里地区经济社会发展贡献奖”称号。

建置区划

【位置境域】 阿里地区位于中国西南边陲、西藏自治区西部。北倚昆仑山脉，与新疆维吾尔自治区相邻；东起唐古拉山以西的杂美山，与那曲市相连；东南连冈底斯山中段，与日喀则市仲巴、萨嘎、昂仁三县接壤；西、南连接喜马拉雅山西段。东西长700余千米，南北宽约680千米，辖域总面积34.5万平方千米。平均海拔4500米。地区行政公署驻噶尔县狮泉河镇，海拔4277.38米，距西藏自治区首府拉萨市1760千米（北道）、1500千米（南道），距新疆叶城县1067千米。

阿里地区共辖7个县，其中普兰、札达、噶尔、日土四县为边境县。

【考古发现】 2018年，考古学家在西藏阿里发现青藏高原首个史前洞穴遗址——梅龙达普洞穴遗址。遗址位于阿里地区革吉县革吉镇森布村狮泉河的源头带，海拔约4600米，由一字排开的两个独立洞穴组成，其中一处洞穴面积1000余平方米，另一处约250平方米。遗址内发掘出新石器时代晚期人造细石工具，距今五千到三千年。

【地名来源】 “阿里”一词是藏语音译，意为“属地”“领地”“领土”等。在汉文史籍中，不同朝代对其称呼各异。汉代称“羊同”，元朝称“纳里”，明朝称“俄力思”。吐蕃王朝赞普之后裔来到这块原属象雄十八部的政治区域后，该区域名副其实地由赞普后裔统辖，故此，才有“阿里”的称谓。

【历史沿革】 据考古资料证明，约一二万年前，阿里境内即有人类活动。在日土、革吉等县境内发现了旧石器时代晚期和新石器时代早期的打制石器等文化遗存，日土县夏达错东北岸发现的带刃石片表明，这一带先民制造使用工具有了很大进步。从噶尔县门士乡几座遗址内发现的很厚的灰烬看，先民们改造自然的能力已有重大突破。

西汉末，阿里为象雄活动地区，汉文史籍称“羊同”，

“大羊同东接吐蕃，西接小羊同，北直于阗”。象雄境域包括今阿里、日喀则西部、藏北大部分。

唐贞观十八年（644），松赞干布统一吐蕃后，将象雄收归治下，设立象雄赤岱（茹），分上、下两部，下设10个东岱。疆域包括今阿里地区全部，日喀则市仲巴、萨嘎，那曲市西部，克什米尔的巴尔蒂斯坦、拉达克（时称玛域、麻域、玛尔玉），尼泊尔北部等地。

后唐同光元年（923），吐蕃政权分裂后，末代赞普达玛的曾孙吉德尼玛衮逃至布让（今阿里地区普兰县），在玛旁雍错北边扎营。受到布让土王礼遇，娶其女卓萨阔琼为妻，迁至噶尔东（今普兰县仁贡村嘎东村），称“阿里王”（阿里作为地名一词由此出现），在朗钦山（今嘎东所在的独立山包）上修筑辜卡尼松宫作为其治所。后唐清泰元年（934）修建热拉卡玛（即热拉红堡，位于今噶尔县扎西岗乡）。清泰二年（935）建立孜托甲日卡（在今噶尔县境内）。

北宋建隆元年（960），吉德尼玛衮将其长子日巴衮、次子扎西衮、幼子德祖衮分封至玛域（玛尔玉，今拉达克）、布让（今普兰）和桑噶（今克什米尔南部）三地，史称“上部三衮占三围”，后形成拉达克、布让、桑噶3个王系。布让（普兰）王系治所在今普兰噶尔东，管辖今阿里地区大部，东至雅鲁藏布江上游，西至朗钦藏布上中游，南至今尼泊尔西北部的久姆拉地区。

北宋乾德四年（966），普兰王扎西衮次子松艾在扎布让创立古格地方政权。境域包括朗钦藏布和噶尔藏布的上中游。松艾出家后，其兄阔日统管普兰、古格，阔日（阔热）、其子拉德、其孙沃德（维德）时期古格属普兰王管辖。沃德次子泽德继任古格王，古格脱离普兰王管辖，成为独立的地方政权，其后的历代古格王均系泽德后裔。泽德在位期间，向东北扩张，其辖境东至今措勤县，北至羌塘牧区。下辖普兰、日土两本，雄巴（革吉）、森果（改则）、却久（措勤）3个部落头人，为古格王后来统治整个阿里奠定基础。

11世纪中叶，普兰王维德幼子扎赞德在作木朗（今尼泊尔北部久姆拉县）建立亚泽政权。北宋宣和二年（1120），古格第六代王索朗泽派其次子觉卧杰布在库奴（今印度喜马偕尔邦北部）建立库奴政权，传承四代后脱离古格；封其幼子卧巴泽为绒琼王，建立绒琼小王系，一直未脱离古格。

古格第八代王泽巴尔赞死后，其二子分庭抗礼，各自掌政。吉德赞在朗钦藏布北岸的东噶·皮央继承古格王位（其时古格故城为其冬宫）；拜卧赞在朗钦藏布南岸的达巴（今札达县达巴乡）建立相对独立的小王系，后来成为达巴法王。古格经历较短时间的分裂局面后，吉至德赞时期，南北古格合二为一。

13世纪后期，从桑噶王系中分离出巴当王系，在巴当地方（今印度喜马偕尔邦）建立城堡。

南宋淳祐八年（1248），“阿里三围”诸自管王国归附蒙古汗国。阿里成为中央政府在西藏设置的地方行政区划的一部分。元至元二十九年（1292），设纳里速古鲁孙元帅府，府址位于下阿里宗喀（今日喀则吉隆县），设元帅2人，统管阿里军政事务。古格等地方政权仍保持原有势力。

元大德十一年（1307），贡塘王系（吐蕃王室后裔在吉隆建立起的割据势力）的俄达赤德前往大都觐见，皇帝下谕旨“尔为西藏统治者后裔，应予封赐”，封其为王，领“阿里三围”君主之衔。阿里境内各王系仍继续在其势力范围内行使相对独立的地方管理权。

14世纪初，普兰王势力达到顶峰。

元顺帝至元三年（1337），印度穆斯林首领穆罕默德·土格鲁克从德里率兵十万入侵喜马拉雅西段以北地区，企图征服古格，被古格击败。

明洪武八年（1375），明

朝中央政府设立俄力思（阿里的谐音）军民元帅府，治所在宗嘎，代表中央政府统一管理今萨嘎、吉隆及其以西，拉达克及其以东西藏西部广大藏区的军政边务。

古格第15代王拉钦·扎巴德在位时（？—1439），古格重新崛起，于建文元年（1399）平定拉达克内乱，先后兼并普兰、亚泽两王领地，统一阿里，并占领了古格以南的佳南（觉南）、尼底、主尼等藏族聚居区，派员征收赋税。境域东至日喀则昂仁县西部，北至羌塘草原，南至尼泊尔西部。

明嘉靖十一年（1532），喀什噶尔赛因特派遣格萨达进军拉达克及古格地区，很快被击退。

明崇祯三年（1630），古格发生教派之争，拉达克占领古格，古格王朝被推翻，拉达克统治阿里50余年。

清康熙二十年（1681），达赖汗派甘丹才旺率蒙古族军队及藏军进军阿里。康熙二十二年（1683），收复被拉达克统治的阿里全境。在不丹法王调解下，拉达王德列朗杰接受西藏地方政府的和解意见，双方达成协议，协议确立原古格王自管的阿里地区收归西藏地方政府管理，拉达克为中国西藏地方政府的藩属，仍由拉达王管理。

清康熙二十五年（1686），西藏地方政府在阿里建立噶本政权，管辖范围包括今阿里地区全部和后藏西部地区的仲巴等地。噶本政府下辖四宗六本，四宗即扎布让宗、达巴宗、日土宗、普兰宗；六本为左左本、那木如本、曲木底本、萨让如本、帮巴本、朵盖齐本。另有改则本（康巴部落移民）由色拉寺直接管辖，仲巴基巧、森果基巧（土著部落）均由西藏地方政府直接管辖。

清嘉庆六年（1801），兰吉特·辛格建立锡克王国，随后开始扩张，于嘉庆二十三年（1818）占领克什米尔等地。克什米尔西南部查谟地区道格拉族（藏语称为森巴）统治者古拉伯·辛格助锡克有功，被任命为查谟土邦的总督，附属于锡克王国。

清道光十四年（1834），古拉伯·辛格派遣克什瓦尔（在今查谟东北）地方长官瓦齐尔·佐拉瓦·辛格率领约5000名士兵入侵附属于西藏的半独立政权拉达克，于道光十五年（1835）占领拉达克首府列城，拉达克成为查谟的附属国。道光二十年（1840），古拉伯·辛格侵占拉达克西北的巴尔蒂斯坦（又称小西藏）。

清道光二十一年（1841），古拉伯·辛格兵分三路侵入西藏西部。清朝驻藏大臣孟保派噶伦策垫多杰、究美策旺班觉二人率江孜、日喀则官兵2900人进兵阿里。10月，在多玉（玛旁雍错南）与其决战，查谟军队溃败。12月底，藏军收复全部失地。道光二十二年（1842），藏军进至拉达克首都列城，拉达克、巴尔蒂斯坦人民发动起义，配合藏军围攻列城。由于锡克援军镇压各地起义，加上藏军孤军深入，藏军溃败。

1950年8月1日，中国人民解放军进藏先遣连进军阿里。1951年5月23日，《中央人民政府和西藏地方政府关于和平解放西藏办法的协议》（简称“十七条协议”）签订后，阿里随之和平解放。依据“十七条协议”规定，西藏现行社会政治制度不予变更，西藏地方政府包括所属的阿里噶本政权机构及管辖区域维持不变。

1952年3月，进藏先遣连和后续部队4个连整编为阿里骑兵支队，隶属南疆军区领导，由安志明任支队长。10月，中共阿里分工委成立，受西藏工委和新疆分局双重领导。

1954年，西藏地方政府设阿里基巧，将噶本改为总管。

1956年9月28日，西藏自治区筹备委员会在噶尔昆萨成立阿里基巧办事处，作为临时性过渡政权管理阿里境内事务。

1959年5月，进行民主改革，废除了政教合一管理体制，成立军事管制委员会。1960年，建立阿里专区专员公署和各县人民政府，阿里人民政权正式确立。其时，阿里专区辖普兰、噶尔、日土、札达、革吉、改则、仲巴7个县。1963

年1月，仲巴县划归日喀则专区管辖，阿里专区辖6个县。1965年，通过普选，专区6个县27个区建立113个乡人民委员会。1968年11月，阿里专区革命委员会成立。

1969年，中共中央决定，阿里专区党政工作委托新疆维吾尔自治区领导。1970年，根据中央决定，阿里专区改为阿里地区。1971年，将改则县4个区、21个公社、55个生产大队划出，成立措勤县。1979年，阿里地区行政公署成立。1979年，按照中央指示，阿里地区重新划归西藏自治区管辖。

1984年，阿里进行撤社建乡。1999年，撤区并乡，将原来的30个区、106个乡镇，358个村委会调整为7个镇、29个乡，8个居委会、135个村委会。2002年，调整为7个镇、29个乡，6个居民委员会、130个行政村。2008年，将改则县物玛乡达热村、扎果村整合为达热村，察布乡扎美仁村、达热加欧村整合为扎美仁村。阿里地区辖7个县，7个镇、29个乡，6个居民委员会、128个村民委员会。2019年，全地区有37个乡镇，145个村（居）委员会。

2019年阿里地区行政区划表

表1

县名	乡镇（个）	村居（个）	乡镇
噶尔县	5	15	狮泉河镇、昆莎乡、门士乡、左左乡、扎西岗乡
日土县	5	13	日土镇、多玛乡、日松乡、热帮乡、东汝乡
普兰县	3	10	普兰镇、霍尔乡、巴嘎乡
札达县	7	16	托林镇、香孜乡、底雅乡、曲松乡、萨让乡、达巴乡、楚鲁松杰乡
改则县	7	49	改则镇、物玛乡、先遣乡、麻米乡、洞措乡、古姆乡、察布乡
革吉县	5	20	革吉镇、文布当桑乡、盐湖乡、雄巴乡、亚热乡
措勤县	5	22	措勤镇、磁石乡、曲洛乡、江让乡、达雄乡

自然地理

【地形地貌】 阿里地区地壳演变经历了基底形成、古特提斯边缘海的发展、特提斯洋形成发展与消亡、内陆碰撞造山、陆壳改造—高原隆升5个发展演化阶段，由北向南划分出6个亚一级构造单元和6个次一级构造单元。主要断裂带由北向南有大秀丽水柏枝滩—黑石北湖深断裂带、阿克萨依—郭扎错深断裂带、龙木错—拜惹布错深断裂带、班公湖—纳屋错深断裂带、森格藏布—古昌深断裂带等。地貌有高山、沟谷、土林、冰蚀、冲洪积、冰碛和火山等类型。南部和西南部为深切的沟、谷及零星的冲积扇地带；东部及西北部地势相对平缓，形成宽谷和一望无际的草原戈壁。总的地貌特征是从南到北高原面次第抬升，而各大山脉主脊线逐渐降低，最高点为普兰县境内的纳木那尼峰，海拔高程7694米，最低点为札达县什布奇附近的朗钦藏布河谷，海拔高程2800米，最大相对高差4894米。境内高山耸峙，雪峰林立，山系总的走向为自西向东、北西—南东向逐渐过渡为向东。主要山脉有喜马拉雅山脉、冈底斯山脉、喀喇昆仑山脉和昆仑山脉，同时派生出众多次一级山脉，首尾相接，连绵起伏。著名山峰有纳木那尼峰、冈仁波齐峰等。有纳木那尼峰、冈仁波齐峰、岗蕃鲁（昆仑冰川）等5个冰川分布区。

【河流湖泊】 阿里的雪山冰川孕育了众多的河流、湖泊，其中以狮、象、孔雀、马四种动物命名的四大河流，是印度河、萨特累季河、雅鲁藏布江的源头。阿里被称为“万山之祖”“百川之源”，有较大河流20余条。主要河流有森格藏布（狮泉河）、朗钦藏布（象泉河）、马甲藏布（孔雀河）等外流水系和措勤藏布等内流河。其中，森格藏布是印度河的源头，朗钦藏布是印度河最大支流萨特累季河的上游，马甲藏布是恒河的主要支流。西部外流水系发育区附近有淡水湖，其余地区内陆湖泊均为盐湖（咸水湖），较大的湖泊有扎日南木错、班公湖、玛旁雍错（圣湖）、拉昂错等，其中扎日南木错为西藏第三大湖泊，班公湖为青藏高原唯一国际湖泊。

【气候气象】 阿里地区属高原山地气候，海拔较高，空气稀薄，明洁度大，日照时间长，太阳总辐射强。地形和海拔高度对气温的影响大于纬度对温度的作用，境内各地区气温分布差异不大，但垂直变化较明显。春季升温迟缓，夏季短促，秋季降温快，冬季漫长，寒冷期长，温凉期短，没有明显的四季之分。降水稀少，多集中在6—9月，且多雷暴、冰雹、大风。多大风天气，尤以东部改则、措勤为最。主要自然灾害有雪灾、雹灾、风灾、旱灾等。

【自然资源】 阿里土壤类型分为高山寒漠土、高山草甸土、高山草原土、高山荒漠土等14种。主要农作物有青稞、小麦、油菜等。主要植被为以低温旱生一年生草本和小灌木建群种为主的草原植被，以小半灌木和垫状小半灌木构成的荒漠植被，以落叶宽叶小灌木和矮灌木为主的灌丛等，朗钦藏布中下游、马甲藏布下游有灌木林分布。成林树种有秀丽水柏枝（红柳）、变色锦鸡儿、班公柳、沙棘等。已发现和探明矿产17类38种，矿床、矿（化）点300余处，其中硼、金、铜、铁、锂为优势矿种，不仅品位相对较高，而且大、中型矿床相对集中，开发前景可观，是中国重要的绿色矿产资源接续地。水资源总量167.6亿立方米，水能资源理论蕴藏量75.93万千瓦。太阳能资源列全国首位。能用于发电的水能、地热能、太阳能、风能的理论蕴藏量151.86万千瓦。境内有各类自然保护区10个，中国第二大自然保护区——羌塘自然保护区被誉为生物的基因宝库，境内有藏羚羊、藏野驴、金丝野牦牛和被誉为生态“晴雨表”的雪豹等国家重点保护动物19种。素有“软黄金”“纤维宝石”之称的白山羊绒和紫山羊绒，羊绒纯度、光泽度、纤维细度3项指标为世界之最，绒细度仅次于藏羚羊绒，阿里地区被授予“中国绒山羊之乡”称号。由于独特的地理地貌、自然人文、民俗风情、历史遗迹和宗教渊源，境内有众多的自然人文景观，还有自然与人文不可分割的复合旅游资源。2019年，全地区有旅游资源216处，开放景区24处，其中AAAA级旅游景区1处，新申报AAAA级旅游景区2处。

【羌塘国家级自然保护区】 该保护区位于西藏自治区西北部，北、西、南三面分别为昆仑山脉、喀喇昆仑山脉和冈底斯—念青唐古拉山脉所环绕，是一个半封闭形的区域，地理坐标为北纬32° 06′ ~36° 32′，东经79° 42′ ~90° 25′，面积29.8万平方千米，其中阿里地区境内面积约17万平方千米。行政范围涉及那曲市安多、双湖、尼玛，阿里地区改则、日土、革吉六县（区），涉及阿里地区的主要有日土县的东汝乡、热帮乡和多玛乡，革吉县的盐湖乡，改则县的古姆乡、察布乡和先遣乡。羌塘保护区是青藏高原核心地带的自然保护区，是藏羚羊、野牦牛、西藏野驴等高原珍稀、濒危野生动物的重要分布区，保护区内生态系统是世界上海拔最高的荒漠生态系统之一，生态系统结构简单，气候严酷，物种稀少，为世界上最脆弱的生态系统。

据统计，保护区内植物资源有苔藓植物1科1属2种，种子植物30科94属154种，其中裸子植物1科1属1种，被子植物29科93属153种。植物区系以喜马拉雅区系成分占优势。其中，高山蒿草、粗壮蒿草、矮生蒿草等建群种为典型的喜马拉雅区系成分。中亚区系成分主要包括紫花针茅、垫状驼绒藜、青藏苔草等。保护区有哺乳动物24种、鸟类105种、爬行类3种、两栖类1种、鱼类15种。上述物种中，国家重点保护动物有20余种。其中，国家一级保护动物有雪豹、西藏野驴、野牦牛、藏羚羊、北山羊、白尾海雕、玉带海雕、胡兀鹫、黑颈鹤、金雕；国家二级保护动物有棕熊、猞猁、兔狲、藏原羚、盘羊、鸢、大鵟、秃鹫、草原雕、猎隼及暗腹雪鸡等。

该保护区于1993年经西藏自治区人民政府批准成立。2000年4月，经国务院批准，扩界并升级为国家级自然保护区。

自然景观

【雪山、湖泊】 阿里地区自然景观主要有纳木那尼峰、冈仁波齐峰、玛旁雍错和拉昂错等。

纳木那尼峰　被称为“神女峰”，是喜马拉雅山脉西段主峰，位于普兰县境内，玛旁雍错南缘、冈仁波齐峰南面100千米处，海拔7694米，方圆约200平方千米，是阿里境内第一高峰，与冈仁波齐峰隔湖相望，积雪终年不化，分布有大量冰川，景观层次丰富，色彩对比鲜明。1985年，中日友好联合登山队首次攀登纳木那尼峰一举成功。

冈仁波齐峰　位于普兰县玛旁雍错和拉昂错两大湖区北面的冈底斯山群峰之中，海拔6638米，被誉为“冰山之母”。

玛旁雍错　曾名玛法木错，位于普兰县境内，坐落在冈仁波齐东南20千米处。湖面海拔4588米，面积412平方千米，是世界相同海拔面积最大、蓄水量最多的大型淡水湖。其形似椭圆，湖面洁净清澈。湖水具有甘、凉、清、软、不臭、不损喉、不伤皮肤等特征，常被人们饮用或沐浴；湖中存有大量的高原裂腹鲤。

班公错　位于日土县境内，是中国与克什米尔地区的界湖。湖面海拔4241米，东西长150余千米，南北平均宽约4千米，湖体最窄处100米，是典型的河道型湖泊，面积604平方千米。班公错是一个东淡西咸的深水湖泊。湖中有岛屿10余个，其中较大的有歹戛勒岛、道喔昌岛、道拉绕岛等，以道拉绕岛面积最大，枯水时可看到与湖岸相连。鱼类资源丰富，栖息在班公错湖滨及小岛上的鸟类很多。湖边分布有珍贵的原始植株——班公柳和红柳灌木林。

扎日南木错　位于措勤县东北部、冈底斯山群峰之间，是西藏第三大湖、阿里第一大湖，属咸水湖，湖面海拔4613米，东西长54千米，南北宽26千米，面积1023平方千米，湖水蔚蓝、透明度好。观湖最佳位置是北面的木诺山孤峰。湖岸边有成群的藏羚羊、野驴等野生动物。

拉昂错　曾名兰加克错，位于普兰县境内，紧邻玛旁雍错，因东西南三面受周边山体深色岩石影响，湖水水色较玛旁雍错灰暗，属咸水湖，但水质苦涩难咽，湖面海拔4573米，面积269平方千米。

【地质景观】 札达土林，位于札达县境内，从西北到东南绵延175千米，宽45千米，总面积56万公顷，地势南高北低，平均海拔4000米。是第三纪、第四纪时期沉积于札达盆地中的札达群，沉积厚度数千米，面积约4600平方千米，貌似北方黄土高原雅丹地貌群。2000年8月，经自治区人民政府批准，札达土林被列为自治区级自然保护区。2012年，被评为（第八批）国家级风景名胜区。

【地热景观】 阿里属地热活动十分频繁的地区。玛旁雍错有沸泉、热泉、温泉数十处，森格藏布上游亦有数十处，其中最著名的是玛旁雍错东南岸的曲普水热爆炸区和阿伊拉山的巴尔沸喷泉。曲普水热爆炸区位于普兰县境内玛旁雍错的东南岸，沿扎藏布溯流而上，在距河口7千米的河流左侧河漫滩和一级阶地上有一座硅质泉华组成的缓丘，高约20米。丘体四周分布着数以百计直径由几米至上百米的圆形或椭圆形热水塘，有的汹涌翻滚，有的平稳和缓，塘体温度由微温到近80℃。巴尔沸喷泉位于噶尔县门士乡巴尔南部约6千米的阿伊拉山中，热气形成的水柱从直径不足5厘米的泉口喷出，高可达15米，射程20米以上，蔚为壮观，是中国迄今为止发现的最大沸喷泉。

【阿里草原】 阿里草原主要分布在措勤、改则、革吉、噶尔及日土县的广大地区，是羌塘高原的一部分，有一望无际的草地、成群结队的牛羊、阳光下闪着银光的雪山，是藏羚羊等众多野生动物的天堂。

人文景点

【遗址】 古格王国都城遗址 位于札达县托林镇境内，朗钦藏布南岸一座高300余米的黄土山上，距札达县城18千米。1961年，被列为全国重点文物保护单位。遗址占地72万平方米，相对高差175米，由445间房屋遗迹、879孔洞窟、58座碉楼、4条暗道、28座佛塔等组成。遗址周围曾出土大量古代兵器、生产工具、炊事器皿和藏文典籍等。遗留的壁画、彩绘、雕塑和极富特色的木雕作品在继承吐蕃传统艺术风格的基础上，吸收印度、尼泊尔等邻国佛教艺术精华，独具艺术魅力，形成“古格艺术”。

曲龙遗址 位于札达县达巴乡曲龙村一组西北约3千米处的象泉河北岸。遗址位于一条呈南北向的山沟内，最高点为北端的山崖，其上残存有城堡建筑墙体遗迹，墙体残高约14米，石砌基础高约7米，在石砌基础上以土砖垒砌墙体。遗址周边有寺院建筑、洞窟、玛尼墙、佛塔等佛教遗迹。

皮央·东嘎洞窟遗址 位于札达县托林镇东嘎村和皮央村，坐落在一干涸的河岸台地山丘上，山丘高出台地约90米，呈鱼脊状东西横列。建筑遗址主要分布在山脚、山腰及山顶的南、北两侧，遗存建筑以洞窟和窑洞为主，总面积逾万平方米。洞窟内壁画保存较为完整，与古格、托林的壁画风格迥异，具有很高的审美价值和艺术价值。

【岩画】 阿里远古岩画有20余处，主要分布在日土、革吉、改则和札达四县，尤以日土为最多。1996年，日土岩画被列为自治区级文物保护单位。遗存形式有露天崖壁岩画、旷野大石岩画、崖荫岩画和洞穴岩画。新发现的梅龙达普史前洞穴遗址内，发现有以红色赭石绘制的岩画。

【寺庙】 科迦寺 位于普兰县科迦村，离县城16千米。北宋至道二年（996年），由阔日及其长子拉德修建，原地名称杰玛塘。科迦寺为国家级文物保护单位。科迦寺的确康和嘎加拉康两个殿向游客开放。每年藏历正月和四月，科迦寺都要举办佛事活动。

托林寺 位于札达县城。北宋天圣六年（1028年），由古格王松艾始建，是藏传佛教后弘期兴建的寺庙，由萨迦殿、白殿、佛塔、罗汉殿、弥勒佛殿、护法殿、集会殿、色康殿、阿底峡传经殿以及转经筒房、拉让、僧舍、塔林等组成。各大殿绘有精致壁画。占地面积800平方米。主要宗教活动是每年藏历四月举行的格鲁派大法会。1982年，托林寺维修后开放。1996年，被列为全国重点文物保护单位。

芝达布日寺 位于噶尔县门士乡西南8千米处。寺旁的小山上有一块白石出露，形状酷似冈仁波齐。山上的原始生殖崇拜物、山旁小溪中的过河石等对旅游者颇有吸引力，是阿里地区神山圣湖旅游区的重要组成部分。从寺庙背后山顶上能够远远望见冈仁波齐峰。

伦珠曲典寺 位于日土县西部，是日土县境内唯一一座寺庙，距县城12千米，为自治区级文物保护单位。坐落在形同卧象的山顶上，亦称扎西曲林寺，属于格鲁教派。由四殿一康组成，即东殿、西殿、日捕丹殿、喀噶殿和拉康机索（总管寺庙公共财物收支的机构）。

【红色遗址】 *改则县扎麻芒保革命遗址* 位于改则县西北部先遣乡扎布村南10千米处。1950年8月，由新疆军区独立骑兵师一团保卫股长李狄三率领的进藏先遣连，抵达改则县西北的扎麻芒保山村，建立营区，拉开和平解放阿里的序幕。1960年，改则县人民政府将扎麻芒保地区更名为先遣乡，同时将烈士遗迹遗物就地保存，立碑纪念。2002年8月4日，在该遗址设立烈士纪念碑。2019年9月27日，进藏英雄先遣连红色革命教育基地在改则县先遣乡正式落成并举行揭幕仪式。改则县先遣连遗址纪念馆建筑面积972平方米，展陈布展面积888.36平方米，展厅分“序厅——解放西藏，历史赋予中国共产党和人民军队的伟大使命——挺进藏北，第一支到达西藏的人民解放军——筑垒高原，促进西藏和平解放——不辱使命，让五星红旗飘扬在高原阿里——阿里，昂首阔步新时代”六个部分。

狮泉河烈士陵园 位于狮泉河镇东北坡麓上。1964年筹建，1965年7月选定园址，陆续将先遣连烈士遗骨分别从改则县、日土县多玛等处迁葬于此，形成初期规模。1986年6月30日，由阿里军分区、行署重新修葺，并为李狄三等烈士墓立碑。1990年，为纪念进军及和平解放阿里40周年，阿里军分区、行署等发出号召，由58个单位、4021人集资36.9万元，对烈士陵园进行修葺与扩建。陵园坐北向南，由大门、纪念广场和墓地组成。广场中心竖立纪念碑，上书“革命烈士永垂不朽”8个大字，纪念碑下为圆形花坛。烈士墓地分南、北两区，其中南区为陵园的主体。前排正中是1994年因公殉职的孔繁森墓，后排正中是1950年从新疆进军阿里的英雄先遣连总指挥、中共党代表李狄三烈士墓，东西两侧分别安葬着先遣连烈士康海荣、霍廷发、徐金宝、白长城等。

石砌巨幅“毛主席万岁”标语 1967年5月，为表达阿里人民对中央人民政府主席毛泽东的热爱和崇敬之情，阿里军分区政委刘少稚率领全体指战员，在狮泉河镇北面山坡开始用红色岩石砌筑“毛主席万岁”5个大字。随后，部分机关干部、职工和农牧民也参与砌筑，同年9月完成。单字长56.4米、宽40.8米，笔画宽度9.79米、厚度0.53米，整幅标语长230.13米、宽56.4米，五字总占地面积12979.332平方米。70年代后，当地百姓以宗教礼仪，在其上端四周刻“六字真言”，在坡顶端竖五彩经幡，以表虔诚之情，并称之为“万岁山”。

阿里直属库（革吉）红色爱国主义教育基地 位于革吉县城西侧3.5千米处，占地面积25亩。20世纪50年代初，阿里分工委（今阿里地委的前身）以3顶帐篷和10处山洞为办公办学基础，逐步发展成为阿里地区直接管理的储备库，承担着物资储备、应急救灾等重要职能，是当时全地区最大的储备库。革吉县委、县政府整合资金690万元，按照修旧如旧、保持原貌的原则，恢复原有的3顶帐篷政府、职工食堂、卫生室、主任室、电报室，新建缝纫室、小会议室，设立交通工具展厅，修复13处洞窟，塑造了1座具有革吉文化特点的雕塑群，描绘出符合当年历史的3道文化墙，新建1座集红色文化熏陶、乡风文明宣传、接受革命教育的红色广场。2019年12月20日，该基地正式开馆。

国民经济和社会发展

【概况】 2019年，阿里地区实现生产总值（GDP）62.04亿元，按可比价计算，比上年增长7.9%。其中，第一产业实现增加值6.80亿元，比上年增长6.3%；第二产业实现增加值19.99亿元，比上年增长8.5%；第三产业实现增加值35.25亿元，比上年增长8.0%。

三次产业的结构由2018年的12.7∶36.3∶51，调整为2019年的11∶32.2∶56.8。

按全地区常住人口计算，全地区人均生产总值50601元，比上年增加4427元，比上年增长9.6%。

【农牧业】 2019年，全地区农牧业总产值（现价）96470.75万元，比上年增长10.5%。其中，农业总产值5447.23万元，比上年增长4.1%；林业产值941.25万元，比上年增长392.8%；牧业产值88120.72万元，比上年增长7.6%；农林牧渔业服务业产值1961.56万元。牧业产值占农林牧渔业总产值的91.3%。

全地区拥有耕地面积2480公顷，比上年增长12.6%；农作物播种面积11501.48公顷，比上年增长15.9%，粮经饲播种比重为13.9∶1.9∶84.2。其中，粮食播种面积1600.01公顷，比上年增长18.8%；油菜籽播种面积43.8公顷，比上年下降3.8%；蔬菜播种面积169.55公

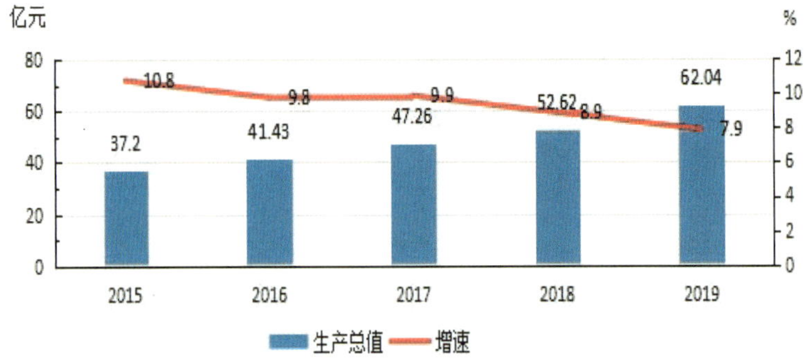

图1　2019年阿里地区生产总值及增速

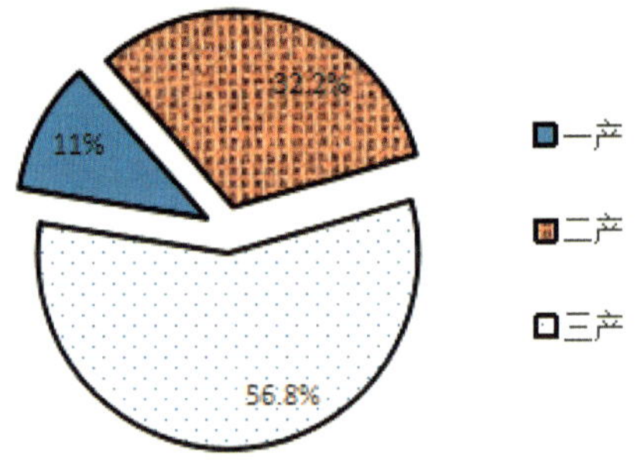

图2　2019年阿里地区三次产业结构图

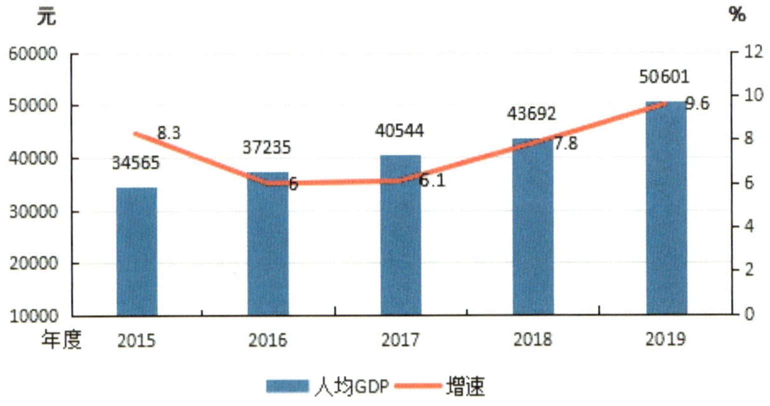

图3　2019年阿里地区人均GDP及增速冬

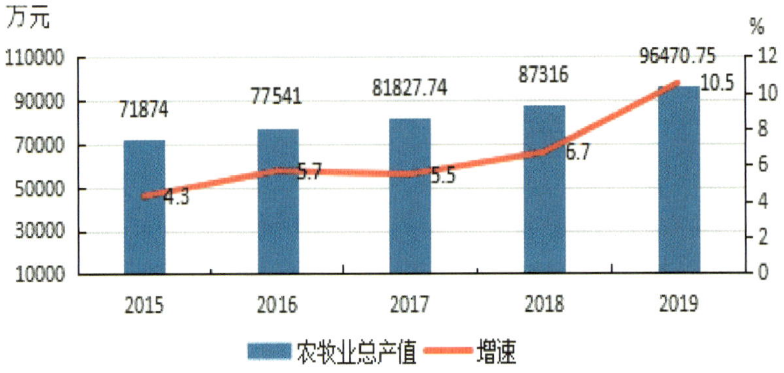

图4　2019年阿里地区农牧业总产值及增速

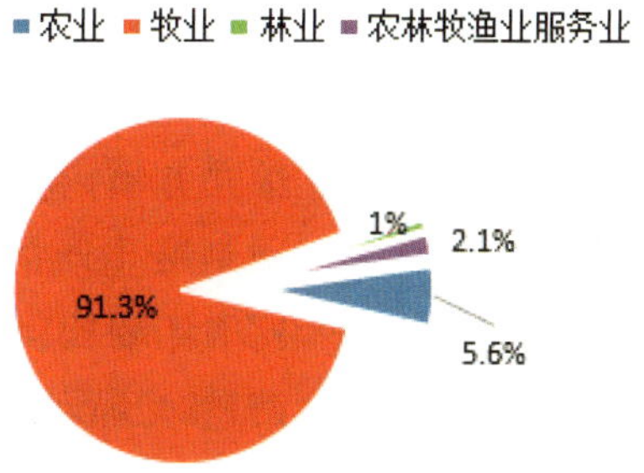

图5　2019年阿里地区农林牧渔产值及构成

顷，比上年下降24.7%。农作物产量方面，粮食总产量4935.72吨，比上年增长2.8%；油菜籽产量52.75吨，比上年下降31.8%。蔬菜产量3063.21吨，比上年下降14.8%。

年末牲畜存栏2007275头（只、匹），比上年增加19010头（只、匹），增长1%。牲畜出栏率31.2%，成畜死亡率3.1%，比上年提高0.3个百分点；幼畜成活率84.3%，比上年下降1.3个百分点；肉类总产量10750.09吨，比上年增长2%；奶类总产量9783.28吨，比上年增长15.7%；农畜产品综合商品率69.7%，与上年持平。

2019年阿里地区主要农畜产品产量表

表2

产品名称	单位	产量	比上年增长（%）
粮食	吨	4935.72	2.8
油菜籽	吨	52.75	–31.8
蔬菜	吨	3063.21	–14.8
肉类	吨	10750.09	2.0
奶类	吨	9783.28	15.7
羊毛	吨	1419.63	11.0
羊绒	吨	237.59	14.0
各类皮张	张	457146	14.2

全地区农牧民人口86856人，比上年增长1.25%。外出务工人员24847人，比上年增长4.8%，外出务工收入15777万元，比上年下降17.9%。

【工业、建筑业】 2019年，全地区完成工业总产值41071.9万元，比上年增长75.1%；完成工业增加值22858万元，比上年增长13.1%，其中规模以上工业增加值5644万元，比上年增长12.8%，占工业增加值的24.7%；规模以下工业增加值17214万元，比上年增长25.6%，占工业增加值的75.3%。

产品产量　全年发电量

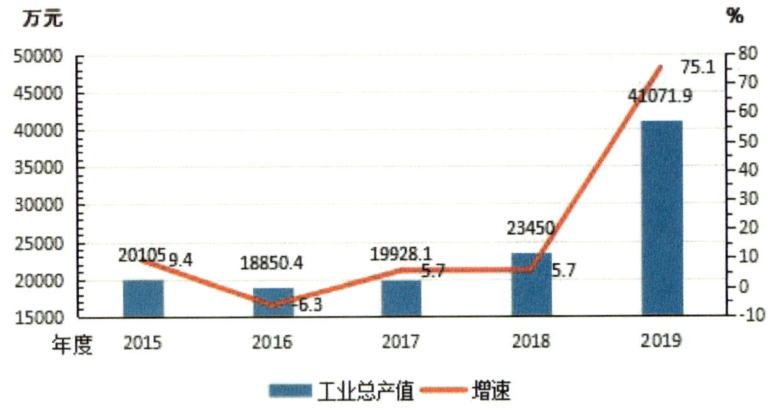

图6 2019年阿里地区工业总产值及增速

10017.17万千瓦时，比上年增长3.3%；自来水生产量3029.5千立方米，较上年增长2.5%；预制砖生产量31000立方米，比上年增长145.6%；矿泉水生产量842吨，比上年下降9.5%；藏香生产量0.6868吨，比上年下降33.3%。

2019年主要工业产品产量表

表3

产品名称	单位	产量	比上年增长（%）
发电量	万千瓦时	10017.17	3.3
自来水供应	千立方米	3029.5	2.5
预制砖	立方米	31000	145.6
矿泉水	吨	842	–9.5
藏香	吨	0.6868	–33.3

阿里地区共有资质以上建筑业企业25家，2019年，实现建筑业增加值177048万元，比上年增长8.2%。

【固定资产投资】 2019年，全地区固定资产投资累计完成额比上年增长0.5%，增速排全区第三。其中，5000万元以下完成投资比上年增长50.2%，5000万元以上完成投资比上年下降19.7%，5000万元以下项目是拉动全地区投资增长的主要动力。

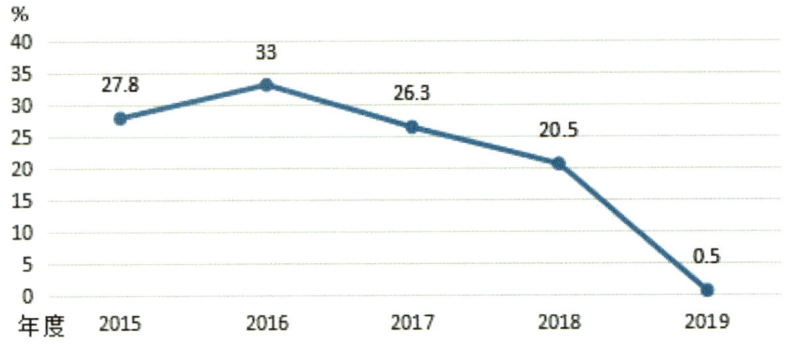

图7 2019年阿里地区定资产投资增速

【交通运输、邮电通信】 2019年，全地区公路货运总量140.6万吨，比上年增长6.5%。其中，进藏物资48.2万吨，比上年增长15.1%；出藏物资16.33吨，比上年增长5.6%；分运物资76.07吨，比上年增长1.8%。在货运中，陆运140.6万吨，比上年增长6.5%；航空运输0.0018万吨，比上年下降33.36%。货运周转量13.6亿吨公里，比上年增长6.4%，其中陆运货运周转量13.6亿吨公

图8　2019年阿里地区社会消费品零售总额及增速

里，比上年增长6.4%；航空货运周转量2.07万吨公里，比上年下降33.2%。全地区客运总量17.57万人次，比上年增长19.6%，其中陆运8.47万人次，比上年增长17.8%；航空9.1万人次，比上年增长21.3%。客运周转量15739.3万人公里，比上年增长15.3%，其中陆运旅客周转量5373万人公里，比上年增长5.3%；航空客运周转量10366.3万人公里，比上年增长21.2%。

全地区车辆拥有量17253辆，比上年增长12.4%。

全地区邮政业务总量1774万元，比上年增长27.1%；移动业务总量11258.14万元，比上年增长0.2%；电信业务总量13685万元，比上年增长3.0%；联通业务总量901万元，比上年下降23.8%。

【贸易、旅游业】　国内贸易　2019年，全地区社会消费品零售总额141851.4万元，比上年增长9.1%。其中，批发和零售贸易业99226.3万元，比上年增长10.7%；住宿和餐饮业42625.1万元，比上年增长5.6%。限额以上社会消费品零售总额完成43704.4万元，比上年增长40.4%。实现限额以下消费品零售总额98147万元，比上年下降0.9%。

边民互市贸易　2019年，外贸进出口（边民互市贸易）总额3336.11万元，比上年下降19.4%。

旅游　2019年，全地区接待旅客1099925人次，比上年增长24.71%；旅游营业收入137463.8万元，比上年增长26.55%；旅游创汇3083万美元，比上年增长82.64%。

【财政金融】　财政收支　2019年，全地区实现一般公共预算收入43383万元，比上年增长1.33%。其中，各项税收25496万元，比上年下降17.49%。

全年地方财政支出1081456万元，比上年增长22.38%。其中，财政八项支出527514万元，占总支出的48.78%，比上年增加46272万元，增长9.62%。

金融机构存款余额　2019年，全地区金融机构存款余额1426426万元，比上年下降2.97%。其中，机关团体存款余额比重最高，为634161万元，比上年下降13.19%，占金融机构存款余额的44.5%；财政性存款273380万元，比上年增长55.6%；住户存款余额330715万元，比上年增长7.42%；非金融企业存款188044万元，比上年下降26.51%；非银行业金融机构存款73万元，比上年下

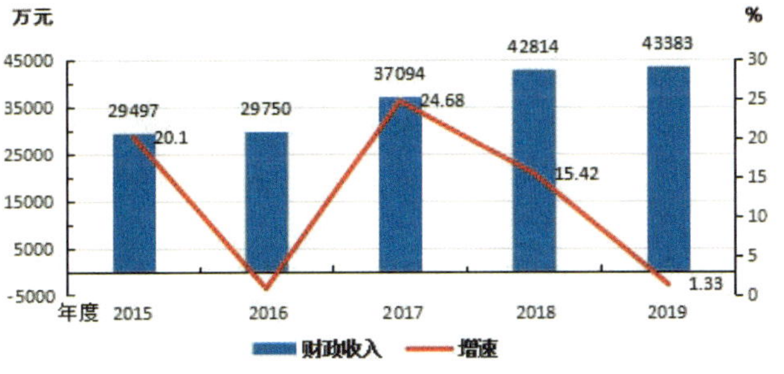

图9　2019年阿里地区财政收入及增速

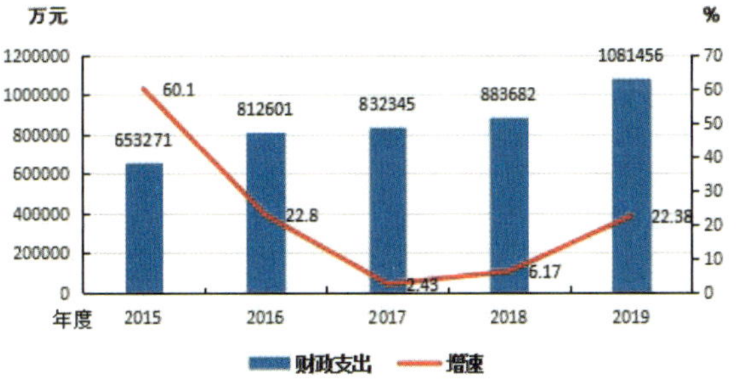

图10　2019年阿里地区财政支出及增速

图11　2019年阿里地区存款余额及增速

图12　2019年阿里地区金融机构贷款及增速

降44.7%。

金融机构贷款余额　2019年，全地区金融机构贷款余额428273万元，比上年增长8.68%。其中，住户贷款242628万元，比上年增长24.03%；非金融企业及机关团体贷款余额185645万元，比上年下降6.45%。

【教育文化】　教育事业　2019年，全地区拥有各级各类学校133所，比上年增加32所。其中，幼儿园86所、小学37所、初中6所、高中3所、职校1所。教职工2034人，比上年增长3.9%。在校学生22876人，比上年增长8.2%。全地区小学入学率99.89%，比上年增加0.01个百分点；初中毛入学率120.53%，比上年增加21.03个百分点。

文化、广电事业　年末，有电影站8个，与上年持平；乡镇电影放映队48个，与上年持平；电视转播台8座，比上年减少1座；调频转播台7座，比上年减少1座；电视单收站711座，与上年持平；广播电视收转站34座，与上年持平；广播中波站3座，与上年持平；新华书店9个，与上年持平；文化馆（站）36座，与上年持平；文工团8个，与上年持平；群众艺术馆1座，与上年持平。

【人口、人民生活、卫生】

人口　2019年末，全地区常住人口123933人，比上年增长1.72%。其中，男性63508人，女性60425人；城镇人口37077人，比上年增加1024人；农牧民人口86856人，比上年增加1075人。全地区人口出生率16‰，死亡率4.7‰，人口自然增长率11.3‰。

物价　居民消费价格指数

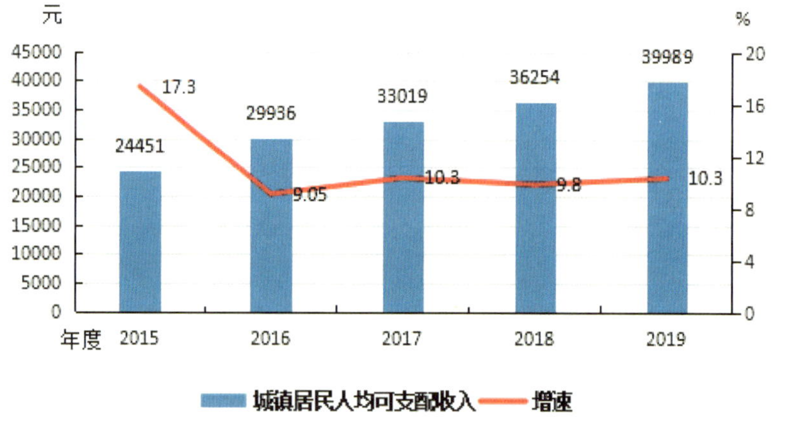

图13　2019年阿里地区城镇居民人均可支配收入情况

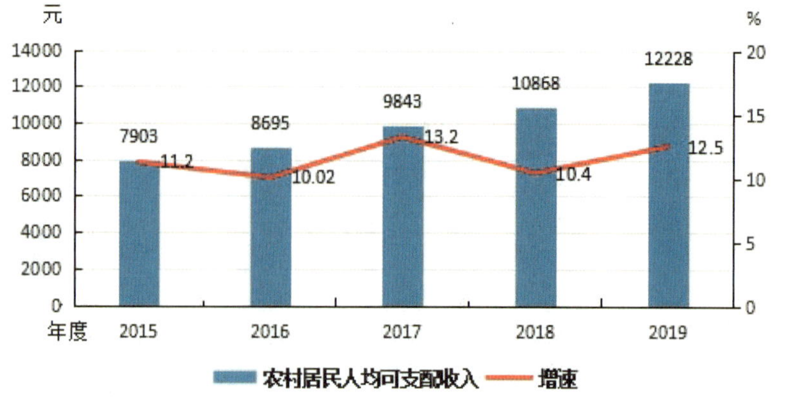

图14　2019年阿里地区农村居民人均可支配收入情况

为102.1，比上年下降0.5个百分点。其中，食品烟酒类价格指数为104.1，衣着类为100.2，居住类为104.2，生活用品及服务类为101.9，交通和通信类为97.5，教育文化和娱乐类为100.2，医疗保健类为100.5，其他用品和服务类为102.1。商品零售价格指数为101.5，比上年下降1个百分点。

城乡居民收支 城乡居民收入不断提高，生活水平持续改善。城镇居民人均可支配收入39989元，比上年增长10.3%。城镇居民人均生活消费支出22421元，比上年增长13.1%；农村居民人均生活消费支出10810元，比上年增长12.2%。

农村居民人均可支配收入12228元，比上年增长12.5%。城镇居民人均居住面积55平方米，农村居民人均居住面积20平方米。

卫生 卫生机构共47个，与上年持平。实有病床床位890张，卫生技术人员1020人，每千人病床数达到6.48张。

中国共产党阿里地区委员会

地委会议（摘要）

【第1次地委会】 2019年1月，地委副书记张会明主持召开会议，传达学习习近平总书记2019年新年贺词和在全国政协新年茶话会上的重要讲话精神、习近平总书记在《告台湾同胞书》发表40周年纪念会上的重要讲话精神、习近平总书记在中央军事工作会议上的重要讲话精神、1月7日中共中央政治局常务委员会会议精神、习近平总书记、李克强总理就做好“三农”工作的重要指示批示精神及中央农村工作的重要指示批示精神，研究部署地区贯彻落实意见。地委委员葛庆敏、何兴茂、沈照山、袁富国出席会议。唐文明、边巴卓玛、嘎玛次珠、洛桑次仁、王海龙等人大、行署、政协在家地级领导列席会议。

【第4次地委会】 2019年2月13日会议召开，传达学习1月25日中共中央政治局会议精神、习近平总书记在中共中央政治局第十二次集体学习时的重要讲话精神，习近平总书记在中央全面深化改革委员会第六次会议上的重要讲话精神，习近平总书记在同党外人士迎新春座谈会时的重要讲话精神，全区统战民族宗教工作会议，边巴扎西常委在中共阿里地区委员会关于呈报开展学习《习近平谈治国理政》第一卷、第二卷活动总结的报告上的重要批示精神，研究了具体贯彻落实意见。地委副书记张会明，地委委员西绕加措、旦巴旺久、葛庆敏出席会议。在家地级领导干部，地（中、区）直各部门主要负责人及驻阿军警部队主官列席会议。

【第5次地委会】 2019年2月21日，地委副书记张会明主持召开会议，传达学习习近平总书记关于扶贫工作的重要论述和《中共中央、国务院关于打赢脱贫攻坚战三年行动的指导意见》主要精神、《中共中央办公厅印发〈关于党的十九大以来中央政治局贯彻执行中央八项规定情况的报告〉的通知》主要精神、习近平总书记在《求是》杂志上发表的《加强党对全面依法治国的领导》文章精神和在2019年春节团拜会上的重要讲话精神、自治区党委书记吴英杰在阿里考察调研时的重要讲话和系列重要指示精神等，研究地区贯彻落实意见。西绕加措、旦巴旺久、葛庆敏、何兴茂、袁富国以及人大、行署、政协在家地级领导参加会议。地（中、区）直单位、驻阿军警部队主要负责人参加会议。

【第8次地委会】 2019年3月11日会议召开，传达学习中共中央政治局2月22日会议精神，传达学习习近平总书记在中共中央政治局第十三次集体学习、在中央全面依法治国委员会第二次会议上的重要讲话精神，传达学习习近平总书记在审阅中央政治局人员述职报告时的重要指示精神和区党委书记吴英杰重要讲话精神，研究部署地区贯彻落实意见；听取地区党政机构改革工作进展情况汇报，专题研究部署下一步工作。地委委员西绕加措、旦巴旺久、何兴茂、沈照山、葛庆敏、高宝军参加会议。人大地工委主任平措旦增，地区政协主席吕新民及人大、行署、政协在家地级领导列席会议。地（中、区）直单位负责人列席会议。

【第11次地委会】 2019年3月22日会议召开，专题听取地委落实中央脱贫攻坚专项巡视反馈意见整改、九届区党委脱贫攻坚专项巡视反馈问题整改和2016年以来扶贫领域各类监督检查发现问题整改进展情况，研究部署下一步整改工作。地委副书记张会明，地委委员西绕加措、旦巴旺久、何兴茂、索南才旦、高宝军、袁富国出席会议。人大地工委主任平措旦增，地区政协主席吕新民，行署副专员段晓勇、泽仁扎西，地区政协副主席、噶尔县县长卫东，地（中、区）直单位负责人，地区脱攻办、整改办及各专项组全体干部职工列席会议。

【第14次地委会】 2019年3月29日会议召开，传达学习书记吴英杰在九届区党委第89次常委会会议上关于脱贫攻坚的重要指示要求和《阿里地区委员会关于脱贫攻坚政策自查清理情况的报告》上的重要批示精神、庄严副书记在自治区脱贫攻坚专项巡视整改工作领导小组办公室第四次会议上的讲话精神，研究贯彻落实措施。地委副书记张会明，地委委员西绕加措、旦巴旺久、何兴茂、索南才旦、高宝军、袁富国出席会议。地区政协主席吕新民及人大、行署、政协在家地级领导列席会议。地（中、区）直单位负责人，地区脱贫攻坚专项巡视整改工作领导小组各专项组负责人参加会议。

【第15次地委会】 2019年3月30日会议召开，传达学习全国“两会”精神特别是习近平总书记的重要讲话精神，习近平总书记在中央全面深化改革委员会第七次会议、在学校思想政治理论教师座谈会上的重要讲话精神，部署贯彻落实工作；传达学习《中共中央关于加强党的政治建设的意见》《党政领导干部选拔任用工作条例》《公务员职务与职级并行规定》等文件精神，研究贯彻落实措施；研究《阿里地区2019年促进农牧民持续增收实施方案》等事宜。地委副书记张会明，地委委员西绕加措、旦巴旺久、何兴茂、高宝军、袁富国出席会议。地区政协主席吕新民及人大、行署、政协在家地级领导列席会议。地（中、区）直单位负责人、驻阿各军警部队主官参加会议。

【第16次地委会】 2019年4月8日会议召开，专题研究《中共阿里地区委员会关于落实中央第三巡视组脱贫攻坚专项巡视反馈意见整改工作情况的报告》，研究部署地区整改意见。张会明、西绕加措、旦巴旺久、何兴茂、沈照山、高宝军、袁富国及人大、行署、政协在家地级领导参加会议。

【第17次地委会】 2019年4月15日会议召开，传达学习《中国共产党党组工作条例》《中国共产党党员教育管理工作条例》、习近平总书记在参加首都义务植树活动时的重要讲话精神、习近平总书记在《求是》杂志发表的重要文章

《关于坚持和发展中国特色社会主义的几个问题》精神等，部署贯彻落实工作。地委副书记张会明，地委委员西绕加措、旦巴旺久、葛庆敏、何兴茂、索南才旦、沈照山、高宝军、袁富国出席会议。人大地工委主任平措旦增及人大、行署、政协在家地级领导列席会议。地（中、区）直单位负责人、各驻阿部队主官参加会议。

【第18次地委会】 2019年4月23日，地委副书记张会明主持召开会议，传达学习中共中央政治局4月19日会议精神，传达学习习近平总书记在中共中央政治局第十四次集体学习会、中央财经委员会上的重要讲话精神，习近平总书记在重庆视察时的系列重要讲话精神等。地委委员何兴茂、索南才旦出席会议。人大地工委主任平措旦增、地区政协主席吕新民及人大、行署、政协在家地级领导参加会议。地（中、区）直单位负责人、各驻阿部队主官参加会议。

【第19次地委会】 2019年4月26日会议召开，听取迎接国务院安委会安全生产和消防考核及专项巡查工作进展，中央、自治区生态环境保护督察反馈问题整改落实，迎接中央生态环境保护跟踪督察准备，第一季度经济运行情况等工作汇报，部署下一阶段工作；研究《中共阿里地区委员会工作规则》《关于加强地委领导班子自身建设的意见》等事宜。地委副书记张会明，地委委员西绕加措、旦巴旺久、葛庆敏、何兴茂出席会议。人大地工委主任平措旦增及人大、行署、政协在家地级领导参加会议。

【第22次地委会】 2019年5月6日会议召开，传达学习习近平总书记关于安全生产工作的重要论述精神、《中共中央办公厅、国务院办公厅印发〈地方党政领导干部安全生产责任制规定〉的通知》精神、吴英杰书记在区党委全面依法治藏委员会会议上的重要讲话精神，部署地区贯彻落实工作。地委副书记、行署专员旦巴旺久，地委副书记张会明，地委委员葛庆敏、沈照山、高宝军，人大地工委主任平措旦增，地区政协主席吕新民及人大、行署、政协在家地级领导出席会议。地（中、区）直单位负责人，驻阿各军警部队主官参加会议。

【第23次地委会】 2019年5月会议召开，传达学习习近平总书记在全国公安工作会议上的重要讲话精神、《中共中央、国务院关于建立健全城乡融合发展体制机制和政策体系的意见》，研究《地区行署党组关于审定〈阿里地区贯彻网络强国战略推进信息化行动计划（2019—2020）〉的请示》《阿里地区关于解决形式主义突出问题为基层减负的若干规定》，听取地区扫黑除恶打非治乱专项斗争工作开展情况报告，部署各项贯彻落实工作。人大地工委主任平措旦增，地委副书记、行署副专员张晓峰，地委委员何兴茂、沈照山、高宝军出席会议。人大、行署、政协在家地级领导及地（中、区）直单位负责人参加会议。

【第24次地委会】 2019年5月21—22日会议召开，传达学习5月13日中共中央政治局会议精神、习近平总书记在亚洲文明对话开幕式上的主旨演讲精神、习近平总书记在中央机构编制委员会第一次会议上的重要讲话精神等，研究部署贯彻落实工作；研究审议《阿里地区委员会“三重一大”事项决策制度（试行）》《阿里地区各级党委、政府定期研究脱贫攻坚工作制度》等事宜。地委副书记、行署专员旦巴旺久，地委副书记张会明，地委副书记、行署副专员张晓峰，地委委员葛庆敏、何兴茂、郭勇、高宝军及人大、行署、政协在家地级领导参加学习。

【第25次地委会】 2019年6月5日会议召开，传达学习习近平总书记在江西考察时的重要讲话，传达学习《中共中央、国务院关于深化改革加强食品安全工作的意见》等，研究部署地区贯彻意见。地委副书记、行署专员旦巴旺久，地委副书记张会明，地委委员葛庆敏、何兴茂、索南才旦、高宝军、袁富国出席会议，人大地工委主任平措旦增，地区政协主席吕新民及人大、行署、政协在家地级领导，地区中级人民法院院长参加会议。会议听取农牧民群众增收、高校毕业生就业创业工作情况汇报。研究其他事项。地（中、区）直单位主要负责人，地管国有企业负责人参加会议。

【第26次地委会】 2019年6月10日会议召开，传达学习习近平总书记在“不忘初心、牢记使命”主题教育工作会议上的重要讲话精神、习近平总书记给澳门濠江中学附属英才学校小学生的回信精神、对垃圾分类工作作出的重要指示和在中央全面深化改革委员会第八次会议上的重要讲话精神，研究部署地区贯彻意见。地委副书记、行署专员旦巴旺久，地委副书记张会明，地委委员葛庆敏、何兴茂、索南才旦、高宝军、袁富国出席会议。人大地工委主任平措旦增，地区政协主席吕新民，地区中级人民法院院长，行署、政协在家地级领导参加会议。地（中、区）直单位主要负责人，地管国有企业负责人参加会议。

【第27次地委会】 2019年6月会议召开，传达学习自治区有关文件精神，专题研究全国民族团结进步模范集体和模范个人推荐事宜。地委副书记张会明，地委委员西绕加措、索南才旦、沈照山出席会议。人大地工委主任平措旦增及人大、行署、政协在家地级领导参加会议。会议以视频形式召开至县一级。地（中、区）直单位、驻阿军警部队主要负责人参加地区主会场会议。

【第28次地委会】 2019年6月24日会议召开，传达学习习近平总书记、李克强总理对四川长宁6.0级地震作出的重要批示精神、《中共中央办公厅国务院办公厅印发〈关于深化消防执法改革的意见〉的通知》精神、《中央生态环境保护督察工作规定》精神，研究部署地区贯彻落实工作。地委副书记张会明，地委委员何兴茂、索南才旦、袁富国及人大、行署、政协在家地级领导参加会议。地（中、区）直各单位、驻阿军警部队主要负责人参加会议。

【第29次地委会】 2019年7月2日会议召开，传达学习中共中央政治局6月24日会议精神、习近平总书记重要文章《在“不忘初心、牢记使命”主题教育工作会议上的讲话》《坚定文化自信，建设社会主义文化强国》精神、吴英杰书记在全区寺庙管理工作座谈会上的讲话精神，研究部署地区贯彻落实工作；专题听取地委班子上半年落实党风廉政建设责任制主体责任、落实党风廉政建设责任制“第一责任人”责任、班子其他成员落实“一岗双责”情况责任汇报和上半年地区全面深化改革、基层党建、宣传思想、脱贫攻坚等工作情况汇报，部署下一阶段工作。地委副书记、行署专员旦巴旺久，地委委员何兴茂、索南才旦、沈照山、高宝军、袁富国、王行义，人大地工委主任平措旦增，人大、行署、政协在家地级领导，自治区人民检察院阿里分院检察长，地（中、区）直单位，驻阿军警部队主要负责人参加会议。

【第31次地委会】 2019年7月会议召开，传达学习习近平总书记在内蒙古考察调研时的系列重要指示精神，习近平总书记致中国文联、中国作协成立70周年贺信精神，《中共中央办公厅、国务院办公厅关于印发〈党政主要领导干部和国有企事业单位主要领导人员经济责任审计规定〉的通知》精神，吴英杰书记在区党委“不忘初心、牢记使命”主题教育专题党课上的报告精神等，研究部署地区贯彻落实工作。陕西省第九批援藏干部领队张小平，河北省第九批援藏领队韩学军，地委委员葛庆敏、何兴茂、索南才旦、沈照山、高宝军、王行义及人大、行署、政协在家地级领导，地（中、区）直单位负责人，驻阿各军警部队主官参加会议。

【第32次地委会】 2019年7月会议召开，传达学习中央全面深化改革委员会第九次会议精神，习近平总书记对地方人大及其常委会工作、贵州水城“7·23”特大山体滑坡灾害和会见全国退役军人工作会议代表时作出的重要指示精神，习近平总书记致中国志愿服务联合会第二届会员代表大会、致第七届库布其国际沙漠论坛的重要贺信精神，《中共中央办公厅、国务院办公厅关于印发〈天然林保护修复制度方案〉的通知》和中央“不忘初心、牢记使命”主题教育领导小组《关于在“不忘初心、牢记使命”主题教育中对照党章党规找差距的工作方案精神》，刘永福主任和洛桑江村主任在西藏自治区深度贫困地区脱贫攻坚现场推进暨深化对口援藏扶贫工作会议上的重要讲话精神，王卫东书记在全区市县巡察工作推进会上的重要讲话精神，自治区党委常委、常务副主席姜杰在《阿里地委关于阿里地区厕所革命项目建设运维管理情况的报告》上的重要批示精神，《中共西藏自治区委员会、西藏自治区人民政府关于西藏高校毕业生稳就业若干举措的实施意见》和《中共西藏自治区委员会办公厅关于印发〈西藏自治区公务员职务与职级并行制度实施方案〉的通知精神》，审议通过《阿里地区关于贯彻落实自治区高校毕业稳就业若干举措的实施意见》《阿里地区公务员职务与职级并行制度实施方案》《阿里地区厕所革命运维管理办法》。地委副书记、行署专员旦巴旺久，在家地委委员以及人大、行署、政协地级领导，地（中、区）直单位主要负责人，地管国有企业负责人参加会议。

【第33次地委会】 2019年8月12日，地委副书记、行署专员旦巴旺久主持召开会议，传达学习中共中央政治局7月30日会议精神，习近平总书记在中共中央政治局第十六次集体学习时的重要讲话精神、在中共中央党外人士座谈会上的重要讲话精神和在《求是》杂志发表的重要文章《牢记初心使命，推进自我革命》精神等，研究贯彻落实措施。地委副书记、行署副专员张小平，地委委员西绕加措、索南才旦、袁富国、王行义出席会议。人大、行署、政协在家地级领导列席会议。地（中、区）直各单位主要负责人，驻阿各军警部队主官参加会议。

【第34次地委会】 2019年8月22日会议召开，传达学习习近平总书记在《求是》杂志发表的重要文章《在解决“两不愁三保障”突出问题座谈会上的讲话》和对“记者再走长征路”主题采访活动做出的重要指示精神，中央、区党委有关文件精神，听取革吉、改则、措勤三县脱贫摘帽专项评估初验情况报告，研究部署贯彻落实措施。地委副书记、行署常务副专员韩学军，地委委员西绕加措、葛庆敏、高宝军、袁富国、王行义出席，人大、行署、政协在家地级领导列席。地（中、区）直单位主要负责人，驻阿各军警部队主官参加会议。

【第36次地委会】 2019年9月3日会议召开，传达学习习近平总书记在甘肃考察调研时的重要讲话精神、中共中央政治局8月30日会议精神、《中共西藏自治区委员会关于加强和改进机关党的建设的实施意见》精神等，研究贯彻落实措施。地委副书记、行署专员旦巴旺久，地委副书记张会明，地委副书记、行署常务副专员韩学军，地委委员西绕加措、葛庆敏、索南才旦、王行义出席会议。人大、行署、政协、法院在家地级领导列席会议。地（中、区）直单位主要负责人，驻阿各军警部队主官列席会议。

【第39次地委会】 2019年9月会议召开，传达学习中央“不忘初心、牢记使命”主题教育第一批总结暨第二批部署会议精神和区党委九届六次全会精神，中央全面深化改革委员会第十次会议精神和习近平总书记在中央党校（国家行政学院）中青年干部培训班开班仪式上的重要讲话精神等，研究《关于开展“不忘初心、牢记使命”主题教育的实施方案》等，研究地区贯彻落实意见。张会明、韩学军、西绕加措、索南才旦、袁富国、何兴茂出席会议，人大、行署、政协、法院、检察院在家地级领导列席会议。地（中、区）直单位主要负责人，驻阿各军警部队主官参加会议。

【第40次地委会】 2019年9月会议召开，传达学习习近平总书记在《求是》杂志发表的重要文章《在庆祝全国人民代表大会成立六十周年大会上的讲话》精神，学习习近平总书记在会见中国红十字会第十一次全国会员代表时的重要指示精神和习近平总书记对全国道德模范表彰活动做出的重要指示精神，研究《阿里地区隆重庆祝中华人民共和国成立70周年总体工作方案》等，研究地区贯彻落实意见。

【第44次地委会】 2019年10月6日会议召开，传达学习习近平总书记在庆祝中华人民共和国成立70周年招待会、全国民族团结进步表彰大会、国家勋章和国家荣誉称号颁授仪式上的重要讲话精神以及习近平总书记对“最美奋斗者”评选表彰和学习宣传活动作出的重要指示精神等，听取地区2019年前三季度主要经济指标完成工作情况。地委副书记、行署专员旦巴旺久，地委副书记张会明，地委副书记、行署常务副专员张小平，地委委员西绕加措、葛庆敏、何兴茂、索南才旦、沈照山、高宝军、袁富国、王行义出席会议。人大、行署、政协在家地级领导，在各县督导维稳工作的地级领导，各县县委书记、县长列席会议。

【第46次地委会】 2019年10月会议召开，传达学习习近平总书记赴印度出席中印领导人第二次非正式会晤、对尼泊尔进行国事访问的主要精神，习近平总书记致少年先锋队70周年贺信精神，吴英杰书记在九届区党委第107次常委会会议上的讲话精神，胡春华委员在西藏调研脱贫攻坚工作时的重要讲话精神等，研究部署地区贯彻落实意见。地委副书记张会明，地委副书记、行署常务副专员张小平，地委委员何兴茂、索南才旦、沈照山、高宝军、袁富国、王行义出席会议。人大、行署、政协在家地级领导列席会议。各县县委书记、县长在各县分会场参加会议。

【第47次地委会】 2019年10月27日会议召开，传达学习习近平对生态文明建设作出的重要指示批示精神、在《求是》杂志上发表的重要文章《在黄河流域生态保护和高质量发展座谈会上的讲话》精神及对脱贫攻坚工作做出的重要指示精神和李克强总理重要批示精神等，研究部署地区第一次中央环保督察“回头看”和第二次中央环保督察迎检准备等工作。地委副书记、行署专员旦巴旺久，地委副书记张会明，地委委员西绕加措、何兴茂、索南才旦、沈照山、高宝军、王行义出席会议。吕新民、边巴卓玛、嘎玛次珠、唐文明、段晓勇、杨红兵、益西土登等人大、行署、政协在家地级领导列席会议。

【第48次地委会】 2019年10月会议召开，传达学习中国共产党第十九届中央委员会第四次会议精神。地委副书记、行署专员旦巴旺久，地委副书记张会明，地委副书记、行署常务副专员张小平，地委委员西绕加措、何兴茂、索南才旦、高宝军出席会议。平措旦增、吕新民、边巴卓玛、段晓勇等人大、行署、政协在家地级领导及地区中级人民法院院长、自治区人民检察院阿里分院检察长列席会议。

【第49次地委会】 2019年11月8日会议召开，传达学习习近平总书记在中央和国家机关党的建设工作会议上的讲话精神，学习《中国共产党党校

（行政学院）工作条例》精神和《中共中央关于新时代加强和改进人民政协工作的意见》精神等，研究部署地区贯彻落实情况。地委副书记、行署专员旦巴旺久，地委副书记张会明，地委副书记、行署常务副专员张小平、韩学军，地委委员何兴茂、索南才旦、高宝军、王行义出席会议。人大、行署、政协、法院在家地级领导列席会议。地（中、区）直单位负责人参加会议。

【第50次地委会】 2019年11月16日会议召开，听取中央、自治区生态环境保护督察整改情况汇报，部署中央、自治区生态环境保护督察整改推进工作及地区迎接第二轮中央生态环境保护督察工作，传达学习国务院扶贫办2019年脱贫攻坚成效考核工作会议精神，部署地区迎接国务院省际脱贫攻坚成效考核工作和地区迎接自治区平安建设（综治）工作检查考评工作等，研究部署贯彻落实措施。地委副书记、行署专员旦巴旺久，地委副书记张会明，地委副书记、行署常务副专员张小平、韩学军，地委委员何兴茂、索南才旦、沈照山、高宝军、袁富国、王行义等出席会议。

【第51次地委会】 2019年11月19日会议召开，学习贯彻中共十九届四中全会精神，推进“不忘初心、牢记使命”主题教育扎实深入开展，专题听取主题教育12个专项整治工作情况报告，传达学习习近平总书记在第二届中国国际进口博览会开幕式上的主旨演讲精神，研究部署地区贯彻落实意见。地委副书记、行署专员旦巴旺久，地委副书记张会明，地委副书记、行署常务副专员张小平、韩学军，地委委员何兴茂、索南才旦、沈照山、袁富国、王行义出席会议。人大、行署、政协在家地级领导列席会议。各县县委书记、县长在各县分会场参加会议。

【第53次地委会】 2019年12月7日会议召开，传达学习《国务院扶贫开发领导小组关于印发〈2019年脱贫攻坚成效考核工作方案〉的通知》精神、吴英杰书记批示精神及《西藏自治区扶贫开发领导小组关于印发〈西藏自治区脱贫攻坚“回头看”工作方案〉的通知》精神，传达学习习近平总书记在中央政治局第十九次集体学习会上的重要讲话精神和11月29日中央政治局会议精神等，研究部署地区贯彻落实意见。地委副书记、行署专员旦巴旺久，地委副书记张会明，地委副书记、行署常务副专员张小平，地委委员西绕加措、何兴茂、索南才旦、沈照山、袁富国、王行义等出席会议。平措旦增、吕新民等人大、行署、政协在家地级领导列席会议。会议以视频形式召开至县一级。地（中、区）直单位负责人，地区脱贫攻坚指挥部办公室及各专项组负责人，地区脱贫攻坚督导检查组“西四县”组全体人员参加主会场会议。

【第54次地委会】 2019年12月13日会议召开，部署地区防抗雪灾各项工作。地委副书记、行署专员旦巴旺久，地委副书记张会明，地委委员西绕加措、何兴茂、沈照山、袁富国、王行义等出席会议。会议以视频形式召开至县一级。人大、行署、政协、法院、检察院在家地级领导，地（中、区）直单位主要负责人列席会议。

【第55次地委会】 2019年12月会议召开，听取地区人大工委、行署、政协、纪委、中级人民法院、自治区人民检察院阿里分院党组2019年工作总结及2020年工作计划。地委副书记、行署专员旦巴旺久，地委副书记张会明，地委委员西绕加措、何兴茂、沈照山、袁富国、王行义等出席会议。会议以视频形式召开至县一级。人大、行署、政协、法院、检察院在家地级领导，地（中、区）直单位主要负责人列席会议。

地委办公室工作

【概况】 2019年，地委办公

室发挥办公室“九部”作用，履行综合文稿、政策调研、综合协调、党刊宣传等职能，提高办公室工作质量和“三服务”水平。制发各类文件301份，送审送签各类文件210余份，传阅各类文件421份。按照《阿里地区会议管理办法》《地委办公室办会工作细则》相关规定和“会务工作无小事”的要求，累计承办工作部署会、地委会、座谈会、汇报会、自治区视频会等重要会议165场次，协助其他单位筹备召开电视电话会议13场次，通知各类会议103场次。承办各类事务性活动13场次。向各县起草发报12次，向自治区起草发报28次。搜集各类信息17289条（篇），向区党委办公厅信息综合处报送各类信息1694条（篇），被采用238条（篇）。向各县约稿92次、内容109条，制发业务通讯12期，办理网民留言19条。根据机构改革要求，完成与机关工委、档案局的资产移交和财务相关工作。

【办文办会】 2019年，地委办公室完善阅文跟踪督办提示制度，规范公文处理程序，提高公文阅办效率。强化文件校核分级负责制，对印发文件进行审核、把关，确保公文质量，提高党办文件的权威和效力。承办各类会务和事务性活动，在制定会议方案、下发会议通知、统计参会人员名单、编制座次图、会场布置等会前筹备环节中抓关键、抓细节、抓重点，强化会务工作时效性。

【督导检查】 2019年，地委办公室突出督查重点，推动区党委、地委决策部署的贯彻落实。采取实地督查、电话督查等方式方法，在春节、藏历新年、萨嘎达瓦宗教活动、端午节等重要节点，联合相关部门明察暗访带班值班和内保安保情况2次。开展城市环境综合卫生整治、重要节日氛围营造专项督查8次。制定印发《关于进一步严肃督查工作纪律的通知》《核稿信息》等文件10余份。推动压减文件，以地委名义发文14份，比上年下降53%；以地委办名义发文31份，比上年下降63%；地委系统部门发文175份，比上年下降56%；以行署名义发文14份，比上年下降73%；以行办名义发文47份，比上年下降74%；行署系统部门发文248份，比上年下降63%。起草完成《关于贯彻落实全区公安工作会议暨庆祝新中国成立70周年安保维稳动员部署会议精神的情况报告》《关于民生工程（项目）自查整治情况的报告》等报告30余篇。下发《地委领导批示通知》301期，比上年下降11%。下发《督查通知》11期，比上年下降77%。上报《督查专报》13期，比上年下降66%。

【政策调研】 2019年，地委办公室聚焦社会焦点和群众期盼，全力做好调查研究、全面深化改革和财经工作，完成阿里地区农村工作会议等会议领导讲话10篇、调研报告6篇、实施方案5篇、情况报告6篇、工作要点5篇。向区党委改革办报送全面深化改革信息5篇，被区党委改革办采用2篇。

【保密管理】 2019年，地委办公室树立总体国家安全观，开展保密宣传教育和督促检查，组织保密专题培训2次，深入各县、各乡（镇）开展保密知识宣讲18场次，受教育700余人次。参加地直机关保密教育2场次。播放保密警示教育宣传光碟6次，发放《定密管理学习手册》《保密工作手册》宣传册700余份，发放宣传单4种350余份。开展保密专项督导检查5次，对220家地（中、区、县）直单位、乡（镇）保密工作开展情况进行督导检查，下发整改通知书8份。

【法规与档案行政工作】 2019年，地委办公室积极开展以地委、地委办公室名义发布的规范性文件的审核把关和报备、清理、汇编工作。集中清理阿里和平解放以来至2018年期间发布的党内法规和规定性文件346件，其中，对已有新的规定或文件使用期已过的199件文件进行废止，对其

◆5月29日，阿里地区在行署会议中心三楼视频会议室召开地方志工作推进会暨档案工作会议。地区档案馆馆长赵军（主席台右）主持，地委副书记张会明（主席台左）讲话

中22件进行了修改，并将继续生效的规范性文件汇编成册，共9册。统筹规划全地区的档案工作开展，做好党政部门机构改革期间的档案工作。对涉改的22家地直部门机构进行业务指导，对新组建、职能有所变动的20多家单位重新编制的机关文件材料归档范围和文书档案保管期限表进行审核报备，同时协助30余家地直单位、15家企事业单位分别进行文书档案和工程项目档案的审核把关。利用“七五普法”“3月法制宣传月”“国际档案日”等活动开展档案法律法规的宣传活动，切实增强社会档案法治意识。

【机要密码工作】 2019年，地委办公室以“保密、优质、高效、无事故”为目标，细化工作措施，提高服务质量，推进密码通信服务和密码使用管理，强化县乡党政信息网使用管理。开展密码安全保密检查2次，核查清点地委机要局密码、密码设备9次，核查清点全地区密码、密码设备5次，维护电子政务内网21次，排除网络及设备故障11起，组织开展地区应急密码通信演练10次，印发通报9期，译传办理密码电报20909份190048页，各县委机要局译传办理密码电报19475份174687页。

【后勤保障】 2019年，地委办公室完善后勤保障相关制度，严格执行《中共阿里地委办公室关于厉行勤俭节约反对铺张浪费的规定》，合理配置办公用品，规范公务接待，节约水、电、油资源，促进食堂节约；强化车辆管理，累计安全行车632167千米，其他办公车辆（轿车、考斯特）安全行驶71036千米，油料费用580910元，未发生安全事故。下乡出差登记786人次，登记出差天数3106天。小车班年初与驾驶员签订安全生产责任书。累计组织学习党的理论知识、安全生产、专业技术知识、规章制度25次。配合接待各级各类工作组87次。绿化地委大院空地15亩，种树200余棵，成活率95%。

组织工作

【概况】 阿里地区有党委组织部门8个，其中地委组织部1个、县委组织部7个。地委组织部为一套班子、五块牌子，下设科室17个，分别为办公室、研究室（法制科）、组织科（地委党的建设工作领导小组办公室）、地区“两新”工委办公室、干部科、对口支援干部科、干部监督科、公务员科、工资福利科、干部教育科、人才工作科（地区知识分子工作办公室）、地直机关工委综合业务科、地直机关工委督导检查科、机构编制管理科（地区事业单位登记管理局）、机构编制监督检查科、干部保健科、地委老干部局综合科。所属正科级事业单位5个，分别为地委组织部党员教育中心（阿里地区党员干部现代远程教育中心）、地区干部档案室、地区公务员考录中心、地委编办实名制管理中心、地委组织部信息中心。实有干部职工68人。

2019年，全地区有基层党组织722个。其中，党委51个（乡镇党委37个），党总支41个，党支部630个。有党员17942人，比上年增加377人。其中，党政机关工作人员5510人，占30.71%；事业单位管理人员和专业技术人员2380人，占13.26%；企业单位管理人员和技术人员169人，占0.94%；工勤技能人员343人，占1.91%；农牧民8030人，占44.76%；离退休人员1417人，占7.90%；其他党员93人，占0.52%。阿里地区公务员总数6338人，比上年增加163人，增长2.6%。其中，综合管理类公务员5777人，参照公务员法管理的群团机关工作人员94人，参照公务员法管理的事业单位工作人员467人；公务员队伍退出187人；大专及以上学历5661人。年内全地区培训各级各类干部9159人次，比上年增加560人次。其中，地级干部51人次，县级干部1693人次，科级及以下干部5260人次，企业经营管理人员18人次，专业技术人员1385人次，村（居）干部和“两新”组织负责人752人次；少数民族干部5130人次；女干部2165人次。

【“不忘初心、牢记使命”主题教育】 2019年9月12日，阿里地区“不忘初心、牢记使命”主题教育正式启动。全地区各级党组织聚焦学习贯彻习近平新时代中国特色社会主

◆地委组织部被评为2019年自治区强基惠民优秀组织单位

义思想，贯彻“守初心、担使命，找差距、抓落实”总要求，实现预期目标。全地区4个地级班子、7个县、62家地直单位、55所中小学校、137家事业单位、15个寺管会、6家国有企业、37个乡镇、145个村居、18个“两新”组织、9个离退休党组织全面覆盖，605名县处级以上领导干部和17565名党员全员参与，实现理论学习有收获、思想政治受洗礼、干事创业敢担当、为民服务解难题、清正廉洁做表率的目标，主题教育总体评价“好”为99.8%。

【基层党建】 2019年，阿里地区研究制发《阿里地区2019年基层党建工作要点》，提出6个方面22项工作任务。围绕“不忘初心、牢记使命”主题教育，部署推进学习教育、调查研究、检视查摆问题、专项整治、整改落实等重点任务，全地区参与主题教育单位有495个，开展专题学习研讨4585场次，地区四大班子成员和各级领导干部人均深入基层调研3次以上，查找梳理问题3356项，为群众办实事好事4918件，整改问题3782个，建立健全主题教育制度机制344项。试点打造地委宣传部、地区公安处、地区住建局等9个“八型”党组织示范点，打造52个一线一站一厅一点“四个一”党员便民服务点（保健站），推动“5445”党建服务工作法，打造“四心”服务品牌，扩大示范点典型带动力。联合区内外媒体资源，拍摄制作电视纪录片《今日的阿里红》，在《西藏日报》《新西藏》等区内主流报刊上发表《党旗照耀藏西大地·党建擎动边疆振兴》等专版6篇，在西藏人民广播电台开设“今夜有约”《驻村夜话》栏目专题采访，制作普兰县岗莎村《牦牛运输队三重奏》等专题微视频3部，联合人民出版社编制《藏西先锋·红色阿里》纪实书籍。确定村（居）软弱涣散党组织16个、地直各行业系统软弱涣散党组织13个（机关9个、学校1个、国企1个、离退休党组织1个、“两新”组织1个），按照“一支部一方案”要求，落实“四个一”措施，排查不合格村干部6人，给予党纪政纪处分5人，及时清理1人，调整机关企事业单位党组织书记3人、班子成员15人，整顿软弱涣散基层党组织29个。严把党员“入口关”，实施发展党员“精品”工程，落实党员能进能出机制，研究制作发展党员5个阶段25个步骤规范操作情景模拟动画，发展党员569人。依托地县党校、区

内兄弟市党建示范点和援藏省市培训机构，举办党员、村干部、党务工作者等各类培训班81期3842人次，选派村（居）党组织书记到区外参训80人次，实现村（居）党组织书记轮训全覆盖。选派145名经济指导员参与村级集体经济建设，举办各类业务技能培训270场次2658人次。深化“双带三培养”工程，党员培养成致富带头人300人，致富带头人培养成党员85人，村“两委”班子成员培养成致富带头人136人。落实中央扶持壮大村集体经济资金550万元，扶持壮大村集体经济组织11个。

【“两新”工作】 2019年，阿里地委“两新”工委推进“两新”组织党建，创建“兴业发展·正德厚生”党建品牌，开展争做兴业发展先锋活动、“不忘初心、牢记使命”主题教育和覆盖质量巩固提升专项行动，推进“小个专”经济组织党建网格化管理，及时批准成立地区热电联厂党支部和非公医药卫生行业党支部，推动企业发展与党建工作双赢共促。全地区有两新组织党组织30个，其中行业党委6个、个体私协党总支1个、企业党支部8个、功能性党支部7个、行业党支部1个、县非公联合支部6个、园区党支部1个，有非公党员248人。年底，经地委研究同意，中共阿里地区非公有制经济组织和社会组织工作委员会及其办公室更名为中共阿里地区委员会非公有制经济组织和社会组织工作委员会及其办公室，成员单位21个，委员18人。

【干部考察与选任】 2019年，阿里地区研究出台《阿里地区关于适应新时代要求大力发现培养选拔优秀年轻干部的实施意见》，分类别、分专业建立年轻干部管理信息库，优化全地区领导班子和干部队伍结构比例。采取个别谈话、民主测评、审核干部人事档案、核查个人有关事项报告、听取纪检监察机关意见、核查信访举报等方式，开展干部政治素质考察。研究制定《关于考准考实干部政治素质暂行办法》，探索提出“四双一会审”、政治素质考察工作法，构建适应新时代要求的干部政治素质考核评价体系。研究出台《阿里地区关于进一步激励广大干部新时代新担当新作为的实施意见》《阿里地区关于激励广大干部新时代新担当新作为建立容错纠错机制的办法（试行）》，从提高思想认识、抓好贯彻落实、营造良好氛围3个方面提出具体要求，调动干部干事创业积极性。贯彻落实《干部任用条例》《公务员职务与职级并行规定》，综合领导班子和干部队伍知识结构、能力结构和专业结构等实际，配备党政机构领导班子，推进全地区公务员职级套转和晋升工作。调整县级干部409人。其中，提任120人，进一步使用42人，平职调整及其他247人；套转二级调研员24人，四级调研员45人；晋升一级至四级调研员378人（一级调研员55人、二级调研员45人、三级调研员140人、四级调研员138人）。

【对口援藏干部管理】 2019年4月，地委组织部对口支援干部科成立。年内对第八批援藏干部人才、第四批组团式援藏医疗人才进行期满考核，编制第九批援藏干部人才、第五批组团式援藏医疗人才、第六批短期援助专业技术人才需求计划，组织第八、九批援藏干部人才轮换，以及第九批援藏干部人才任职等工作，对第九批援藏干部人才进行年度考核。经5月21日地委会研究，推荐张晓峰等51人为自治区优秀援藏干部，表彰王立东等84人为地区优秀援藏干部。

河北省第九批援藏干部人才60人于2019年7月进藏，服务期3年。其中，党政干部23人，专业技术人才37人（含管理人员3人、企业管理人员2人）；副地1人，正县3人，副县14人，正科3人，副科2人；正高1人，副高13人，中级12人，初级1人，其他10人；分布在22家地直单位及札达、日土县，地直单位42人，札达、日土县各9人；八转九援藏干部人才4人。陕西省第九批援藏干部人才51人，2019年7月进藏，服务期3年。其中，党政干部23人，专业技术人才28人（含管理人员3人、企业管理人员1人）；副地1人，副县18人，正科4人；副高9人，中级10人，初级3人，其他6人；分布在20家地直单位及噶尔、普兰县，地直单位33人，噶尔、普兰县各9人；八转九援藏干部人才1人。三大企业第九批援藏干部9人，2019年7月进藏，服务期3年，措勤、改则、革吉县各2人，地区发改委3人，均为副县级党政干部。陕西省第五批组团式援藏医疗人才21人，2019年7月进藏，对口支援地区人民医院1年。其中，党政干部1人，专业技术人才20人；副县1人；正高1人，副高8人，中级12人。河北省第二批组团式援藏教育人才20人，2019年8月进藏，对口支援拉萨阿里河北完全中学3年。其中，副高13人，中级6人，初级1人。陕西省第二批组团式援藏教育人才20人，2019年8月进藏，对口支援拉萨阿里高级中学3年。其中，副高2人，中级17人，初级1人。

【干部监督】 2019年，阿里地区建立《县委、地直单位党委（党组）上报人事方案审批工作流程》，干部科、干部监督科联合对各单位人事安排方案进行审核把关，重点审核人选资格条件、职数配备和调整规模等情况，严防违规操作。审核各县委和地直干部调整方案60余次，暂缓1家单位选拔任用程序。制定《地委组织部干部科列席地直单位党委（党组）研究干部任免事宜会议制度》，实施现场监督，落实“凡提四必”“双签字”等举措，实行一票否决制。执行干部选拔任用“四项监督制度”，开展县委组织部部长履行选人用人职责离任检查，对有用人权的单位开展干部选拔任用“一报告两评议”，对7家单位党委（党组）书记进行约谈。严格把关领导干部外出报批报备，落实干部监督联席会议制度，每月与纪委监委、巡察、综治、扶贫、环保、公安、人社、审计、信访、安监、法检等成员单位沟通联系，实时掌握干部“负面信息”。从严开展领导干部个人有关事项报告核查，防止带病提拔。全年重点核查321人，对不如实报告个人有关事项的函询24人、诫勉谈话5人、批评教育13人。从严把关领导干部出国（境）政审，全年办理干部职工出境政审6人次。联合地区公安处对全地区干部职工持有因私出境证件进行摸底排查，统一保管干部职工因私出国（境）证件194本。

◆地委组织部被评为2019年脱贫攻坚组织创新奖

【公务员管理】 2019年，阿里地区开展公务员（参照公务员工作人员）年度考核，应参加考核6325人，实际参加考核6276人。其中，地级干部32人，县处级干部530人，科级干部（含一至四级主任科员）3073人，科员（含一级、二级科员）2186人。评定“优秀”等次1539人、“称职”等次4275人、“基本称职”等次4人、“不称职”等次44人。未定等次414人，其中未定等次试用期公务员313人、因受记过处分未定等次7人、因受记大过处分未定等次4人、因受降级处分未定等次13人、因受撤职处分未定等次32人、因纪委立案尚未结案未定等次9人、因受党内严重警告未定等次34人、因受留党察看未定等次2人。因病累计超过半年未参加考核49人。年内地直单位符合记嘉奖的433人，连续三年优秀记“三等功”的26人。

【工资福利】 2019年，地委组织部贯彻落实中央、自治区有关工资福利政策，调整机关事业单位工作人员基本标准工资。调整公务员工资人数4950人，月平均增资1051元；调整员额内法官、检察官工资109人，月平均增资1779元；调整公安机关执法勤务警员及警务技术人民警察工资1196人，月平均增资1604元。机关事业单位住房补贴标准由450元至1830元提高到640元至2210元。根据《中共中央组织部、财政部关于机构改革中公务员工资衔接政策有关问题的通知》，对地区各级人民检察院转隶同级纪委监委的公务员基本工资、津贴补贴标准、保留工资、绩效考核奖金等进行调整。实行公务员职务与职级并行制度、职级序列工资政策，调整地区晋升职级工资，单设一、三级调研员和一、三级主任科员的按绝对额计发的西藏特殊津贴标准，一级调研员4573元，三级调研员4047元，一级主任科员3668元，三级主任科员3399元。根据自治区人社厅、财政厅关于法官、检察官和司法辅助人员工资制度改革试点实施意见，落实地区法官、检察官单独职务序列工资制度和司法辅助人员有别于其他公务员的工资制度，严格审核地直检法和七县检法绩效奖金标准，比照2019年实际发放绩效奖金的40%，做好增资补发和核减。组织实施地区机关事业单位工作人员提前退休和离岗休养，年内地区有38名县级干部和15名正科级以下公务员提前退休，及时核算并落实提前退休人员工资待遇。年底，调整2020年1月公务员五年正常晋升级别1053人，增资245512元（月人均增资233元），两年正常晋升档次2431人，增资660459元（月人均增资271元）。员额内法官、检察官晋升档次39人，增资18480元（月人均增资473元）。落实年终一次性奖金5878人，总金额80143021.5元，员额内法官检察官106人，总金额2152409元。

【干部教育培训】 2019年，阿里地区把习近平新时代中国特色社会主义思想作为地、县两级党校（行政学校）主课，设计《习近平新时代中国特色社会主义思想解读》《习近平总书记关于治边稳藏的重要论述解读》等精品课程，举办县（处）级领导干部学习贯彻习近平新时代中国特色社会主义思想专题培训9期539人次、乡（镇）党政正职专题培训2期74人次、科级及以下干部专题培训12期504人次。邀请区内外专家学者举办专题辅导讲座5场次，培训1.4万人次，组织理论知识考试9场次、知识竞赛10场次，撰写学习体会1117篇。优化完善“五个高效体系”，即“1+9+N”干部教育培训体系、培训内容体系、分类分级培训体系、培训保障体系、培训制度体系。依托党校主阵地，利用9大红色教育实践基地，组织“请进来”“走出去”，加大“讲授式、案例式、研讨式、现场教学、领导干部上讲台”等比重，探索开展“新时代讲习所”“千堂党课进基层”“千名党员进党校”。重点培训中共十九大和十九届四中全会精神、理想信念、党章党规党纪、反分裂斗争纪律、党的民族宗教政策等内容。依托地委党校，举办

◆4月9日，地委党校在学术报告厅举行2019年春季开学典礼。地委组织部常务副部长、编办主任李平（主席台右二）主持会议，地委副书记、党校校长张会明（主席台左二）出席会议并讲话，地委党校常务副校长白玛多吉（主席台左一）、驻地委组织部纪检监察组组长边吉（主席台右一）出席

◆5月25日，地委党校第五期中青年干部培训班学员在延安梁家河干部培训学院参观学习

地、县党政领导班子成员专题培训4期240人，机关公务员专题培训6期260人，年轻干部专题培训4期160人，基层干部专题培训5期170人，其他干部专题培训10期401人。选派地委党校第五期中青年干部培训班以及县处级以下227名党员干部到河北、陕西等地进行理论学习、跟班培训、挂职锻炼。加大党校专职教师队伍建设、兼职教师选聘力度，建立完善党校教师学习进修实践锻炼培养制度，建立干部教育培训经费保障长效机制。落实需求调研、组织调训、培训计划申报等制度，严肃调训纪律，健全调训情况通报、约谈、诫勉及考核评价、督查、登记管理等制度。增进“五大显著效益”，即政治效益、专业效益、治理效益、法治效益、社会效益。举办各级各类干部政治（纪律）教育培训12次，培训720余人次。举办各行业系统专业技术干部培训20期800余人次。举办地、县党政正职专题培训2期，培训领导干部128人。开展依法治国和依法治藏、依法行政、依法管理等相关培训4期，培训干部240人。邀请区内外专家学者、业务骨干举办法治专题讲座6期，培训干部1680余人次。

【人才引进】　2019年，地委人才工作协调小组办公室实施“人才强阿、发展兴阿”战略，掌握地区各类人才队伍的数量、类型、结构、布局等基本现状，及时更新人才信息数据库。年初，邀请30余名各县、地直有关部门负责人召开全地区人才工作研讨会。下发《关于2019年急需紧缺人才需求摸底的通知》，根据各县、各单位上报情况及全地区空编情况，制定《阿里地区2019年专项引进事业单位工作人员的方案》。印发《中共阿里地区委员会关于印发〈关于推进人才发展体制机制改革全面加强人才工作的实施意见〉的通知》《关于印发〈贯彻落实关于推进人才发展体制机制改革全面加强人才工作的实施意见任务分工方案〉的通知》，完善人才工作制度体系，推进地区人才体制机制改革。10月，邀请全地区副高级以上专家代表召开高层次人才工作座谈会。推进重点人才工程，申报“阿里人民医院卫生专业技术人才资源开发专项资金项目”，涉及项目资金154.7万元。上报推荐4名“西部之光”访问学者人选，其中副高级职称1名、中级职称3名，涉及教育、艺术、农牧等方面。落实《阿里地区地管专家选拔管理办法（试行）》，启动首届阿里地区专家评选活动，评选出当地地管专家28人。全年新进干部人才497人，其中教育人才111人、医疗人才120人；柔性引进244人，其中紧缺医疗人才74人、紧缺教师人才8人；落实引进人员资助金122万元。截至年底，人才资源总量12810人。其中，党政人才6175人，公有制经济领域的企业经营管理人才50人，企事业单位专业技术人才5098人，高技能人才308人，农村实用人才1179人。

【干部保健】　2019年，地委组织部干部保健科树立“健康第一、预防为主、防治结合、加强教育”的工作思路，制定《年度干部保健工作计划》《2019年度干部职工体检工作实施方案》《阿里地区创建无烟办公室（会议室）的方案》等，细化分解干部保健和关心关爱干部工作任务。规范干部职工体检经费管理，实行层层审批机制，严格体检流程，明确体检项目。起草干部保健委员会联席会议制度，调整充实干部保健委员会成员，完善干部保健委员会及办公室工作职责。坚持常规体检和基因检测相结合，加强健康干预。4月底，完成干部职工集中基因体检7949人。联合地区人民医院为全地区干部职工开展集中常规体检。根据以往基因体检报告，对275名干部职工进行髓过氧化物酶、脂蛋白磷脂酶、三联、肌钙蛋白4项筛查复查。以“五一”节假日为契机，联合地区卫健委、人民医院，派出由陕西省第四批组团式援藏专家、阿里地区人民医院医疗专家组成的25人服务队，在措勤县开展义诊活动，为659名干部群众发放药品，提供医疗诊治服务。与陕西、河北两省签订就医“绿色通道协议书”。邀请四川知名医疗团13名专家为干部群众进行义诊巡诊。在全地区范围内开展无烟办公室（会议室）创建活动，加强对工作生活环境的综合治理。推进干部保健工作信息化、数据化建设，完善基于人工智能技术的阿里地区干部职工保健与慢性病管理平台，实现干部人口信息、电子健康档案和电子病历三大数据融合、动态交互和共享。收集整理2016年之后的干部职工健康体检、住院转诊等数据，加强人工智能健康管理体系建设，了解和掌握干部健康状态，加强干预引导。

◆地委组织部被评为2019年度县级领导班子目标责任制先进单位

【“智慧组工”建设】 地委组织部信息中心编制5人，实有干部3人（含抽借调干部1人）。2019年，信息中心树立“大网宣”理念，依托“智慧组工”，加快信息化建设，推行“智慧网宣”。围绕热点难点问题，编撰信息报送，实行信息采用通报制度，定期通报部机关各科室和各县委组织部信息报送和采用情况，完善信息员目标责任制。全年编撰信息199篇，有1篇被中组部相关刊物采用，1篇被区党办相关刊物采用，4篇被《西藏日报》采用，14篇被区党委组织部《组工信息》采用。正面宣传引导中央、区党委、阿里地委重点工作和重大决策部署，强化新闻舆论宣传，组织撰写网评文章692篇，《组工干部的“竹”风高节》被共产党员网评为优秀文章，《永葆共产党人公仆本色》被《西藏日报》采用，《做“风筝式”的组工干部》等多篇文章被共产党员网编辑推荐。

优化信息平台作用，与信息化建设团队沟通协调，征求部机关各科室意见，完善各功能模块，实现各科室之间信息共享。更新完善全地区党员管理系统、干部工作系统、编制实名制管理系统和公务员管理系统，提高监督能力和工作水平。运用信息化技术手段，加大网上传阅、网上批阅的网上办公使用力度，减少人为流程，加快部机关无纸办公、绿色办公进程。5月，完成部机关公共信息化工作平台二期建设项目终验。9月初，开始对慢性病平台进行测试，先后对标书、需求规格书及用户手册上提及的功能、安全、性能等方面进行主要测试4次，以及多次小测试。截至10月底，发现问题55个，对照类项归纳反馈至承建单位及时解决完善。11月9日，慢性病平台一期建设项目进行终验。

宣传工作

【概况】 阿里地区有党委宣传部门8个，其中地委宣传部1个、县委宣传部7个。地委宣传部挂地区新闻出版局、地区版权局、地区行政公署新闻办公室三块牌子。地区新闻出版局、地区版权局、地区行政公署新闻办公室于2019年3月19日挂牌成立。地委宣传部下设科室（办）7个，分别为办公室（干部科、意识形态工作责任制专项巡察工作办公室）、理论教育科、新闻科、文化艺术科（地区文化体制改革和文化产业发展办公室）、宣传教育科、文化安全监管科（地区“扫黄打非”办公室、出版与印刷发行科）、文明办综合科（新时代文明实践中心指导办公室）；下设事业单位3个，分别为阿里报社、地区对外交流传播中心、地区新华书店。实有干部职工33人。2019年，组织开展干部群众思想教育1.5万场次，受众85.6万人次，组织开展干部群众实践活动1.8万场次，参与90.2万人次。

【理论学习】 2019年，地委宣传部创建学习型党组织，学习贯彻习近平新时代中国特色社会主义思想和《习近平谈治国理政》第一卷、第二卷，组建学习《习近平谈治国理政》活动专班，贯穿“不忘初心、牢记使命”主题教育。采取领导干部带头学、聘请专家学者指导学、理论学习中心组集中学、开展活动交流学、业余时间自己学等方式，指导各级理论学习中心组学习520场次，专题学习《习近平谈治国理政》第一卷、第二卷556场次，撰写理论文章56篇、心得体会85篇，发放《习近平新时代中国特色社会主义思想学习纲要》《学习活页》等书籍1.8万册。召开全地区“学习强国”学习平台工作推进会，建立健全学习制度，确保全体干部职工下载使用“学习强国”学习平台App。完成地、县、乡三级学习组织的建立和认证，完善24个党委（党总支）、547个党支部的组织架构建设，实现支部学习和全体党员认证注册全覆盖。

【“四讲四爱”群众教育实践活动】 2019年，阿里地区培养自治区级农牧民宣讲员74人，地区级农牧民宣讲员310人，各县、各系统骨干宣讲员809人，确保每个村（居）、学校、寺庙、企业至少有2名骨干宣讲员。围绕活动主题打造“干部讲堂”“名嘴讲堂”“文化讲堂”。结合“党的恩情照边疆·阿里人民心向党”“藏西先锋·红色阿里”“加强民族团结”“五讲五看五做”“一红五美”小康示范村建设5个实践载体，在农牧区重点开展思想观念转变和移风易俗教育，在寺庙重点开展反对分裂和弘扬佛法正义教育，在学校重点开展爱国主义和理想信念教育，在企业重点开展爱国守法和诚实守信教育。确定《十谢共产党》等“四讲四爱”宣传内容2.8万条，发放宣传品3万件。打造康乐新居为“四讲四爱”主题小区。民间艺术团下乡演出820场次，45支放映队播放红色电影1444场次。中宣部“宣传信息网”、人民网、新华网、“学习强国”、《西藏日报》等平台采用推广活动信息126篇，人民网西藏频道采用推广《我和我的祖国》微视频4条。全地区

◆2019年，地委宣传部开展“四讲四爱”先进事迹走村入户宣讲团巡回宣讲。图为11月，部务委员国吉（中）在革吉县亚热乡洛玛村为牧民群众宣讲

各级各类媒体累计刊播活动稿件8560篇。在自治区考核验收组督导工作中获得好评。

【对外宣传】 2019年，阿里地区各级新闻媒体刊播刊发各类新闻稿件2.2万条，制作刊播各类宣传影片及广播剧530部。坚持“请进来、走出去”原则，全年各级新闻媒体配合31家次主流媒体108名记者完成采访拍摄。地委宣传部联合中央电视台《美丽中华行》栏目组，拍摄反映阿里地区改革开放巨大成就的5集大型纪录片《阿里的春天》，分别在中央电视台发现之旅频道、香港卫视综合台、央视影音App、香港卫视网络电视台同步播出。投入160万元，摄制《沧桑巨变看阿里》8集纪录片。协助自治区媒体举办唱支山歌给党听——“藏地之音”广播民歌秀颁奖典礼。挖掘《阿里边境村民喜迁“第五代”房》等182篇新闻报道。打造《70年70城：记住阿里！在这里，打造“藏西秘境·天上阿里”》视频，点击量突破1亿次。

【社会宣传】 2019年，地委宣传部开展以“献礼中华人民共和国成立70周年·弘扬新时代志愿服务精神”为主题的学雷锋志愿服务等一系列活动，把科学、卫生知识和医疗、法律服务送到基层。订购并发放党和国家“五位领导人”画像、习近平总书记与西藏各族人民心连心画像11844幅，指导群众规范悬挂领袖画像。

【文艺文化事业】 2019年，地委宣传部围绕庆祝新中国成立70周年、纪念西藏民主改革60周年主题，举办阿里地区“新时代·新阿里”春节藏历新年电视联欢晚会、“壮丽70年·奋进新时代”——庆祝新中国成立70周年暨第二届象雄锅庄舞大赛等系列民俗文体活动460场。举办“感恩共产党·奋进新时代”西藏百万农奴解放纪念馆巡展，举办庆祝新中国成立70周年主题成就展，展出历史图片394幅，还原西藏历史的变迁。拍摄制作《故乡阿里》藏汉双语版MV，全景展现阿里风土人情和发展变化。投入116万元，开展“图书赠送”“优惠购书”“书香阿里·传承象雄文化”主题活动，全年捐赠各类图书5万册。

【精神文明创建】 2019年，地委宣传部开展理想信念教育、新旧西藏对比教育等“十项”教育和“五观”“两论”教育。开展时代楷模、道德模范、最美奋斗者、最美教师、新时代好少年评选活动。尼玛顿珠获得全国第七届道德模范、时代楷模、最美奋斗者、自治区道德模范称号，李楠等3个家庭被评为自治区文明家庭，石确卓玛等3名青少年学生获得自治区“四讲四爱”好少年称号。在噶尔县开展新时代文明实践中心试点，整合县、乡、村三级群众性精神文化活动资源，建立实践中心、实践所、实践站21个。注册成立阿里地区志愿服务协会，先后投入50万元，定制全地区志愿者服装、徽章、奖品等。

【基层文化阵地建设】 2019年，地委宣传部先后投入2598万元，新建进藏先遣连纪念馆，完成纪念馆内部展陈设计、布展装修、实物搜集、实物复制等，于9月27日开馆。修复进藏英雄先遣连在改则县扎麻芒堡的遗址，复原2个岗哨（面积68.38平方米），壕沟80.17米，3座地窝子（面积28.88平方米），真实还原先遣连驻扎扎麻芒堡的生活、战斗场景。维修进藏先遣连纪念碑。投入30万元，巩固扩大农牧民宣讲员队伍，吸纳培养大学生村干部、村党支部第一书记，致富能人等先进典型人物。投入34.8万元，健全农牧民宣讲员奖励机制。投入290万元，落实村（居）民俗文体活动奖励机制。投入540万元，为全地区尚未覆盖阿里电视台节目信号的9个乡（镇）配备阿里电视台节目信号落地设备。设立70万元基层宣传思想文化阵地示范建设奖励基金，奖励示范村（乡）7个。

◆9月27日，进藏先遣连纪念馆开馆。进藏先遣连原副连长彭青云遗属彭巍、吕芳夫妇（左四、左三），进藏先遣连原党代表李狄三遗属李惠军（右三）应邀参加开馆仪式

【《阿里报》工作】 2019年7月23日，《阿里报》编辑部更名为阿里报社，为地委宣传部所属事业单位，核定事业编制7人，实有5人。年内《阿里报》藏文、汉文版分别出刊52期，刊载各类新闻1500条，藏文翻译总量33万字。开设《不忘初心、牢记使命》《决战决胜脱贫攻坚》《壮丽70年·奋斗新时代》等10个专栏。手机报出刊40期，发布新闻420条，字数2万字。开办藏文微信公众号“狮泉河畔”，发布新闻317条。

统战工作

【概况】 2019年，阿里地区党委统一战线工作部门有8个，分别为地委统战部和七县县委统战部（七县县委统战部与政府民宗部门合署办公），37个乡镇配齐统战委员，统战委员均由乡镇人大主席团主席兼任。地区统战部门核定编制25人，七县核定编制75人，实有96人。地委统战部内设7个职能科室（行政3个科室、事业4个科室），分别为办公室、民族宗教事务科、党外知识分子和新的社会阶层人士工作科（非公有制经济工作科）、地区归国藏胞管理接待站、地区佛教协会、地区社会主义学院、信息中心。实有行政人员18人，事业人员3人。

【地区统战工作会议】 2019年，阿里地区先后召开统战民族宗教工作会议、工作部署会议、重点工作推进会议，总结2018年统战民族宗教工作，部署2019年各项工作任务。地委副书记、行署副专员张晓峰主持会议，地委委员、统战部部长旦巴旺久做部署讲话。

【党外人士队伍建设】 2019年，地委统战部在地区党外代表人士中开展“不忘合作初心，继续携手前进”主题教育活动。全年加强党外知识分子2488人、新的社会阶层人士1195人和副科级以上党外干部87人的培养教育服务。选派10名党外干部参加自治区第22期党外中青年干部、党外知识分子培训班。选派2名县级党外政协委员到湖南等地考察交流学习。完成181名党外代表人士的上年度考核、评定等次，良好及以上达100%。组织召开地区社会各界人士喜迎春节藏历新年座谈会。春节藏历新年期间，实地走访慰问党外人士37名，发放慰问金2.96万元。宣传贯彻落实党和国家的最新政策性文件，为符合条件的4名佛协副会长、3名副秘书长填报岗位履职补助信息采集表，为8名党外人士申请办理生活补助，为1名党外人士办理丧葬补助。加强新媒体从业人员、网络意见人士的教育服务和摸底统计，地区新媒体企业平台共计66个，其中党政机关平台51个、事业单位平台7个、国有企业平台2个、人民团体4个、私营企业平台2个，从业135人。

【归国藏胞服务】 2019年，地委统战部按照新修订的《境外藏胞回国审批管理办法》和自治区出台的实施细则，核查、审批和登记境外藏胞。“三大节日”期间，走访慰问归国定居藏胞34人次，发放慰问金2.72万元。陪同区党委统战部督导调研工作组，开展地区境外藏胞工作督导调研。接待探访人员2人。统计2015—2019年地区24名申请回国探访藏胞人员相关信息数据。统计地区34名归国定居藏胞人员信息数据。组织工作人员到北京、成都等地参加藏胞业务培训。协助完成地区七县37个乡（镇）50名农牧民青年群众的“中式（藏式）烹饪+国家通用语言”培训。推荐9名代表、5名委员参加西藏自治区第二次归侨侨眷代表大会。

【促进非公经济发展】 2019年，地委统战部调整充实地区非公经济发展工作领导小组，制定贯彻落实自治区非公经济领导小组2019年度第一、二、三次全体会议及地委领导讲话精神方案，邀请国家发展改革委社会发展研究所作为第三方社会机构，对阿里地区非公经济发展现状进行评估。建立和完善市场准入负面清单动态调整机制，缩减市场准入负面清单事项，推动“非禁即入”普遍落实。全年针对非公经济减税4083.49万元。向民营企业家和个体工商户发放《政策文件汇编2011—2018》400套，举办民营企业“大讲堂”活动，邀请市场监督管理局、税务局、人民银行等单位领导和专业人士为民营企业和个体工商户授课，共授课8节，参与480余人次。组织工商联直属会员参加“检察护航民企发展”检察开放日活动。构建“亲”“清”新型政商关系，组织民营企业家和个体工商户观看《为什么要构建“亲”“清”新型政商关系》《防微杜渐：“亲”“清”新型政商关系视频鉴赏》等影片，宣传《中共中央 国务院关于营造企业家健康成长环境弘扬优秀企业家精神更好发挥企业家作用的意见》精神，引导民营企业和个体工商户守法经营，照章纳税，热心社会公益事业，投身“十企帮十村”活动。协调人社局、工会、妇联、扶贫办等单位，联合主办地区年度“春风行动”暨民营企业招聘会，363人与招聘企业达成就业意向。通过人才推荐等方式，前三季度向7家民营企业推荐37名紧缺人才。执行《阿里地区非公有制发展资金管理办法（修订）》，截至9月15日，共收到专项资金资助项目3个，涉及申报专项资金450万元。地区工商联与中国人民银行阿里地区中心支行签订协调联系工作机制，缓解民营企业融资难题。

◆3月4日，阿里地区“法律进宗教活动场所”暨“民族团结”进步宣传教育巡回宣讲组在措勤县门东寺开展宣讲活动，地委统战部二级调研员、地区佛协会长西绕桑布（主席台中）主持宣讲

【寺庙宣教】 2019年，地委统战部牵头协调地委宣传部、地区民宗局、司法处、佛协等部门组成宣讲团，历时19天，深入全地区13个乡镇、8个村居、14座重点寺庙，开展以“法律进宗教活动场所”暨“民族团结进步”“争做先进僧尼”“四讲四爱”为主要内容的巡回宣讲活动，总行程4500千米，受教育僧尼群众1640人次。组织寺庙僧尼开展

各类学习宣传活动450场次，参与僧尼4521人次，参与信教群众5693人次。先后举办庆祝新中国成立70周年暨“争做先进僧尼”教育实践活动书法比赛和教规教义阐释征文活动，其中7篇被推荐为全区第四届藏传佛教教义阐释暨坚持藏传佛教中国化方向研讨会研讨文章。定期召开地区“争做先进僧尼”教育活动会议，总结活动开展情况，部署下阶段工作，先后下派3批工作组深入各县、各寺庙进行巡回督导。

【涉宗领域扫黑除恶专项斗争】 2019年，地委统战部围绕全国扫黑除恶专项斗争12类打击对象和自治区21类打击重点的最新形势任务，制定《阿里地区涉宗领域开展扫黑除恶打非治乱专项斗争2019年工作要点》，定期召开会议，部署统战系统扫黑除恶打非治乱专项斗争工作。利用“3月综治宣传月”、“6月综治宣传周”、“9·16”平安西藏宣传日、“9月民族团结月”等节点，在城市主干道设立宣传点，开展扫黑除恶专项斗争宣传活动。结合“五下乡”“法律进宗教活动场所”“反分裂斗争教育”“民族团结进步教育”“新旧西藏对比教育”“爱国主义教育”“遵行四条标准、争做先进僧尼”“四讲四爱”“三基三强”“不忘初心、牢记使命”等教育活动，在寺管干部、寺庙僧尼、社会流动从事宗教服务人员、信教群众中开展扫黑除恶打非治乱巡回宣讲活动。各级统战部门以敏感节点和统战领域专项调研为契机，深入各乡镇、寺庙（拉康）摸底排查统战领域涉黑涉恶、非法组织、治安乱点问题。在各乡镇、寺庙拉康设立举报箱40处、举报电话35个，定期搜集涉黑涉恶工作线索。

【自身建设】 2019年，地委统战部在地县统战系统和28个驻寺机构开展“三基三强”教育实践活动，举办“三基三强”理论知识测试。选派11名干部参加中央、自治区有关部门和对口援藏省份组织的集中培训。完成地县两级统战系统机构改革和本单位科级干部人事调整，举办阿里地区寺庙管理工作座谈会。

政策研究

【概况】 全地区有党委政策研究室（改革办、财经办）8个，其中地区级1个、县级7个。各县委政策研究室（改革办、财经办）均为非实体决策议事协调机构，挂靠县委办公室开展工作，日常职责由县委办公室承担，相应工作人员由县委办公室统筹调剂解决。2019年3月，设立地委全面深化改革委员会和地委财经工作委员会，办公室设在地委政研室。按照《阿里地区机构改革方案》和《阿里地区党政机构改革涉及事业单位调整的实施方案》要求，转隶地委农村工作领导小组办公室至地区农业农村局，撤销地委政研室秘书科、综合研究科、农村工作科3个科室，成立地委政研室政研科、改革科2个科室和《阿里通讯》编辑部1个下属事业单位。实有干部职工10人。2019年，新配备3名科级干部充实政研室（改革办）队伍，坚持以文资政、以文辅政，完成各类领导讲话20余篇、调研报告8篇、情况报告46篇，向区党委改革办报送全面深化改革信息25篇，被区党委改革办采用改革信息12篇。

【全面深化改革】 2019年，阿里地区制定实施《中共阿里地委全面深化改革委员会2019年工作要点》《关于推进人才发展体制机制改革全面加强人才工作的实施意见》《阿里地区全面加强生态环境保护坚决打好污染防治攻坚战的实施意见》等103个规范性文件，推动中央深改委审议通过、已出台改革方案落实落地。强化督导检查，采取实地督查、书面督查、电话督查等方式，督促指导各县各单位深入开展改革，把改革工作作为重点工作自查考评的重要内容，8月5日至17日，七县县委书记和地直有关部门负责人，深入7个县、

资料链接

改则县物玛乡抢古村改革经验：以“一项改革（牧区改革）、两个流转（草场流转、牲畜流转）、三张执照（牧业合作社、家庭牧场、扶贫企业三张新型市场主体执照）”为主要内容，以“641”（六个统一：劳动力统一安排、草场统一管理、畜产品统一购销、经营收入统一分配、无劳动力和孤寡老人统一供养、在校生统一记分；四个扶持：扶持孤寡老人、扶持大学生、扶持残疾人、扶持贫困户；一个确保：确保贫困户全部脱贫，全面建成小康社会）为基本模式的牧区改革经验。

20个乡（镇）、34个村（居）、24个县直单位和86个工作点开展重点工作自查考评。发挥改革试点示范突破带动作用，在改则县物玛乡抢古村召开牧业改革现场推进会，推广改则县物玛乡抢古村牧区改革经验，推广到78个行政村，实现草场流转收入291.6万元，耕地流转收入15万元。

【社会体制改革】 2019年，阿里地区健全维稳机制，确定2019年为维稳体制机制实战演练提升年，健全完善反恐防暴等60个方案预案。强化平安创建，学习借鉴新时代“枫桥经验”、北京市“街乡吹哨、部门报道”改革经验，深入开展“平安县”“平安家庭”等多种形式的平安创建活动。落实“五必查”“四证”和逐站移交、“两接两定”管理措施，检查进出人员740741人次。落实信访责任制，成立拉萨信访维稳工作专班，落实地级干部带头定期接访制度，排查各类矛盾纠纷298起、调处297起，调处成功率达99.6%。深入开展“遵行四条标准、争做先进僧尼”教育实践活动，表彰优秀寺庙15座、优秀僧尼109人。巩固民族团结。连续三年每年安排500万元经费开展民族团结进步创建活动，扎实开展创建全国民族团结进步示范地区工作，深入开展“中华民族一家亲、同心共筑中国梦”“民族团结党员先锋行”“官兵进寺庙、僧尼进军营”等活动，打造民族团结进步示范点39个，建成民族团结进步教育基地7个。坚持屯兵与安民并举、固边与兴边并重，实施强基固边、脱贫攻坚、民生安边、产业兴边、开放睦边、生态护边、团结稳边、党建强边“八项行动”。制定边境地区加快发展特殊优惠政策，将一、二线边民补贴分别提高到4700元、4500元，支持边民做神圣国土守护者、幸福家园建设者。推进边境小康村建设和极高海拔生态搬迁，引导腹心地区群众向边境一线搬迁。坚持军警民联防联控，加强对全部边境通外山口、通道的排查防控，做好巡逻、设卡、堵截工作。严格执行安全生产和消防工作“一票否决”“三个纳入”规定，细化完善《阿里地区安全生产党政同责暂行办法》《阿里地区安全生产考核办法》等50项制度和《应对较大、重大、特大安全生产事故应急救援总体预案》等应急预案，在高风险行业领域建立推行风险等级管控、隐患排查治理双重预防工作机制，严防发生重大人员伤亡事故。确定安全生产和消防工作联络员189人，地县乡村实现“四级全覆盖”，安全生产和消防安全形势持续稳定向好。

【经济体制改革】 2019年，阿里地区狠抓商事制度改革，深入推进“放管服”改革，深化“减证便民”行动，推进“互联网+政务服务”，加快“最多跑一次”改革举措落实，完善“一站式服务”乡村便民服务体系，把发改委、财政局等17个部门的33个证照整合为1个营业执照，实现“一窗受理、一表申请、一套材料、一网归集、一档管理”。减少行政审批，放宽市场准入，便利投资创业，助推大众创业万众创新。狠抓财税金融体制改革。持续推进预算绩效管理，实现本级年初预算项目绩效目标申报全覆盖。出台《阿里地区基本公共服务领域共同财政事权和支出责任划分改革实施方案（试行）》，建立权责清晰、财力协调、区域均衡的财政关系。开展地方政府隐性债务自查自纠，偿还地方政府隐性债务92180.77万元。狠抓国企国资改革，出台《阿里地区关于改革和完善国有资产管理体制的实施方案》，优化国有资产监管机构职能。组建投资运营公司，完成阿里地区城市光明投资有限公司的组建及人员配置、公司章程等。开展地管国企清查核资和固定资产评估，建立规范的国有资产管理体系。狠抓税收制度改革，稳步推进个人所得税改革，个人所得税专项附加扣除2409人153.83万元。深化“落实减税降费·促进经济高质量发展”主题宣传，推进减税降费政策落地。狠抓农牧区改革，深入推进农村集体产权制度改革，七县清产核资全部完成并通过自治区验收，清查完成七县37个乡镇145个村经营性资产25342.96万元，非经营资产71362.04万元，资源性资产5311.07万亩。落实农村土地“三权分置”要求，基本完成农村土地（耕地）确权登记颁证，确权农户5322户、颁证5322户、颁证率100%。建立草场承包经营权流转机制，流转草场耕地面积444万亩、流转金额274.2万元。积极培育新型农牧业经营主体，清理“空壳”社16家。

【生态文明体制改革】 2019年，阿里地区制定《关于全面加强生态环境保护坚决打好污染防治攻坚战的实施意见》，实施“水、气、土壤”三大行动计划，严厉打击破坏大气、水源、土壤、矿产、草场、野生动物等不法行为，打好蓝天、碧水、净土保卫战。深入推进“两江四河”流域造林绿化工程。实施狮泉河盆地生物防沙治沙工程，狮泉河镇风沙得到有效遏制，无霜期从1994年的83天延长到170天。完成机关单位大院和农牧区庭院绿化行动，继续推进全民种草植树绿化国土行动，引导有条件地方的群众在房前屋后院内植树种草、在屋内养花养草，有条件的地方基本实现消除“无树村、无树户”。优化调整自然保护区。羌塘国家级自然保护区调整和札达土林自治区级自然保护区规划审批通过，9处地级自然保护区规划编制全部完成，并报上级行业部门审查。持续推进生态创建，七县全部获批国家级生态功能县，占全自治区30个生态功能县的23.3%；获自治区命名生态村38个，占全地区145个行政村的26.2%。落实生态补偿机制，争取普惠性生态补偿机制，最大限度开发就业岗位，确保贫困群众吃上“生态饭”。制定《阿里地区应对突发环境事件应急预案》等应急管理制度，强化环境保护制度性长效机制建设，初步建立起源头严防、过程严管、后果严惩的基础性制度框架。严格执行矿产开发自治区政府“一支笔”审批等制度，实现“三高”企业和项目零审批、零引进。有序推进“三线一单”编制，合理确定“三线”范围，建立生态环境准入清单，精准实施管控。加强生态环境基础建设，地县两级财政预算安排2757万元，推进历史遗留砂金矿点生态恢复治理工程建设。建立健全生态环境监测监管体系，完善水土保持监测网络系统，加强灾害监测网络及能力建设，加快推进普兰、札达、日土三县及普兰巴嘎乡污水处理和收集系统工程建设，加快推进普兰、札达两县县城垃圾填埋场改扩建及普兰巴嘎乡、霍尔乡和噶尔县昆莎乡生活垃圾无害化处理设施建设。推进河湖长制，坚持山水林田湖草系统治理，落实各级河湖长责任，强化河湖监管，开展河湖现场巡查，清理各类垃圾。把做好中央、自治区环保督察反馈问题整改作为重要政治任务，按照时间节点要求，加快推进整改，加强跟踪督办，《西藏自治区贯彻落实中央第六环境保护督察组督察反馈意见整改方案》完成23项问题81条整改措施，15条整改措施按序时进度有序推进。自治区环保督察反馈的21项问题78条整改措施，完成整改64条，8条整改措施按序时进度有序推进，6条向自治区环境保护督察整改工作领导小组提交专题情况报告。做好第二轮中央环保督察迎检。

【民主法治领域改革】 2019年，阿里地区成立地区全面依法治阿领导小组，加强对法治阿里建设的统一领导。加强党对人大、政协工作的全面领导，坚持人大、政协重要会议、重大活动、重要工作、重要文件以党组名义向地委请示报告制度。完善人大依法履职机制。制定《中共阿里地区委员会关于贯彻落实〈中共西藏自治区委员会关于加强和改进人大工作的意见〉的实施意见》，支持人大依法履职。建立完善执法检查机制，完成义务教育法、安全生产法等21部法律法规贯彻实施情况执法检查170场次，提出推动工作意见建议320条。创建“人大代表之家”45个、人大代表小组活动室141个，健全代表议案和建议批评意见办理机制。制定《关于加强阿里地区人民政协协商民主建设的实施意见》《中国人民政治协商会议阿里地区委员会专门委员会通则》，修改完善全体会议、常委会议、主席会议工作规则，结合党政机构改革，设立农业和农村经济社会发展委员会、民族宗教文化文史委员会、教科文卫体委员会。制定《阿里地区政协党员委员联系党外委员的意见》，建立专委会联系界别、联系委员工作机制。完善社情民意信息收集和上报制度，及时掌握社会各界动态，编发反映社情民意类信息81期。制定《中国人民政治协商会议西藏阿里地区委员会提案工作规则》，强化提案办理，地区政协十届三次会议58件提案全部办结。坚持党对政法工作的绝对领导，健全落实政法机构职能体系、维护安全稳定工作机制和政法队伍建设管理等制度机制，开展政治业务培训46场次、培训1220人次，选派24人挂职锻炼、跟班学习。加强智慧法院建设，建成审判、执行、司法公开、基层基础等信息化工作平台，启动聘用制书记员招聘，聘用书记员40人。制定完善法官违法审判责任追究办法、裁判文书签发办法等20项责任制度，实现让审理者裁判，由裁判者负责。建立完善检察、公安等32个部门执行联动威慑机制及联席会议制度，基本解决执行难问题。开通“12348”法律援助热线，为全地区弱势群体提供法律援助服务。推进人民陪审员选任，选任陪审员114人。

【文化体制改革】 2019年，阿里地区制定《阿里地委贯彻落实意识形态工作责任制实施方案》，把意识形态工作纳入党的建设重要内容。连续三年，每年安排2500万元，深入开展“党的恩情照边疆·阿里人民心向党”基层宣传思想文化阵地建设。坚持政治办报、办刊、办台、办新闻网站，文化市场、网络空间、出版领域、舆论环境持续净化。制定《关于进一步加强和改进学校思想政治工作的实施意见》《关于进一步加强家校合作工作的实施意见》，出台《阿里地区中小学校思政教师日常谈心谈话制度》等意见制度，全面加强青少年思政教育，全地区40个学校德育室、7个青少年活动中心、30个少年宫成为青少年思想政治教育工作的主阵地。推进文化强地建设，健全完善地县乡三级公共文化设施网络，投资3600万元，建成乡镇综合文化活动站36个，配备文化干事36人，为每个村（居）、寺庙配备农家（寺庙）书屋，保持日常藏书量在700册以上。推进西新工程第五期新建铁塔项目建设，总投资400.36万元，涵盖改则、日土、札达、噶尔四县，全部建成并投入使用。加强文物保护利用研究，加快地区博物馆、新华书店和阿里电视台藏语频道制播系统、广播电影电视藏语节目制作中心建设，不断扩大“村村通”“户户通”“舍舍通”覆盖面，农村广播、电视覆盖率分别达到96%、97%。制定《阿里地区县级融媒体中心建设实施方案》，加快地区融媒体建设步伐。制定《阿里地区重大网络舆情处置办法》《阿里地区网信办关于新中国成立70周年大庆网络舆情监管方案》等制度，征募400余名网络举报监督员，发现封堵删除各类负面信息1600余条。

【社会事业领域改革】 2019年，阿里地区围绕完成1867户6736人脱贫、54个贫困村（居）退出，革吉、改则、措勤三县脱贫摘帽的年度目标任务，坚持领导向“东三县”集结、资源向“东三县”整合、资金项目向“东三县”倾斜，强化各项措施。围绕噶尔、普兰、札达、日土四县脱贫摘帽，做到脱贫不脱政策、脱贫不脱帮扶、脱贫不脱责任、脱贫不脱项目，持续巩固脱贫成果。易地扶贫搬迁2089户7786人全部实现搬迁入住，强化易地扶贫搬迁点的配套基础设施、公共服务和产业建设，制定出台易地扶贫搬迁迁出地原有生产资料处置工作方案，对腾退的宅基地按照宜农则农、宜林则林、宜草则草原则进行生态修复，完成易地扶贫搬迁生产资料处置和生态修复。深化教育体制机制改革。推进双语教育，强化义务教育阶段控辍保学，重视发展职业教育，加快推进寄宿制学校标准化建设，实施教师教育振兴计划，推进乡村教师支持计划，深入推进教育人才组团式援藏，不断提升教育教学质量水平，高考上线率达到78.58%。制定出台阿里地区教育实现“五个100%”目标方案，坚持人力物力财力齐上，软件硬件共建，实现“五个100%”目标。健全高校毕业生就业机制，成立由地委、行署主要领导担任正副组长的地区高校毕业生就业创业工作领导小组，组建工作专班，制定实施《阿里地区关于促进高校毕业生就业创业的实施意见》等保障政策，建立高校毕业生创新创业中心和创业孵化基地，设立500万元大学生就业创业基金和500万元高校毕业生创业贷款担保基金，向183名高校毕业生兑现就业创业政策补贴资金654.53万元。争取对口支援的河北、陕西两省提供就业岗位225个，建立818名高校毕业生信息库，开发就业岗位1499个，全地区实现高校毕业生就业817人，就业率达99.8%。推进医疗体制改革，统筹推进医疗保障、医疗服务、公共卫生、药品供应、监管体制综合改革，推进包虫病、结核病、肝炎、风湿病和妇女“两癌”综合防治，不断深化医疗人才组团式援藏，推进地区“1+7”医院等级创建，地区人民医院创“三甲”和七县人民医院创“二乙”进展顺利。建立健全“先诊疗、后付费”“一站式”及时结算工作长效机制，推进医疗救助与城乡居民大病保险有效衔接。地区藏医院增设心脑血管科、外治科，县级藏医院（科）拥有60种以上藏药品种，乡镇卫生院均拥有25种以上藏药品种，60%村级卫生室能提供藏医药诊疗服务、藏药品种达到20种以上。推进机关事业单位养老保险制度改革，整合城乡居民基本养老保险制度、基本医疗保险制度，加快城乡最低生活保障制度统筹发展，扩大社会保险覆盖面，实现养老、医疗保险全覆盖，各险种参保总人数达到21.8万人次。兑现城乡低保、城乡医疗、临时救助、流浪乞讨等救助金588.23万元，发放孤儿基本生活保障金218.7万元。建立农牧民增收长效机制，地县乡成立党委、政府“一把手”任正副组长的农牧民增收领导小组，负责统筹协调指导，规范提升当地农牧民施工队伍，实施农牧民素质提升工程，75个300万元以下项目交由当地农牧民施工队。按“以能带弱、以队带群、以富带穷，富一人带富一批、富一批带富一方”的思路，实施农牧民素质提升工程，坚持菜单式、订单式培训与军旅式培训相结合，实现农牧民转移就业8570人，劳务收入12989万元，农村居民人均可支配收入增长13%。

【党的建设制度改革】 2019年，阿里地区强化干部激励，建立容错纠错机制，制定出台领导干部能上能下管理办法，强化干部正向激励。结合党政机构改革，调整县处级干部189人，着重选拔脱贫攻坚、维护稳定、驻村驻寺、生态保护等重点领域、关键岗位干部，其中扶贫领域14人、维稳战线20人、驻村驻寺干部3人、生态领域4人、乡镇党政正职6人。实施“十百千”年轻干部培养工程，建立17名70后地级干部、100名80后县处级干部、1281名90后科级干部信息库，建立双向交流培养机制，鼓励年轻干部向基层和关键岗位流动，选派100名机关干部到基层挂职锻炼，100名基层干部到地直机关跟班学习。强化品牌建设。连续三年每年安排专项资金2500万元，深入开展“藏西先锋·红色阿里”党建品牌创建活动，重点打造“十三个第一村”。聚焦“八个阵地”“十有配置”“十大功能区”，推进145个村居标准化活动场所巩固提升工程建设。配齐配强村居“两委”班子，整顿软弱涣散基层党组织16个，实施“双带三培养”工程，培养村居后备干部2051人。制定《阿里地区村（居）干部配备任用与管理考核办法（试行）》等16项规章制度，建立健全村规民约、农牧区党风廉政建设等规章制度241条。贯彻落实新时代好干部“24字”标准和民族地区干部“三个特别”要求，坚持事业为上、依事择人，把政治标准放在首位，实行“双重廉政鉴定”“双签字”，完善政治专项考察、干部选拔考察、班子年终考察“三考”方式，建立健全与纪检监察和审计、国安、公安等部门的信息共享和政治表现“会诊”机制，探索推行“四双一会审”政治素质考察法，健全完善干部推荐提名、酝酿动议、考察考核机制，防止“两面派、两面人”进入各级领导班子和干部队伍。落实关心关爱干部人才工作意见，建立干部人才健康档案8900余份，录入人工智能健康管理系统。落实干部职工休假、离岗休养、其他省（市）疗养、医疗保健、产假及陪护等制度规定，推动干部职工福利政策待遇落实落地。加快推进供暖供氧工程建设，累计投资20余亿元，建设五县集中供暖、七县集中供氧工程、10个高海拔乡镇集中供暖供氧工程、27个乡镇集中供氧工程，干部人均每年免费吸氧1100升，把吸氧作为公务员年度考评的一项重要指标。实施乡镇“九小工程”建设，建成生态温室89个、休闲生态氧吧114个、机关食堂114个、周转房1070套。落实《自治区人才发展规划（2019—2035年）》要求，制定实施《关于推进人才发展体制机制改革全面加强人才工作的实施意见》，深入推进人才强地战略，设立人才引进专项经费，提高引进人才个人奖励资金，探索实行医疗人才引进年薪制，当年引进医疗人才40人、录用专招生107人。完成地县两级涉改部门挂牌129个，制定涉改部门“三定”规定355个，完成转隶人员376人。改革后，地区级共设置党政机构47个，其中党委机构12个、政府机构35个；大中小县分别设置党政机构37个、35个和32个。地区事业单位改革有序推进。

【纪检监察体制改革】 2019年，阿里地区落实“三转”要求，制发《关于进一步深化纪检监察机关“三转”工作的通知》，组织各级纪检监察机关自查自纠，聚焦主业主责，做到精准监督、精准发力。建立执纪审查工作绩效考核办法，对执纪审查工作绩效排名末位的进行约谈。健全协调联动机制，发挥反腐败协调小组作用，定期研究解决执纪执法机关协作配合问题，形成反腐败合力。把握“四种形态”，把工作重点从“惩处极少数”向“管住大多数”转变，运用监督执纪“四种形态”处理干部442人。纠正“四风”，整治落实中央八项规定不力问题，开展集中整治不作为慢作为、文山会海等形式主义、官僚主义突出问题，查处违反中央八项规定精神问题和形式主义、官僚主义典型问题126起170人，党纪政务处分72人、组织处理98人。坚持常规巡察和专项巡察相结合，部署开展1轮专项巡察、2轮常规巡察，选派地委巡察组10个，反馈问题68个，移交线索7件；7个交叉巡察组发现问题241个，移交问题线索17件。

【加强党对经济工作的统一领导】 2019年，阿里地区研究制定《中共阿里地委财经委员会工作规则》《中共阿里地区委员会财经委员会办公室工作细则》，多次召开财经委会会议，传达学习党中央精神和区党委决策部署，研究落实措施，发挥地委财经委在全地区经济工作重大决策、重大部署、重大问题上的牵头抓总、协调统筹作用。加强地委重大经济决策的督促落实，围绕地委经济工作会议、地委农村工作暨脱贫攻坚工作会议等系列重要会议，围绕保障和改善民生、重点项目建设、特色优势产业发展、美丽阿里建设、边境小康村建设等重大经济工作，采取电话督查、书面督查、实地督查等方式，推动地委重大经济决策部署落到实处、取得实效。全年地区生产总值完成62.04亿元，增长12%；固定资产投资完成60亿元，增长5.6%；社会消费品零售总额完成14.24亿元，增长13%。大力培植财源，强化税收征管，优化支出结构，坚持保重点、保稳定、保民生。加强党对金融工作的领导，围绕金融服务实体经济、防控金融风险、深化金融改革三项任务，加快转变金融发展方式，提升金融支持经济社会发展的能力和水平。全地区社会融资规模52.25亿元，增长14.28%，“双创”贷款余额1.47亿元、小微企业贷款余额达9亿元、民营企业贷款余额达1.71亿元、涉农贷款余额19.38亿元，“三农”信贷风险补偿基金到位3192万元。

老干部工作

【概况】 阿里地区有党委老干部管理部门8个，为党委组织部管理，其中地委老干部局1个、县委老干部局7个。地委老干部局设3个事业单位，分别为狮泉河老干部老工人服务站、拉萨退休老干部老工人服务站、乌鲁木齐退休老干部老工人服务站。2019年机构改革，为地委老干部局增加1名县级领导职数，为拉萨服务站、乌鲁木齐服务站分别增加1个事业编制，对3个服务站单位名称进行规范，分别更名为阿里地区退休老干部狮泉河服务站、拉萨服务站、乌鲁木齐服务站。全地区有老干部工作人员23人，其中地委老干部局4人、各县老干部局8人、3个服务站11人。全地区有离退休干部1862人，其中离休干部1人，“十八军”老干部1人，其他退休干部1860人。

【关爱老干部】 2019年，地委老干部局组织离退休党员开展“不忘初心、牢记使命”主题教育，结合新中国成立70周年庆祝活动，强化学习内容，丰富活动载体。按照党支部书记每月300元、副书记每月200元、其他成员每月100元的标准，首次兑现离退休党组织班子成员工作补贴。加强离退休干部服务管理，建设活动场所，推进离退休领域党建工作。加大对离退休干部的关心关怀，落实“两项待遇”，组织节日慰问、健康疗养、困难帮扶等。加大离退休干部相关政策待遇宣传力度，落实《阿里地区本级离退休人员治病路费及住宿资金管理（暂行）办法》，解决离退休干部职工外出治病交通费、住宿费问题。贯彻自治区《关于设立退休干部职工护工费的通知》，按照每人每年1000元的标准，首次兑现落实退休干部职工护工费。与地区发改委协调，对安置在狮泉河退休服务站的291名退休人员进行集中供养。

机构编制管理

【概况】 阿里地区机构编制管理部门8个，其中地区级1个、县级7个。所属事业单位8个（机构编制实名制管理中心），其中地区级1个、县级7个。有干部职工25人。2019年，强化机构编制管理刚性约束，组织学习并落实《中国共产党机构编制工作条例》，严守机构编制集中统一管理纪律，制定《中共阿里地区机构编制委员会工作规则》《中共阿里地区机构编制委员会办公室工作细则》，明确地委编委和地委编办工作原则、职责、权限。依据正式下发的“三定”规定，对机构编制统计系统和实名制网络管理系统进行同步更新，机构编制人员信息实现规范化、精准化。

【党政机构改革】 2019年，阿里地区按照党政机构改革方案和实施意见，着眼党和国家机构职能体系建设，依据机构限额设置党政机构47个，规范地委部门管理机构4个，地委工作机关由9个增加至12个。设立地委议事协调机构11个，其中6个议事协调机构的办事机构设在行署部门。围绕解决职责交叉、职责缺位问题，四审46家党政部门“三定”规定并印发，备案七县243家党政机构“三定”规定。选优配强各级领导班子和干部队伍，明确376个转隶人员岗位，优化领导班子和干部队伍民族、性别、年龄、学历、能力等结构。

【规范设置事业机构】 2019年，阿里地区研究制定《阿里地区深化党政机构改革涉及事业单位调整的实施方案》，对执法类、参照公务员管理类、生产经营及公益服务类三类事业单位进行职责梳理，剥离行政职能，科学界定职责范围，厘清职责边界，解决事业单位公益属性弱化、资源配置非社会化等问题。同步对照实名制管理系统，将地直事业编制统一回收，制定事业单位机构编制分配表，向重点部门、关键领域倾斜。制定七县事业单位改革实施意见，按照编制回收再分配的思路，协助各县编办拟定事业单位机构编制分配表，各县事业单位“三定”规定进入制定审核阶段。

【综合行政执法改革】 2019年，阿里地区探索理顺综合执法机构和政府职能部门职责关系，制定交通运输等7个领域综合行政执法改革实施意见，明确地县乡三级执法机构设置、职责权限、职数核定、编制配备等内容，解决重复执法问题。按照属地管理原则，整合市政、市容、园林绿化、住房和城乡建设领域等方面职责，组建七县城市管理综合行政执法队伍。妥善安排涉改人员工作单位和福利待遇，完成地县两级97人的转隶，确保队伍设立和人员转隶同步操作。地区综合行政执法改革进入“三定”规定征求意见阶段。

【各行业体制改革】 2019年，阿里地区深化中央纪委国家监委派驻机构改革，将地区原有的9个派驻纪检监察组调整至7个（设立1个、撤销3个、更名1个），完善派驻监督体制机制。组建地县两级退役军人服务中心，设立乡村两级退役军人服务专干，完善地、县、乡（镇）、村（居）四级退役军人服务保障体系。设立阿里地区东部环境监测站、西部环境监测站，完成环保督察整改。将各县卫生服务中心更名为县人民医院，助推县级卫生医疗机构等级创建，推进医联体改革。设立地县红十字会、七县残疾人综合服务中心，健全群团组织机构设置。增加地区和七县文物系统行政编制，单设札达县文化局（文物局），加强文物保护管理。

党校教育

【概况】 地委党校内设办公室、教务科、学员管理科、科研科、信息科、总务科6个科室，核定编制25人，实有干部职工28人（含援藏干部2人）。有专职教师16人（包含援藏干部2人），在编副教授3人（含援藏干部2人），讲师5人，助教和教员8人。2019年，完成总投资3500万元的“十三五”改扩建工程，分批扩建学员公寓、学员食堂，改善党校办学条件。年均培训1300人次，校外宣讲干部群众3000人次。

【教学培训】 2019年，地委

◆4月23日，地委党校在学术报告厅召开“用学术讲政治”深化教学改革工作动员部署会。常务副校长白玛多吉（主席台中），副校长白玛桑珠（主席台右）、黄代江（主席台左）出席

党校举办各类培训班31期，培训1600余人。安排学员到红色教育基地现场教学11次，受教育300余人次。发挥“流动党校”作用，选派12名专兼职教师到革吉、普兰、改则宣讲中共十九届四中全会精神、习近平总书记关于“不忘初心、牢记使命”主题教育重要论述、脱贫攻坚政策知识、环境保护常识、扫黑除恶专项斗争重要意义等6场次，受教育3000余人次。

【科学研究】 2019年，地委党校在省部级刊物《知识经济》上发表论文1篇。向自治区党校申报并立项2019年全区党校决策咨询项目、2019年度全区党校系统科研课题科研项目2个。编印《阿里新视界》2期。以“不忘初心、牢记使命”主题教育为契机，以脱贫攻坚为平台，在前期调研的基础上，形成《中共阿里地委党校关于普兰县易地搬迁调研报告》《加强党建引领·助推精准脱贫——以阿里地区改则县本松村为例》《坚决打赢脱贫攻坚战——以改则县、普兰县脱贫攻坚为例》调研报告3篇，为地委、行署提供决策咨政服务。

网络安全和信息化

【概况】 2019年3月19日，阿里地区挂牌成立中共阿里地区委员会网络安全和信息化委员会办公室、阿里地区互联网信息办公室；5月，成立网络安全和信息化委员会。地委网信办下设内设机构综合科、网络管理和宣传科，下设事业机构3个，分别为阿里地区互联网评论中心、网络安全应急指挥中心、网络数据与技术保障中心，实有20人。全地区有网站单位50家，备案微信公众号155个，备案微博账号15个，备案手机报5个，短视频平台政务号（抖音）7个；客户端1个，其他平台注册备案账号10个（百家号1个、百

◆3月19日，阿里地委网络安全和信息化委员会办公室举行挂牌仪式。图为参加仪式的干部职工合影，地委委员、宣传部部长索南才旦（前排中），地委宣传部常务副部长姚明菊（前排右四），地委网信办主任魏晓成（前排右三）、副主任卢文才（前排右一）出席仪式

度贴吧1个、党员小书包1个、今日头条6个、美拍1个）。

【网信工作】 2019年9月，地委网信办在全地区集中开展以“网络安全为人民·网络安全靠人民”为主题的网络安全宣传周活动，联合各县网信办、各成员单位、各驻村工作队，结合各自行业特点通过网站、微信、电视、报刊、发放资料、展览、宣讲等多种渠道和形式，普及网络安全知识。该活动在“2019中国好网民优秀故事及作品展示活动”中，被中央网信办评为出彩活动奖。10月，在中央网信办网络评论工作局和西藏自治区党委网信办的指导下，组织拍摄完成《人民记忆：70年70城·记住阿里》。该短视频运用无人机、单反等设备的优势，展现阿里地区70年来在旅游发展、生态文明、文化教育、医疗保障、道路交通等方面取得的巨大成就，在网上播放量超过1亿人次，收到中央网信办的感谢信。

档案管理

【概况】 2019年3月25日，地区档案局（馆）进行机构改革，局、馆分设，在地委办公室挂档案局牌子，原有工作人员直接划入地委办公室，档案馆为地委办公室直属副县级事业单位。馆内设保护技术科、保管利用科、编译研究室3个科（室），有正式干部2人、借调干部4人、西部计划志愿者1人。馆藏文书档案21784卷（张、盘）、84861件，藏文历史档案1383件。购置爱普生大幅面彩色喷墨打印机、虹光平板式扫描仪、富士通扫描仪各1台，购置一款档案数字化管理系统，装配档案专用服务器，推动档案数字化管理。

【档案接收与保管】 2019年，地区档案馆接收文书档案31029件，其中机构改革涉改单位文书档案8502件、实物档案89件、照片档案3.7G，接收会计档案486件。与7家单位签订建设工程档案移交责任书（合同）。接收工程建设档案539件，接收地区设计院工程图纸2348卷。对陈年档案进行调架整理，扩展有限馆藏空间的使用率。将原照片实物档案库分设为照片档案库、会计档案库和实物档案库，3个库房总面积43.48平方米。对新接收的工程档案进行重新上架，补充完善归档材料后，通过分类、裁剪修补、书写分类号和页码、打印目录、整齐装订，上架工程图纸档案。

【档案利用和研编】 2019年，地区档案馆为各部门提供文书档案1083件、复印件3034张，工程档案25件、复印件103张，翻拍照片605张，累计接待137人。利用馆（库）资源，依次围绕“聚焦机构改革的历史”“民主改革前后的重要档案”“和平解放签订十七条协议六年不改”“和平解放后的扶贫记忆”“狮泉河水电站、阿里报、机场”“能源发展史”主题，编纂《阿里档案摘编》6期。

【档案展览】 2019年，地区档案馆为迎接新中国成立70周年，举办展览，将整理的3000余件档案资料布展上墙，开放

◆阿里地区档案馆《阿里档案摘编》第1~8期

◆10月，地区档案馆布展的陈列室

陈列室。展览跨度从1951年至2017年，主要展示馆藏档案史料，分为5个版块，分别为和平解放、民主改革、“文化大革命”、改革开放和新世纪。平面布展面积100余平方米，精选上墙照片档案200余张，展台展示藏文历史档案9件、文书档案147件、实物档案100余件。接待区直机关、企事业单位、群众等200余人次。

【数字化建设】 2019年，地区档案馆购置1款档案数字化管理系统，加快档案信息化进程。完成档案目录数字化总计19353条。其中，地委1951—2018年共16428条，地委办公室1982年、1989—1991年、1996年、1999—2000年、2002—2005年、2007—2011年共2925条。完成文书档案扫描294件，保护档案原件，改善档案利用方式。完成1383件藏文历史档案扫描件数据上传挂接，对3392份藏文历史档案扫描原件进行处理，上传至档案管理系统存档。

【档案实体安全管理】 2019年，地区档案馆制定档案库房灾害应急预案，严格落实各项防范保障措施，及时发现和排查安全隐患，保障库房档案安全。6月11日，联合地区应急管理局、人民医院、阿里消防救援支队组织实战演练，增强工作人员安全意识。

强基惠民

【概况】 2019年，阿里地区成立地、县两级强基惠民领导小组8个，下设地、县、乡（镇）三级强基惠民活动办公室40个，抽调干部职工83人。七县37个乡（镇）选派135个驻村工作队（噶尔县为试点县，选派5个工作队）572名驻村工作队队员（自治区派驻工作队32个130人，地区派驻49个196人，县派驻64个246人），厅级干部2人，县处级干部30人，乡科级干部112人，一般党员干部286人。地区强基惠民活动办公室内设综合组、协调组、宣讲组、材料组4个工作小组，抽调干部职工15人，其中县级干部5人、科级干部2人、一般党员干部8人。各级强基办、各派驻单位和驻村工作队落实“八项重点任务”，学习宣传党的十九大精神，助力打赢脱贫攻坚战，维护基层社会和谐稳定，推进实施乡村振兴战略，强基础惠民生，加强精神文明建设，全面建成小康社会，锻炼干部队伍。表彰自治区、地区、县三级优秀组织单位71个、先进单位5个、先进驻村（居）工作队32个，先进驻村（居）工作队队员145人、先进工作者23人。地区强基办撰写简报48期，被自治区级以上新闻媒体采用13期，年终被评为“自治区级创先争优强基础惠民生活动先进单位”称号。

【思想宣传】 2019年，阿里地区各驻村工作队以开展“不忘初心、牢记使命”主题教育、庆祝新中国成立70周年、西藏民主改革60周年活动为契机，深入基层一线，宣传习近平新时代中国特色社会主义思想和中共十九大精神，开展“党的十九大精神进万家”活动2693场次，发放《党的十九大精神基层党员干部应知应会关键词》2万余册，举办专题讲座1298次，发放宣传资料45863份，开辟专题宣传栏232期，宣讲习近平总书记治边稳藏重要论述以及在西藏的成功实践1303场次，宣传自治区第九次党代会和区党委九届六次、七次全会精神989场次，规范悬挂领袖像25565户、悬挂国旗24918户。

【助力脱贫攻坚】 2019年，阿里地区各驻村工作队向群众宣传精准扶贫、精准脱贫政策4139场次，印发宣传资料64320份，开辟宣传栏574期，研究制定帮扶措施484条，梳理群众生产生活方面存在的困难和问题860个，帮助解决困难和问题592个。从各渠道争取扶贫项目72个，资金36407912元，协助兴办集体经济实体80个、专业合作经济组织101个，组织开展贫困群众技能培训455次，转移就业1452人，增加现金收入2768790元，1833户6799人实现脱贫。

【维护稳定】 2019年，阿里地区各驻村工作队组织宣传《宗教事务条例》935场次，协助村（居）“两委”制定维稳工作方案和应急预案1290个，健全完善农牧区维稳工作机制971条，建立“四护队”466个，化解和妥善处理各类社会矛盾422件，排查调处与邻乡、近村之间草场、水源、矿产等矛盾纠纷134件。

【推进乡村振兴】 2019年，阿里地区各驻村工作队向群众宣传“保持土地草场承包关系稳定长久不变”的政策889场次，协助开展全民植树种草、整治脏乱差、建设美丽乡村活动3363次。实施全民种草植树绿化国土行动，推进荒漠化、沙化、水土流失综合治理，强化湿地保护和恢复，扩大退耕还林、退牧还草、人工种草面积，加强地质灾害防治、草原鼠虫害和毒害草防治，组织相关活动1031场次，参与群众67540人次。依法宣传推广国家通用语言文字701场次，组织农牧民群众举办普通话培训班645次，宣传免费教育政策和就业创业优惠政策1147场次，农牧区高校毕业生参与大众创业、万众创新50人。

【精神文明建设】 2019年，阿里地区各驻村工作队宣讲弘扬“老西藏精神”、“两路”精神759场次，宣传“厕所革命”“两降一升”和包虫病、结核病、肝炎、风湿病、大骨节病等地方病综合防治工作820场次，组织群众学习宪法、婚姻法、野生动物保护法等法律常识963场次，宣传电信防范网络诈骗、禁毒知识教育等990场次。协助打击和整治打架斗殴、酗酒赌博75次，整治81人，帮助改变陈规陋习、克服不良习性14661人次。

【强基础惠民生】 2019年，阿里地区各驻村工作队为村（居）“两委”班子成员上文化课2174学时、上党课1353学时，经培训达到初中以上文化程度390人。协助召开支部党员大会676次、党支部委员会1332次、党小组会1369次，使用村级组织活动场所2741次，健全组织生活会、民主评议党员、主题党日活动规章制度370个，党务村务财务公开制度156个，帮助发展党员563人、预备党员187人、入党积极分子282人。在“三大节日”“3·28”等节日期间，慰问五保户、贫困户和困难群众8157人次，慰问“三老”人员534人次。帮助解决“三就”“两保”“六通”“一安居”等民生突出问题390件，为群众办实事好事2062件，落实农村最低生活保障等资金1218092元，实现就业、再就业484人。

综　述

【概况】　2019年，人大阿里地工委依法履职尽责，开展突出围绕“保稳定、改民生、促环保”履职尽责活动，助推地区经济社会发展。修改完善《人大阿里地区工作委员会听取讨论重大事项报告的制度》《地区行署重大决策出台前向人大阿里地区工作委员会报告的制度》《人大地区工委听取“一署两院”重大事项报告的制度》等。地、县人大听取“一府两院”重大事项报告，定期听取“一府两院”工作报告，各县人大常委会围绕重大项目和财政预决算的调整、重要人事任免等方面作出决定、决议28个。指导各县人大常委会发扬民主，七县人大依法对290名新调整的人大任免干部颁发任命书，组织人大新任免干部进行法律考试240余人次，开展宪法宣誓活动7次，定期听取人大任免干部的工作报告，持续加强任后监督。地、县人大配合自治区人大常委会，深入县、乡、村做好《西藏自治区民族团结进步条例》等5部法律法规立法前期调研、征求意见工作，累计提出修改意见和立法评估意见38条。

【重要会议】　2019年4月15日，人大阿里地工委召开全地区人大系统突出围绕“保稳定、改民生、促环保”履职尽责活动动员部署视频会议，人大地工委主任平措旦增讲话，人大地工委副主任唐文明主持会议。地委委员、行署常务副专员袁富国、人大地工委副主任嘎玛次珠、部分在阿自治区及阿里人大代表、地直相关部门负责人、噶尔县参会人员参加地区主会场会议，各县、各乡参会人员分别在各县、乡分会场参会。会议传达《人大阿里地区工作委员会关于突出围绕“保稳定、改民生、促环保”履职尽责活动方案》。会议要求，地、县、乡（镇）三级人大在保稳定上，围绕各级党委做好稳定、《宗教事务条例》《边境管理条例》等执法检查、《民族团结进步条例》立法调研等6项工作；在改民生上，开展“精准脱贫——人大代表在行动”、调研视察脱贫攻坚领域、调研惠民政策落实、就业促进法检查等6项工作；在促环保上，调研生态环保、饮水及河湖长制、人居环境整治，听取环保工作报告，开展环保主题日活动、水污染防治法执法检查、“中华环保世纪行——西藏行”活动等9项工作。

【规范化建设】 2019年，人大阿里地工委继续巩固深化以“六个规范到位”（依法履职规范到位、机构设置规范到位、人员配备规范到位、经费保障规范到位、工作制度规范到位、阵地建设规范到位）为内容的人大规范化建设，10月，进行全面总结考评，表彰先进集体，对持续推进规范化建设成果提出明确要求。阿里人大系统规范化建设活动情况在区党委办公厅每日信息《今日头条》、区党委全面深化改革领导小组办公室《西藏改革情况交流》上刊用，拉萨、日喀则、山南、林芝等市人大先后到阿里地区学习借鉴规范化建设活动成果。

【宣传工作】 2019年，人大阿里地工委把每年4月、5月确定为宪法学习宣传月，制定方案、动员部署，地区三级人大组织学习宪法及业务知识350余场次，参学3450余人次。利用阿里人大手机报、微信公众号、《阿里人大》期刊、工作简报等载体，累计编发手机报33期、微信内容86条、期刊5期、工作信息195期。

◆4月15日，人大阿里地工委在行署会议中心三楼视频会议室召开突出围绕“保稳定、改民生、促环保”履职尽责活动动员部署会议

【机关管理】 2019年，人大阿里地工委调整优化地区人大机关领导班子，协调地委组织部落实七县人大常委会主任进县委班子、担任县委副书记，加强党对人大工作的领导。通过外出学习、挂职锻炼、办班培训等形式，培训地、县、乡人大干部150余人次。调整人大系统干部40余人次。制定完善各项工作制度80余个。组织干部职工开展以“四种”（种树、种草、种花、种菜）、“四化”（绿化、亮化、洁化、美化）为内容的美丽机关建设活动。实行人大地工委班子成员分片包县，定期下县、乡（镇）指导工作，人大机关推行“两制两化”（月初工作安排制、月末工作总结通报制，抓工作分管领导负责化、落实工作部门化）工作机制。

监督工作

【概况】 2019年，地、县两级人大通过深入县、乡、村，听报告、工作评议、视察调研、满意度测评等方式，完成草原法、水污染防治法、传染病防治法、义务教育法、安全生产法等6部法律法规贯彻实施情况执法检查50余次，提出推动工作的意见建议130余条。开展边境小康村建设、脱贫攻坚、乡村基础设施建设、环境卫生整治、公安机关规范化建设等专题调研40余次，提出相关意见建议110余条。听取讨论地、县两级财政预决算执行情况报告、国民经济和社会发展计划执行情况报告，以及脱贫攻坚、住建、交通、教育、农牧专项工作报告30余次，提出推动相关工作的意见建议80余条。组织地区三级巾帼人大代表40余人，到日喀则市及所辖部分县区，学习考察当地妇女在维护稳定、脱贫攻坚、生态环保上作用发挥情况。各乡（镇）人大主席团利用“人大代表之家”阵地，依法行使人大职权，组织人大代表发挥好职责职权，助推当地经济社会发展。

【环保监督】 2019年，地区三级人大分别组织人大代表、人大干部310余人次，深入各县、乡、村及地、县相关职能部门，开展污水处理和垃圾填埋场建设运营情况、农村饮用水水源地保护情况和河（湖）长制工作机制落实情况、农牧区人居环境整治三年行动落实情况等专题调研22次，形成调研报告22份，提出意见建议52条。地、县人大开展可再生能源法执法检查，及时召开工委党组会议，成立专项领导小组，制定方案，人大地工委主任、副主任带队深入七县、乡、村和相关部门，调研征求法规贯彻意见，实地督促法规落实，形成执法检查报告，提出西藏及当地制定可再生能源管理开发规划、建立可再生能源补偿机制、加大可再生能源（水、太阳能等）研发力度等意见。人大阿里地工委每年听取行署环境保护专题工作报告2次，提出意见建议。地区三级人大在141个行政村聘请141名基层人大代表担任环保监督员，定岗定责参与基层环保工作。组织1800余名区、县、乡三级人大代表，开展“让每一名人大代表深入群众宣传一部环保政策、监督一个环保事项、提出一条环保建议、开展一次环保清理行动”的环保主题日活动80余次，宣传环保相关法律法规和政策知识125场次，监督环保事项23项，提出环保意见建议56条，清理白色垃圾等3250余袋。人大阿里地工委、各县人大常委会领导深入县、乡、村和相关部门，通过实地查看、调阅资料、座谈交流等形式，开展水污染防治法执法检查暨2019年中华环保世纪行——西藏行活动，对推动地、县环保工作提出建议。

【促进民生改善】 2019年，地区三级人大分别组织人大代表、人大干部180余人次，深入37个乡（镇）和145个村（居），开展边民补助资金、草原林业生态保护补助奖励资金、五保户供养资金、农村最低生活保障资金、“三老”人员生活补贴资金等惠民资金兑现落实情况专题调研28次，形成调研报告19份，提出加大惠民政策宣传力度、严格按照法律法规及文件规定执行、做好调查摸底、加强动态管理等意见建议48条。地、县两级人大分别深入各县、乡、村及地直相关部门，先后对《中华人民共和国就业促进法》及《西藏自治区实施〈就业促进法〉办法》贯彻实施情况开展执法检查15次，形成执法检查报告9份，提出加大宣传力度、畅通就业信息渠道、开发挖掘岗位、开展好就业工作等意见建议18条。4名人大地工委领导与8名阿里籍高校毕业生建立

◆8月25—31日，人大阿里地工委组织区、县、乡三级人大代表在东三县视察调研脱贫攻坚工作。图为人大代表查看革吉县文布当桑乡荣热人工种草点

◆9月15日，人大地工委主任平措旦增（右一）在地区住建局开展污水处理和垃圾填埋场建设运营情况专题调研

就业帮扶机制，教育引导帮扶对象转变就业观念，推进高校毕业生就业。组织24名地区三级人大代表赴革吉、改则、措勤“东三县”开展精准扶贫工作集中视察活动，促进“西四县”与“东三县”相互交流、借鉴学习。

【维护稳定】 2019年，阿里地区各级人大干部、人大代表在基层、寺庙、联系点等地参与维稳工作和急难险重任务200余批800余人次。地、县、乡人大设立信访接待日，接待群众信访10件，宣传相关法规政策。地区三级人大分别组织人大代表、人大干部220余人次，深入边境一线、基层群众、寺庙拉康、安全生产部门，先后对《中华人民共和国安全生产法》《宗教事务条例》《西藏自治区边境管理条例》《西藏自治区安全生产条例》贯彻落实情况开展监督检查38次，形成检查报告13份，提出全面加强边境管控、加强提升寺庙管理、安全生产机制建立等方面意见建议36条。人大地工委主任利用26天时间，深入日土、噶尔、札达、普兰边境一线，围绕贯彻执行《西藏自治区边境管理条例》《宗教事务条例》、边境小康村建设、惠民政策兑现、基层人大工作等开展调研，与530余名基层干部群众、边境部队主官、边境乡村干部、检查站负责人、移民局领导等座谈，交流边境守护管理建设，实地提出对策建议，撰写高质量调研报告为地委、相关部门提供决策依据。人大阿里地工委开展《西藏自治区民族团结进步模范区创建条例》立法前期调研3次，召开座谈会征求修改建议16条。人大阿里地工委、各县人大常委会监督法院、检察院在维护社会稳定中发挥作用情况，听取法院关于解决“执行难”工作情况的报告、检察院关于开展公益诉讼检察工作情况的报告，提出建议要求。

代表工作

【概况】 2019年，人大阿里地工委组织人大代表220余

◆5月，人大阿里地区工委主任平措旦增（左二）在噶尔县扎西岗寺调研《宗教事务条例》贯彻实施情况，噶尔县委副书记、人大常委会主任罗旺（左一）陪同调研

人次，参加专题调研、执法检查、跟踪检查、座谈会等。邀请自治区人大代表350余人次，参加区、地、县三级党委、人大、政府相关工作会议。组织在阿里的自治区人大代表参加自治区第十一届人大一次、二次会议。将工作开展情况向在阿里的自治区人大代表、基层人大代表通报，畅通代表知情知政渠道。各县人大累计组织300余名人大代表到区内其他市、地区其他县开展交流学习、专题调研等。

【督办意见建议】 2019年，人大阿里地工委采取“4个100%”方式（代表意见建议承办人员百分之百进行深入调研后再办理，承办部门百分之百与牵头代表见面，所有建议百分之百提交党组会议研究，办理结果承办单位百分之百答复代表），依法转、督办代表意见建议，增强意见建议办理时效。全年代表意见建议办复率100%，满意率98%。

【助力脱贫攻坚】 2019年，地区三级人大机关持续开展“脱贫攻坚——人大代表在行动”活动，组织各级人大代表落实“五个一”（开展一次访民问情活动、提炼一条脱贫致富建议、帮扶一户生活困难群众、宣传一部政策法律法规、解决一个民生热点问题）和“五送五帮”（送政策帮立志、送爱心帮生活、送服务帮急需、送信息帮创业、送技术帮产业）帮扶措施。完善各级人大代表帮扶机制，建立帮扶工作台账45个、帮扶明细表240余份、结对联系卡2056个，2056名三级人大代表与贫困群众结成帮扶对子，对结对户生产生活、家庭状况、致贫原因等情况开展访民问情活动2500余次。提炼关于发展生产、产业脱贫、外出务工、脱贫致富建议558条，送增收创收信息680条，帮助858名结对户致富创业、发展生产。捐款捐物计52.5万元帮助困难群众解决生活困难。组织各级人大代表参加脱贫攻坚培训2230余人次，开展相关法律法规和脱贫攻坚政策宣讲1.2万次。组织人大代表深入基层群众，反映社情民意，提出意见建议200余条，呼吁和帮助解决基层乡村道路、安全饮水、牧区灌溉、草原保护等项目建设50个。

【“人大代表之家”建设】 2019年，阿里地区建成并完善地、县、乡三级“人大代表之家”45个、村级“人大代表小组活动室”141个，实现全覆盖。各级人大代表借助“家”的平台开展政策宣讲1200余场次，专题调研视察160余场次，接待联系选民800余人次，为民办实事600余件，集体学习150余场次，开展工作述职、经验交流、业务培训等200余人次，发挥政策法制宣传员、经济社会调研员、矛盾纠纷调解员、社情民意报告员、执法办事监督员、新观念新技术传播员“六大员”作用。县、乡两级人大在1300名无职代表中设立“八大员”岗位，为无职代表发挥作用搭建平台。

【提升履职能力】 2019年，人大阿里地工委以“送学上门”的方式，深入七县各乡（镇）

◆9月15—22日，人大地工委副主任边巴卓玛率领部分巾帼人大代表到日喀则市调研。图为边巴卓玛（左一）在桑珠孜区德勒藏香加工厂调研特色产业发展情况

开展基层人大代表履职培训，1500余名基层代表参训；组织106名基层人大代表到四川人大培训基地、四川西昌开展履职培训；组织40余名巾帼代表到日喀则开展视察调研培训。县、乡两级人大开展基层人大代表集中培训330余场次，参训4500余人次；选派50余名区、县、乡人大代表参加自治区人大举办的区内外履职培训。

综 述

【概况】 2019年，阿里地委、行署坚持以习近平新时代中国特色社会主义思想为指导，贯彻落实习近平总书记关于治边稳藏重要论述，深入贯彻汪洋主席在阿调研考察时的重要讲话精神，实施“打造两点、贯通一线、统筹东西、全域发展”空间发展战略，统筹做好稳增长、调结构、强支撑、促改革、惠民生、保稳定、防风险各项工作。全地区生产总值完成62.04亿元，比上年增长7.9%；财政一般公共预算收入达到4.34亿元，比上年增长1.33%；社会消费品零售总额达到14.19亿元，比上年增长9.1%；城镇居民人均可支配收入达到39989元，比上年增长10.3%；农村居民人均可支配收入达到12228元，比上年增长12.5%；城镇调查失业率在5%以内；城镇登记失业率在3%以内。全地区固定资产投资累计完成额比上年增长0.5%。

【重点项目建设】 2019年，阿里地区实施重点项目279个，新增重点项目62个，全口径统计完成投资116.19亿元（含国边防公路及边境小康村、500万元以下项目56.19亿元）。其中，民间投资完成3.72亿元，比上年增长55%。新增房地产开发项目，完成投资2.69亿元。实施新（续）建交通项目95个，完成投资60.48亿元。国道216线民丰至改则公路累计完成投资34.81亿元，46条农村公路累计完成投资39.8亿元。狮泉河至普兰高等级公路建设项目纳入“十四五”规划，申报狮泉河至昆莎机场高等级公路建设项目。斜尔瓦友谊大桥工程完成可行性研究报告，初步设计和施工图通过审核。普兰支线机场完成预可研咨询评估。综合能源体系加快完善。热电联产项目顺利并网发电，成功接入主电网。阿里电网与藏中电网联网工程开工。阿青电站通过可研报告审查，协调推进古格风景名胜区调规事宜。“三区两州”42项农网改造升级工程进展顺利。水利设施体系加快构建。年内计划实施水利项目37个，计划完成投资6亿元，完成投资4.54亿元。噶尔县加木灌区工程等4个新建项目完成投资1.9亿元，占

◆3月19日，阿里地区在行署会议中心三楼会议室召开2019年重点项目推进工作会议，行署副专员刘宏（主席台中）出席会议并讲话

总投资的31%。普兰新城区防洪工程、噶尔县嘎多抗灾饲草料基地灌溉工程等21个续建项目，累计完成投资6.59亿元，占总投资的73%，其中2019年完成投资1.19亿元，占总投资的32%。多油水库项目完成全部前置手续，阿青电站供水灌溉配套工程完成可研报告审查，狮泉河中游生态体系及保护工程完成规划初稿，热布加林水库工程推进顺利。市政功能体系更加健全。狮泉河镇供电、供暖、供水、供氧体系运转正常，市政道路便捷畅通，狮泉河镇至藏布居委会公路建成通车，城区市容市貌和“一河两岸”景观带整体提升。县乡两级市政功能加快完善，六县县城综合管廊、给排水工程及市政供暖基础设施项目均完工，日土、改则、革吉、措勤四县实现集中供暖并营运正常，恢复市政道路407714.3平方米，道路恢复率96%。七县县城实现供氧全覆盖，霍尔等21个高海拔乡镇实现供氧；磁石、洞措、热帮、门士、昆莎5个乡实现供暖；深入推进“厕所革命”，建成96座公共厕所，94座投入使用，使用率97.92%，制定出台《阿里地区厕所革命运维管理办法》，地县两级统筹解决364.4万元，用于厕所日常运维；普兰、札达、日土三县和巴嘎乡污水处理设施项目完成投资2331.7万元，占总投资的23.8%；普兰、札达两县和昆莎乡生活垃圾无害化处理设施项目完成可研编制，巴嘎乡人居环境整治和霍尔乡生活垃圾无害化处理设施项目完成招标。

【产业发展】 2019年，阿里地区深入推进农牧区改革，总结改则县牧区改革成功经验，总结提炼“八个统一”“七个有利于”改革模式，在全区交流推广。完成七县清产核资。实施农牧业重点项目32个，完工24个，改则县抢古村冷库建成并投入使用。七县现代农业生态示范园、牛羊肉标准化规模化养殖基地和“菜篮子”工程初见成效，藏系绵羊、象雄半细毛羊、绒山羊、野血牦牛、经济林木、牦牛育肥、物流园区、边贸口岸等各县特色产业带加快布局。培育狮泉河生态产业园区，新增园区用地1000亩，11家企业入驻，完成4家企业招拍挂。园区实现总产值3327.4万元，销售收入3352.47万元，税收109.31万元。推进藏医药科技创新，筹备召开首届象雄藏医药学术研讨会，开展论文收集筛选，实现藏医药收入677.6万元。壮大天然饮用水产业，矿泉水生产842吨；夏岗江天然饮用水公司正式投产试运营。全地区发电量达10017.17万千瓦时，增长3.3%；全地区客运周转量达到15739.3万人千米，比上年增长15.3%；快递行业快速发展，全地区有各类快递公司13家，货运周转量达到12.77万吨千米，比上年增长5.23%；航空客运达到9.1万人次，比上年增长21%，货邮量17.7吨，比上年下降35%。喜马拉雅航空公司加德满都至阿里昆莎机场国际航线首航前期准备工作大力推进。做精做深文化旅游业。冈底斯国际旅游合作区规划通过文化和旅游部评审，配合西藏旅投集团完成《阿里地区旅游文化资源普查》《阿里地区旅游文化产业发展提升规划（2019—2030）》《古格遗址景区旅游控制性详细规划》编制，开展阿里大峡谷旅游开发规划编制。加快推进旅游基础设施建设，7个旅游重点项目完工5个，普兰县旅游综合服务体、札达土林精品景区试点工程加紧推进；2个国家文化旅游提升项目，其中日土县多玛水晶洞景区基础设施项目完工、措勤县扎日南木错景区基础设施项目开工；阿里南北大环线完成主要景区（点）游客服务中心建设；古象雄文化旅游精品内环线基本实现路面“黑色化”。加大旅游宣传合作力度，“游第三级峡谷、品古象雄文化”旅游品牌知名度不断提升，成功举办第三极终极越野拉力赛、“探寻藏西秘境、逐梦最美星空”天文夏令营活动，投资600万元建成古格文化展厅并开馆运行，“冈仁波齐·玛旁雍错环湖徒步赛”“狮泉河—班公湖自行车赛”“重走先遣连进藏路线”活动前期工作有序推进。全年接待国内外游客110万人次，实现旅游收入13.8亿元，比上年分别增长24.7%、26.55%。做活做广商贸物流业。发展边境贸易，投资347万元维修普兰县拉孜拉、札达县什布奇边贸市场，全地区进出口和边贸总额达到3336.1万元，比上年下降19.4%。构建内贸流通体系，与陕西省商务厅对接在西安市解放路民生商场搭建阿里地区特色产品展销柜，落实100万元补助资金，由措勤县西藏金紫绒工贸有限公司负责运营；落实陕西援藏资金2000万元建设阿里地区特色产品展销中心；建成拉萨阿里地区地产产品馆，并于10月2日开馆，入驻企业12家、品牌12种，实现销售额39.6万元。参与其他省（市）大型国际经贸洽谈会，实现销售收入20万元，达成意向协议120万元。举办大型商贸促销活动，引进咸阳瑞林商贸有限公司在阿里举办夏季服装展销会，实现销售额315万元；举办地区第五届农畜产品交易会，参与农牧民商户512户、经合组织23家、企业13家，实现销售额1223.04万元，较第四届增加378.92万元。

【民生改善】 2019年，阿里地区坚持普惠性、保基本、均等化、可持续，突出抓好城乡居民就业、教育医疗、文化事业、社会保障，增加公共服务供给，提高公共服务水平。推进“十项民生工程”52件实事，完成投资38.02亿元，占年度计划投资43亿元的88.27%。26件项目建设类民生实事完成8个，14件政策补助类实事完成12个，12件巩固提升类实事完成7个。实施更加积极的就业政策，成立地区高校毕业生就业创业和农牧民增收工作指挥部，下设高校毕业生就业创业专班和农牧民转移就业增收专班，高位推进就业增收。全地区应届高校毕业生348人（12人未毕业），实现就业334人，就业率99.4%，往届高校毕业生478人，实现全部就业。推广使用建筑工人实名制管理平台和银行代发工资，建筑工人实名制管理平台注册企业16家，施工企业开立专用账户180户，实现银行代发工资3户、339人。完成农牧民技能培训74期2238人，组织“两后生”短期技能培训116人。完成转移就业8570人、15640人次，实现劳务增收1.29亿元，分别完成年度任务的124%和156%，农牧民劳务性增速达到88%。城镇新增就业2248人，城镇登记失业率控制在3%以内。加大教育投入，持续改善教育教学条件，深化“组团式”教育援藏，推动义务教育均衡发展，改则县义务教育均衡发展通过自治区评估验收。严格控辍保学机制，高考录取率78.58%，其中拉萨高中录取率94.84%。推进“互联网+教育”和数字校园，46所学校实现联网，联网率86.9%。建成地县乡村四级综合文化体系，145个村居、58座寺庙实现书屋全覆盖，农村广播、电视综合覆盖率分别达到96%、97%，寺庙僧舍广播电视覆盖率100%，基层广播电视覆盖面不断扩大。古如甲木墓地被国务院列为全国重点文物保护单位。文艺创作繁荣发展，歌乐舞《牧云之声·古格遗韵》参演第六届“丝绸之路”国际艺术节，舞蹈《天边牧人》赴北京展演，歌曲《春到阿里》讴歌地区脱贫攻坚事业，《梦回古格》深入人心。等级医院创建工作有序开展，包虫病和“三病”防治工作成效显著，“两降一升”“两癌筛查”“母婴安全”“健康儿童”和城乡居民暨僧尼免费健康体检、传染病防治、计划免疫等各项工作稳步推进，城乡居民健康保障水平大幅提高，孕妇住院分娩率91.54%，孕产妇死亡率259/10万，婴幼儿死亡率13.81‰，大中病可治数达397项。社保体系进一步完善，各项社会保险参保率、征缴率均有增长。城乡低保、临时救助、特困人员供养和残疾人、孤儿生活保障等社会兜底保障水平稳步提高，城市低保月人均标准达到1000元，农村低保年人均标准达到4450元。设立地县农民工工资支付应急周转金3100万元，进行整改，全地区拖欠农民工工资案件限时全部动态清零。“双集中”服务质量和管理水平持续提升。落实退役军人服务保障政策，核算33名60周岁以上农村籍退役士兵生活补助15.07万元，兑现军转干部退役金2.40亿元、军转干部退休金973万元。

【脱贫攻坚】 2019年，措勤、改则、革吉3个县达到退出贫困县条件，54个贫困村（居）退出贫困村，1833户6799名贫困群众脱贫，至此，全地区6189户23123名贫困群众全部脱贫，贫困发生率下降至零，基本消除绝对贫困。统筹整合财政涉农资金8.8亿元，支出7.72亿元，预算执行进度达到86.9%。58个产业扶贫项目（含提前实施2020计划施工3个），完工45个，在建13个。“十三五”规划确定产业扶贫项目88个（包括深度贫困县产业扶贫项目23个），概算总投资14.28亿元，到位资金13.69亿元，累计支出10.84亿元，支出率79.18%。易地扶贫搬迁总投资11亿元（政策性资金4.67亿元、援藏资金投入1.06亿元、脱贫攻坚统筹整合资金5.28亿元），完成投资10.69亿元。建成易地扶贫搬迁安置点30个，2101户7873人全部完成搬迁入住。41个配套产业项目全部开工建设，完工34个。搬迁群众原生产资料处置全部完成，实现宅基地复垦38.92亩，迁出区生态修复53.65亩。37个边境小康村全部开工，完工14个，噶尔、札达两县完成新建和改建任务，累计完成投资12.3亿元，占规划总投资的47.93%。规划配套产业项目34个，完工14个，在建16个。完成新建住房2204套、占规划任务的78%，改建住房1126套、占73%。札达、噶尔两县基本实现自治区确定的新改建住房完成率达到80%的目标任务。自治区深度贫困地区脱贫攻坚三年行动计划涉及阿里地区8类225个项目，规划总投资39.58亿元，到位资金31.81亿元，拨付28.7亿元、资金拨付率90%，开工项目216个、开工率96%，完工项目186个、完工率86%。两不愁三保障方面，建设农村饮水安全巩固提升点670处，改造危房298户。提升措勤、改则、革吉三县住房安全质量；落实义务教育、健康扶贫政策，确保贫困家庭上得起学、看得起病。完成中央巡视反馈问题、九届区党委巡视反馈问题、区党委巡视三组反馈问题、2016年以来扶贫领域各类监督检查发现问题、2018年脱贫攻坚成效考核发现问题、2018年年度扶贫审计发现问题、自治区省级领导督导调研发现问题共254个问题，798条措施的整改任务。

【创新改革】 2019年，阿里地区坚持以供给侧结构性改革为主线，推进商事、金融、财税等体制机制改革，扩大对外开放。推进“互联网+政务服务”，服务平台实现地、县、乡、村四级覆盖，建设并投入使用1个地（市）级政务服务中心、7个县级服务中心、27个乡镇服务中心、69个基层便民服务站，开通355个网络端口。地区政务服务中心设立服务窗口50个，入驻30家单位，全地区法人用户在全区政务服务网注册量5443个、个人用户注册量54512个，分别达到50%以上，地区政务服务中心累计办件量达到28.1万件，服务2.3人次。持续推进“证照分离”“多证合一（33证）”简易注销改革，市场主体发展到10128户，注册资本（金）135.94亿元，比上年分别增长21.2%、38.6%。其中企业1460户、个体工商户8442户、农牧民专业合作社226户。梳理招商引资类项目31个，总投资41.6亿元，到位落地资金32363.55万元。深化财税体制改革。落实中央、自治区减税降费政策，累计减免税金1.12亿元，占税收收入24.2%。其中小微企业普惠减税4320户（次）2708万元，个人所得税专项附加扣除2317人130万元，深化增值税改革税金减免271户710万元。商用电价由每度2.5元下调为1.7元，下调32%；居民用电由每度0.85元下调为0.765元，下调10%。深入开展清理拖欠民营企业中小企业账款工作，经自查全地区拖欠民营企业中小企业账款共两笔1386.58万元（地区旅游公司拖欠839.38万元、城投公司拖欠547.2万元），全部如期偿还。深化金融体制改革，重点支持脱贫攻坚、民营小微企业、乡村振兴战略等领域，服务实体经济。执行1.08%的西藏特殊优惠扶贫贴息贷款利率。金融机构各项存款余额142.64亿元，比上年下降2.97%；各项贷款余额42.83亿元，比上年增长8.68%。小微企业贷款余额9亿元，民营企业贷款余额1.68亿元，涉农贷款余额19.27亿元，致富带头人贷款余额1.22亿元。深化对外开放，积极响应“一带一路”倡议，完成昆莎机场航空口岸可行性论证，具备临时开放条件。支持边境口岸建设，全年下达资金644.50万元。其中，下达口岸边贸工作预算经费7万元，普兰县财政局边境口岸转移支付资金49万元，口岸管理委员专项资金74万元，口岸建设资金514.50万元。普兰口岸斜尔瓦“一关两检”综合保障设施建设项目开工建设。

【美丽阿里建设】 2019年，阿里地区以习近平生态文明思想为指导，执行最严格的生态红线制度，严把环评审批关，大气、水和土壤环境质量持续保持优良，严禁“三高”项目进入阿里。整改自治区第五环境保护督察组督察反馈21项意见，细化整改措施78条，15项任务和68条措施整改到位。其中，2018年应完成的17条措施整改到位；2019年、2020年应完成的28条措施，18条整改到位，4条按序时进度要求推进，6条因资金、政策原因未达序时进度要求，制定专项推进计划并向自治区环境保护督察整改工作领导小组报备；需要立行立改、长期坚持的33条措施整改到位。落实地、县、乡、村四级环境网格化监管体系，配备环境信息员，实现全方位、全覆盖、无缝隙、无盲区监管。推进农村环境综合整治，涉及74个行政村，完成65个，完成率88%。推进生态示范区创建，择优申报符合创建条件的生态乡7个、生态村30个。落实“大棚房”问题清理整治，累计投入资金1085.7万元，对涉及“大棚房”问题的36户违法违规建筑物82栋进行拆除，拆除面积75亩，拆除率100%，完成75亩非法占地土地复垦和网围栏任务。地县财政积极筹措资金2000万元对历史遗留沙金矿区进行生态恢复治理。落实河湖长制，实现2170条河湖地、县、乡、村四级河湖长管理全覆盖，开展措勤藏布、狮泉河、象泉河流域上下游横向生态保护补偿试点，完成7个国家级、自治区级自然保护区活动遥感监测核查；开展“清四乱”专项行动，排查河流湖泊“四乱问题”517处，按照发现一处、清理一处、销号一处的要求完成整改513处，在整改4处。建成阿里生态监测站、改则生态监测站，地区土壤环境管理信息化、措勤县垃圾堆放点恢复整治项目竣工，编制完成狮泉河流域治理总体方案，启动玛旁雍错湿地国家级自然保护区总体规划编制和班公错、洞错、扎日南木错自治区湿地自然保护区总体规划修编，狮泉河国家湿地公园通过验收。投资4037万元完成2018年度、2019年度“两江四河”流域造林绿化16349亩，投资4384万元完成西藏生态安全屏障保护与建设2018年度、2019年度防沙治沙工程，投资500万元完成2019年财政专项防沙治沙项目。开展消除“无树村、无树户”和机关单位庭院绿化工作，推进退耕还林7241亩。实施极高海拔生态搬迁，编制完成《阿里地区极高海拔生态搬迁总体规划（2019—2025）》，涉及4013户15926人，按照自治区试点先行、示范带动的要求，开工建设日土县东汝乡松西村102户326人的极高海拔生态搬迁试点。

【维护稳定】 2019年，阿里地区坚持系统治理、依法治理、综合治理、源头治理，立足防患于未然，强化社会面防控，做实边境一线管控，创新寺庙管理，推进扫黑除恶专项斗争，强化政府系统行业乱象专项治理，加强安全生产管理和矛盾纠纷调处，全年未发生重大安全生产事故，各类矛盾纠纷调解成功率达到95%以上，群众安全感满意度达到99.8%，“双联户”“社会治安综合治理”等工作居全区前列。

【政府自身建设】 2019年，阿里地区推进党和国家机构改革，对行署部门职能进行梳理优化。深化政务服务，组建地区行政审批和便民服务局，实现30家单位进驻集中提供便民服务，地县级申请类行政权力事项网上可办率96.76%。推进法治政府建设，健全完善决策权、执行权和监督权的依法运行机制，全面履行政府职能。开展“不忘初心、牢记使命”主题教育，落实党风廉政建设责任制，全力为基层减负。

行署专员办公会(摘要)

【第1次专员办公会】 2019年1月22日，年度行署第1次专员办公会在行署会议中心召开。会议审议并研究地区住建局《关于预借措勤、革吉、改则、日土县县城集中供暖项目运营资金的请示》、财政局《关于审定〈阿里地区2019年度公共财政收支预算草案〉等4本预算的请示》、林业局《关于审定〈2019年阿里地区狮泉河镇全民义务植树活动实施方案〉和〈2019年阿里地区地级领导干部义务植树方案〉的请示》以及其他相关单位提交的请示等。地委委员、行署常务副专员袁富国，行署副专员杨红兵、巴桑罗布、梁庆和在家秘书长和班子成员参加会议。

【第3次专员办公会】 2019年4月3日，年度行署第3次专员办公会在行署会议中心二楼圆桌会议室召开。地委委员、行署常务副专员袁富国，行署副专员段晓勇、刘宏、巴桑罗布、泽仁扎西出席会议。会议就地区自然资源局《关于狮泉河镇砂石料场矿权设置方案的请示》《关于历史遗留沙金矿区恢复治理的建议的请示》等各单位重点工作所提交31项议题申请逐一进行研究部署。行署秘书长次仁桑布，行署副秘书长张程良、杨家龙、扈波、次仁桑珠、尼玛次仁、李小兵及地区各相关单位负责人列席会议。

【第4次专员办公会】 2019年4月19日，年度行署第4次专员办公会在行署会议中心二楼圆桌会议室召开。会议就地区脱贫攻坚指挥部《关于审定〈阿里地区脱贫攻坚监督员管理办法〉的请示》《关于审定〈阿里地区关于在农牧民群众中开展“比学赶帮超”竞赛活动的实施方案〉的请示》等各单位重点工作所提交28项议题申请逐一进行研究部署。地委委员、行署副专员葛庆敏，行署副专员段晓勇、巴桑罗布、梁庆出席会议。行署秘书长次仁桑布，行署副秘书长张程良、扈波、尼玛次仁、巴桑罗布、唐宗贵及地区各相关单位负责人列席会议。

【第5次专员办公会】 2019年5月9日晚，地区行署副专员段晓勇主持召开2019年第5次专员办公会。会议就地区经济和信息化局所提交的《关于审定〈阿里地区贯彻网络强国战略推进信息化行动计划（2019—2020年）〉的请示》议题进行研究部署。行署副专员刘宏、梁庆、泽仁扎西出席会议。行署秘书长次仁桑布，行署副秘书长张程良、李小兵、唐宗贵及地区各相关单位负责人参加会议。

【第8次专员办公会】 2019年8月8日下午，地委副书记、行署专员旦巴旺久主持召开2019年第8次专员办公会。会议研究地区行署办公室《关于审定〈阿里地区行署党组“三重一大”事项决策制度（试行）〉的请示》、地区司法处《关于提请审定〈阿里地区全面推行行政执法公示制度执法全过程记录制度重大执法决定法制审核制度实施方案〉的请示》、地区农业农村局《关于审定〈阿里地区农牧民增收工作考核办法（试行）〉的请示》、地区住建局《关于审定印发〈阿里地区生活垃圾分类制度细化实施方案〉的请示》等25项议题。地委委员、行署常务副专员袁富国，地委委员、行署副专员葛庆敏，行署副专员段晓勇、刘宏、泽仁扎西出席会议。

【第9次专员办公会】 2019年9月24日，地委副书记、行署专员旦巴旺久主持召开2019年第9次专员办公会。会议研究地区发展改革委《关于审定〈阿里地区乡村振兴战略总体实施方案〉〈阿里地区乡村振兴战略专项实施方案〉的请示》、地区财政局《关于请求审定〈阿里地区创业担保贷款贴息及奖补资金管理实施细则〉的请示》、地区财政局《关于印发〈阿里地区关于探索建立涉农资金统筹整合长效机制的实施办法〉的请示》等36项议题。地委副书记、行署常务副专员张小平，地委委员、行署常务副专员袁富国，地委委员、行署副专员葛庆敏，行署副专员段晓勇、刘宏出席会议。

【第10次专员办公会】 2019年11月5日，地委副书记、行署专员旦巴旺久主持召开2019年第10次专员办公会。会议研究地区发展改革委和水利局《关于〈阿里地区节水行动实施方案（征求意见稿）〉的审定及联合发文的请示》、噶尔县人民政府《关于审批园区新增用地控制性详细规划的请示》、地区旅游发展局《关于增加昆莎机场游客综合服务中心配套附属设施建设资金的请示》、地区藏医院《关于新建丹旺制剂室选址更改的请示》等34项议题。地委副书记、行署常务副专员张小平，地委委员、行署常务副专员袁富国，行署副专员段晓勇、刘宏、梁庆出席会议。地委办公室，行署在家秘书长和班子成员，以及人大阿里地工委办公室、政协办公室等60余家单位负责人列席会议。

【第11次专员办公会】 2019年11月25日，地委副书记、行署专员旦巴旺久主持召开2019年第11次专员办公会。会议研究噶尔县人民政府《关于审批园区新增用地控制性详细规划的请示》、地区人力资源和社会保障局《关于审定〈阿里地区重大劳动保障违法行为和劳动保障失信行为社会公布制度（试行）〉等4项制度的请示》、民航阿里站《关于协调解决国际航班保障用摆渡车的请示》、地区经济和信息化局《关于审定〈阿里地区工业园区管理暂行办法（实行）〉的请示》等22项议题。地委副书记、行署常务副专员张小平，行署副专员段晓勇、刘宏、梁庆出席会议。地委办公室，行署在家秘书长和班子成员，以及人大阿里地工委办公室、政协办公室等60余家单位负责人列席会议。

【第12次专员办公会】 2019年12月31日，地委副书记、行署专员旦巴旺久主持召开行署2019年第12次专员办公会，研究推进城市安全发展、2020年农牧民技能培训、环境保护考核、促进民营经济快速健康发展等事宜。地委委员、行署常务副专员袁富国，行署副专员段晓勇、刘宏出席会议。

地区行署办公室工作

【概况】 2019年，阿里地区进行机构改革，地区行署办公室为正县级，加挂行署研究室牌子。下设科室11个，分别是理论研究科、秘书一科、秘书二科、秘书三科、秘书四科、秘书五科、秘书六科、督查室、文电室、信息科和综合科。机关实有干部39人。下辖2个事业单位，分别是后勤服务中心和网络信息中心，实有干部职工5人。2019年，强化源头管控，发扬“实短新”文风，编发各类公文1145件，收办各类来文来报3012件，完成各类会议429场次。围绕地委、行署重大决策部署实地督查23次。

【精文减会】 2019年，地区行署办公室执行中央、区党委和地委关于精文减会的各项规定要求，编发各类公文比上年下降28%。收办各类来文来报比上年下降14.6%。打印装订和分发各类文件5.3万份，起草行署党组会议纪要、专员办公会议纪要及专题会议纪要59期。坚持“提升会务质量”目标，完成各类会议429场次。其中，电视电话会议126场次（国务院、自治区电视电话会议83场次，本级电视电话会议43场次）；专员办公会议、行署党组会议和行署名义召开的会议23场次，专题会议和部门工作会议149场次；其他协助地委办公室和地委部门的会议131场次。本级范围内各类会议346场次，比上年下降32.8%。

【督导检查】 2019年，地区行署办公室开展集中督查、专项督查、跟踪督查，实地督查23次，办结行署领导批示197件，办结率91.6%，印发催办通知单、督查通知、督查专报、督查通报75份，下达责令限期整改通知书8份，通报贯彻落实地委、行署决策部署较差的单位13家20人次，收到单位和个人检讨书24份。开展维稳联合督查7次，累计督查75天，反馈整改意见320余条。上报全国“两会”人大代表建议、政协委员提案参考选题3个，办理自治区级政协提案4件、人大代表建议1件。完成地区56件政协提案的登记、翻译、交办、催办和总结上报等。

【信息报送】 2019年，地区行署办公室根据领导决策需求，加大信息报送力度，围绕中心工作和群众关注的热点问题，准确定位报送要点，重点上报工作举措、进展情况、成绩和经验，以及存在问题和困难等内容，提高信息质量。全年编报各类政务信息152期736条，其中要情信息539条、标题信息183条、专题信息14期，被自治区采用164条，全年政务信息采用得分586分。

【信息化建设】 2019年，地区行署办公室按照“转变政府职能、提高政府效能”的要求，加快推进阿里地区智慧政务一体化平台（门户网站集群）上线运行，推广使用OA自动化办公系统，开通“专员信箱”“意见征集”“在线调查”等政民互动功能，加大政务信息公开、网上办事力度，门户网站发布文字信息22633条，网站访问量突破26万人次，接收受理并办结“专员信

◆10月3日，行署办公室、中国石油阿里分公司与中国银行阿里分行共同举办以拔河、篮球等团体比赛为主要内容的庆祝新中国成立70周年联谊活动。图为参加活动人员合影

箱”信件9件，受理并办结意见建议2条，受理在线咨询1条。

【后勤保障】 2019年，地区行署办公室完善后勤保障相关制度，加强公务接待、机关后勤保障，合理配置办公用品、节约水、电、油资源，实行车辆费用支出登记核算管理制度，强化车辆管理，严格履行财务报销手续，从严控制差旅、会议和活动经费开支，严守接待标准红线底线。接待工作组307批次5800人次，为到阿调研工作组派车865辆次，安全运行累计61万千米。投入机关庭院绿化资金34.98万元，种花植树2056.7平方米。加强食堂后勤供给，投入1422.99万元，实施行署职工食堂维修改造项目。

◆8月30日，阿里地区政务中心服务礼仪知识讲座举办，邀请地委党校副校长黄代江（中）授课

行政审批和便民服务

【概况】 阿里地区有行政审批和便民服务行政管理部门8个，其中地区级行政审批和便民服务局1个、县级行政审批和便民服务局7个。2019年3月18日，地区行政审批和便民服务局挂牌成立，为正县级行署工作部门，下设办公室、审批管理科、监督科（效能办）3个科室，公共资源交易中心、政务服务中心两个事业单位。实有干部职工20人（含援藏干部1人）。年内成立行政审批制度改革领导小组和推行权力清单制度工作领导小组，调整充实地区深化改革领导小组组成人员，统筹推进地区“放管服”改革和“互联网+政务服务”工作。7月起，累计开展培训3次，培训内容包括“互联网+政务服务”事项录入、“互联网+监管”事项认领、新增数据填报、“互联网+政务服务”电子证照汇聚和统计录入，参训900余人次。地区政务服务大厅入驻单位30家，开放窗口50个，依申请办理六类政务服务事项总量207616件，办理公共服务事项126407件，办件率100%。设立“12345”电话受理投诉服务台。受理各类咨询服务200余次，处理、回复率100%。

【政务服务中心建设】 政务服务中心由原图书馆维修改造而成，位于狮泉河镇的象雄文化广场，于2018年9月开始筹建，同年12月建设完成，占地面积3582.12平方米，总投资702.87万元。政务服务中心共有三层，面积约2650平方米。2019年，投资280.72万元，实施外围改造、购置窗口办公设施设备等。完成电信、移动、联通网络布线、网络延伸及监控设备安装，签订长期运维合作。政务服务中心200M互联网专线、电子政务外网和专线网络运维费列入年度预算。完成电子政务外网延伸建设和网络保通及“点到面”建设，地区级延伸31家单位、242个办公室，县级延伸共计120家单位、260个办公室。完成术语定义、实体政务大厅管理机构工作。服务设施设备建设方面，完成选址面积、空间布局及标识、设施设备配置、窗口岗位设置。进驻窗口岗位设置方面，按照前台综合受理、中台专业支撑、后台分类审批要求，集中进驻大厅综合受理，派驻首席代表及1名以上工作人员轮流值守。各级实体大厅根据服务对象实际，优先选派精通国家通用语言、藏语的工作人员。投诉举报受理方面，开通集政务服务、咨询、投诉举报于一体的“12345”政务服务热线。EMS签订服务协议方面，开通办事受理结果免邮寄送达业务，实现企业、群众及残障人士享受偏远地区便捷服务。

【事项办理】　2019年，地区政务服务中心以与企业生产经营、群众生产生活密切相关的重点领域和高频事项为重点，优化服务系统，简化办事材料，精简办事环节，政务服务事项网上可办率达到90%以上。除对场地有特殊要求的事项外，政务服务事项基本实现“应进必进”，70%以上政务服务事项实现“一窗”分类受理，企业和群众到政府办事提供的材料减少60%。

【政务服务】　2019年，事项梳理方面，地区政务服务大厅六类政务服务事项办理深度二级以上占比99.98%、三级以上占比87.40%、四级以上占比39.32%，即办件占比14.25%，公共服务事项办理深度二级以上占比100%、三级以上占比90.72%、四级以上占比分别达到59.97%，即办件占比18.69%。公共服务问题清单方面，地区所有事项问题清单涉及申请材料为空、办理环节为空、空表样表未上传、办理地址为空或不精确等问题，均整改完毕。全地区平台注册总量62354件，其中个人用户注册量56959件、法人用户注册量5395件，均达到国办第三方考核和自治区指标要求。全地区电子证照类型总量381项，证照总量22115个，签发总量8421件。完成33家网站数据同源。政务服务实施清单业务量方面，发布实施清单总量6210项。完成全地区大厅窗口好差评二维码制作及张贴（地县两级全覆盖，乡镇覆盖率10%），政务服务系统上线后共受理群众、企业服务评价74人次，综合满意率98.38%。

【公共资源交易】　2019年，地区行政审批和便民服务局制定《阿里地区公共资源交易平台管理暂行办法》，理清房建、交通、水利、政府采购等各行业主管部门与交易中心的主要职能关系。全年开标221个，中标价总金额22.39亿元。其中，房建市政类项目开标136个，中标价总金额18.5亿元；交通项目开标4个，中标价总金额2891.46万元；水利项目开标19个，中标价总金额2.25亿元；政府采购项目开标62个，中标价总金额1.36亿元。

信　访

【概况】　2019年，地区信访局办理（接待）群众来信来访316批（件）、555人次，比上年增长49.05%。其中，来访312

◆9月15日，阿里地区在地委党校举办“互联网+监管”和“互联网+政务服务”培训

◆阿里地区信访局被评为2019年西藏自治区民族团结进步模范集体

◆8月19日，西藏自治区党委副书记、常务副主席庄严（中）在阿里地区信访局接待来访群众

批、551人次，比上年增长47.16%；来信4件、4人次（均为单信）。妥善解决信访问题291件，较上年上升50.77%。信访事项分为求决类、申诉类、其他类。求决类包括个体访293批、490人次，申诉类包括个体访2批、3人次，单信1件、1人次；其他类包括个体访1批、2人次。

【创新工作方法】　2019年，地区信访局根据《阿里地区关于进一步加强信访法治化建设的实施办法》文件精神，实行诉访分离，严格规范信访程序，依法分类处理信访诉求。日常接访中，对于涉军项目或责任单位为地区外单位项目“双拖欠”问题的信访事项，按照《信访条例》规定，依规出具不予受理告知书，考虑到群众实际困难，及时组织项目承建方及信访人员进行协调，妥善化解该类信访问题。9月，被中共西藏自治区委员会、西藏自治区人民政府评为“2019年西藏自治区民族团结进步模范集体”。

藏语言文字　编译

【概况】　2019年，阿里地区藏语文工作委员会办公室（编译局）深入基层调研藏语言文字工作2次，各县在各乡镇开展藏语文工作指导1次，在狮泉河镇和机场等公路沿线开展藏汉社会用字整改、专项检查3次，组织扫黑除恶、新中国成立70周年的横幅和宣传牌的专项检查4次。入驻政务服务大厅，开放单位服务窗口，办事人员占全地区其他窗口的40%以上，被评为“2019年度政务服务中心优秀窗口”。6月起，与狮泉河镇辖区各装饰部、广告公司等签订关于网络邮箱规范藏汉文社会用字的协议书。为地委、行署、综合部门、基层群众服务，翻译各类材料、章子、横幅和门牌等1250余种（枚、条、块），翻译量130余万字。

【藏语言文字宣传】　2019年，地区藏语委办（编译局）

◆2月25日，阿里地区编译局在局会议室召开业务衔接会。党组书记、副局长巴桑多吉（主席台中）主持并讲话，各县编译分管副县长及编译局主要负责人参会

与改则县编译局联合宣传《中华人民共和国民族区域自治法》《中华人民共和国国家通用语言文字法》等，制作“沟通——从学藏汉‘双语’开始”等常用标语。出动车辆2辆、人员35人次，发放宣传单5种1500张、双语学习手册500册，制作发放宣传包500个，接受群众咨询150余次。

【业务培训】 2019年4月起，地区藏语委办（编译局）采取“传帮带”的形式，分批安排基层一线从事藏语言文字工作人员跟班学习，学时1个月。累计安排5名基层干部跟班学习。选派12名基层业务人员到西北民族大学进行短期培训。选派1名培训人员到西北民族大学进修。

阿里地区行署驻成都办事处

【概况】 2019年，阿里地区行署驻成都办事处有工作人员7人（含公务员2人），临时工5人（含公益性岗位2人）。发挥资源优势，为到成都市出差、治病、休假的阿里干部群众提供接送、安排住宿、购票、联系医院等服务。为自治区人民政府驻成都办事处医院（以下简称“自治区成办医院”）干部保健处组织医疗专家到阿里义诊活动提供服务，与自治区成办医院沟通协调，为阿里干部群众就医开通绿色通道。全年接待阿里干部群众500余人次，其中工作组7个，车辆服务行驶里程4.2万千米。

【慰问离退休人员】 2019年，阿里地区在成都市的退休人员有180余人。除日常的慰问服务外，2月2日，组织离退休干部职工召开“春节、藏历新年”座谈会，慰问退休干部职工120余人，上门慰问退休人员20名，每人发放慰问金500元。6月，举办离退休干部职工端午节座谈会，慰问140余人。10月，举办重阳节座谈会，慰问130余人。

【协调服务】 2019年，阿里地区行署驻成都办事处配合地区成都退休基地建设领导小组、开发承建方四川开成置业有限公司与成都市相关部门协调退休基地项目建设。配合阿里驻重庆办事处推进重庆“象雄花园”项目，完成楼层主体建设，完成房屋认购、缴款工作。

【招待所服务管理】 2019年，阿里地区行署驻成都办事处招待所坚持“安全、效益、服务”的理念，加强招待所管理，提高服务水平。在地区财政局的指导下，完成账户存量资金处置，招待所营业收入28万余元。

阿里地区行署驻拉萨办事处

【概况】 阿里地区行署驻拉萨办事处隶属阿里地区行署办公室，下设办公室、接待站（招待所）、物资采运站、财务室4个部门。实有公务员5人、工人4人、公益性岗位10人、临时工3人。2019年，发挥“中转站”作用，完成阿里干部出差、培训等接送工作。接待地委、人大、行署、政协四大班子领导，陕西、河北两省援藏干部及组团式援藏人才，以及阿里过往人员2万余人次。接待在阿里参加高、中、小考的学生近800人次。到贡嘎机场接送人员700余次。

【服务保障】 2019年，阿里地区行署驻拉萨办事处与西藏航空公司沟通对接，帮助地区领导干部及过往人员订购往返机票，提供出行便利。全年订购往返机票200余张。承担代参会议、代领文件等任务，代表有关部门参会25次，代领各类文件、书本及材料300余份，并及时传达转送。

【矛盾纠纷化解】 2019年，阿里地区行署驻拉萨办事处配合地区信访专班开展接访处访246件、471人次（含重访复访81件、178人次）。其中，涉及地区相关部门185件、351人次，涉及各县30件、75人次，自治区有关部门涉及阿里31件、45人次。形成工作动态43期，地区主要领导批示13期。

【服务退休干部职工】 2019年，阿里地区行署驻拉萨办事处落实老干部“两个待遇”问题，组织老干部学习政治理论，了解时事政治、阿里经济社会发展现状、所在部门工作开展情况。帮助老干部及时向地委、行署反映问题，畅通联络渠道，协助退休服务站沟通汇报新建拉萨退休基地事宜。组织动员退休老年艺术团参加自治区组织的各项文艺活动，宣传阿里改革开放取得的成就。全年参与自治区文艺活动6场，参加236人次。组建阿里退休服务站党委、党支部，新组建退休服务站基层党委1个、党总支6个、党支部19个。组织退休老干部、工人42人外出疗养1次。

阿里地区行署驻乌鲁木齐办事处

【概况】 2019年，阿里地区行署驻乌鲁木齐办事处（简称乌办）实有职工16人（行政5人、自收自支事业化管理10人、公益性岗位1人）、临时工8人。老干部退休服务站承担离退休职工99人（乌办57人、阿里其他单位退休人员30人）、遗孀12人的管理与服务。3月、10月，协调日土县工作组在乌鲁木齐市开展信访调解，与阿里地区医保中心联系，就在新疆的退休干部异地跨省医疗联网报销事宜进行沟通。紧抓“一带一路”历史发展机遇，盘活国有资产，在全面调研的基础上，形成并上报《西藏阿里行署驻乌鲁木齐办事处（叶办）综合开发建议书》。

【服务离退休干部职工】 2019年，阿里地区行署驻乌鲁木齐办事处老干部退休服务站不定期组织员工走访慰问离退休职工家庭。安排离退休干部职工体检，为生病就医住院者先行垫付医疗费用，助其办理报账，派专人到医院探视。开展重要节日慰问活动，“三大节日”期间召开老干部座谈会，全年慰问离退休职工及遗孀95人。其中，集体祝寿29人，慰问“三老”病、困人员20人，慰问老干党支部班子成员3人，慰问“离休干部”“十八军”老战士、大病人员4人，慰问少数民族退休职工1人。在纪念西藏百万农奴解放60周年之际，组织30余名离退休老干部召开“忆往昔、话今生、共圆梦”座谈会。8月15日，组织老干部开展户外郊游活动。新中国成立70周年大庆，为离退休老干部发放慰问金和慰问品；组织老干部退休服务站开展“五个一”庆祝活动，通过走访慰问、召开座谈会、举办文艺会演及趣味运动会等形式，实现老有所教、老有所学、老有所为、老有所乐；及时解决老干部退休服务站活动场所房顶漏雨、活动场所陈旧破损、设施老化等实际问题，改善老干部活动场所条件。

【工会工作】 2019年，阿里地区行署驻乌鲁木齐办事处工会以开展“3·8”国际妇女节庆祝活动为契机，组织全体职工31人开展猜字谜、打乒乓球、踢毽子等娱乐趣味活动。发动职工参与阅览书籍、下跳棋、打趣味扑克等活动，开展工会扶贫济困和职工慰问活动。1月，慰问工作一线职工28人（在职17人、临时工11人）。端午节期间，慰问在工作一线职工26人（在职17人、临时工9人）。办事处党委全年慰问职工27人（在职18人、临时工9人）。新中国成立70周年大庆期间，地区工会为企业9名临时工（1名公益性岗位）发放慰问金4500元（每人500元）。为职工之家添置跑步机2台、动感单车2台和电脑、书柜等办公设备。整理室外活动场地200平方米，购置体育器材10套，安装防水防晒凉棚120平方米。

【处理联建阿里仓储中心移交问题】 阿里仓储中心建于2001年，共5层（含地下1层），占地面积796.56平方米。该中心由办事处与两家投资商（乌市腾越商贸、乌市腾源商贸）联建，2018年12月合同到期后所有权归办事处。为做好仓储中心的平稳移交，行署办派出专业律师开展诉讼工作。2019年11月19日，沙区法院下达一审民事判决书，乌办胜诉，责令新疆某商贸公司在生效后30日内向乌办移交，并全额支付当年承包费。

【企业经营管理】 2019年，阿里地区行署驻乌鲁木齐办事处（阿里饭店）及其物业实现经营总收入3610756元，上缴增值税及其附加166902元。其中，门面房收入1987762元，库房收入870892元，阿里饭店附楼房租11102元，原餐厅湘春园出租收入28万元，院内停车场收入121000元。阿里仓储中心因合同到期终审判决未下达，应补交年租金34万元。

【指导叶城办事处工作】 2019年，阿里地区行署驻乌鲁木齐办事处先后3次到驻叶城办事处督导工作，帮助其健全规章制度和维稳应急预案，完善值班应急设备，规范机关公文管理、党建管理等工作。6月1日至7月1日，组织叶办党支部开展庆祝建党98周年系列活动。协调贮存和转运燃煤。叶办将支持阿里城投国有经营有限公司物资调运作为重点工作之一，协调相关部门落实，对库房场地费免收租金，装卸费减半，全年叶办仓库向地区调运燃煤3万吨。

阿里地区行署驻叶城办事处

【概况】 阿里地区行署驻叶城办事处，正科级单位，实有13人。2019年，接待往返于阿里的旅客1万余人次，为阿里集中供暖仓储、中转和供应燃煤3万余吨，完成经营任务约230万元，上缴增值税及其附加13万元。

【慰问帮扶】 2019年，阿里地区行署驻叶城办事处在元旦、春节、藏历新年、古尔邦节、“七一”“十一”等节日和“不忘初心、牢记使命”主题教育期间，开展老党员、老干部、困难党员和职工慰问活动。全年对20名困难职工家庭和遗孀进行帮扶。配合阿里工会办事处利用节庆日开展送温暖活动，看望、慰问和帮扶职工22人，累计发放慰问品和慰问金折合人民币3.6万元。

【服务协调】 2019年，阿里地区行署驻叶城办事处强化服务意识，严格服务标准，做好对外协调和对内接待服务，加强与当地政府及有关部门的联络，深化“友好区、县”关系，为两地区公事往来、洽谈工作和保供物资调运提供便利。

中国人民政治协商会议阿里地区委员会

综　述

【概况】　2019年，政协阿里地区委员会制定并实施《政协阿里地区委员会2019年度协商计划》等调研、视察和民主监督工作计划。组织召开常委会4次、专题议政性常委会1次，半年协商会2次，开展视察调研、民主监督等活动14次，形成调研报告29篇、委员学习考察报告3篇。完成自治区政协副主席洛桑久美等领导带队的5批次调研组和自治区政协“电视文献纪录片《风雨同舟60年》”摄制组在阿里调研、拍摄期间的协调、服务、保障工作。协助区政协开展关于西藏牧业经济转型发展情况调研、调整边境一线二线乡镇范围的专题调研、学校德育教育情况调研等调研活动4次，形成调研报告。

【政治协商】　2019年，政协阿里地区委员会以“如何引导建档立卡贫困户增强内生发展动力”为主题，组织召开上半年专题协商会议，来自基层的3名党支部书记及部分政协委员交流意见，提出意见建议12条。围绕地区生态环境治理、中央环保督察反馈问题整改、湿地保护等方面内容，开展民主监督，提出13个方面的意见建议。

【提案办理】　2019年，政协阿里地区委员会向全国政协提交《关于加快推进恢复普兰口岸国际性功能工作的提案》等提案3件，得到海关总署等部委的答复。向自治区提交《关于加快藏中电网向阿里地区延伸的提案》等提案16件，答复率100%。地区政协十届三次全会期间，收到提案66件，经审查，立案58件，立案率88%，列入重点提案6件，提案办复率100%，委员满意率和基本满意率明显上升。

【民族团结教育】　2019年，政协阿里地区委员会以民族团结教育和民族团结示范地区创建活动为载体，以“时代楷模”卓嘎、央宗姐妹为标杆，举办以“忆往昔、话今生、共圆梦”为主题的庆祝西藏百万农奴解放纪念日座谈会、“庆祝中华人民共和国成立70周年”座谈会，团结引领各族各界群众。

◆11月15日，政协第十届阿里地区委员会第四次会议提案交办会在三楼党建会议室召开

【文史资料整理】 2019年，政协阿里地区委员会通过邀请民间艺人、实地调研、搜集资料等方式，编纂《阿里婚俗民歌（札达篇、噶尔篇）》《杰瓦养贡巴道歌集》《科迦历史》《阿里地区政协志（2001—2010年）》4本书籍，提升藏西地区的文化话语权，留存宝贵的阿里记忆。

【助力脱贫攻坚】 2019年，政协阿里地区委员会班子成员作为地区脱贫攻坚指挥部办公室领导小组成员，承担脱贫攻坚督导、检查等任务，定期到联系乡镇调研脱贫攻坚工作情况，看望结对帮扶户，在资金、政策、就业等方面帮扶贫困户。全年地区政协领导班子成员累计看望帮扶户20余次，投入财物折合人民币4万元。安排1名副主席参加年度全区脱贫攻坚成效考核，完成第七考核组的考核任务。发挥委员密切联系群众的优势，组织40余名委员宣传扶贫脱贫政策、宣讲自主脱贫的典型案例，引导群众从“要我脱贫”转变为“我要脱贫”。

【参与生态建设】 2019年，政协阿里地区委员会参与全地区生态环境保护和生态文明建设，落实地委关于“河长制”工作的部署要求，班子成员定期巡查河（湖）或委托县级河长开展巡河（湖）工作。全年班子成员累计巡河（湖）40余次。动员政协委员、政协机关干部职工开展植树造林活动，利用支部活动、主题党日等契机，组织党员干部到狮泉河城区流域清扫垃圾。

【办公室工作】 2019年，政协阿里地区委员会办公室贯彻中央、区党委及阿里地委关于公文处理条例和办法，结合“基层减负年”活动和关于整治不作为慢作为、文山会海等形式主义、官僚主义突出问题专项整治活动，强化精品意识，不断增强文稿的思想性、针对性和指导性，不断改进工作方法。上半年上报各类信息简报83期，做到及时上报下发。按照办公室工作“三服务”的要求，完成政协常委会、党组会、主席会、理论中心组学习会等各种会议的会务

◆10月31日，地区政协主席吕新民（主席台中）组织机关干部职工在三楼党建会议室召开学习会议

服务工作，并利用常委会组织各县政协主席进行交流，促进各县政协工作发展。

重要会议

【地区政协十届四次全委会】

2019年11月6日召开，应到委员100人，因事因病请假29人，实到71人，符合《政协章程》规定。会议审议通过政协第十届西藏阿里地区委员会第四次会议议程（草案），听取和审议政协第十届西藏阿里地区委员会常务委员会工作报告（草案）、政协第十届西藏阿里地区委员会常务委员会关于政协十届三次会议以来提案工作情况的报告（草案），听取地委主要领导对政协工作的重要指示和行署关于经济运行情况通报，审议通过各项决议，审议通过政协第十届西藏阿里地区委员会第四次会议提案审查情况报告，补选政协第十届西藏阿里地区委员会常委、副主席，集中学习习近平总书记在中央政协工作会议暨庆祝中国人民政治协商会议成立70周年大会上的讲话精神，总结2019年阿里地区政协取得的成果，安排部署2020年重点工作。

【常务委员会会议】 2019年4月26日，政协第十届阿里地区委员会第11次常委会会议召开，应到常委23人，因事因病请假6人，实到常委17人，符合政协章程规定。会议传达学习全国政协十三届二次全会精神、自治区政协十一届二次全会精神，通报《政协阿里地区委员会2019年度协商计划》《政协阿里地区委员会2019年专题调研方案》《政协阿里地区委员会2019年委员视察方案》《2019年阿里地区政协民主监督工作方案》，审议通过《政协阿里地区委员会专门委员会通则（草案）》、有关人事事项。地区政协主席吕新民主持会议并讲话。地区政协副主席洛桑山丹、扎西措姆、卫东、王海龙、阿旺顿珠及地区政协十届常务委员出席会议。

●6月6日，政协第十届阿里地区委员会第12次常委会会议召开，应到常委23人，因事因病请假6人，实到常委17人，符合政协章程规定。会上传达学习《习近平总书记在解决“两不愁三保障”突出问题座谈会上的讲话》精神及全国地方政协工作经验交流会议精神，特别是汪洋主席的讲话精神；审议通过《关于政协阿里地区委员会委员编入专委会的方案（草案）》及《政协十届西藏阿里地区委员会常务委员会2019年上半年工作总结暨下半年工作安排（草案）》。

●11月4日上午，政协第十届阿里地区委员会第13次常委会会议在狮泉河镇召开。应到常委23人，因事因病请假8人，实到常委15人，符合政协章程规定。会议审议通过政协十届十三次常委会会议议程（草案）、关于召开政协十届四次全委会的决定（草案）、政协十届四次全委会议议程建议（草案）、政协第十届西藏阿里地区委员会第四次会议日程（草案）、关于接受马兴明等2人请辞政协第十届西藏阿里地区委员会委员的决定（草案）、政协第十届西藏阿里地区委员会常务委员会工作报告并推举报告人（草案）、政协第十届西藏阿里地区委员会常务委员会关于政协十届三次会议以来提案工作情况的报告并推举报告人（草案）、《中国人民政治协商会议西藏阿里地区委员会全体会议等工作规则（草案）》，通过人事事项。

●11月4日下午，政协第十届阿里地区委员会第14次议政性常委会会议在狮泉河镇召开。应到常委23人，因事因病请假8人，实到常委15人，符合政协章程规定，地区中、小学思政教师列席。会议审议《阿里地区中小学校德育现状调研报告》，与会人员围绕如何加强地区德育工作开展讨论，提出意见建议。

●11月9日，政协第十届阿里地区委员会第15次常委会会议在狮泉河镇召开。应到常委25人，因事因病请假9人，实到常委16人，符合政协章程规定。会议听取各专委会2019年工作情况汇报，部署2020年地区政协常委会主要工作。

纪检监察

综述

【概况】 2019年，地区纪委监委聚焦监督第一职责，组织开展专项监督检查4轮，发现问题149个，反馈问题123个，移交线索26件，约谈88人次、诫勉谈话36人次；出具党风廉政意见回复295份、2417人次；下发纪律检查建议书12份、监察建议书11份。强化信访监督，积极推进检举举报平台建设，拓宽信访渠道。深化运用“四种形态”批评教育帮助和处理718人。其中，运用第一种形态教育帮助452人，占比63%；运用第二种形态处理201人，占比28%；运用第三种形态处理62人，占比8.6%；运用第四种形态处理3人，占比0.4%。

【推进“三项改革”】 2019年，地区纪委监委深入推进监察体制改革，以增强对公权力和公职人员的监督全覆盖、有效性为着力点，严格执行监督执法工作规定，严格调查程序，健全统一决策、一体运行的工作机制，做好与刑事司法制度的有机衔接；各县监委完成向所有乡镇派出监察室工作；建立特约监察员制度，聘请20名第一届特约监察员，接受社会监督；召开反腐败协调小组会议3次，研究解决协作配合中的重要问题。深化派驻机构改革，进一步理顺派驻机构与驻在部门、归口监督单位的关系。深入推进纪检监察机关内设机构改革，地区一级设立3个监督检查室、2个审查调查室，设立政治纪律监督检查室，全面完成监督检查和审查调查部门分设，推动实现人员融合和工作协调。

【政治建设】 2019年，全地区纪检监察机关推进政治监督具体化、常态化，整治“景观亮化工程”过度化等“政绩工程”“面子工程”问题，查处形式主义、官僚主义典型问题97件，给予党纪政务处分49人、组织处理82人。问责失职失责的党员领导干部，给予党纪政务处分78人。严明政治纪律和政治规矩，查处违反政治纪律问题4件4人。

【惩治群众身边腐败和作风问题】 2019年，全地区纪检监

◆6月30日，地区纪委监委党总支组织在家党员干部参观噶尔县加木村党建活动室，地区监委委员、正县级纪检监察员阿旺桑登（三排左一）带队

察机关深入开展扶贫领域腐败和作风问题专项治理，查处扶贫领域腐败和作风问题98件，给予党纪政务处分51人，组织处理70人。强化脱贫攻坚专项巡视反馈意见整改，主动认领中央和区党委专项巡视反馈的有关问题74个，制定整改措施82条，制定相关制度13项，整改完成率100%。开展漠视侵害群众利益问题专项整治，查处基层“微腐败”问题107件，给予党纪政务处分54人，组织处理53人。督促清退滞留的公益性岗位工资、农牧民培训资金1135万元。推动扫黑除恶专项斗争，严肃查处涉恶腐败1件1人，对8件涉恶个案启动“一案三查”，查否了结5件，立案3件6人，给予党纪处分6人。

【纠治“四风”】 2019年，全地区纪检监察机关坚持日常检查和集中督查相结合，抓住“三大节日”、国庆等时间节点正风肃纪，严肃查处违规发放津补贴、公车私用、违规吃喝、党员干部违规出入娱乐场所等问题，查处违反中央八项规定精神问题12件19人，给予党纪政务处分14人、组织处理5人。严肃查处参与赌博或带彩娱乐问题4件，给予党纪处分3人。整治领导干部利用名贵特产、特殊资源谋取私利问题，排查领导干部用公款购买、赠送冬虫夏草问题12件，收缴、退赔违规资金73.5万元。

【深化反腐败斗争】 2019年，全地区纪检监察机关强化不敢腐的震慑，受理问题线索970件，初核了结473件，立案267件，结案268件（含遗留件16件），给予党纪政务处分266人，移送司法机关3人，收缴违纪资金1980万余元。加强对权力集中、资金密集、资源富集部门和行业的监督，督促案发单位强化以案促改，督促有关部门完善“三公”经费、公车管理、公务接待、项目审批等制度规定。开展党风廉政警示教育月活动，加强思想道德和党纪国法教育，引导党员、干部和行使公权力人员践

◆8月14日，地区纪委监委在地委党校会堂召开“不忘初心、牢记使命”主题教育党风廉政警示教育会。纪委副书记、监委副主任刘登洪（主席台左）主持，地委委员、纪委书记、监委主任西绕加措（主席台右）为全体党员领导干部上廉政党课

行党的初心使命。发放各类宣传资料8000余册，组织参观爱国主义教育基地、警示教育展览2500余人次，通报曝光典型案例25起40人。

【干部队伍建设】 2019年，全地区纪检监察机关扎实开展“不忘初心、牢记使命”主题教育，提升“铸反腐铁军·扬阿里清风”党建品牌，持续加强党性修养、转变工作作风。先后提拔25人，从系统外调入69人、交流到系统外28人。加强能力建设，组织学习中央纪委系列培训课程169人；选派参加上级纪委、党校举办的政治和业务培训班60人次；自办培训班4期，参训148人。惩治“灯下黑”问题，严肃查处纪检监察干部违纪问题6人。

巡 察

【概况】 2019年，阿里地委按照“一办二组”的模式成立地委巡察机构，设立地委巡察办，内设综合科、秘书科，常设2个巡察组。实际配备人员15人。全年地委巡察机构派出巡察组10个，开展两轮巡察。对革吉、改则、措勤三县脱贫攻坚工作进行专项巡察，对20家地直机关、企事业单位党组织进行常规巡察。向纪检监察部门移交问题线索12件，向被巡察单位党组织反馈意见283条。截至年底，被巡察单位党组织按照巡察组巡察反馈的问题落实整改。

◆4月23日，阿里地委巡察工作领导小组在地区纪委办公楼二楼圆桌会议室研究巡察工作。地委委员、纪委书记、监委主任，领导小组组长西绕加措（主席台左二）主持

【组织领导】 2019年，地委先后召开地委会和理论中心组学习会8次，传达学习习近平总书记关于巡视巡察工作的重要论述和《中国共产党巡视工作条例》《中央巡视工作规划（2018—2022年）》《中共西藏自治区委员会巡视工作实施办法》、自治区《市县党委巡察工作实施办法》，深化对政治巡察的思想认识。先后召开书记专题会2次，听取巡察工作汇报，研究部署巡察工作，研究制定《中共阿里地区委员会巡察工作实施办法》《阿里

◆8月26日，阿里地委2019年第二轮巡察工作动员部署会在地区纪委办公楼三楼会议室召开。地委委员、组织部部长、地直机关工委书记、巡察工作领导小组副组长何兴茂（主席台右二）主持会议

地区被巡察单位党组织配合巡察工作实施办法》《中共阿里地区委员会2017—2021年巡察工作规划》等指导性文件及制度，对标对表中央、区党委巡视工作规划，修订地、县两级巡察工作五年规划，构建巡视巡察上下联动监督网。健全地委书记专题会听取巡察情况汇报机制，调整充实巡察工作领导小组，安排专项经费200万元，配齐配强巡察干部队伍。

【巡察规范化建设】 2019年，地委建立完善《阿里地区巡察工作实施细则》《阿里地区被巡察党组织配合巡察工作实施办法》《阿里地委巡察干部管理办法》等制度。设立巡察人才库和组长库，科学储备巡察人才278名、巡察组长人选79名。完善《地委巡察机构与相关部门工作协作配合机制》，加强与纪检监察、组织部门、审计等单位的沟通协调，收集掌握相关情况，提高政治巡察的精准度和实效性。制定《阿里地委巡察机构成果运用暂行办法》《阿里地委巡察机构巡察后评估制度》，加强和规范移送问题线索和反馈意见的办理，提高成果运用水平和质量。

【巡察成果运用】 2019年，地委将巡察成果运用作为政治巡察的落脚点，对领导班子和领导干部存在的一般性问题，由巡察组直接向被巡察单位党组织反馈，立行立改。对巡察中发现的重大敏感和普遍性问题，巡察办、巡察组建立问题台账，督促被巡察单位党组织制定整改方案，明确整改内容、整改措施、整改责任和完成时限，按时完成整改。对涉嫌违纪的线索和作风方面的突出问题移交纪委监委，对执行民主集中制、干部选拔任用等方面存在的问题移交组织部门，及时谈话、函询、初核、立案或组织处理。巡察办根据巡察发现的问题，逐一建立整改台账，巡察反馈意见整改完成率达95%以上，巡察成果转化率逐步提高。把运用监督执纪“四种形态”贯穿巡察全过程和各个环节，及时掌握党员干部苗头性倾向性问题，运用廉政谈话、组织约谈、提醒谈话、诫勉谈话等组织处理手段，形成早教育、早提醒、早预防、早纠正的监督防范体系。

河北省第九批援藏工作队

【概况】 2019年7月，河北省第九批援藏工作队入藏，有援藏干部人才62人（含区直单位2人），其中党政干部25人（地级1人、县级19人、科级5人），专业技术人才37人（高级职称的14人、中级职称的10人、企业管理人员2人），第二批“组团式”援藏教育人才20人。短期援藏干部人才17人，全部为技术人员。入藏后自治区党委组织部召开援藏干部人才领队和县（区）工作组组长培训班，系统介绍习近平总书记关于治边稳藏的重要论述有关精神，讲解民族宗教政策，传授援藏工作方法。培训结束后，自治区党委常委、组织部部长陈永奇主持召开各省领队座谈会，听取意见建议，作出工作安排，为各省开展援藏工作指明方向。河北省第九批援藏工作队围绕阿里地区中心任务，推动“十三五”援藏规划任务落实，开展“十四五”援藏规划调研，助力地区经济社会事业取得积极进展。探索各种“组团式”援藏模式，发挥团队优势，整体推进河北援藏工作。河北援藏“十三五”规划安排资金8.1亿元，完成支付6.25亿元，占比81.5%。2019年，新开工项目7个，累计完工项目11个。

【援藏干部人才管理服务】 2019年，河北省第九批援藏工作队到达阿里后，完善组织制度体系，设立3个党支部，组建项目管理监督、对外招商联络等6个工作小组。制定《援藏干部人才临时党委议事制度》《河北省对口支援西藏阿里地区援助资金管理实施细则（草案）》等规定，加强对援藏项目和资金的有效管理。组织全体队员到狮泉河烈士陵园和阿里军分区开展“不忘初心、牢记使命”主题党日活动，缅怀革命先烈，重温入党誓词，慰问驻阿官兵，引导队员传承援藏精神。9月，中组部援藏干部人才总领队杨晓林专程到阿里看望河北援藏队员。

【援藏项目建设】 2019年7月19日，河北省下达年度援藏投资计划，计划援藏投资17327

万元，计划实施援藏项目31个，完成投资11652万元。改善群众生产生活条件方面，计划实施项目6个，总投资4770万元，全部为续建项目，资金主要用于日土、札达两县扶贫整村推进、特色小城镇、乡镇基础设施、农牧区转场道路、水渠、灌溉等基础设施建设。完成投资2496万元。其中，日土县扶贫整村推进完成1500万元，札达县扶贫整村推进项目完成515万元，札达县托林镇基础设施项目完成481万元。支持社会事业发展方面，计划实施项目12个，总投资6910万元，其中新建项目7个、续建项目5个，资金主要用于地区及受援两县援藏干部周转房、教育均衡发展、人民医院创“二甲”基础设施、农村取水饮水工程、日土县体育场、札达县五保集中供养等项目建设。完成投资7322万元。其中，日土县历史文化参展中心及非物质文化遗产传承基地项目完成2327万元，日土县教育均衡建设项目完成2100万元，札达县教育均衡建设项目完成2000万元，札达县人民医院创二甲基础设施建设项目完成500万元，札达县农村取水饮水工程完成75万元，札达县援藏干部周转房建设项目完成320万元。发展特色优势产业促进就业方面，计划实施项目6个，总投资3360万元，全部为续建项目，资金主要用于受援两县高原特色农牧业扶贫开发、扶贫产业园、旅游扶贫开发、高寒树种苗圃基地等建设。完成投资1583万元。其中，札达县高原特色农牧业扶贫开发项目完成546万元，札达县扎布让村旅游扶贫综合开发项目完成248万元，札达县高寒树种苗圃基地项目完成270万元，日土县扶贫产业园建设项目完成519万元。干部人才援藏方面，计划实施项目4个，总投资880万元，资金主要用于阿里地区干部职工培训经费、农牧民群众培训经费、教育组团援藏经费、专业技术人才援藏经费等各项经费。交流交往交融方面，计划实施项目4个，总投资870万元，资金主要用于阿里地区赴各厅局学习交流、旅游文化宣传、两地干部交流、青少年交流等，全部拨付至法人单位。基层组织和政权建设方面，计划实施项目1个，总投资200万元，均为续建项目，完成全部投资。

【“十四五”援藏规划调研】 2019年，河北省第九批援藏工作队集中发改、财政、商务、教育、人社等部门援藏干部，成立“调研专班”，深入札达、日土两县7次，开展专题调研。其间，走访学校、医院、哨所、隘口30余个，查看产业园、幼儿园、农牧区、旅游点20余个，召开6个不同层面座谈会，了解当地发展需求。加强与兄弟省市援藏工作队和河北援疆工作队的交流，参加西藏自治区援藏工作交流会，赴新疆巴州、西藏日喀则市进行项目考察，借鉴先进经验做法。基本确定“十四五”援藏规划的总体思路，基本明确投资方向和重点项目，为规划编制做好充分准备。

【“组团式”援藏】 教育援藏 2019年，“组团式”教育援藏队为拉萨阿里河北完全中学任命第一任校长，配齐配强教导主任等骨干，选派20名“组团式”教育援藏教师。针对初三、高三重点学科，增派14名教师。邀请河北4名中小学知名校长对阿里中小学校长开展为期7天的培训，介绍办学经验，提升地区基础教育理念、水平。

医疗援藏 2019年，“组团式”医疗援藏队选派9名医疗工作者，同时协调省内医疗机构，派出近30名短期医疗人才，组成“二甲”医院创建团队，日土县和札达县人民医院均通过“二乙”验收，取得阶段性进展。河北省医疗人才主刀的剖宫产和骨科手术，创造地区历史上的多个首次纪录。

就业援藏 2019年，援藏队协调省国资委，举办河北国企的专场招聘会，河钢集团等省内知名企业提供优质岗位79个，协调河北省人社厅、公务员局，面向阿里提供10个公务员、25个事业专招岗位。

狮泉河水利项目“小组团” 狮泉河水利项目是河北

省委、省政府最关注的援藏项目，是阿里地区党委、政府确定的援藏一号工程。2019年，地区专门成立狮泉河水利项目“小组团”援藏工作专班，将水利部援藏干部纳入其中，协调省水利厅20余位专家，多次进驻阿里，推进项目建设的规划设计。围绕狮泉河中游区域的地质环境，进行反复勘探和测绘，形成初步工作方案。邀请地区行署的分管领导到河北省水利厅专门进行工作对接，共同开展项目申请准备工作，为确保项目列入国家“十四五”规划奠定基础。

◆10月21日，地区旅发局在2019年阿里地区京津冀旅游推介会上与河北旅游协会签订合作协议

冈底斯国际旅游合作“小组团” 2019年，在援藏工作队的推进下，阿里地区集合优势资源，强化规划制定、推介宣传、交流培训，打造冈底斯国际旅游合作“小组团”。下半年，完成日土县班公湖景区的规划编制，邀请河北省地理研究所专家，开展阿里“十四五”旅游业发展专项规划调研。举办年度阿里京津冀旅游宣传推介会，吸引旅行社在阿里开展地接业务。邀请地区参加第四届河北省旅发大会和第24届中国北方旅游交易会，宣传阿里旅游资源。配合自治区举办“冬游西藏”旅游推介会，面向河北周边五省市300家旅行社推荐阿里旅游线路。扶持地区大型历史情景剧《梦回古格》在其他省（市）交流巡演，展现阿里历史文化。遴选7家旅行社到阿里实地旅游踩线，为开办旅行地接社做准备。选派4名讲解员到石家庄西柏坡培训，为地区先遣连英雄纪念馆顺利开馆提供人才支撑。抽调15名旅游从业人员赴冀，接受两个月的培训，提升阿里地区旅游从业人员素质。

“团队援助”建设边境小康村 2019年，援藏工作队在利用援藏资金助力阿里地区发展的同时，争取省内计划外专项援建资金，支持援建札达和日土两县的边境小康村建设，帮助阿里打赢脱贫攻坚战。札达县扎布让村81户新建房屋完工实现入住。日土县日土村第一期34套完成主体建设，推进第二期规划实施。9

◆10月17日，阿里代表团与河北省文化和旅游厅对接旅游援藏工作。河北省文化和旅游厅厅长张妹芝（左排中），河北省第九批援藏工作队领队、阿里地委副书记、行署常务副专员韩学军（右排左二），地区旅发局副局长高彦武（右排左一）出席会议

月，中央领导到札达县扎布让村考察，对小康村建设成果给予高度评价。

【交往交流交融】 2019年，第九批援藏工作队推动冀阿两地各个层面的交往交流交融，覆盖教育、医疗、建设、商务等各个领域，有效服务发展大局，增进民族团结。8月，河北省委副书记、省长许勤带队河北省党政代表团到西藏自治区考察，对接援藏工作。其间，召开“河北·西藏”对口支援工作座谈会、对口支援阿里地区工作座谈会、援藏干部人才代表座谈会，调研检查河北援建项目，党政代表团成员与西藏自治区、阿里地区相关单位负责人和援藏工作队队员进行沟通，在不同业务领域提供多项优惠政策和工作支持，推动河北援藏工作水平实现整体跃升。组织地区商务局参加中国·廊坊国际经济贸易洽谈会活动。开展人才交流，推进智力援阿工程。阿里10名党政干部到河北各级机关接受为期3个月的挂职锻炼。15名住建、审计、发改、财政的专业技术人才到对口行业部门岗位跟班学习。83名党政干部到河北省委党校、石家庄市委党校接受党内法规、脱贫攻坚、就业创业等业务培训。邀请河北省、西藏自治区的专家、教授到阿里举办“习近平新时代中国特色社会主义思想”“领导干部素质能力全面建设”等专题讲座，累计受训4050人次。

【招商引资】 2019年，河北省第九批援藏工作队赴北京京东集团总部，就合作建设阿里地区网上特色馆、构建阿里仓储物流服务体系、拓展优势产品网络销售渠道等内容进行协商，达成多项共识，签订《合作推动优势产品网络销售协议》。与唐山庞大集团对接，初步确定利用两年时间投资2000万元在阿里地区建设阿里汽车管家项目，正式运营后预计每年可实现营业收入1.5亿元，纳税1950万元。专门考察对接冀财基金、清河羊绒、虎牌集团等多家单位。

陕西省第九批援藏工作队

【概况】 2019年7月15日，陕西省第九批援藏工作队抵达阿里，与第八批援藏工作队完成交接，开始为期三年的援藏工作，推进对口援藏扶贫，深化巩固提升噶尔、普兰两县脱贫成果。工作队共有队员94名，分别来自组织纪检、发展改革、法检两院、教育卫生、农业农村、文化旅游、基建项目、企业经营、招商引资等领域。其中，第九批援藏干部人才53名（含区直单位2名），第五批组团式援藏医疗人才21名，第二批组团式援藏教育人才20名；党政干部25名（地级1名、县级19名、科级5名），专业技术人才68名（高级职称17名、中级职称38名），企业经营管理人员1名。“十三五”援藏项目中，噶尔县农牧区聚居社区建设项目、陕西实验小学建设项目、噶尔县农牧业综合开发等8个重点项目完工。第九批援藏工作队多次召开专项会议督促项目落实，加速在建陕西“十三五”援藏项目进度，推进普兰机场、地区人民医院智慧医院、陕西援藏技术人才周转房、噶尔县农牧业综合开发等项目建设，推动噶尔县农牧区聚居社区二期工程和卫生服务中心住院部项目开工。对部分不适合继续实施的项目，及时召开专题会议分析研判，进行合理调整。

【调查研究】 2019年，陕西省第九批援藏工作队深入噶尔县门士乡、昆莎乡、狮泉河镇，普兰县农业示范园、学校、医院等地，就脱贫攻坚、基层党建、援藏项目、产业发展等进行实地考察调研，深入了解对口支援县、乡镇存在的困难和问题，为工作队开展援藏工作奠定基础。法检两院、发改招商、农业科技、旅游开发等部门的援藏干部到各县调研和下乡，开展工作近500人次，形成有价值的调研报告10余篇。

【援藏项目】 2019年6月10日，陕西省下达年度援藏投资计划，计划援藏投资12240万元，计划实施援藏项目21个，8月7日，资金到位6500万元。改善群众生产生活条件方面，计划实施项目5个，总投资2820万元，其中新开工项目1个、续建项目4个，资金主要用于噶尔和普兰两县精准扶贫、农牧区聚居社区建设、阿里地区特色农产品展销中心建设等项目。支持社会事业发展方面，计划实施项目4个，总投资6780万元，其中新开工项目1个、续建项目3个，资金主要用于阿里陕西实验学校、普兰县卫生服务中心创二甲基础设施、噶尔县卫生服务中心住院部、噶尔和普兰两县村级卫生室标准化建设等项目建设。发展特色优势产业促进就业方面，计划实施项目3个，总投资1960万元，其中新开工项目1个、续建项目2个，资金主要用于噶尔和普兰两县高原特色农牧业扶贫开发、阿里地区藏药厂项目建设。开展智力援藏方面，计划实施项目3个，总投资330万元，资金主要用于阿里地区干部人才交流培训经费、农牧民群众技能培训经费、陕西省援藏规划编制经费等。深化交往交流交融方面，计划实施项目4个，总投资350万元，资金主要用于阿里地区青少年成长发展交流、陕西省“组团式”教育人才援藏费用、陕西省“组团式”医疗干部人才援藏费用、阿里地区文物考古援助项目等。

【促进产业发展】 2019年，陕西省第九批援藏工作队推进噶尔、普兰两县农牧业综合开发项目进度，包括噶尔县智能温室与生态农业产业园高效温室大棚、普兰县扶贫生态园及霍尔乡扶贫产业养殖基地建设等项目。发挥规划外援藏1亿元产业发展基金作用，以脱贫攻坚产业发展为重点，推进地区产业发展。

◆9月11日，陕西省人力资源和社会保障厅副厅长张虎成（左二）带队的调研组一行在阿里地区人民医院指导工作，地区人民医院党组副书记朱鸿（左一）等陪同

【边境基础设施建设】 2019年，陕西省第九批援藏工作队推进扎西岗乡典角边境小康村、门士乡索多边境小康村、普兰县科迦村改造农牧民居住房屋、普兰镇吉让社区居委会管理用房等项目，完善基础设施，改善农牧区边境一线生产生活条件。

【“十四五”援藏规划编制】 2019年，陕西省第九批援藏工作队多次召开专题会议，研究完善“十四五”对口支援思路，明确需要集中突破的领域和任务。与陕西省“十四五”规划项目调研组对接，就阿里发展的重点领域和薄弱环节进行协调，确保“十四五”援藏项目编制符合阿里实际和国家政策。编制“十四五”规划项目，针对民生保障、基础设施、产业发展和人才工作等方面存在短板和不足，提出将对口支援的重点放在基础设施建设、教育医疗品质提升、专业技术人才培育、资源的开发与利用、旅游产业发展等方面的意见，确保科学规划、精心编制、精准支援。

【“组团式”援藏】 医疗援藏 2019年，“组团式”医疗援藏队推进地区人民医院“三甲”创建，制定综合目标考核方案，将工作任务分解到各科室，细化目标，压实责任。全地区6个县医院完成“二乙”创建，其中陕西省牵头的有4家。援藏专家与当地医务人员结成帮带对子68对。组织援藏专家开展医学教育系列讲座26次。分批选派部分专业技术人员进行短期集中学习和培训，开展常态化远程教学。10余名当地业务骨干能够独立开展手术，47名当地医生晋升上一级职称。建立健全医院质量管理指标体系和综合目标考核体系，完善管理制度92项，提升医疗质量和管理工作水平。在阿里首次实施3D打印修复颅骨、腹腔镜等10余种手术，填补技术空白。利用节假日深入边防部队、社区、驻村工作点，开展健康扶贫活动，为官兵、孤寡老人和各族干部群众进行义诊。

教育援藏 “组团式”教育援藏队深入教学一线调研、了解校情教情学情和师生所思所想，召开专题会议。围绕学生综合素质、教师教学水平、学校管理能力三提升，制定《教育援藏三年工作计划》。援藏教师与当地教师结成“一对一”互帮对子，开展公开课、听评课、大教研组活动，两地教师共同发现问题、解决问题，提升教学质量。通过微课堂、网络课堂等形式，创新教研活动方式。对学生进行卫生习惯教育、安全教育、心理健康教育、普法教育等系列教育，重点进行爱国主义教育和民族团结教育，培养学生文明习惯和综合素养。组织当地教师参加拉萨市各项教研活动，提升教师的教学方法和教学技能。组织学校班主任到西安市各校跟班培训，学习其他省（市）先进的办学理念、好的管理经验和教育教学经验。年内拉萨阿里高级中学被自治区教育厅评为“自治区级示范性高中”，在自治区“校本研修示范校验收”中被评为优秀等次。

农业“小组团” 援藏队组建农业团队，通过从专招生中选拔、短期援藏专家延期、援藏人才调配等方式，搭建农业“小组团”平台。针对地区设施农业管理粗放、技术落后、资源闲置、效益低等问题开展调研，提出“扬长补短、完善功能分区，创新管理模式、完善运行机制，转变种植模式、提高生产效率”的发展思路，形成调研报告3篇。对接杨凌西北农林科技大学、陕西省农科院等农业科研机构，研究形成阿里地区农业产业发展规划。实施“致富带头人培养”工程，为农牧民举办蔬菜栽培管理技术等农牧业技术讲座，培训农牧民300余人。引进草莓、橘子、火龙果等农产品进行试种示范。

【交往交流交融】 2019年，陕西省第九批援藏工作队首次组织地区七县农业部门70人参加杨凌农高会，展示陕西省援藏25年间阿里地区现代农牧业发展成果、阿里优势特色农畜产品、旅游文化产品和脱贫攻坚成果。组织陕西专家开展文化旅游市场执法业务培训30余人次，为地区中等职业技术学校提供见习岗位15个，参加在陕西举办的第六届丝绸之路国际艺术节、第四届国际丝路影像博览会等活动，提高阿里文化旅游的知名度。组织开展“秦风大爱·温暖阿里”活动，募集爱心款50余万元、爱心羽绒服547件、冲锋衣和保暖内衣1500件，发放至贫困学生。发挥陕西科教优势，推进陕阿人才培养项目落实，协调60名藏族学生在渭南市职业技术学院培训。协调陕西省地方志办公室选派专家，为阿里的地方志编纂提供帮助，对各县方志编写人员进行培训。

【各领域干部履职】 2019年，地区法检两院援藏干部推动阿里公益诉讼工作，督促行政机关依法行政。噶尔县广电局援藏队员在完成各项新闻宣传报道的同时，参与筹划噶尔县融媒体中心建设。各行业涌现出先进人物和事迹。其中，农业援藏干部米光明父女两代共同援藏、普兰县援藏医生钟丽春舍家离子打开普兰县妇产科业务局面、检察院援藏干部贺军幼儿重病手术仍坚守工作岗位等，激励援藏干部。

国家电网公司第九批援藏工作队

【概况】 2019年，国家电网公司第九批两名援藏干部对口援助措勤县，快速融入援藏工作，配合县委、县政府，完成各项工作目标任务，传授其他省（市）的先进经验和做法，共同探讨发展思路，在脱贫攻坚、产业发展、劳务技能培训、生态保护等方面献言献策。

【重点项目建设】 2019年初，国家电网公司第九批援藏干部按照“十三五”援藏项目规划，制定项目建设计划，加快易地扶贫搬迁，推动精准扶贫、精准脱贫。投入资金1100万元，实施磁石乡易地扶贫搬迁项目建设，年内建成并投入使用，解决建档立卡贫困户35户108人的安置房屋、暖廊、室内外给排水及用电、各户小院等附属设施建设。投入资金2100万元，实施措勤镇贫困人员住宅小区搬迁小康示范工程，计划搬迁贫困户78户，建设6455平方米住宅，截至年底，建设项目竣工验收。

【项目调整优化】 2019年，国家电网公司第九批援藏干部与县委、县政府沟通衔接，按照总投资不变的原则，对2020年计划实施的4个项目进行调整优化。将措勤县广西路西段市政道路附属设施建设项目，优化调整为措勤县国网路和广西路市政道路附属设施建设项目（因2019年广西路与国网路实施地下管网及沥青路面恢复，增加国网路段美化、亮化工程，资金增加350万元）。措勤县3个乡镇环境整治和设施建设项目优化调整为达雄乡、曲洛乡环境整治和扶贫综合便民服务大厅建设项目（江让乡由于计划高海拔搬迁项目取消，达雄乡、曲洛乡部分建设内容以其他项目口子实施，减少实际工程量）。

【交往交流交融】 2019年，国家电网公司第九批援藏干部联系国家电网公司、西藏分公司，邀请10余名公司员工到当地援建的幼儿园进行文化、教育交流，捐赠6台办公电脑、书籍、幼教文具、衣物等，价值20万余元，加大两地交往交流交融力度，为扶智扶志和脱贫攻坚工作提供支撑。

【结对帮扶】 2019年，国家电网公司第九批援藏干部严格落实联系帮扶机制，精准帮扶贫困群众。开展措勤县“六联”活动，每名援藏干部结对2名建档立卡贫困户、2名僧尼、2名贫困学生。通过走访调研，了解其生活、思想动态和致贫原因。向贫困家庭、学生、僧尼发放生活物资，折合人民币6000余元。帮助困难群众提高就业创业技能，联系劳务岗位解决其实际困难和问题，争取早日实现脱贫。

中国移动援藏工作组

【概况】 2019年，中国移动援藏工作组对口援助改则县，1—7月，中国移动负责对口支援的是第八批援藏干部门烁、段玉平；7—12月，变更为第九批援藏干部朱琦、大平措、任朗。第九批援藏干部到任后，围绕民生、产业、教育医疗等主线，紧扣精准扶贫，先后深入50余个乡（镇）、村开展走访调研和帮扶慰问，与地区“三企”援藏干部加强日常沟通，围绕援藏工作进行交流研讨，互通有无，拓展思路，以交流促进团结。

【项目建设】 2019年，中国移动集团公司援藏资金3200万元，主要由第八批援藏干部协调推动项目计划制定和实施，建设3个重点项目。蔬菜生产基地建设项目，投产9座，带动贫困户6人就业。改则县双师课堂信息建设项目，新设听课室15间、讲课室1间，以及双师教学硬件设施，满足675名学生信息化教学的需求。改则县人民医院改造工程建设项目，年内竣工交付使用，提升和完善医院硬件设施，顺利通过“二乙”验收。利用援藏结余资金和工会资金，实施3个小型项目。实施改则镇鲁仁居委会糌粑加工厂改扩建项目，带动贫困户3户13人实现脱贫。为3个寺管会添置设备，助力涉宗领域的维护稳定。对物玛乡检查站业务房进行修缮，助力改则县西大门的流量控制和安全检查。第九批援藏干部到任后，协助西藏公司专项实施购买改则县扶贫消费产品35万元。协助终端公司安排捐赠扶贫藏文手机500台，价值30余万元，向建档立卡贫困户发放。组织改则等县土特产品在中国移动内部电商扶贫平台上架，拓展销路。协调配合爱心机构和人士为阿里地区贫困学龄儿童提供资助。

【援藏资金使用】 2019年，中国移动援藏工作组贯彻落实好中国移动扶贫项目三级管理制度和西藏自治区双“80%”要求，确保援藏资金使用合理合规。协同地方政府谋划和筛选援藏项目，制定2020年度援藏项目计划方案，督促其落实扶贫项目决策、实施主体责任，强化扶贫资金管理、保障规范使用。强化援藏资金向重点领域发力，探索将援藏资金与上级专项资金项目配套使用，放大资金效益。结合改则县在脱贫攻坚、均衡教育、创“二乙”、便民服务等方面的实际情况，推动在牧区改革、特色产业、党建和教育扶贫、医疗卫生、便民设施建设、基础设施改善等方面的援藏资金的精准、科学、高效投放。发挥支援单位信息化方面的特长和优势，推动对口支援与网络扶贫、定点扶贫、信息化扶贫相结合。结合改则县完成绝对贫困消除工作的实际情况，推动援藏资金重点向扶贫巩固提升和扶志扶智领域倾斜，助力消除代际贫困。加强受援单位干部职工培训和业务交流，提升其综合行政业务水平及专业技能水平。

中国联通援藏工作组

【概况】 2019年，中国联通新一批援藏工作组中央第九批援藏队伍统一安排入藏，于8月4日到中国联通对口支援县革吉县报到，8月5日正式开展工作。援藏工作组与自治区国资委建立脱贫攻坚长效联系沟通机制。入藏后，深入基层一线走访调研，服务当地脱贫攻坚。对接援藏资源，加大人才援藏力度，助力当地国有企业规范管理，发挥产业项目运营效益。配合革吉县委、县政府，做好“十四五”援藏项目规划和申报，争取援藏资金。

【项目建设与管理】 2019年，中国联通援藏工作组及时召开常委会和专题办公会进行专题研究，建立健全受援办等机构工作运营机制。先后多次下乡，深入项目现场走访调研，协调受援办、发改委、项目管理中心、质监站等单位召开专题推进会、现场协调会，推进受援项目建设。完成援藏项目3个，启动援藏项目4个，申请援藏资金2000余万元。促进援藏资金（特别是涉及危房改造等脱贫攻坚工作的资金）规范拨付，协助推进项目进展。针对2019年项目推进缓慢导致资金拨付不足情况，及时与上级协调沟通，第四季度加快资金申请进度，保障援藏资金平稳有序拨付。做好项目计划管理，落实自治区国资委项目管理要求，及时报送相关材料，接受相关业务指导。推进“十四五”援藏项目立项和援藏资金申报，从项目源头强化项目可行性分析和经济运营效果研判，推动项目的整体质量。根据实地调研考察，向联通集团申请2020年援藏资金5271万元（待审批）。

【就业援藏】 2019年，中国联通援藏工作组组织西藏、青海、四川、重庆等10个省市联通公司，为西藏籍大学毕业生提供就业岗位104个。与集团公司总部对接就业扶贫援藏合作备忘录、三年对藏用工计划。落实自治区国资委领导、阿里地区行署副专员赴京沟通协议文本和政策宣传活动。

【助推脱贫】 2019年，中国联通援藏工作组按照精准扶贫、精准脱贫要求，开展革吉县脱贫摘帽初评验收和帮扶指导。配合县委、县政府，做好国务院脱贫攻坚第三方验收工作组现场验收及省际脱贫攻坚成效交叉检查迎检。督促协调援藏干部落实现场走访帮扶任务，围绕贫困户、贫困村、学校、寺庙以及高校毕业大学生，做好政策帮扶、信息帮扶、岗位帮扶、就业帮扶等工作，慰问驻村队员和困难群众，送医送药，解决驻村工作队和群众反馈的办公设施、困难家庭补助、高中生异地就读、学生过冬保暖、教师培训问题。

【推动国有企业规范化运营】 2019年，中国联通援藏工作组加派援藏干部，重点做好当地国有企业规范化运营，实现多项业务零的突破。在城投公司方面，实现办公耗材经营、城市供暖、城市给排水、制氧站运营等业务的突破性进展，开始经营办公耗材，正式启动广告制作业务。在供暖工程项目未验收交付、县财政资金暂时不足的情况下，10月份按时启动城市供暖。参与制氧运营和城市给排水验收，筹备运营管理。扶贫开发投资有限公司方面，实施组织体系、薪酬体系、人员体系、营销体系等公司化变革，内部运营机制更加规范有序；首次参与地区物交会，多途径加快牦牛出栏；加强与科研机构、高校院所技术合作，建立产学研基地；启动与自治区农科院育肥实验合作项目，上报牦牛育肥管理追溯系统项目；成功申办商标、生产经营许可等，初步解决育肥、电力供应、销售渠道搭建等问题。

【爱心捐赠】 2019年，中国联通援藏工作组为当地小学捐赠手套1510双、棉衣170件、过冬棉袜4000余双、文具套装1500余套，联系其他省（市）企业为革吉县完全小学每月建设2个班级图书角。发动爱心志愿者组织中科院以儿童心理学和教育心理学为研究背景的心理咨询师，为革吉县完全小学班主任及学校管理人员无偿提供为期一周的教师效能培训，并及时应用于日常教学。对接中国联通爱心志愿者团队，向革吉县捐赠二手电脑50台。推动并策划集团总部与青少年发展基金会合作，在“10·17”国家扶贫日中国联通扶贫论坛上发布暖冬围脖捐赠活动，活动得到共青团中央支持并官方微博转发，阅读量119万人次，捐款额28万余元。

“组团式”教育援藏

【概况】 2019年，阿里地区按照“建好一所学校、代管一所学校、示范一个地区”的总要求，发挥教育援藏团队的引领辐射带动作用。新一批“组团式”援藏教师有40人，任命两省新一批教育人才“组团式”援藏领队担任受援学校校长、副领队担任受援学校副校长，任命其余的援藏管理干部担任德育主任和教务主任，对学校的领导班子成员进行分工，搭建援藏管理干部的工作平台，压紧压实工作责任。援藏教师深入班级、课堂、宿舍、食堂等，通过与师生交谈、实地察看等方式，了解掌握学校的基本情况、学生特点、教育发展等情况，制定《陕西省新一批“组团式”教育人才援藏三年工作规划》《河北省新一批“组团式”教育人才援藏三年工作规划》，规划和明确援藏总体思路、工作理念、任务目标、学校发展定位等。

【团队融合】 2019年，阿里地区通过师徒结对、青蓝工程等，加强援藏教师与当地教师的交流互动，促进团队融合。援藏教师与当地教师沟通交流，共有36名援藏教师与63名当地教师建立“一对一”“一对多”的师徒结对关系。

【示范引领】 2019年，援藏教师利用自身的专业特长，开展公开课、示范课、教研等活动，推动学校教育教学工作。援藏教师累计承担示范课50余场次，听评课80余节，组织教研活动32次。

【沟通交流】 2019年，新一批援藏教师发挥桥梁纽带作用，为受援学校搭建各种平台，加强与其他省（市）学校的沟通交流。选派15名阿里青年教师到陕西、河北两省跟岗研修1年。邀请河北省8名校长到阿里开展校长专题培训。协调河北8名教师到拉萨阿里河北完全中学短期支教（费用均由河北省承担）。协调解决20名阿里教师到河北省交流学习。陕西援藏教师为拉萨阿里地区高级中学的学生购买1500套冲锋衣和保暖内衣。

“组团式”医疗援藏

【概况】 2019年，阿里地区按照“合理、可实现、可持续、可评价”总要求，以医疗人才组团式援藏为依托，以等级医院创建为载体，以健康阿里建设为目标，对照等级医院评审标准，有效推进“1+7”医院等级创建工作。与2015年相比，地区人民医院重症病人抢救成功率增长6.85%，门诊人次增长65.57%，急诊人次增长116.82%，住院人次增长72.10%，手术人次增长530.59%，患者满意度提高到97%，婴儿死亡率下降至14.7‰，孕产妇无一例死亡，孕产妇住院分娩率上升到98%。

【医院等级创建】 2018年12月，地委召开“1+7”医院等级创建工作推进会，明确等级创建目标。2019年4月4日，地委组织部召开“1+7”医院等级创建工作协调会，对“1+7”医院人才队伍建设、医疗设备采购、基础设施建设、机构优化设置、班子加强配备等事项进行部署。制定《阿里地区“1+7”医院等级创建工作推进会任务分解方案》《关于贯彻落实“1+7”医院等级创建工作协调会精神的任务分解方案》《阿里地区“1+7”医院等级创建工作实施方案的通知》，明确牵头单位、责任单位、责任领导、工作措施和完成时限，细化任务。制定《关于简政放权推进“1+7”医院等级创建工作指导意见》，对七县人民医院创二级医院提出具体措施，明确等级创建工作要点。督促七县制定出台人才引进、机构编制、医疗技术人员职称评审等制度，深化医院人事制度改革，加快推进薪酬制度改革和经营管理体制改革。6月，地区卫健委组织医疗专家对七县人民医院创二级医院进行初评，提出存在问题和整改意见。10月6日，根据等级医院创建最新要求，地委研究《阿里地区“1+7”医院等级创建工作实施方案》，调整“1+7”医院等级创建目标，研究部署地区人民医院4个方面重点工作和七县人民医院7个方面重点工作。11月，地区卫健委组织医疗专家对措勤、改则、噶尔、日土、札达、普兰六县人民医院创“二乙”进行评审，各院均达到“二乙”等级标准。

【技术帮扶】 2019年，阿里地区发挥援藏专家技术、管理优势，通过专家讲座、手术带教、病例讨论等举措，提升当地医务人员理论与实践水平。新一批“组团式”援藏医疗专家延续“团队带团队、专家带骨干、师傅带徒弟”的帮带工作，21名专家与68名当地骨干建立帮带关系，通过手把手教、面对面讲，地区人民医

◆7月14日，陕西省第四、五批医疗人才“组团式”援藏工作交接会召开。图为第四、五批援藏人员合影

院10名业务骨干能够独立开展1～2种新手术，师傅带徒弟开展新技术新业务20余项。选派9名优秀业务骨干到支援医院学习锻炼，分批选派10名专业技术骨干参加国内及自治区学术会议。与陕西省签订“一带一路”妇产联盟技术帮扶协议，提升妇产科医疗技术水平。探索地区与各县医疗人才的交流提升渠道，多次组织医疗专家到各县人民医院指导帮建。

【沟通衔接】 2019年，地区卫健委与河北、陕西两省对接七县人民医院创二级医院事宜。与河北省签订石家庄市中心医院帮扶札达县人民医院、唐山市工人医院帮扶日土县人民医院协议，为两县医院分别选派6名、9名医疗专家，并各援助100万元，用于推动等级创建工作。与陕西省签订西安市中心医院帮扶札达县人民医院、咸阳市中心医院帮扶日土县人民医院协议，为两县医院各选派6名医疗专家。援藏医疗专家指导受援医院制定思路，完善制度，建立支援关系。唐山市医疗专家创造日土县医疗史上第一例大面积皮肤剥脱伤手术、自治区首家县级环境微生物学监测、自治区首个县级远程医疗平台布网运行等纪录。

【优化服务管理】 2019年，“组团式”医疗援藏专家制定《门诊导医优质服务工作实施方案》，对导医进行系统培训，提升导医专业素质。健全完善《医疗不良事件报告制度及报告流程》，定期对全院医疗不良事件进行分析汇总，提出对策。通过错峰排班、增开临时挂号窗口、优化老人和军人专项窗口等措施，缓解患者挂号难、就诊慢的实际困难。开设专家门诊，建立网络（微信公众号）挂号系统，开通114和微信预约挂号服务，方便患者看病就医。

工 会

【概况】 阿里地区工会办事处内设3个正科级机构，分别为办公室、经费审查委员会、综合业务科（女工委办公室）；下属1个事业综合服务机构（困难职工帮扶中心）。设立与区总工会对应科室，逐步健全各项工作制度和职责。机关实有6人。帮扶中心实有2人。截至年底，全地区基层发展建立工会组织319家，发展会员20221人（农牧民工会员6259名、八大群体会员523名）。县级工会“六有”规范化建设达标7家，乡镇工会“八有”规范化建设达标37家，均实现全覆盖。全地区65个寺庙（拉康）合并设立的15家寺管会、13家特派员机构，均建立工会组织，实现全覆盖。

【劳模推选与表彰】 2019年，地区工会办事处开展三级劳模评选推荐和表彰。评选推荐西藏自治区劳动模范7人、先进工作者2人，全国工人先锋号1家。组织召开阿里地区首届劳动模范评选表彰大会，表彰首届劳动模范15人。在全地区范围内召开劳模座谈会，宣传劳模精神。重大节庆日期间，开展劳模座谈、走访慰问功臣劳模等活动。

【职工劳动保护】 2019年，地区工会办事处通过3月法制宣传月、6月安全生产宣传月、9月民族团结宣传月，宣传工会法、工会章程、女职工劳动保护条例、西藏农民工使用手册、西藏自治区职工代表大会条例等法律法规知识，引导企业和职工守法、懂法、用法。开展“安康杯”竞赛活动，规范企业安全生产管理，健全生产制度、操作规程，完善安全保护措施和设施，加强生产一线职工安全操作培训和演练。

【慰问帮扶】 2019年，地区工会办事处在“三大节日”期间开展送温暖活动，慰问困难职工552户，发放慰问金55.2万元。实施常态化帮扶，慰问公安检查站、警务站、维稳值班室3个点，发放慰问金0.3万元；对民航阿里站“三大节日”期间在岗职工进行集中慰问，发放慰问金2万元；全地

◆7月4日，阿里工会在东三县开展"五送"（送政策、送法律、送文化、送医、送药）活动。图为革吉县"五送"活动现场

区实施生活、医疗、助学救助困难职工（农民工）89户，落实帮扶资金47.09万元；开展集中慰问活动1场次，慰问61人，发放慰问金6.1万元；开展"关爱女职工、温暖儿童心、共筑少年梦，六一慰问"活动，投入资金1.8万元，向18名在档困难职工及女职工发放慰问金1.44万元（每人800元），向女职工宣传手册52份，向其子女（儿童）每人发放价值200元的学习用品。通过精准帮扶，全地区解困脱困265户，地区全国级在档困难职工减至119户。先后开展"五送"活动4场次、送温暖4场次。送温暖人数183人次，发放资金16.15万元；送文化1场次，邀请改则县民间艺术团进行文艺演出；送法律政策4场次，发放各类宣传资料2000余册；送医送药4场次，发放各类药品价值2万元。开展"金秋助学"活动，9月，向地区15户全国级在档困难子女发放助学金10.37万元。联合就业专班开展春风行动，在招聘会现场提供社会化工会工作者岗位9个，通过现场报名、资格审查、笔试面试，招录9人。

【企业特困职工结对帮扶】2019年，地区工会办事处创新活动载体，结对认亲交朋友，建立党员干部"10+1"困难职工结对帮扶机制，10名党员结对帮扶1名企业特困职工。健全完善工会"县级干部一对二、科级干部一对一、普通干部二对一"企业特困职工结对帮扶机制，累计发放物资和现金，折合人民币6900元。

共青团

【概况】 2019年，阿里地区有基层团组织490个，其中团的领导机关7个、团委47个、团总支2个、团支部355个、毕业生团组织79个。机关团干部（专职团干）32人、基层团干部（兼职团干）956人。全地区青年40286人，有团员5516人，其中年内新发展团员504人。有少先队181个，其中少先大队64个、中队59个、小队58个。少先队辅导员70人，兼职辅导员66人，总辅导员3人。团地委为正县级单位，下设4个科（部）室，分别为办公室（希望工程办公室）、社会联络部（少工委办公室）、基层组织建设部、青少年活动中心，实有干部职工11人。

【青少年思想政治教育】2019年，团地委以3月综治月为契机，在青少年中开展法制宣传教育、扫黑除恶打非治乱专项斗争宣传教育活动。以清明节、"五四"青年节、国庆节等重大节日为契机，开展"缅怀先烈·重温誓词"活动、离队入团活动、升国旗、唱国歌、唱团歌等活动，以增强团员青年和少先队员的爱国情怀和责任担当。

【关心青年成长】 2019年，团地委贯彻习近平总书记关于青年工作的重要论述，发挥团组织服务青年的作用，到地区各中小学，开展学习雷锋精神开学"第一课"、中高考减压等系列活动。开展"学习雷锋精神，健康义诊青年行"主题活动，深入地区最大的易地扶贫搬迁点，开展义务体检、健康咨询等志愿服务活动。做好新时代基层团组织工作，选派基层团干部参加宣传思想文化研讨培训班和全国中学生团委书记示范培训班，提高基层团干部学习和工作能力。

【重要活动】 2019年，团地委组织收听收看纪念五四运动100周年大会，开展“青春心向党·建功新时代”表彰大会，表彰41名先进个人和集体。贯彻落实习近平总书记对广大青少年儿童的殷切希望和要求，组织开展“争做新时代好队员”儿童节文艺会演活动，庆祝少先队建队70周年。开展“青春心向党·建功新时代”系列生态环保志愿服务活动，弘扬志愿服务精神。

【助力青年就业创业】 2019年，团地委为地区创业创新人才41人开展为期4天的创业技能培训，提高创业人员的创新创业能力。推报脱贫攻坚优秀个人，激励和引导农牧区青年致富带头人助力脱贫攻坚。

妇女联合会

【概况】 2019年，阿里地区妇女联合会（简称地区妇联）下设3个科室，分别为办公室（挂政工人事科）、权益科（挂家庭和儿童工作科牌子、挂阿里地区行署妇女儿童工作委员会办公室牌子）、妇女发展科（挂组宣科牌子），下属地区妇女创业就业能力提升服务中心（事业科级建制）。实有干部职工12人。

年内，地区妇联组织地区妇儿工委成员单位召开会议，推进妇女儿童“两规”工作。开展“三八”妇女节系列纪念活动。各级妇联召开“三八”妇女节表彰大会，总结妇女工作，表彰2018年表现突出的先进集体和个人。全地区表彰巾帼志愿者先进集体、妇女儿童维权岗先进集体、“三八红旗集体”“巾帼建功集体”“巾帼建功文明岗”先进妇女工作者、“三八红旗手”（标兵）、最美格桑花、“五好文明家庭”“平安家庭”示范户、脱贫攻坚路上追梦人、“优秀巾帼志愿者”等先进集体和个人129个（名）。先后开展“巾帼心向党·奋进新时代”“感谢党的恩情·歌唱幸福生活”“美丽庭院·干净人家”创建、“忆往昔、话今生、共圆梦”座谈会、“红色歌舞”“巾帼心向党·聚巾帼之力·助脱贫攻坚”红歌比赛、“时代楷模”卓嘎央宗姐妹故事宣传等活动。

◆12月12—19日，团地委组织阿里青少年民族团结代表团到陕西延安学习交流。图为阿里青少年民族团结代表团在延安市委党校学习交流，并在毛泽东讲话纪念碑前合影留念

【巾帼脱贫】 2019年，地区妇联根据市场需求和农牧区妇女意愿，制定《2019年农牧区妇女技能培训方案》，确定开展培训2期，争取培训资金44万元，明确培训对象重点为建档立卡贫困妇女。各级妇联组织121名农牧区妇女举办藏餐烹饪培训3期。成立农牧区妇女合作组织5个，吸收农牧区妇女群众283人，助力脱贫攻坚。3月15日至4月30日，革吉县妇联联合县人社局，在地区德勒藏餐培训学校举办妇女群众餐饮培训，参训41人，并举

办村（居）妇委会主任业务培训1次。地区妇联联合相关单位举办地区年度“春风行动”暨民营企业招聘会，促进转移就业。对接各大企业，为妇女提供就业岗位。表彰激励巾帼创业就业示范基地，强化辐射带动妇女就业力度，宣传落实城乡妇女小额担保贷款政策，对贷款创业的妇女跟进后续管理。宣传巾帼脱贫典型，各级妇联录制“脱贫攻坚路上巾帼追梦人”专题片，协调地区电视台、各县电视台在全地区范围内播放。

◆5月15日，地区妇联在行署会议中心一楼会议室举办以“廉洁修身廉洁齐家、做好培育良好家风的表率”为主题的家风家教主题宣讲。妇联副主席许文娜（主席台中）主持，邀请地委党校教师李筝（主席台左）授课

【平安家庭创建】 2019年，地区各级妇联发放倡议书，组织动员广大家庭参与支持平安家庭创建活动。宣传平安家庭创建标准，明确创建目标任务。教育引导家庭成员增强“五个意识”，做到“六防六无”。把“平安家庭”创建作为家庭文明建设基础，将平安家庭创建中涌现的优秀家庭推荐为“最美家庭”“五好文明家庭”。

【文明创建】 2019年，地区各级妇联组织以寻找“最美家庭”“平安家庭”创建和“廉洁家庭”建设为主题，开展“廉洁修身廉洁齐家、做好培育良好家风的表率”家风家教主题宣讲活动，挖掘培养妇女先进典型。在家庭和妇女中宣传家庭文明建设。各级妇联表彰“最美家庭”“五好文明家庭”，2户家庭被评选为全国“最美家庭”，3户评选为自治区级“最美家庭”，2户评选为自治区级“五好文明家庭”。

【妇女儿童维权】 2019年，地区妇联推进男女平等基本国策宣传进机关、进校园、进社区、进家庭。配合人大地工委开展涉及妇女儿童相关法律法规的执法调研，重点关注和推动反对家庭暴力、维护农牧区妇女土地（草场）权益等问题的解决。健全女性人民陪审员、信访代理员工作制度，完善妇女信访维权站点建设，创新基层维权服务工作模式，做好婚姻家庭矛盾纠纷排查化解。加强12338维权热线的维护管理，为妇女群众提供法律咨询、政策解读、心理疏导等服务。各级妇联受理妇女群众来信来访10次，成功调解并达成协议8起，调解率80%。协调地区法律援助中心，为困难妇女提供法律援助。开展“巾帼维权行动”，各级妇联利用“三八”维权周、三月综治宣传月、“禁毒日”“民族团结宣传月”等节点，向妇女和家庭宣传新《婚姻法》《反家庭暴力法》《西藏自治区实施〈妇女权益保障法〉办法》、平安家庭创建标准等法律法规，组织开展各类法制宣传活动65场次，发放各类宣传册8160余份。

【关爱妇女儿童】 2019年，地区各级妇联在“三大节日”“六一”“母亲节”开展送温暖活动，为672名贫困妇女、单亲贫困母亲和孤残儿童发放慰问金、衣物、粮油、面粉、学习用具等总价值21.5万元。开展恒爱行动，发放各类爱心毛衣152件。多次与地区卫健委沟通，成立落实农牧区妇女“两癌”筛查工作领导小组，组织农牧区妇女开展“两癌”筛查。统计收集七县34～65岁农牧区妇女基本信息，确定筛查人数12894人。5月16日，举行地区“优质服务基层行”活动暨妇女“两癌”筛查启动仪式，地区卫健委联系邀请北京苹果基金、华大基金协助做好培训和检查。各级妇联通过新媒体等宣传途径，动员农牧区妇女进行“两癌”筛查。各级妇联对“两癌”患病妇女进行调查摸底，为3名妇女争取救助金3万元。

【妇联组织改革】 2019年，地区妇联把握“强‘三性’去‘四化’”的基本要求和根本任务，结合城乡基层实际，探索妇联组织设置形式，扩大基层妇联组织和妇联工作覆盖面，提高妇女组织化程度。各县推进妇联组织改革，重点实施乡镇妇联区域化改革和村（居）会改联。在改则、噶尔、普兰等县乡（镇）、村（居）进行改革试点后，妇联工作人员由原来的每个村1名妇女工作人员，增加到每个村（居）妇联主席1名、专职副主席1～2名、兼职主席副主席3～5名、执委10名；由原来1个乡镇1名妇联干事，增加到妇联主席1名、副主席2名、执委10名。打造网上正能量传播新平台，地区妇联开通微信公众号，搭建以微信公众号为主的新媒体宣传网络平台，推动网上妇女群众工作。

工商业联合会

【概况】 2019年，阿里地区工商业联合会（商会）下设办公室、综合业务科，实有干部职工15人。临时设立阿里地区非公经济发展工作领导小组办公室专班。截至年底，地区非公经济市场主体10022 户，注册资金87.87亿元；新注册2566户，新增注册资金23.8亿元。其中私营企业1150户（新增340户），注册资金71.63亿元。非公经济实现增加值25.77亿元，比上年增长13%。非公经济占地区经济总量的41.3%，比上年提高0.9个百分点。对经济增长贡献率66.4%，比上年提高20.7个百分点。累计实现税收10945.99万元。

【优化营商环境】 2019年，地区非公经济领导小组严格执行一月一报制度，收集汇总29家成员单位行业政策法规，32家成员单位结合各自工作职能和行业法规政策进行自查整改。邀请国家发展改革委社会发展研究所作为第三方社会机构，全面评估阿里民营经济发展、特色优势产业发展、优惠政策实施落实、民营经济重点企业发展等，编撰《西藏阿里地区民营经济发展规划（2019—2025）》，截至年底，完成第一阶段调研评估。面向非公经济企业发放《政策文件汇编（2011—2018）》400套，落实相关惠民政策，推行“互联网+政务服务”，优化政务办理网络系统。落实税务优惠政策，针对非公经济减免税4083.49

◆11月28日，地区工商联在会议室组织召开五届三次执委会暨阿里地区商会二届三次理事会。地委副书记张会明（主席台前排中），统战部副部长达瓦多布杰（主席台前排右二），地区民政局副局长平措（主席台前排左一）到会指导

万元。完善市场准入负面清单动态调整机制，缩减市场准入负面清单事项，推进“非禁既入”普遍落实。开展民营企业“大讲堂”活动，邀请市监、税务、人行等单位领导和律师、会计师等专业人士，为民营企业授课，重点讲解民族团结、金融信贷、法律政策、职工维权等内容，提高非公经济人士的综合素质。

【促进“两个健康”发展】 2019年，地区工商联组织开展“检察护航民企发展”检察开放日活动，组织直属会员企业代表20人参与活动。与人行阿里中心支行签订《协调联系工作机制》，双方轮流组织举办召开企业联席会议，重点研究民营小微企业和金融部门在融资信贷、金融保险等工作中遇到的热点、难点问题，探讨解决融资问题和困难。协调区人社局、工会、妇联、扶贫办等单位，发放各类招聘信息宣传材料2000余份，联合主办阿里地区年度“春风行动”暨民营企业招聘会，组织工商联直属会员企业11家直接参与，363人与招聘企业达成就业意向。制定《2019年民营企业申报阿里地区非公有制经济发展专项资金项目工作实施方案》，印发各县和地区工商联直属会员企业、招商引资类项目企业和大学生创业者。构建“亲”“清”新型政商关系，以民营企业“大讲堂”为契机，向50余位民营企业代表、工商联干部职工宣讲“亲”“清”新型政商关系背景、内涵等内容，引导干部职工树立服务意识。

【企业调研】 2019年，地区工商联组织民营企业开展实地调研3场次20余户，在各县召开民营企业发展座谈会2场次，30余位企业家参与。分别起草撰写《阿里地区民营经济的历史贡献和作用》《阿里地区民营经济发展面临的形势与建议》专项专题调研报告2份，分别呈报自治区工商联和地委、行署，反映民营企业发展状况、存在问题和工作建议。

【践行社会责任】 2019年，地区工商联宣传《中共中央 国务院关于营造企业家健康成长环境弘扬优秀企业家精神更好发挥企业家作用的意见》，引导民营企业守法经营，参与社会主义物质文明和精神文明建设。春节、藏历新年期间，西藏阿里大酒店有限公司、阿里百益超市组织员工慰问孤寡老人、福利院儿童，发放慰问金和物资，总价值5.1万元。结合第29次全国助残日活动，组织协调18家民营企业为100名残疾人送温暖和祝福，捐款捐物价值18.8万元。协调民营企业中优秀阿里籍管理人才，到职业技术培训学校，为农牧民进行授课。全年开展智力扶贫活动1次，受惠群众13人。推进“十企帮十村”，西藏阿里大酒店有限责任公司、阿里地区龙腾建筑有限责任公司、阿里百益超市、阿里港城加汽砖厂、西藏札达金城建筑工程有限责任公司、西藏阿里地区恒远商贸有限公司、阿里云昭职业技术学校等，以资源开发利用、就业帮扶、租赁机械设

◆7月28—29日，阿里地委统战部副部长、地区工商联党组书记李杰峰带队到河北省邢台市工商联开展缔结友好工商联活动。图为李杰峰（左）与邢台市工商联主席王建江（右）签订《友好合作协议》

备、贫困大学生救助、技术培训等方式，开展精准扶贫。

【对口援藏】 2019年，地区与河北、陕西两省工商联在全国工商联系统援藏座谈会暨精准扶贫西藏行会议上签订《对口支援合作协议》。拟定强化对口援助机制、共同扶持产业发展、扶持小微企业发展等7个方面对口支援内容。收集西藏金紫绒工贸有限公司、西藏阿里改则森郭服饰投资开发有限公司等8家小微企业帮扶需求，委派专人于7月23日至8月5日到河北、陕西两省工商联进行洽谈。

残疾人联合会

【概况】 2019年，阿里地区有残疾人群团机构1个，新设立地区残疾人综合服务（托养、康复）中心、7个县残疾人综合服务（托养、康复）中心。实有干部职工6人。全地区持有第二代残疾证的有3169人，占全地区总人口的2.8%。有康复需求的残疾人1950人，其中，功能训练264人、护理362人、辅助器具388人、药物616人、手术320人。经各县民政局（残联）以入户、电话形式筛查统计，全地区0～8岁残疾儿童有93人，有康复需求的10人，均建立台账。全地区建档立卡残疾人900人，其中残疾儿童177人。纳入社会救助供养83人，纳入最低生活保障184人，五保供养83人，医疗救助70%～100%（重度残疾儿童为100%），享受地区义务教育家庭经济困难学生生活费补助政策52人。0～16岁和59岁以上残疾人集中供养85人（含残疾儿童2人），地区残疾人综合服务中心尚未启动，均供养在地区和各县五保户集中供养中心；16～59岁有托养服务需求残疾人116人。5月16日，地区残联党组成员、副理事长尼玛拥宗被人社部、中国残疾人联合会评为“全国残联系统先进工作者”。

【慰问助残】 2019年，地区残联以“三大节日”为契机，走访、集中慰问藏布居委会、森格居委会、康乐新居贫困残疾人家庭34户、一户多残家庭1户、自强不息残疾人5人，共40人，发放慰问金和物资合计3.6万元。5月19日，结合第二十九次“全国助残日”活动，联合地区妇联、人社局、人民医院等10余家残工委成员单位在地区民政局门口开展一条街宣传活动。5月30日，地区残联牵头，地委副书记张会明带队走访慰问地区小学、地区幼儿园随班就读残疾儿童22人，发放慰问金1.1万元，发放衣服22套价值1.76万元。同日，在藏布居委会开展阿里地区首届爱心企业助残送温暖活动，18家爱心企业参与，为重度、贫困残疾人95人每人发放面粉、大米、清油和糌粑3袋，向重度残疾人发放慰问金每人800元，向贫困残疾人发放慰问金每人600元，累计捐助17万余元，其中现金6.7万元、物资10.3万元。

【康复服务】 2019年，地区残联贯彻落实残疾人基本型辅助器具和残疾儿童康复救助政策，以行署名义下发《阿里地区行政署关于建立残疾儿童康复救助制度的实施意见》，为残疾人提供个性化、专业化的精准康复指导与辅助器具适配服务。5月20日，与地区人民医院联合，对噶尔县3个居委会开展康复筛查，筛查残疾儿童30人，其中符合康复条件的3人，与人民医院康复科联系安排康复治疗。全年为残疾人配备轮椅60台、拐杖50副、助听器20个，并进行使用指导。

【脱贫帮扶】 2019年，地区残联以全国残疾人基本服务状况和需求动态更新数据与建档立卡贫困人口数据比对结果为基础，精准识别、准确掌握贫困残疾人的基本信息，分析贫困残疾人的分布、残疾类型和等级，着力解决贫困残疾人家庭在基本生活、医疗保障、残疾儿童康复需求等突出困难，落实相关扶贫政策。与地区劳动资源局联合开展厨师、客房服务等技能培训，参训残疾人25人。在地区国资委、自来水公司、保安公司、地区残联等机关、企事业单位就业残疾人30人。自主创业58人。与地区住建局联合摸底残疾人住房和危房情况，全地区残疾人均有住房并无危房。全地区残疾人均参保基本养老保险和基本医疗保险。

◆“三大节日”期间，地委副书记张会明（左二），地区残联党组成员、副理事长尼玛拥宗（右三），副理事长强巴克珠（右一）在一户多残家庭了解其生活情况

【民生项目】 2019年，残疾人家庭无障碍改造项目，全地区受益残疾人34人，资金11.9万元。阳光家园项目，受益50人，资金7.5万元。肢体（脑瘫）残疾人儿童康复救助项目，受益10人，资金13.2万元。精神、重度残疾人办证补贴项目，受益30人，资金0.45万元。残疾人文化项目，受益401人，资金2万元。农村贫困残疾人实用技术培训项目，受益100人，资金5万元以上项目均落实到各县。

政法委与综治

【概况】 2019年3月25日，中共西藏阿里地区委员会政法委员会（阿里地区社会治安综合治理委员会办公室）更名为中共阿里地区委员会政法委员会（简称“地委政法委”），为正县级，内设4个科室，分别为办公室、综治督导科（基层社会治理科）、维稳指导科（反邪教协调科）和执法监督科（法学会办公室），撤销阿里地区社会治安综合治理委员会及其办公室（简称“地区综治办”）和阿里地区维护稳定工作领导小组及其办公室（简称“地区维稳办”），将地区维护稳定工作领导小组的部分职责划转至地区国家安全委员会办公室，地区防范和处理邪教问题领导小组及其办公室职责交由地委政法委、地区公安处共同承担。地委政法委实有12人。全年开展理论学习中心组学习5次、讨论交流5次、撰写心得体会13篇、举办专题讲座2次，学习贯彻《中国共产党政法工作条例》，增强学习效果。集中开展“不忘初心、牢记使命”主题教育，开展专题研讨10次，讲党课4

◆9月30日下午，地委政法委在三楼会议室开展“支部委员换届、重温入党誓词”主题党日活动。新任机关党支部书记、地委政法委副书记李家海（右三）带领全体党员重温入党誓词

次，开展主题党日活动2次，撰写调研报告5篇，受教育党员干部300余人次。3月3日，地委召开政法工作会议，回顾总结2018年全地区政法工作，分析研判政法工作形势。围绕为新中国成立70周年创造安全稳定社会环境的总目标，成立防范化解重大风险工作领导小组，以地委委员、政法委书记沈照山为组长，强化组织领导，推动全地区各级政法机关做好政治领域、社会领域风险防范化解。整合力量形成矛盾纠纷联调、治安联防、问题联治、平安联创格局，划分网格156个、网格力量1003个，网格化服务管理延伸到社区、寺庙、居民区、村民组织、联户单位，构建形成城乡维稳综治防控网络。调整充实地区防范和处理邪教工作领导小组，地县两级举办反邪教宣传31场次，横幅标语宣传56条，发放宣传资料3470余份，签订“家庭拒绝邪教承诺卡”543份。

【政法领域改革】 2019年，地区各级政法机关全面深化政法领域改革，提升政法机关战斗力。推进政法机关内部改革，优化职能配置、机构设置、人员编制，政务、业务运行更加通畅高效。深化司法体制综合配套改革，推进考核奖惩改革、监督体系改革。全面落实司法责任制，加强新型办案团队建设，完善新型司法监督体制。深化诉讼制度改革，形成有权必有责、有权必担责、滥权必追责的制度体系。推进“放管服”改革，深化户籍制度改革，统筹推进律师、公证、法律援助、司法鉴定、仲裁、人民调解等工作，构建“互联网+法律公共服务”，最大限度“减证便民”，打通服务群众“最后一公里”，为群众提供更优质、更高效、更贴心的服务。

【维护国家政治安全】 2019年，地委政法委开展维护国家政治安全专项行动，推进维护国家政治安全工作体系和能力建设，建立政法机关维护政治安全工作机制，指导协调、监督检查全地区政法机关做好维护国家政治安全工作。把维护国家政治安全特别是政权安全、制度安全放在首位，将反分裂、反暴恐、反蚕食斗争一体谋划、部署和落实，深化专项整治，严密防范、严厉打击各类分裂破坏活动，推进反分裂斗争和维稳形势教育常态化，维护祖国统一和民族团结。

【基层平安创建】 2019年，地委政法委落实《自治区级平安县（区）和基层平安创建工作动态管理办法（试行）》《阿里地区级平安县和基层平安创建工作动态管理办法（试行）》，推进基层平安创建活动，扩大覆盖面，强化动态管理，激发基层平安创建活力，以基层的“小平安”积累全地区的“大平安”，提升群众安全感、满意度和幸福感。

【“先进双联户”创建】 2019年，地委政法委落实重点工作任务，把“先进双联户”创建活动与庆祝新中国成立70周年安保维稳、脱贫攻坚、扫黑除恶、“不忘初心、牢记使命”主题教育等重点工作有机结合，创建“先进双联户”，总结推广噶尔县、改则县治安联防队伍建设经验做法，在双联户中开展“民族团结·语言互学”活动。落实各项优惠政策，年内全地区享受高考加分政策1人、享受高校毕业生公开考录加分政策21人、享受参军政策5人，落实双联户户长补助资金376.4万元、奖励资金273.86万元。

【矛盾纠纷排查调处】 2019年，地委政法委研究制定《阿里地区关于开展迎接新中国成立70周年大庆大排查、大化解实施方案》，以“清零”为目标，集中力量分阶段、分步骤开展矛盾纠纷大排查、大化解。严格落实属地管理和谁主管、谁负责的原则，成立双拖欠、军转干、矿业水利开发及土地征用、涉法涉诉、草场资源纠纷、临时工待遇问题、交通运输、易地搬迁、宗教领域9个专项工作小组，明确任务分工。全年地区调处各类矛盾纠纷282起，调处成功281起，调处成功率99.6%。

【实有人口服务管理】　2019年，地委政法委严格落实“以证管人、以房管人、以业管人”政策措施，地县两级治安部门开展大型清查行动5次，各类节点清查20余次，排查清理流动人口密集区和治安重点单位18次，累计清查流动人口27万余人次。办理居住证3779张，办理居住证登记卡13527张。各级公安检查站劝返各类证照不齐人员227人。

【扫黑除恶专项斗争】　2019年，地区扫黑办围绕“一年治标、两年治根、三年治本”的总要求，把扫黑除恶专项斗争融入治边稳藏重要战略，推动扫黑除恶专项斗争取得阶段性成效。聚焦6月份中央扫黑除恶第13督导组反馈的17个共性问题和2个个性问题，落实整改。全年地区累计摸排受理线索156条（不包括因外省管辖上报自治区公安厅8条），查否了结31条，查实办结119条，核查在办6条，办结率96.15%。全地区侦破“九类”涉恶个案8件，抓获违法犯罪嫌疑人29人，刑事拘留26人，依法起诉6件21人，审结5件18人，新侦办“九类”涉恶个案1起，提前介入案件增加3起，结案率从督导前的28.57%提高到87.5%。

◆11月22日，地委政法委组织政法系统各部门党员干部到改则县先遣连遗址观摩学习。图为党员干部在进藏先遣连纪念馆门前合影

【政法队伍建设】　2019年，地委政法委开展“全面加强政治建警、打造过硬政法队伍”专项教育整顿活动和清理“两面派”“两面人”专项行动，教育引导政法干警坚定政治立场和理想信念，严守党的政治纪律和政治规矩，提升能力素质。通过“走出去、请进来”等方式，开展培训46场次，培训政法干警1200余人次。全地区政法机关开展各类学习教育活动2500余场次，受教育10万余人次。9月，召开政法队伍建设座谈会，听取地直政法各部门工作情况汇报，交流意见建议，组织深入革吉县委政法委、县公安局以及雄巴乡等单位进行实地调研，发现需要上级部门帮助解决的问题4条，需要政法系统自身解决的3条，提出整改措施5条。

【政法舆论宣传】　2019年，地区政法系统开展庆祝新中国成立70周年政法主题宣传活动50余次，征集“我和政法70年”（我身边的平安英雄）短视频作品5部，开展“今天我当班”体验采访活动3次，“两下载一关注”实现政法干警全覆盖。加强法学会普法宣传，组织开展“百名法学家百场报告会”“青年普法志愿者法治文化基层行”等系列活动。开展各类法学会普法宣传活动700余场次，举办法治讲座280余场次，受教育11万余人。深化依法办理、舆论引导、社会面管控“三同步”工作理念机制，组织地县两级政法干警开展政法工作“三同步”培训，提高政法干警防控风险、维护稳定、规范执法、应急管理等能力水平。

公　安

【概况】　2019年，地区公安

◆1月1日，阿里地区公安处举行阿里地区公安现役集体换装仪式。地委委员、政法委书记、公安处党委书记沈照山（主席台中），公安处党委副书记、处长旦增普布（主席台左三）等出席仪式

机关贯彻落实各级维稳决策部署，全警动员，加强边境边界管控、社会面防控、反恐防暴、扫黑除恶、公共安全管理，开展“不忘初心、牢记使命”主题教育，落实“践行新使命、忠诚保大庆”要求，加强政治建警。推进“云剑”“剑盾”、百日追逃、打击文物犯罪、打击治理电信网络新型违法犯罪及扫黑除恶等专项行动，实现刑侦工作水平大幅提升。开展流动人口服务、缉枪治爆、户籍服务、治安服务改革。治安形势安全平稳。推进交通安全管理。道路交通安全形势平稳、道路畅通、秩序井然。加强社会立体防控、重点人员服务、重大警卫安保，完成西藏民主改革60周年、新中国成立70周年大庆等重要节点维稳安保。全年立刑事案件115起，抓获犯罪嫌疑人71人。打掉长期非法持有枪支弹药犯罪团伙1个。查处治安案件216起，查处违法人员344人。新增机动车驾驶证1221个、机动车保有量24733辆，处理交通违法行为20604起，罚没资金237.74万元。

【扫黑除恶专项斗争】 2019年，地区公安处坚持“打早打小、露头就打”的工作原则，严厉打击各类黑恶势力、非法组织和重点人员违法犯罪活动。侦办涉恶九类案件1起，打击处理犯罪嫌疑人3人。破获网络非法组织案1起，处理涉案人员41人。

【执法规范化建设】 2019年，地区公安处按照公安部关于推进法治公安建设的部署要求，推进执法权力运行机制改革，建设执法办案管理中心，提高公安民警执法能力，完善执法监督管理体系。

【深化“放管服”改革】 2019年，地区公安处在道路交通管理方面推出“七免两保障一服务”便民利民服务措施，满足办事群众需求，组织考官下县考试，确保偏远地区群众享受便民利民服务。将户口迁移审批期限缩短至3个工作日之内，民用爆炸物品购买、

◆10月2日，地区公安处在一楼会堂举办“不忘初心、牢记使命”主题教育文艺晚会。图为晚会现场

运输申请审批期限缩短至7个工作日之内，简化新生儿落户手续，取消未落户证明等部分材料，落实“双语服务”措施，方便少数民族群众办证办事。将原来申请普通护照、往来港澳通行证及大陆居民往来台湾通行证使用的申请表“三表合一”，探索建立“地级—县级—乡级—村级”四级境外人员临时住宿登记服务管理模式，在普兰县巴嘎乡设立境外人员服务站，做到“四有”（有一套办公场所、有一块牌子、有一套管理台账、有一名专职人员）。

【队伍管理】 2019年，地区公安处提升队伍的法律政策运用能力、防控风险能力、群众工作能力、科技应用能力、舆论引导能力。有27个集体、79人受到上级表彰奖励。增强干警廉洁从警意识、严肃廉洁从警纪律、规范廉洁从警行为，促进全警以案为鉴，全年处理违纪违法案件17起18人。

2019年阿里地区公安机关获奖集体

获全区表彰：

二等功（3个）

阿里地区公安处、公安处交警支队、改则县公安局洞措拉雄一级公安检查站

三等功（2个）

噶尔县公安局、公安处特警支队

嘉奖（4个）

阿里地区公安处交警支队、革吉县公安局亚热乡派出所、改则县公安局改则镇派出所、日土县公安局多玛一级公安检查站

成绩突出（1个）

札达县公安局

2019年阿里地区公安机关获奖个人

获全国表彰：

成绩突出个人（1人）

欧　罗

获全区表彰：

二等功（5人）

拉巴次仁（追授）　山成彬

尼　珍　赵生录

白玛扎西

三等功（3人）

普布次仁　杨国强

次仁卓拉

嘉奖（6人）

刘　杰　加增平措

多　杰　明玛顿珠美朗

达瓦尼亚　格桑强巴

成绩突出（5人）

普布顿珠　张文文

庞志伟

珠　达（辅警，公亡）

尼玛石确

【七县公安局工作】 2019年，改则县交警大队立足“五个强化”（强化牧区交通工作，为人民负责；强化重点车辆管理，为社会负责；强化道路交通安全，为出行负责；强化恶劣天气管控，为安全负责；强化“放管服”工作，为便民负责），全面落实守土责任。革吉县建立领导干部联系县、乡镇、村居、寺庙、学校和僧尼、重点人员、贫困户的“八联”工作模式，做到包户到人、包寺到僧、包校到生。札达县忠诚铸警魂、强化队伍管理，打击违法犯罪，构建和谐警民关系。措勤县创新工作模式，突出维稳工作与脱贫攻坚结合点，着眼经费、力量、以服代勤三个关键点，强化重点物品清查、矛盾纠纷和信访隐患排查整治、道路交通安全隐患排查、“零点”行动等四项举措，做好大庆安保各项维稳工作。日土县探索建立以边境、边界管控和进阿人员、车辆盘查登记为终端，以各检查站点为依托，推动形成乡（镇）机关、派出所、村（居）、治安联防队、林业管护站、牧民群众六级全面参与的边境边界管控模式，落实“查、巡、防、控”措施。噶尔县以“四抓四注重”（坚持抓部署、注重谋略，抓投入、注重联动，抓服务、注重实效，抓处突、注重灵敏），

强化“以服代勤”，动员组织干部、部队官兵、干警群众开展拥军爱民、法治宣传、便民利民等活动。普兰县对重点人员实行“一份从业情况表、一份社会关系表、一份活动规律表、一份违法犯罪记录表、一套服务管理人员”的“五个一”服务管理工作方法。

检　察

【概况】　西藏自治区人民检察院阿里分院设11个处（室），分别为办公室、政治处、计财处、政研室、刑检部、民行处、检察技术处、控告申诉处（举报中心）、未检科、执检局、案管办。下辖7个县人民检察院，县院内设机构3～7个。两级院实有人员163人。

2019年，阿里两级检察机关受理审查逮捕各类犯罪案件61件105人。依法批准逮捕36件60人，不批捕和决定不捕24件44人。受理审查起诉76件128人，决定起诉56件97人，决定不起诉10件17人。开展扫黑除恶打非治乱专项斗争，依法受理相关案件3件14人，审结1件4人。开展专项法治宣传66次，发放宣传单5300余份，接受法律咨询1000余次。依法处理群众信访事项16件18人，检察长接待群众来访7次8人。两级检察院依法帮助7名农民工讨回拖欠工资10.8万元。

◆4月4日，自治区人民检察院阿里分院在七楼会议室召开阿里地区检察长会议。党组副书记、副检察长多杰本（主席台右三）主持，党组书记、检察长扎西（主席台中）讲话

【未成年人涉案检察】　2019年，阿里两级检察机关加强未成年人保护，贯彻最高人民检察院“一号检察建议”，受理涉未成年人审查案件4件9人，审查起诉4件9人，开展心理疏导8次，依法为涉案未成年人申请司法救助资金18.2万元。两级检察院检察长担任中小学法治副校长，实现普法工作全覆盖，开展“携手关爱、共护明天”主题法治进校园等活动36次，受教育师生2.3万人次。

【法律监督】　2019年，阿里两级检察机关强化刑事执行监

◆7月18日，自治区人民检察院阿里分院和地区教育局在检察院七楼会议室举行法治副校长聘任仪式。副检察长费超（主席台右一）主持，党组书记、检察长扎西（主席台中）和地区教育局副局长王延涛（右二）出席会议并讲话

督，办理羁押必要性审查案件4件4人，开展社区矫正专项检查7次，发出纠正违法通知书1件。排查公益诉讼线索27条，立案19件，发出检察建议19份，全部得到回复。办理民事生效判决监督案件4件，民事行政执行活动监督案件1件。

【司法改革】 2019年，阿里两级检察机关整合刑事检察职能和人员，推进“捕诉合一”办案新制度。落实员额内院领导直接办案要求，两级院领导累计办案130件，检察长列席法院审委会11次。推进队伍综合素能提升，选派干警外出参加培训70余人次，自行开展检察服务中心网络平台应用培训、统一业务应用子系统培训、藏汉“双语”培训等10班次。

【检务公开】 2019年，自治区人民检察院阿里分院推进检务工作阳光透明，邀请人大代表、政协委员、人民监督员等社会各界代表参加检察开放日活动。全年公开程序性案件信息141条、法律文书54份。通过“阿里检察”两微一端讲好阿里检察故事，西藏日报、西藏新闻联播、西藏法制报、法治西藏、西藏检察、天上阿里等传统和新媒体报道阿里检察工作30余次。达娃顿珠作品《开展法治宣传》在最高检“检察题材书画、摄影、音乐作品评选”中获摄影作品类三等奖。

【检察受援】 2019年，自治区人民检察院阿里分院落实河北、陕西、广西、海南、河南五省区检察机关12名“双百计划”业务骨干到阿里指导业务，选派12名两级院干警赴五省区挂职锻炼。五省区检察机关9批36人赴阿里对接和推进检察援藏工作，落实援助资金680万元。分院党组坚持先基层后分院原则，统筹受援资金1400万元，建成6个基层县院多功能检务保障用房，并交付使用，剩余1个基层县院项目完成主体建设。

◆4月28日，自治区人民检察院阿里分院开展检察开放日活动。图为党组成员、副检察长费超（右一）为参观者介绍党建活动室建设情况

【从严治检】 2019年，自治区人民检察院阿里分院专题研究和部署两级检察机关党风廉政建设和反腐败工作，明确院党组和党组书记、班子成员责任61项。主要领导干部对干警开展廉政集中谈话和提醒谈话14人次，制定廉政风险防控措施并排查风险防控点，解决形式主义、官僚主义突出问题，推进阿里检察机关从严治党、从严治检。

法 院

【概况】 阿里地区中级人民法院内设机构17个，分别为办公室、政治处、立案庭、刑事审判第一庭、刑事审判第二庭、民事审判第一庭、民事审判第二庭、审判监督庭、行政审判庭、国家赔偿委员会办公室、执行局、司法辅助办公室、司法行政装备管理处、司法警察支队、编译科、技术信息科、研究室。七县法院均设有办公室（政治处）、立案庭、刑事审判庭、民事审判庭、审判监督庭、执行局6个科室。改则、普兰、措勤、噶尔四县另设有法院司法警察大队。噶尔县法院另设有行政审判庭。

◆7月6日，阿里中院在中院六楼视频会议室召开全地区基层法院党组书记述责述廉会议，中院党组书记、院长赵宇彦（主席台中）主持

地区7个基层法院均有1个派出法庭。阿里中院实有60人；噶尔县法院实有38人（门士乡法庭5人）；日土县法院实有17人（多玛乡法庭4人）；革吉县法院实有19人（盐湖乡法庭4人）；改则县法院实有16人（察布乡法庭2人）；措勤县法院实有15人（江让乡法庭3人）；普兰县法院实有16人（巴嘎乡塔尔钦法庭3人）；札达县法院实有16人（曲松乡法庭3人）。2019年，推动智慧法院建设，地区中院建成并覆盖审判、执行、司法公开、基层基础等信息化工作平台，告别人工办公办案时代，实现各类信息化统计，应用智能辅助办案系统，为法官提供类案推送、文书纠错、数据分析等智能服务，帮助法官提升业务能力。地县两级法院审理刑事、民商事、行政、执行案件2074件（含88件诉前调解），审执结1859件，未结215件，综合结案率89.22%，院庭长办案1986件，占总受理案件数的95.8%。受案数比上年上升47.37%，结案数比上年上升42.7个百分点。

【司法改革】 2019年，阿里地区按照司法辅助人员和司法行政人员的定岗条件、定岗方式和程序等综合要求，完成三类人员分类定岗，启动法官单独职务序列改革、第二批员额法官入额和内设机构改革。两级法院有法官52人、司法辅助人员98人、司法行政人员44人、未分类定岗人员8人。推进财务统管试点，中院基本完成固定资产清查。两级法院先后派出财务人员在国家法官学院西藏分院进行人财物统管相关培训，单独设立财务室，配备专业财务人员，安装国库集中支付系统，基本完成财务统管前期工作。落实司法人员职业保障改革，在员额制改革后，法官工资收入增长50%，审判辅助人员和行政人员工资增长20%，落实2018年法官基本增资及法官、司法辅助人员绩效考核奖金。打破庭室建制，统筹使用法官、法官助理和书记员，科学组建审判团队4个，书记员和法官助理由审判管理办公室统一管理，将审判团队整体绩效考核和法官、法官助理、书记员个人绩效有机结合。落实司法责任制，学习解读《关于加强司法权力运行监督管理的意见》《关于完善人民法院司法责任制的若干意见》《关于进一步全面落实司法责任制的实施意见》《关于健全完善人民法院主审法官会议工作机制的指导意见（试行）》，制定法官、法官助理、书记员职责清单和履职指引。在全区法院范围内率先完成择优选升，6名法官从四级高级法官升为三级高级法官，2名法官从一级法官升为四级高级法官。完善人民陪审员制度，基层法院依照法定程序重新选任人民陪审员120人，提高人民陪审员参审率，参审案件198件。启动聘用制书记员招聘工作，招聘聘用制书记员40人。

【立案信访】 2019年，地县两级法院当场登记立案1830件，其中民事案件1280件、执行案件480件、刑事案件70件。有行政案件7件，当场登记率92%。一次性告知当事人补正材料10件。诉讼费缓交248625.78元（中院缓交78094.89元），减交556802.29元，免交307045.26元。12368热线接待群众46次，网上立案3件。接待法律咨询310件615人次，其中中院接待法律咨询26件30人次。受理并办结涉诉信访案件5件。排查矛盾纠纷41次。办理司法救助案件2件，金额195375元（含刑事被害人救助、执行救助）。

【刑事审判】 2019年，地县两级法院受理刑事案件84件170人，审结78件139人，未结6件20人，结案率94.05%，审限内结案率100%。其中，受理刑事一审案件70件134人，刑事二审案件14件36人，刑事附带民事案件2件，无刑事再审案件，无减刑假释案件。判处3年以下有期徒刑的106人，超过3年不满5年刑罚的5人，5年有期徒刑不满10年的刑罚5人，10年有期徒刑及以上刑罚3人，无期徒刑刑罚1人，死刑刑罚1人。

【民商事行政审判】 2019年，地县两级法院受理民商事案件1390件，审结1257件，未结141件，结案率90.43%，受案标的总额337382413.88元。审限内结案率99.37%，依法开庭率100%。以调解撤诉方式结案784件，调撤率62.37%。调解结案611件，调解率48.60%。受理行政案件7件，审结6件。无国家赔偿案件。

【案件执行】 2019年，地县两级法院推进执行机制改革，加强规范化、信息化建设，建立分段集约执行工作机制，实行执行案件繁简分流机制，实现案件与人员的优化组合。建立健全执行管理制度，破除消极执行、选择性执行、乱执行情形。实行网上办案，推进网络执行查控系统建设，改变“登门临柜”的传统模式，累计查询各类信息639条，涉及被执行人398人次。巩固拓展“基本解决执行难”成果，持续推动管人、管案、管事三统一的“大执行”工作格局，整合执行力量集中攻坚办理执行案件。两级法院有在编执行人员48人，专门派驻执行局的法警15人。受理执行案件480件，执结416件，综合结案率86.67%，法定审限内结案率98.77%，实际执行到位金额1284.67万元。开展集中（异地）执行攻坚活动4次，派出执行干警19人次，到四川、甘肃、新疆、重庆以及拉萨、日喀则等地，办理各类执行案件63件。深化联动协作机制，与有关部门对接协调，将失信被执行人联合惩戒嵌入社会信用网络平台，实现诚信信息共享。纳入失信被执行人名单45人次，限制高消费53人次。

【司法为民】 2019年，地县两级法院结合乡镇人民法庭、法官工作室、车载流动法庭等平台，推行基层法官包乡、包镇、包村制度，深入群众开展法治宣传和调解矛盾纠纷。地区中院推行院长接待日，中院党组书记、院长赵宇彦到易地扶贫搬迁点康乐新居开展院长接待日活动，解答群众法律咨询。结合3月综治宣传月、6月综治宣传周等契机，开展

◆7月28日，阿里中院副院长罗布郑堆（后排左三）驻村期间向措勤县彭巴组村民宣讲法律法规及政策

法制宣传332场次，接受法律咨询0.17万人次，出动干警664人次，发放宣传资料4.18万份，受教育群众9.16万人，车载流动法庭行程18.31万千米，办理案件98件，经费开支27万元。中院诉讼服务大厅进入前期性可行性预算报告阶段。群众通过12368服务热线咨询律法相关问题。通过微信群等，与基层党组织、基层行政机构、基层人民调解员建立联系，深入群众调解矛盾纠纷。各基层法院深入农牧区一线，处理纠纷300余起。

【扫黑除恶专项斗争】 2019年，地县两级法院调整充实专项斗争领导小组，成立审判专业团队，召开专题党组会40次，专项斗争领导小组学习、讨论会42次，中院指导下级法院办理涉恶案件1件，对七县法院进行督导。对2017—2019年审理的全部案件进行梳理，摸排涉黑恶犯罪线索。中院排查线索5条，办理自治区高法、地区扫黑办线索转办案件3件，审核公安机关问题线索1条，对噶尔县法院审理的一起涉恶组织案件进行指导。两级法院组织扫黑除恶专项斗争法制宣传49次，发放宣传材料3310余份，驻村工作队组织宣讲11次。

【法院受援】 2019年，河北省、陕西省法院对阿里两级法院开展审判业务援藏、人才智力援藏、教育培训援藏、物资装备援藏、文化生活援藏、信息化建设援藏。两省法院通过联合调研、举办专题研讨会、交流管理等形式，提高阿里法院的办案质量和管理水平。河北省法院对阿里法院保护野生动物刑法适用和审判管理等方面进行指导。陕西省法院对便民诉讼服务中心规范化建设和审判图书管理等方面给予支持。年内，地县两级法院与陕西省、河北省法院双向学习交流6次38人。其中，阿里中院到陕西省法院学习、挂职、交流2次14人，陕西省法院到阿里中院进行业务指导3次19人，河北省廊坊市法院到阿里中院进行审判业务授课、交流1次5人。7月中旬，陕西省榆林市中级人民法院柳强到阿里中院挂职。两省法院通过免费代培、组织讲师团上门授课等多种形式，对阿里法官进行教育培训。2018—2019年，先后为阿里提供跟班学习、挂职12人。通过免费代培，提高阿里两级法院司考通过率。2018—2019年，地县两级法院收到陕西援藏资金50万元（2018年收到10万元、2019年收到40万元），阿里中院累计支出援藏资金163.81万元（包括2018年以前结转的援藏资金，2018—2019年援藏资金支出197743元），用于地县两级法院院内基础设施的改善。陕西省法院向地县两级法院捐赠延安红色精神剪纸、毛主席徽章、华山摄影作品、韩城书法作品等，加深两地法院之间文化交往、交融和交流。7月，上海高院一行4人工作组对地县两级法院信息化建设及运行情况进行调研指导，提高法院信息化办案效率，完善办案信息化建设。

◆7月14日，阿里中院与陕西省高级人民法院在中院三楼会议室召开援藏工作座谈会。陕西高院外事办主任苏军（左排左一）、刑二庭庭长赵合理（左排左二），阿里中院副院长高佳伟（右排右二）出席座谈会

◆8月20日，阿里中院在六楼视频会议室举办廊坊市法院进阿业务授课暨业务交流视频会，党组副书记、副院长才旺罗杰（主席台左）主持

【基层基础建设】　2019年，地县两级法院先后实施基础设施建设项目11个，包括中院安防值班监控室改造、中院刑场维修改造、日土县多玛乡人民法庭附属设施建设、日土县法院审判综合楼台阶维修、门士乡中心法庭宣传场地地面硬化、噶尔县法院旧办公楼改造维修及陪审员住宿区改造等，总投资107.2万元。通过援藏资金渠道，实施普兰县人民法院森吉旦莎建设项目。

司法行政

【概况】　阿里地区有司法行政部门8个，其中地区级司法局（处）1个、县级司法局7个，有司法行政人员129人。地区司法处为正县级编制，内设机构9个，分别为办公室（信息科技科、指挥中心）、政工人事科、法治管理科、普法与依法治理科、社区矫正管理科（社区矫正执法支队）、人民参与和促进法治科、公共法律服务管理科、律师工作与法律执业资格管理科、财务装备科。下辖事业单位3个，分别为岗底斯律师事务所、地区公证处、地区法律援助中心。下设直属行政单位1个，为阿里强制隔离戒毒所（社会教育矫治所）。2019年，各级人民调解委员会受理各类矛盾纠纷271起，调处成功269起，调解成功率99%。地区登记在册刑满释放人员173人，通过有针对性的帮教，逐步实现“帮教社会化、就业市场化、管理信息化、工作规范化”。全地区以学习宣传《宪法》为核心，以“法律七进”为载体，开展普法工作，累计开展各类法制宣传970余场次，举办法制讲座120余场次，发放宣传资料14.3万份，累计受教育13.6万人次。

【人民调解】　2019年，地区司法处推进矛盾纠纷多元化解机制建设，参加司法部组织的人民调解大讲堂培训，组织各级人民调解员举办培训班20期，参训400余人，提高基层人民调解员的业务能力和调解技巧。对劳务纠纷、草场土地纠纷等重点领域，协调相关职能部门进行调解，妥善做好政策解释、宣传教育和预防化解。全地区建成地、县、乡级人民调解指导中心49个，有人民调解委员会269个、调解员2008人。其中，行业性、专业性人民调解组织52个，企事业单位调解组织8个。各级人民调解委员会受理婚姻家庭纠纷146起，经济纠纷29起，邻里纠纷26起，民事纠纷18起，劳动争议纠纷22起，草场土地纠纷9起，合同纠纷6起，人身损害赔偿1起，消费纠纷1起，其他民间纠纷13起。调处成功269起，调解成功率99%。

【安置帮教】　2019年，地区司法处重新对全地区所有刑满释放后五年、解除社区矫正后三年的人员进行摸底排查，建立健全刑满释放人员档案。加强刑释解教人员排查、帮教、服务与管理。制定有针对性帮教方案，从衔接安置、就业培训、走访帮教、教育帮扶等方面着手，帮助其解决就业、生活、家庭等方面的实际困难和问题。全地区登记在册刑满释放人员中重点帮教

2人、一般帮教171人；年内新增刑满释放人员42人，衔接率100%。

【社区矫正】 2019年，地区司法处以“六个一”（一周一次电话汇报、一月一次思想汇报、一月一次集中教育、一月一次公益劳动、一月一次走访入户、一季度一次考核）为管理关键点，实现日常管理“规范化”。分类管理与因人施“矫”相结合，结合审前调查评估情况制定管理办法，从日常报告、教育学习、公益劳动等方面予以不同监管。全年地区在册社区服刑人员35人。新接收社区矫正对象26人，期满解除18人，累计居住地变更后转交外地6人。截至年底，登记在册40人，其中缓刑38人、暂予监外执行2人。

【公证服务】 2019年，地区司法处严格规范办证流程、办证材料审核、档案管理，发挥公证预防化解矛盾纠纷的职能作用。累计办证民事类1252件，涉及财产标的额16亿余元。其中，委托公证683件，声明公证59件，赠与公证19件，保证公证1件，协议公证50件，继承公证110件（其中小额继承58件），招标现场监督公证176件，与原件相符公证20件，签名印鉴公证120件，亲属关系公证11件，证据保全公证3件；经济类15件。为贫困户免收公证费办理公证27件，减免公证费29178元，开展下县办证2次，上门为弱势群体取证7次。

【法律援助】 2019年，地区司法处对全地区法律援助案件进行统一受理、统一审查、统一指派、统一归档。为建档立卡贫困户、农民工开通法律援助“绿色通道”。受理各类法律援助案件174件（民事案件88件、刑事案件66件），结案75件，法律咨询374起，涉及受援人219人，涉及农民工案件38件，挽回经济损失140余万元。为贫困农牧民群众提供法律援助案件73件、代书43件。

◆8月13日，湖北省公证协会援助阿里地区公证工作座谈会在地区司法处召开

【法律顾问服务】 2019年，阿里地区采取“主法律顾问团队+法律顾问分队+法律顾问小组”模式开展村（居）法律顾问工作，4名律师担任主法律顾问，建立微信群8个，实现145个村居有形覆盖。通过援藏律师免费担任、律所专职律师聘请的方式，实现13家党政机关覆盖法律顾问。通过对地区147家民营企业摸排了解，15名律师参与，年中、年末2次对建筑领域为主的49家民营企业进行法治体检。广东普罗米修（阿里）律师事务所受理刑事案件16件、民事案件44件、法律援助案件19件，代写法律文书25份，咨询131人次。

【法制宣传教育】 2019年，阿里地区有由涉宗普法队伍、专业普法队伍、骨干普法队伍组成地区“法律进宗教场所”“三支队伍”共54人，由检察官、法官、警官组成“三官”讲法普法讲师团共12人，配备法制副校长45人。组织领导干部和国家工作人员学习宪法和法律知识152次，举办法制培训和法制讲座36场次，政策

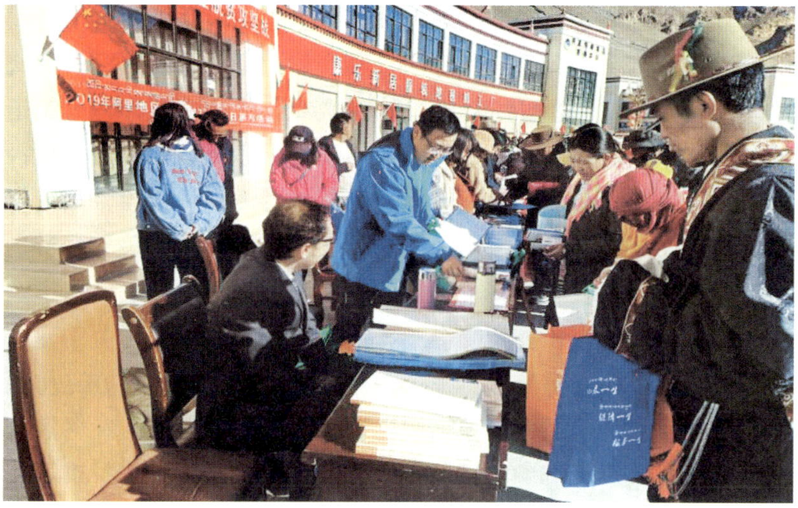

◆10月17日，阿里地区普法办在康乐新居开展“辉煌70年·决胜脱贫攻坚战”法制扶贫成就展暨法制宣传活动

法规线上答题4次。以3月“法律进宗教场所”主题普法宣教月为主线，累计开展宣传教育活动170余场次，发放宣传资料0.65万册，受教育1600余人次。组织全地区宗教教职人员和驻寺干部304人举行法律知识考试，宗教教职人员参考率97.8%，驻寺干部参考率100%，考试及格率均达100%。为地区各级各类学校配备法制副校长45人，开展法制宣传教育210余场次，受教育师生2.1万人次。深入农牧区宣传宪法、婚姻法、农村土地承包法、劳动合同法等30余部法律法规，发放各类宣传资料5万余份（册），累计受教育群众4.2万人次。以新中国成立70周年和西藏民主改革60周年为主线，开展各级各类宪法学习宣传活动60余场次，举办“我和我的祖国”宪法学习座谈会8次。建成康乐新居法治小区、改则县圆梦新居法治文化广场以及红柳花品牌调解室。制作国家通用语言、藏、英三种文字的《法律进边关》手册，重点向边境群众，尼泊尔、印度等国商人宣传中国的相关法律法规。建立与民营企业普法联系点制度，组织30余名民营企业家开展法制讲座2次。开展以扫黑除恶专项斗争为主题的普法活动130余场次，累计受教育3.9万人次。成立地区法治扶贫工作领导小组，召开专题协调会议2次，开展各类法制宣传活动110余场次，发放宣传资料5.5万册，受教育3.4万人次。将普法工作与环境保护结合，地区环保局等单位相继开展专项活动13场次，教育引导群众使用环保袋代替塑料袋，减少白色垃圾污染和过度煨桑对生态环境质量的影响。

【法治管理】 2019年，阿里地区设立地级政务服务中心1个、县级政务服务中心7个、乡镇服务中心27个、便民服务站59个，实现“地、县、乡、村”四级政务服务全覆盖。全年办理业务96756件，办结率100%，服务23065人次。加快推进“互联网+政务服务”建设，扩大网上服务事项，网上可办率96.76%，全地区个人注册、法人注册分别达14206个、343个，电子证照采集总量361类9158个，签发2040个。落实

◆8月31日，阿里地区2019年国家统一法律职业资格考试举行。图为地委委员、行署副专员葛庆敏（右一）在考试现场督导检查

中央预算内投资项目（涉密项目除外）线上申报、各审批部门相关业务并联审批制度，全年申报项目125个，投资额20.98亿元。落实权责清单制度，梳理、清理和调整行政权力事项670项。推进“证照分离”“多证合一（33证）”简易注销等改革，建成注册登记网上全程电子化系统，减少审批环节。推进“先照后证”改革，严格执行市场监督管理登记前置审批目录，企业设立前置审批事项由226项减少到32项，后置审批减少至162项。落实“双随机、一公开”抽查机制，完善检查对象、执法人员、抽查计划，强化抽查结果公示运用。制定《阿里地区政府购买服务管理办法》，加强和创新社会管理，优化公共资源配置，提高公共服务水平。加大招商引资力度，全年招商引资项目22个，计划总投资40.27亿元，完成投资3.06亿元。召开招商引资表彰大会，落实招商引资扶持政策，优化营商环境。制定下发《阿里地区工程项目招投标领域营商环境专项整治工作方案》《阿里地区关于在市场体系建设中建立公平竞争审查制度的实施意见》《关于建立阿里地区公平竞争审查工作联席会议制度的通知》，落实公平竞争审查制度，维护市场公平竞争秩序。

阿里军分区

【概况】 2019年，阿里军分区贯彻新时代军事战略方针和军委基层建设会议精神，稳步推进部队建设。开展党的十九届四中全会精神宣讲，组织师团职干部进行理论轮训，组织党委中心组和官兵理论学习。从实战需要出发，狠抓练兵备战。严格按纲施训，开展“学大纲、用大纲”活动，加强军事训练督导检查。贯彻军委基层建设会议精神，研究制定军分区《抓建基层实施意见》，探索基层党组织落实“七项组织生活”的方法，召开“不忘初心、牢记使命”专题民主生活会。加强各级各类干部骨干能力建设，坚持依法治军、从严治军，研究制定制度规定。落实“双月警示课”“书记上党课”制度，组织观看《铁纪强军》系列警示教育片，开展“五个严查”和“三个专项”排查整治，强化入党考学、士官选晋、评功评奖等事务管理。按照年度军事工作计划，狠抓单兵和部（分）队训练，参与上级组织的各类演习，完成新兵训练及部队驻训任务，组织比武竞赛和军事训练检查考核。

【涉外工作】 2019年，阿里

◆9月9日，地区征兵办在退役军人事务局门口举行2019年阿里地区欢送新兵仪式。行署副专员葛庆敏（左二）、行署副秘书长巴桑罗布（左一）出席

◆阿里航站干部职工走进阿里军分区参观军史馆，接受爱国主义教育

军分区坚持“与邻为善、以邻为伴”的对外工作方针，落实工作制度，提高对外交往质量。邀请印方边防代表机构举行会晤会谈，为共同协商处理边境事务奠定基础。

【民兵工作】 2019年，阿里军分区根据各个方向、各个时段形势和执勤任务的变化，及时调整兵力部署，修订完善预案，加大督查力度，适时组织演练。根据任务需要配合公安和部队，设立执勤点位，出动民兵在地区、各县城和主要乡村实施治安巡逻。

【军营文化建设】 2019年10月1日，阿里军分区以“伟大祖国·走向复兴”为主题，举办庆祝新中国成立70周年专题晚会。全年结合元旦、春节、新兵入营、老兵复退、“八一”“十一”等时机，适时开展文艺创演活动，丰富官兵文化生活。

武警阿里支队

【概况】 2019年，中国人民武装警察部队阿里支队（简称“武警阿里支队”）以习近平强军思想为引领，贯彻训令训词，围绕为新中国成立70周年营造安全稳定环境任务主线，抓建设谋发展。7月30日，阿里地区“四大班子”领导一行在阿里军分区对驻地部队进行集中慰问，武警阿里支队官兵代表受邀参加活动。

阿里支队被武警部队表彰为暑期百日安全竞赛活动优胜单位，政治工作处被总队表彰为先进部（处），机动一大队特战一中队党支部被总队表彰为先进基层党组织。机动一大队机动二中队班长李广被西藏自治区表彰为民族团结进步模范个人，执勤一大队噶尔中队班长章曙光、机动二大队特战二中队政治指导员陈家沛、勤务保障大队警勤中队班长赵二明被总队表彰为优秀共产党员，机动一大队特战一中队政治指导员陈吉辉被总队表彰为优秀党务工作者、战士彭山袁被总队表彰为“军事训练十大标兵”、战士赤列班久被总队表彰为“特战精英”。

【军民共建】 2019年2月9日，武警阿里支队副政委王强一行深入扶贫联系点上左左村，开展走访慰问和医疗巡诊活动，助力脱贫攻坚。4月13日，

◆7月1日至2日，武警阿里支队召开第一次党员代表大会。图为7月1日第一次全体会议暨开幕式现场

◆4月13日，武警阿里支队组织开展军营开放日活动

以“感受军营生活，接受国防教育”为主题组织开展军营开放日活动。8月8日，与阿里地区人民医院签约军民融合医疗保障协议，加强军地医疗资源深度融合，提升支队医疗保障能力。9月20日，武警阿里支队组织开展“武警春蕾计划”捐款活动，助力贫困地区少年儿童教育福利事业。9月8日至17日，拉萨军事法院工作组深入武警阿里支队开展法律服务，普及法律知识，建立长期联系机制，帮助官兵解决实际困难。

【部队建设】 2019年，武警阿里支队举办“逐梦强军”迎新春文艺晚会、球类比赛、拔河比赛、棋牌竞技等活动，丰富军营文化。8月15日，陆军第九五七医院医疗专家队到机动二大队，为官兵传授预防训练伤常识和常见疾病预防经验，开展心理咨询活动，发放药品。9月18—24日，支队保障处副处长带领纪委、作训、营房等部门相关人员，对支队所属各项目单位2018年度延续性建设项目、2019年度建设项目进行检查验收。9月28日，组织召开“迎大庆、保大庆”车辆交通安全专项教育会议，规范车辆运行秩序，为完成大庆安保运输保障任务奠定基础。

阿里边境管理支队（原阿里公安边防支队）

【概况】 2019年1月1日，阿里公安边防支队全体官兵集体退出现役，转隶国家移民管理机构，挂牌更名为“阿里边境管理支队”和“阿里地区公安处边境管理支队”，由国家移民管理局垂直领导管理、直接组织实施、统一提供保障，接受公安业务指导。阿里边境管理支队全体转改人员正式换装人民警察制服。

【安全保卫】 2019年，阿里边境管理支队研究制定年度自治区两会安保、新中国成立70周年大庆等重大任务安保方（预）案30个，召开誓师及动员部署会2次、调度会17次，下发指导性文件36份。

【边境管控】 2019年，阿里边境管理支队优化各点位警力配备，统筹整合防控力量。查处走私案件2起，抓获犯罪嫌疑人7名，查获涉案走私白酒480箱。开展“扫黑除恶、扫黄打非、打非治乱”“靖边”等专项行动，加强边境辖区管控，集中整治边境地区突出治安问题，严打非法出入境及枪、毒、私、赌、骗等跨境违法犯罪活动。强化二线查缉“过滤网”作用，严格规范边境管理区通行证的申领、签发、查验和管理。推动设立革狮公安一级检查站边境管理区通行证查验点。全年检查进出边境管理区人员48.7万人次、车辆23.7万辆次，查获避关绕卡、冒用他人证件及藏匿车厢人员13人，劝返滞留且无边境通行证等证件不齐人员681人。

【辖区管理】 2019年，阿里边境管理支队各边境派出所干警开展辖区管控、走访，排查辖区常住人口8.7万人次、暂住人口1.9万人次，排查辖区宾馆和招待所113家、茶馆284家、娱乐场所198家、施工工

◆10月9日至13日，国家移民管理局“寻找最美国门名片”采访团在阿里采访拍摄。图为在塔尔钦边境派出所采访

地56处，排查治安隐患180处。查处辖区刑事案件1起、治安案件4起，化解辖区施工场所等重点部位矛盾纠纷隐患13起。选派民警深入边境辖区寺庙（拉康）开展驻寺工作，推广扎西岗寺、托林寺爱国爱教模范寺庙品牌创建经验，先后开展爱国主义教育、法制宣传285场次，累计发放各类宣传资料2.5万份，开展寺庙安全隐患排查176次，发现并整改隐患21处（次）。

【执勤执法】 2019年，阿里边境管理支队制定年度《执法业务培训工作方案》，开展执法培训21次80余课时。组织新警进行培训，鼓励民警参加执法资格考试。规范干警执法执勤行为，先后开展模拟办案2期，探索完善支队《违边案件示范卷》，学习评查案件卷宗12卷，下发整改通知书6份。研究制定《深入推进法制业务建设工作意见》《执法记录仪使用管理规定（试行）》《现场执法执勤视音频记录工作规范（试行）》《涉案财物管理工作规定》等执法执勤规范化规定和制度，完成与公安处在行政许可事项办理流程、服务指南、办理程序上的对接，加大法治“放管服”，提升执勤执法工作水平。支队各级受理警情49起，受理办结治安案件2起，移交刑事案件5起。

◆8月17日，阿里边境管理支队首届“大家·小家·边境行”民警疗休养活动举行

武警某部交通三支队养护二大队

【概况】 武警某部交通三支队养护二大队下辖养护五中队、养护六中队、养护七中队、养护八中队，主要担负以国道219线疆藏区界至国道219线冈仁波齐脚下段（K3247+526~K3888+000，共641千米）为主的边境通道养护保通任务；西藏阿里（部分）地区重特大自然灾害、事故灾难抢险救援等任务。管养路段内有桥梁58座，隧道3道。全线易发生次生灾害点9处：K3509~K3511、K3676~K3683、K3812~K3929、K3729~K3733处易发生泥石流；K3538+500、K3772处易发生水毁；K3798、K3802、K3870~K3873处易发生风积雪。

◆2月6日，受持续降雪影响，219国道道路中断，造成100余辆车、50余人滞留。交通第三支队养护二大队及时赶赴现场救援。图为官兵人工除雪救援

2019年，养护二大队先后参加尼泊尔抗震救灾、日土县冰崩、柯克亚泥石流等重大抢险救援任务，所属中队先后被总队表彰为“基层建设先进中队”13次、“基层建设标兵中队”3次，被武警部队表彰为“基层建设标兵中队”1次。

【抢险救援】 2019年，武警某部交通三支队养护二大队出动兵力、机车清理积雪13万立方米，清理泥石流6万立方米，救援车143辆、司乘人员162人，及时修复完善各类道路安全警示标志，确保管养路段的安全畅通。11月4日，养护八中队管养路段那布如达坂段普降中雪，道路积雪厚度达3厘米，道路多处出现结冰、积雪险情，10余辆车被困，造成道路堵塞。大队出动欧曼推雪车1辆、装载机1辆前往救援，采取装载机铲雪、人工抛洒融雪剂的方法铲雪除冰，疏导车辆安全通过，使用装载机将侧翻受损的事故车辆扶正，及时将被困人员解救至安全地带。

【道路养护】 2019年4月起，武警某部交通三支队养护二大队在全线掀起“预防性养护大干”热潮，组织建设“标规路”、集中治理病害、修建安防设施、整治路容路貌，加大路政管理和宣传力度。其间，养护五中队前置松西村养护点，养护六中队前置班公湖排点，养护八中队前置门士乡排点。全年大队在养护任务中出动人员、装备，整理“标规路”461千米，边坡、路肩上料283450立方米、平料43954立方米，清扫路面3442.8千米，道路巡查78698千米，疏通桥涵1329道，路容路貌整理1445千米，路面修补3109平方米，沥青灌缝142千米，里程碑养护427块，更换柱式轮廓标1805根，更换波形护栏460米，处理水毁800立方米，开挖排水沟1350米，新建防撞墙28米，清扫冰雪35千米。

【慰问帮扶】 2019年，武警某部交通三支队养护二大队帮扶狮泉河镇小学、日土县小学、多玛乡小学，多次看望慰问在校学生和教职员工，并向贫困学生捐赠学习用品和书

◆4月5日，养护二大队安全员高东指挥交通，为养护施工任务提供安全保障

籍。2月，落实脱贫结对帮扶村政策，通过收集村情民意，得悉龙门卡村地处偏僻、生活困难、急缺被褥等防寒保暖物资，大队组织人员到该村贫困户家中，为其购置衣物。

阿里地区消防支队（原阿里公安消防支队）

【概况】 2019年12月31日，阿里地区消防支队更名为阿里地区消防救援支队并正式挂牌。全年地区消防支队共接警171起，出动173次（含增援），出动消防车236辆次，消防人员1177人次，抢救被困人员8人，疏散人员86人，抢救财产价值10.94万元，完成全国“两会”、春节、藏历新年、“塔尔钦”佛事活动、“小、中、高”考试、新中国成立70周年大庆、中央和自治区领导赴阿里调研等消防安保执勤任务。全地区多次开展消防执法检查，累计检查单位6994家次，督促整改火灾隐患3992处，下发责令改正通知书3532份，下发行政处罚决定书37份，罚款18.02万元，责令“三停”8家，临时查封单位5家。

【实战演练】 2019年，地区消防救援支队组织全地区消防救援队伍开展灭火实战演练750余次，修订预案300余份，举办政府专职队员轮训班3期，组织开展岗位练兵阶段性考核4次，组织支队级比武2次，新组建防汛抗旱专业队1支，开展地震拉动演练3次、水域救援演练3次，山岳救援、隧道灭火救援演练各1次，消防救援队伍综合战力提档升级。

◆1月11日，阿里消防救援支队举行迎旗授衔和换装仪式。地委副书记张会明（左四），地委委员、行署常务副专员袁富国（左二），地委委员、行署副专员葛庆敏（右四），人大地工委副主任唐文明（右二），政协副主席洛桑次仁（左一）等出席

【消防安全体系建设】 2019年，地区消防救援支队构建党委政府统一领导、行业部门依法监管、消防部门履职尽责、社会单位积极参与的“一体化”消防安全责任体系，组织职能部门签订消防安全目标管理责任书，召开消防工作联席会议3次，约谈消防安全重大隐患单位。深化消防执法改革，推进“五个主体”消防责任落实。在寺庙、拉康推广应用冷光源43个，提请行署划拨32万元在科迦寺、托林寺2处国家级寺庙单位实施智慧用电建设项目。确保地区21个建设工程、39家公众聚集场所投入使用前不留先天性火灾隐患。新建市政消火栓256个、消防水鹤15个。在敬老院和学生宿舍推广安装独立式感烟探测器2700余个。建立微型消防站168家。成立石油公司油库、昆莎机场企业专职消防队。成立噶尔县加木村、普兰县科迦寺志愿消防队。

【消防宣传与培训】 2019年，阿里地区组织各类消防宣传活动149次，悬挂消防宣传横幅标语116条，发放宣传资料2.8万份，利用媒体平台发送手机短信8万余条，发布官方微博、微信1310余条，《阿里报》刊登消防信息24条，电视台专题报道31次，央视媒体刊发报道2次。面向社会单位、派出

◆11月6日，阿里地区在行署广场举行2019年度“119”消防宣传月启动仪式。地委副书记、行署专员旦巴旺久（左四），地委副书记张会明（右四），地委委员、政法委书记沈照山（左三），行署副专员段晓勇（右三）等出席仪式

所民警举办消防培训班40期，组织79家地中（区）直单位开展消防安全培训演练，培训各类消防从业人员8100余人。

【队伍建设】 2019年，地区消防救援支队结合“百日安全创建活动”，制发《机关管理规定》《专职队员、消防文员管理规定》《作风建设自查自纠常态化工作方案》《手机、计算机管理实施方案》等规章制度，常态化进行督查暗访，强化队伍安全管理。通过集中培训、视频授课、成果交流等多元化手段，培养人才，提升“一线指挥员”素质。推进救援现场指挥部建设，依托卫星电话、便携站等，实现现场图像声音实时传输零延迟、零故障。

【后勤保障】 2019年，地区消防支队新招录35名政府专职队员、消防文员。投入380万元购置32米云梯车一辆。投入98.2万元，购买抢险救援车一辆。投入89万元，购买泡沫消防车一辆。投入128万元，完成“两室一站”装备的安装调试。在新旧会计制度衔接过程中，完成2018年度、2019年度行政经费和业务经费转结任务，将660万元存量资金立项并逐一实施。投资280万元，对普兰消防招待所、噶尔大队旧办公楼进行维修改造。安装调试六县队站制氧设备、红门影院设备。投资65万元，对特勤中队暖气管道进行改造。投资50万元，在机关办公楼安装电梯一部。与地区行署、财政局协调解决395万元专项经费，用于特勤站训练设施建设、购置支队发电机。

经济综合管理

发展和改革

【概况】 2019年，阿里地区进行机构改革，地区发展和改革委员会（粮食局）核定内设10个科（室），分别为办公室、发展战略和规划科、固定资产投资科、农村经济科、基础设施发展科、产业发展和经济贸易科、社会发展科、价格科、招商引资局、能源办。所属事业单位4个，分别为地区项目评审咨询中心（纳入参公）、地区经济信息中心、地区价格认证中心、地区节能监察中心。实有干部职工39人（含3名工人）。全年推进易地扶贫搬迁、边境小康村建设、高海拔生态搬迁、深度贫困县乡（镇）脱贫攻坚、扶贫产业建设等重点工作，建成易地扶贫搬迁安置点30个，“十三五”时期易地扶贫搬迁任务2089户7786人全部搬迁入住。推进37个边境小康村建设，涉及5756户21205人，配套建设产业项目34个，编制完成乡村振兴战略总体规划和文化振兴、人才振兴等6个专项规划，争取中央预算内社会事业项目20个，总投资0.76亿元。完成招商引资8.58亿元。

【“十四五”规划编制】 2019年，地区发改委启动“十四五”规划编制，会同地区各部门编制完成《“十四五”规划重点项目规划建议》，初步规划方案涉及10个方面373项，总投资1120.46亿元，“十四五”规划投资1033.61亿元。

【项目审批】 2019年，地区发改委按照国家及自治区有关企业投资项目核准和备案管理办法等文件规定，加强企业投资项目审批管理，备案项目9个，总投资8.25亿元。审批项目68项，批复投资11.52亿元，核准项目法人39项，核准招标方案37项。网上受理申报项目128个，投资额21.23亿元。其中，审批类113个，投资额16.16亿元；备案类15个，投资额5.07亿元。

【重点项目】 2019年，阿里地区实施重点项目279个，新增重点项目62个，完成固定资产投资60亿元，比上年增长5.6%。全口径统计完成投资116.19亿元。改善交通条件，国边防公路、农村公路、抵边自然村公路建设里程实现逐年增长，新增公路通车里程4127千米。完善综合能源，狮泉河镇热电联产项目成功接入主电网并网发电，阿里电网与藏中电网联网工程开工，“三区两州”42项农网改造升级工程有序推进。构建水利设施，多油水库、阿青电站、狮泉河中游修复及保护工程、热布加林水库等37个水利建设项目有序推进。

【价格监管】 2019年，地区发改委坚持和完善价格监测分析报告制度，加强蔬菜、肉禽、粮油的价格监测，提高价格监测的预警预报能力。开展电价、成品油价格专项检查，加大市场价格检查的力度和频次，畅通“12358”价格举报电话，受理群众的价格投诉，及时查处价格举报案件，维护消费者和经营者的合法权益。全年居民消费价格指数基本稳定在102.5%左右，控制在自治区确定的104%目标范围内。启动社会救助和保障标准与物价上涨挂钩联动机制，为城乡低保对象等困难群体发放临时价格补贴，监审阿里地区城投热电联产集中供热有限公司供暖定价成本。

【开发建设活动环境保护】 2019年，地区发改委为打好蓝天、碧水、净土保卫战，配合地区水利局印发节水行动实施方案。推进6座污水处理设施、2座生活垃圾无害化设施建设。严格执行“双控”目标责任考核，开展节能评估审查监察和节能宣传活动。与各相关部门衔接，召开开发建设活动环境保护联席会议，对环保整改任务进行专题安排，落实各项整改措施。

◆4月30日，地区发改委牵头，联合生态环境局、住建局等单位在发改委五楼会议室召开阿里地区开发建设活动环境保护联席会议，发改委党组副书记、主任何兵（左排中）主持

【防范化解重大风险】 2019年，地区发改委加强学习习近平总书记关于增强忧患意识、防范风险挑战重要论述，确保经济在合理区间运行的基础上防范风险，在推动经济高质量发展中防范化解风险。按照《阿里地区地方政府性债务风险应急处置预案》《阿里地区地方政府债务风险防范与化解实施方案》等指导性文件，会同有关部门加强动态监测，每月对全地区政府性债务进行一次系统性排查，在保证全年无新增政府性债务的同时化解存量3.65亿元。

统计　调查

【概况】 阿里地区有统计行政管理部门9个，其中地区统计局1个、国家统计局阿里调查队1个、县级统计局7个，共有统计业务人员55人。地区统计局内设3个科室，分别为行政办公室、综合统计业务科（人口和社会科技统计科）、统计执法监督科，实有19人。2019年，地区统计局组织开展以“坚守统计初心、践行时代使命”为主题的“第十届统计开放日”宣传活动，活动发放宣传单2500余份，参加人数820人次。推动开展“不忘初心、牢记使命”主题教育，开展调查研究5次，形成调研报告6篇。

【第四次全国经济普查】 2019年，阿里地区按照经普条

◆6月，国家统计局副局长鲜祖德率调研组在阿里地区调研。图为调研组与地区行署领导、地区统计局人员合影留念，鲜祖德（前排中），自治区统计局副局长郝盛龙（前排右三），地区行署副专员刘宏（前排左四），地区统计局党组副书记、局长仁增拉姆（前排右四）

例和普查实施方案开展第四次全国经济普查，普查员和指导员共167人，如期完成26家一套表单位、2355家非一套表单位和767家个体户抽样单位核查、数据录入、审核、上报、改错任务。5月底，通过国家和自治区级验收。

【统计服务】 2019年，地区统计局编辑统计资料、统计产品，收集、整理、发布《2018年阿里地区统计公报》《2018年阿里地区经济社会发展主要指标》《2018年领导干部手册》《2018年阿里地区统计局统计分析汇编》《2018年统计年鉴》，谋划新中国成立70周年、西藏民主改革60周年阿里经济社会发展成就分析《70年数说阿里发展》。全年发布分析32篇、统计研究与专题3篇，涉及民间投资、贸易发展的多篇统计信息被地委、行署信息科采用。针对上半年经济运行情况中的热点和难点，组织到七县开展为期两周的调研，形成调研报告3份。

【统计援藏】 继2016年7月全国统计援藏工作会议在林芝召开以后，阿里地区统计局与陕西、河北两省对接。2017年至2019年上半年，陕西省统计局累计为地区培训统计业务人员120人次，解决经费60万元，用于改善办公环境、统计信息化建设、业务培训和职工之家建设等方面。2019年，河北省统计局累计为地区培训统计系统业务人员15人次。6月19日至20日，国家统计局党组成员、副局长鲜祖德一行5人到阿里地区普兰县、噶尔县狮泉河镇开展统计调研。

◆8月，陕西省统计局副局长王冬羽一行到阿里地区开展业务培训。图为王冬羽（前排右三）一行与地区统计局工作人员合影留念，地区政协副主席兼统计局党组书记辜建中（前排左三），统计局党组副书记、局长仁增拉姆（前排左二）陪同

审　计

【概况】 阿里地区设有审计机关6个，其中地区审计机关1个（阿里地区审计局）、县审计机关5个（噶尔县审计

局、普兰县审计局、日土县审计局、札达县审计局、改则县审计局）。地区审计局内设9个职能科室，分别为办公室、法规审理科、经济责任审计科、财政审计科、行政事业和企业审计科、电子数据审计科、固定资产投资审计科、自然资源和生态环境审计科（农业农村审计科）。下设1个参公事业单位，即派出审计科和政府投资审计中心（参公事业单位）。实有29人。2019年，地区审计局实施审计（调查）单位和项目20个，对革吉、改则、措勤、普兰、札达、日土6个县的重大项目开展稽查。累计查出问题资金36350万元。其中，违规资金13715万元，管理不规范资金22627万元，损失浪费资金8万元。审计处理处罚资金9107万元。其中，上缴财政资金4564万元，归还原渠道资金162万元，调账处理资金4381万元。移送有关问题线索59件。其中，移送纪委监委10件，移送相关单位49件。针对审计查出的问题，提出审计建议57条。根据自治区审计要求，完成山南市扎囊县委书记、县长任中经济责任审计和阿里地区保障性住房跟踪审计，协助自治区审计厅开展中央下拨党费专项审计调查。配合地区纪委监委开展中央八项规定精神问题检查，与地区财政部门联合开展盘活全地区项目建设专项资金检查。

【重大政策措施落实情况跟踪审计】 2019年，地区审计局按照自治区审计厅统一安排，完成全地区第二、三、四季度重大政策措施贯彻落实情况跟踪审计。查出问题金额1335万元。其中，违规资金1252万元，管理不规范资金83万元。审计处理处罚资金0.3万元，均上缴财政。提出审计建议3条。

【经济责任审计】 2019年，地区审计局对地区中心小学党支部书记、常务副校长才旺朗杰和校长刘龙华，地区林业局党组书记、副局长嘎玛次珠和党组副书记、局长苗玉斌，地区公安处交警支队（原）支队长旺杰，地区人社局党组书记、副局长张见和党组副书记、局长才旺卓玛，地区农牧局党组副书记、局长扎西平措，共5家单位8名党政主要领导进行经济责任审计。查出主要问题资金4951万元。其中，违规资金842万元，管理不规范资金4101万元，损失浪费资金8万元。审计处理处罚资金1279万元。其中，上缴财政资金551万元，归还原渠道资金6万元，调账处理资金722万元。移送有关问题线索4件。提出审计建议17条。

【政府投资审计】 2019年，地区审计局完成地委党校基础设施建设、地委党校改则县分校基础设施建设、日土县赛马场建设、噶尔县昆莎现代农牧科技示范园建设、噶尔县生态农业产业园扩建项目竣工决算和普兰县县城集中供氧工程6个固定资产投资项目审计。查出主要问题资金4556万元。其中，违规资金2392万元，管理不规范资金2164万元。审计处理处罚资金2408万元。其中，上缴财政资金2361万元，归还原渠道资金30万元，

◆10月，地区审计局召开“不忘初心、牢记使命”主题教育调研成果交流会

调账处理资金17万元。移送有关问题线索15件。提出审计建议18条。

【财政财务收支审计】 2019年，地区审计局对地委组织部（地区编办、地委老干部局）2016—2018年财政财务收支情况和改则县、日土县2018年预算执行和其他财政财务收支情况进行审计。查出问题金额12469万元。其中，违规资金3658万元，管理不规范资金8811万元。审计处理处罚资金1084万元。其中，上缴财政资金958万元，归还原渠道资金126万元。移送有关问题线索3件。提出审计建议9条。

【扶贫资金审计】 2019年，地区审计局对改则、革吉、措勤3个县2016—2018年度精准扶贫精准脱贫政策落实情况开展专项审计，对3个县人社局开展延伸审计。查出问题资金13039万元。其中，违规资金5571万元，管理不规范资金7468万元。审计处理处罚资金4336万元。其中，上缴财政资金694万元，调账处理资金3642万元。移送案件线索37件。提出审计建议10条。

【自身建设】 2019年，地区审计局选派7名干部参加地委党校组织的培训，选派11名干部参加审计署组织的培训。选派2名干部赴陕西、河北两省进行实践锻炼、跟班学习、理论培训。组织全局干部参加审计署“审计大讲堂”视频培训10期，参训150余人次。

国有资产监管

【概况】 阿里地区行署国有资产监督管理委员会（简称“地区国资委”）为地区行署直属特设机构，内设4个机构，分别为办公室（党建工作科）、企业改革科（规划发展科）、财务监督与统计评价科（产权管理科）、考核分配科（企业两道人员管理科）。实有干部职工20人。地区国资委系统有党支部6个，即委机关党支部、农机燃料联合党支部、光明公司党支部、外贸党支部、旅游党支部、交通党支部。有在职党员114人。2019年，全地区国有企业退休人员338人，其中央企退休人员100人、区内313人、区外25人。

“企业财务快报”汇总数据显示，全年6家监管企业资产总额498359万元，比上年增长1.6%。负债总额433713万元，比上年增长36.9%。所有者权益总额64646万元，比上年增长4.3%。

【国有资产管理】 2019年，地区国资委修改完善《阿里地区国资委监管企业负责人经营业绩考核试行办法》《阿里地区国资委监管企业负责人薪酬管理试行办法》等管理制度，逐步建立与现代企业制度要求相适应的国资委监管企业选人用人机制，确保企业实现国有资产保值增值，促进企业发展。推动产权管理，统计各县国有企业和地区监管国有企业基本情况和企业资产管理情况。清查统计6家监管企业产权、资产，更新阿里国资产权数据库相关数据。年内对地区20家国有企业2018年国

◆7月1日，地区国资委机关党支部副书记黄宣辉（主席台中）在机关三楼党员活动室讲党课

有资产统计报表进行收集、整理、汇总、分析，装订成册，报送自治区国资委。对6家监管企业的“企业财务快报”进行收集、整理、汇总、上报、分析，对近年的往来账、工资、福利等财务状况进行检查。

【发展特色优势产业】 2019年，阿里地区发展壮大文化旅游产业，打造以“阿里文旅”品牌为引领，以酒店、景区、旅行、餐饮、购物等子品牌为支撑的阿里旅游产业品牌集群。规划到2020年时，基本形成以“阿里文旅”品牌为引领，以“象雄”酒店管理品牌、“暗夜星空”景区品牌、“N29°—北纬二十九度”自驾旅游品牌、“纯品”高原特色餐饮品牌、“天珠易购”旅游购物品牌为支撑的“1+5”阿里旅游产业。打造“雪绒王”品牌，拓宽羊绒制品销售市场，建设专卖店，加大广告宣传力度。拓展电子商务，完善网络营销平台，在淘宝、美格等多家知名网站上建立营销网店。

【央企助力富民兴藏】 2019年，阿里地区“央企入藏，助力富民兴藏”共有合同类项目8个，总投资35.24亿元，完成项目5个，完成投资31.49亿元，完成率89.36%。“央企助力西藏脱贫攻坚”工作共有合同类签约项目4个，全部为中石油加油站建设项目，总投资0.51亿元。

市场监督管理

【概况】 2019年3月，阿里地区市场监督管理局成立，内设机构9个，分别为办公室、政策法规科、登记注册科、反垄断反不正当竞争和价格监督检查科、产品质量综合监督管理科、特种设备安全监察科、食品安全监督管理科、药品化妆品医疗器械监督管理科、知识产权科、食品药品检验检测中心（参公单位）。所属事业单位3个，分别为信息服务中心、地区药品不良反应监测中心（地区藏药审评中心）、地区质量计量特种设备检验测试所。下辖综合行政执法队2个，分别为执法一队、执法二队。实有56人。全地区市场主体达到10128户，注册资本（金）135.94亿元。其中，企业1460户，注册资本（金）120.16亿元；个体工商户8442户，注册资本（金）12.78亿元；农牧民专业合作社226户，注册资本（金）3亿元。地区年报率98.4%，企业、个体、农专年报率分别为93.3%、99.3%、97.5%，其中农专年报率居全区第一。全地区商标有效注册量500件，与“十二五”末相比商标总量增长125%，有效专利28件，地理标志证明商标2件，地理标志保护产品1件，申报地理标志证明商标4件。

【深化商事制度改革】 2019年，阿里地区放宽市场准入，执行窗口服务承诺制、首问负责制、限时办结制、一次性告知等制度，为各类市场主体登记提供便利，发展市场主体。推进“证照分离”“33证合一”简易注销改革，深化“互联网+政务服务”，材料齐全2个工作日内办结，减少行政审批。建立企业信用信息约束机制，加强信息归集。落实“双随机、一公开”抽查工作机制，完善检查对象、执法人员、抽查计划，强化抽查结果公示运用。开展企业年报公示抽查，加大企业违法约束力度。对44个乡镇联络员进行培训，实行年报进度“周公示”制度。按照13%抽查比例对全地区634户市场主体（企业168户、个体455户、农专11户）开展“双随机、一公开”抽查，将抽查情况录入企业信用公示系统。

【食品安全监管】 2019年，地区市场监督管理局发挥食安办牵头作用，协调推动食品安全综合治理。开展食品添加剂、保健食品、校园食品、农产品等安全监管行动，着力解决农药兽药残留超标、非法添加、制假售假等突出问题。推进食品经营、加工小作坊治理。健全食品安全监管体系，完善各乡镇（村居）食品监管薄弱环节，选拔各乡镇食药专干56人、村居食药安全协管员219人，建立健全食药专干和协管员队伍。依托食品安全智慧监管平台（智慧食安），对地区19家企业实行智能化检查、无纸化监管，“明厨亮灶”实施率82%。新增食品经营许可证108份，备案19家，注销25份。检查食品生产小作坊156户、经营单位2000余户，出动执法人员800余人次。完成各类食品抽检800余批次，抽检合格率98%。没收过期变质食品128种，货值6.9万元，下达责令改正通知书37份。强化风险管控，完成1.87万人（次）餐饮保障任务，未发生安全事故。

【药械药品和化妆品监管】 2019年，地区市场监督管理局加强药品、医疗器械、化妆品日常监管，开展中药饮片、麻醉药品、精神药品、含麻黄碱药品、医疗器械、彩色眼镜、化妆品、疫苗专项检查。对全地区44家医疗机构药械使用情况进行检查，覆盖面100%。开展药品经营企业GSP跟踪检查，对6家药品经营企业下达责令整改通知，收回药品经营质量管理规范认证证书。受理药品经营许可证许可申请3家，变更2家，医疗器械备案3家。排查药品企业293家、医疗机构及诊所112家，国抽任务46批次，查获超保质期产品71种，扣留价值2.48万元的产品。发放药品、化妆品、医疗器械等宣传材料2000余份。检查化妆品经营使用单位270家次，医疗器械经营许可2家。上报不良反应报告72例。藏药制剂备案批件30个。

【产品质量安全监管】 2019年，地区市场监督管理局围绕12315投诉的热点、人民群众关心的重点、行业治理的难点等问题，开展产品质量监督抽查。推进认证认可工作，年内新增2家检测机构资质，全地区有7家实验室和3条汽车安全检测线获得认证和资格。发挥标准化建设技术支撑作用，年内噶尔县生态农业产业园国家级农业标准化示范区通过考核验收。以技术为支撑，开展计量器具检定、医疗器械强检。对建材产品、机械及安防产品等7个品种、82个批次产（商）品进行检测。完成全地区160支加油枪、450台压力表、200台数字指示秤的免费检定；强检医疗机构32家，医疗器具700台，检定比例比上年增长40%，其中不合格23台，合格率96%。

【特种设备安全监管】 2019年，地区市场监督管理局对人员密集场所、重点部位的锅炉、压力容器、电梯等进行重点监管，下达特种设备安全监察指令书59份，停业整顿1家、移交稽查立案1家。邀请成都市特检院，对地区431台特种设备进行年度检验。邀请四川省特种设备管理协会，对地区13家加气站进行评审。开展承压、机电两大类特种设备作业人员培训考核，参训131人次。在全地区范围内推广电梯安全责任保险，推动电梯使用单位参保及安装应急平层装置。地区在用电梯参保率57%。

【市场监督执法】 2019年，地区市场监督管理局加大反不正当竞争执法力度，借助食品安全、药械化妆品市场、特种设备监察、合同格式条款专项整治等专项行动，严厉打击侵犯消费者合法权益、妨碍市场公平竞争秩序的违法行为。加大传销监测和查处力度，开展打击传销和禁止参与传销“四进”活动（进社区、乡镇、村庄、校园），推进“创无”工作。举办打传、防传专题讲座。开展“扫黄打非”，加强对边贸口岸、音像制品店、娱乐场所等监管，开展清缴非法出版物及低俗音像制品专项整治。聚焦重点媒介，实现线上线下广告同步监管，严密监测消费侵权、商业欺诈等广告，规范广告设计制作发布行为。探索开展价格监管，对党政机关及企事业单位、个体工商户、社区居民、集贸市场等一般工商业用电户进行摸排调研，严查强制或变相加收电费、加收费用、乱收费行为、变相收费等行为。利用“3·15”国际消费者权益日、“4·26”知识产权日、“5·10”中国品牌日等节日宣传相关法律法规。累计出动执法人员546人次，开展宣传活动33场次，发放宣传材料1万余份。查处各类经济违法案件35件，罚没款18.56万元。移交案件1起。查扣侵权名酒65瓶，价值5.7万元。张贴海报500份，悬挂横幅15条，创建无传销乡镇、社区、村庄、校园49个。其中，年内新增“创无”示范点3个。检测广告150余条次，整改不规范用语广告10余条。审查新中国成立70周年宣传标语30余条。排查辖区内用电主体59户，终端用户1537户。受理消费者投诉举报56起，成功调解55起，诉转案1起，为消费者挽回经济损失4.34万元，消费者满意率99%。

【知识产权培育保护】 2019年，地区市场监督管理局组织开展世界知识产权日、中国品牌日等宣传活动，深入企业、工厂、牧区、合作社宣传《中华人民共和国商标法》《中华人民共和国专利法》以及知识产权扶持政策。结合“乡村振兴战略”，探索建立健全知识产权扶持政策，落实《自治区人民政府关于加强知识产权工作的若干意见》《关于阿里地区加快商标品牌建设的实施意见》等政策，激发创牌热情。有效注册驰名商标、地理标志证明商标，地县两级财政分别以7：3的比例分别奖励30万元、10万元；发明专利、实用新型专利、外观专利分别奖励0.8万元、0.12万元、0.1万元。组织企业、干部参加中国国际品牌节、商品品牌培训班等学习交流活动，邀请其他省（市）行业专家到阿里开展知识产权培育、运用、保护为内容的专业培训。以打假维权、调处纠纷为抓手，加大知识产权执法，依法保护知识产权。受理投诉1件，立案查办侵权经济案件3起，罚没款2.3万元，没收侵权名酒41瓶。

【扫黑除恶专项斗争】 2019年，地区市场监督管理局对重点区域、行业、领域进行监管，摸排欺行霸市、强买强卖、囤积居奇、哄抬物价等行业乱象和涉黑涉恶违法行为。召开动员部署会15次、工作推进会28次、专题学习会61次，健全规章制度5个，开展宣传50余次，设立举报箱29个，公布举报电话9个，群发手机短信2万余条，制作宣传栏（牌）17个，悬挂横幅105条，张贴宣传海报1485张、扫黑提示卡410张，发放宣传环保袋100余个、宣传资料5945份，受教育2万余人次。立案查处3起，罚款12.2万元。

应急管理

【概况】 2019年3月18日，地区应急管理局挂牌成立，正县级单位，为行署职能部门。内设科室4个，分别为办公室、应急指挥科、安全生产监管科、风险监测和灾害防治科（正科级）下设事业单位4个，分

◆3月18日，地区应急管理局举行揭牌仪式。地委委员、行署副专员葛庆敏（后排中），地区编办副主任尼玛（后排右三），应急管理局党组书记陈国强（后排左三）、局长益西次仁（后排右二），地区消防救援支队支队长扎西坚才（后排左二）参加。图为参加仪式人员合影留念

别为地区防震救灾中心（副县级）、地区应急管理局宣传教育中心、地区自然灾害防治预警中心、地区安全生产执法监察支队（正科级）。实有在编干部职工18人。全年地区发生安全事故7起，死亡8人、受伤17人，分别比上年上升16.6%、14.2%、21.4%。危化品、非煤矿山等行业领域未发生生产安全事故。地区应急管理局梳理安全生产工作开展情况，通过国务院安委会的延伸考核和专项巡查，认领考核巡查组反馈的两个方面14个问题，制定整改方案，加大督促协调力度，完成整改。

【落实安全生产责任】 2019年，阿里地区落实安全生产责任制，地委、行署领导先后在44次会议上传达精神、听取汇报、部署工作、协调解决问题，累计做出专门批示56次，约谈重点企业负责人6人次，现场督促检查指导10余次，对隐患排查治理报告进行批示、督办。将习近平总书记关于安全生产的重要论述纳入理论中心组和集体学习的重要内容，地委党校在主体班次开设安全生产课程4次，培训各级党政干部160余人次。调整充实各级安委会组成人员，明确26家行业部门的安全生产监管职责，健全完善安全生产权责清单。将安全生产全面纳入县级综合目标和相关工作目标，实行“一票否决”，进行严格考核。累计对913名干部进行安全生产履职情况考察。纪检监察机关出台文件，加强安全生产领域监督执纪。地办、行办将各级安全生产重大决策部署落实情况全面纳入督查范围。修订完善安委办工作制度15项，推行督办制、交办制、提示制、清单制、通报制等，重大节日、敏感时段实行一日一报告、一周一汇总制度。

【深化安全生产领域改革】 2019年，阿里地区完成8项年度安全生产领域改革任务，分别是健全完善法规制度体系，强制推行重点行业领域安全生产标准化建设，强化安全风险管控体系，2017—2019年完成重点矿山综合治理，积极优化整合科技计划，完善安全生产项目库、专家库和人才库建设，委托培训机构加大人才培养力度，深入开展尾矿库“头顶库”综合治理。统筹完成2020年改革任务7项，分别为建立执法监督机制，推动企业构建“风险源辨识、风险评估、科学分类、过程控制、持续改进、全员参与”的系统管控体系，建立隐患治理监督制度，建立城市安全评估制度，提高城市建筑、交通、管网、消防、排水等基础设施安全配置标准，推进城乡消防基础设施、消防队（站）、车辆装备、灭火救援力量和文物保护单位消防设施建设，加强民爆物品生产、销售、储运、配送、爆破服务一体化作业现场的安全管控体系建设。

【执法监督】 2019年，地区应急管理局制定《2019年度安全生产执法监督工作计划》，督促相关行业部门制定完善行业执法监督计划，与交通、住建、旅游、公安、国土、消防等12个部门建立联合执法机制，统一制定安全生产现场检查记录和整改指令书，规范安全生产管理台账，完成年度执法监督任务。清理安全生产行政审批事项213项，涉及行政许可类、行政处罚类、行政强制类、其他权力事项类。依法依规开展安全生产条件审查32家次，核发危险化学品经营许可证9本。组织监管执法人员参加资格培训13人次，配备无人机等应急救援和执法检测装备22种，总价值7189074元。

【预防控制体系建设】 2019年，地区应急管理局细化完善地区《安全生产风险管控工作实施方案（试行）》《安全生产事故应急预案》《应对较大、重大、特大安全生产事故应急救援总体预案》等，在高风险行业领域建立推行风险等级管控、隐患排查治理双重预防工作机制。投入29.92万元，建成危化品“一张图一张表”信息化管控平台，推进对危化品储存运输动态、企业自身管理、行业部门监管情况的全时全程管控。督促金采公司加强GPS客运监管系统的运营服务，对国道、省道、乡村道路存在的65处安全隐患进行重点督办，协同教育部门加强学生返乡返校的交通安全保障。制定方案，推进液化气企业改造升级，地区11家液化气企业中，完成改造升级9家。督促1家加油站完成改造升级，实现所有加油站完成改造升级。日土、革吉、改则、措勤4个县参照小昭寺标准启动煨桑炉改造，托林寺、科迦寺完成国家级寺庙智慧用电系统建设。

【隐患排查整治】 2019年，地区应急管理局组织开展“安全生产隐患排查整治‘百日攻坚战’”“‘迎大庆、防风险’安全生产专项整治”“安全生产隐患排查整治巩固提升行动”等4次综合整治行动，以及危化品、非煤矿山、道路交通、电动自行车等10次专项整治行动，全地区各行业领域累计排查安全隐患1667处，立即整改和按期销号整改1664处，3处不能立即整改完成的，均查明原因，明确防范措施和整改措施、整改时限、责任单位、责任人。

【强化企业主体责任】 2019年，地区应急管理局健全完善企业安全生产“黑名单”、信息共享、联合惩戒等制度，设立举报奖励基金，加大宣传引导、警示教育、执法监督和打非治违力度，督导企业落实《阿里地区企业安全生产主体责任清单》《阿里地区关于落实企业全员岗位安全生产责任制的指导意见》《阿里地区企业生产经营全过程安全责任追溯制度》等，结合监管执法和隐患排查，加强对企业主体责任履行情况的日常监督检查，推行企业安全生产隐患必须查明原因、落实奖惩机制。定期不定期对企业安全生产费用提取管理使用情况进行监督检查，督促78家企业购买安全生产责任保险。首次举办地区危险化学品安全资格培训班，邀请国家级危化品注册安全工程专家授课，为期8天，危化品企业负责人、安全管理人员及从业人员171人参训，并进行统一考试。

农业·水利

农业农村

【概况】 2019年3月18日，阿里地区农业农村局挂牌成立。下设6个科室，分别为办公室、农产品质量安全监管科、乡村产业发展科、计划规划科、种植业管理科、畜牧兽医水产科，有干部职工19人。下辖6个正科级事业单位，分别为地区农牧科技推广中心、地区动物疫病预防控制中心（地区畜牧站）、地区草业工作站、地区农业技术推广站（地区农业机械推广站）、地区良种场、地区农产品质量安全检测中心，有54人。2019年，全地区粮食作物播种2.3万亩，其中青稞2.13万亩（青稞良种推广8730亩），实现粮食产量5503吨（青稞产量5143吨）。蔬菜播种面积0.22万亩，蔬菜产量5312吨。幼畜成活率90%，成畜死亡率1.8%，肉、奶产量分别达到1.28万吨、0.84万吨，绒、毛产量达到232吨、1388吨，年末牲畜存栏195万头（只、匹），折合196万个绵羊单位。农牧民人均可支配收入12569元，比上年增长13%。在全区农牧业工作中，地区农业农村局获得“全区农业农村信息化发展延伸绩效管理工作先进单位和全区农

◆3月18日，地区农业农村局举行挂牌仪式。行署副专员刘宏（左四）出席仪式并揭牌

产品质量安全监管延伸绩效管理工作先进单位”称号，地区农业农村局牵头组织的阿里代表团获得“中国杨凌农高会优秀组织奖”，地区良种（原种）场获得“全国农业农村系统先进集体”称号。

【项目建设】 2019年，地区农业农村局实施重点项目32个。其中，续建项目26个，新建项目6个。截至年底，完工项目24个，完成投资13895.17万元。其中，续建项目21个，完成投资12292.17万元；新建项目3个，完成投资1603万元。实施其他项目2个，总投资4148.97万元。其中，改则县抢古村冷库项目总投资648.97万元，年内投入使用；改则县优质野血牦牛繁育科技扶贫产业项目总投资3500万元。

【特色农牧业发展】 2019年，地区农业农村局发展特色畜牧业，加强藏系绵羊、绒山羊、象雄半细毛羊良种繁育推广，年内发展绒山羊示范户120户，推广优质种公羊1.2万只。在噶尔县开展优质白绒山羊双羔培育试点，完成方案编制。推动农牧业生产基地标准化建设，投资2500万元，在噶尔、革吉、改则三县实施优质蔬菜生产基地建设。推动科学生态种养业，在措勤、改则建成藏系绵羊养殖基地，在措勤、改则、日土建成绒山羊养殖基地。在噶尔县实施2018年菜篮子工程（投资400万元），噶尔县建立“生产+加工+销售+技术服务”的发展运作模式，延伸园区基地的发展和获利空间，引进区内外资质雄厚的公司企业，带动各园区基地发展。建立技术服务对接机制，加大对各园区基地的生产技术服务指导和技术支撑，提高园区的产出水平。札达县托林镇无公害蔬菜基地，围绕蔬菜产业发展，改革创新托林蔬菜基地合作社经营管理模式，采取资金、技术、管理团队“三引进”的招商引资改革举措，建立“合作社+企业+农户”的运行管理模式，通过改革，吸纳资产入股4900万元，完成102亩土地流转（1472元/亩·年），每年为托林镇农户创收15万元，受益群众62户152人，打造阿里牦牛产业基地、绵羊育肥基地，培养牲畜养殖大户和家庭牧场，构建规模化、集约化、市场化的牧业循环生产体系。

【动物防疫】 2019年，地区农业农村局严格落实疫苗冷藏运输、技术人员全程跟踪指导措施，开展牲畜“春秋两免”工作。选派技术员与基层技术员在噶尔县左左乡开展疫苗注射效价对比活动。全地区未发生重大动物疫情。

【良种推广】 2019年，地区农业农村局加强藏系绵羊、绒山羊、象雄半细毛羊良种繁育推广，完成绒山羊示范户120户、优质种公羊1.2万只推广，扩大象雄半细毛羊养殖示范场规模，推广优质种羊545只。加大农业技术员长期一线督导工作力度，实施测土配方施肥、病虫草害综合防治等技术，良种播种面积持续扩大。加大高标准农田建设力度，完成噶尔、日土、普兰4100亩高标准农田项目前期工作。

◆7月7日，西藏自治区农牧科学院畜牧兽医研究所科研人员在阿里地区良种场科研基地（配种站）指导工作

◆3月20日，西藏自治区农科院院长尼玛扎西（右一）一行在改则县开展春季“三农”调研，向基层干部了解当地农牧民生产生活情况

【“三农”服务】 2019年，地区农业农村局开展农机一卡通服务，完成普兰县试点，其余六县工作有序推进。结合“科技下乡”“科技活动周”，宣传动物防疫法等法律法规以及农牧业种植养殖、农作物病虫害防治、作物高产栽培等技术，发放宣传图册等资料1200余份。组织人员对噶尔县2018年蝗情点进行虫卵检测。3月底，邀请自治区专家，联合地区科技局举办农牧业综合技术培训班，培训3天，参训50人。举办噶尔县噶尔亚萨易地扶贫搬迁户牧草种植技术培训，参训42人，发放《牧草栽培与饲料调制技术手册》40余册。开展农资打假宣传活动，出动执法人员107人次，发放宣传资料3300余份。

【农牧业种植创新试验】 2019年，地区农业农村局在人工种草实验基地试种苜蓿（9个品种）、燕麦（13个品种）等牧草新品种1000余亩。在改则、革吉、普兰、噶尔四县示范推广燕麦新品种（贝勒2号、加燕2号）各100亩，噶尔县燕麦新品种贝勒2号鲜草产量每亩2267.8千克，加燕2号鲜草产量每亩1864.2千克，比以往燕麦品种每亩均提高200～300千克。开展青贮玉米、籽粒玉米试种试验，探索解决地区牧草产量低、饲草料短缺、农牧民增收等问题，在噶尔、普兰、札达试种的基础上，扩种到日土、改则两县，种植面积扩大到119.5亩，普兰、札达两县亩产5000千克左右，噶尔、日土、改则三县亩产3000千克左右。在噶尔县农业产业园区开展草莓试种，草莓苗成活率达80%以上，高于预期，初步总结出高原草莓生长期与高原气候适应相关数据。

【农牧业防抗灾】 2019年，地区农业农村局严格落实防抗灾资金，落实防抗灾措施。全地区储备防灾减灾饲料2937.17吨，其中地区级防灾减灾储备饲料316吨、七县储备饲料2621.17吨。向各易灾乡、村调拨今冬明春防灾减灾饲料1100吨。地区级防抗灾资金954万元，用于今冬明春防灾减灾饲料兽药储备及防抗灾应急资金。七县防抗灾资金1000万元，用于购买今冬明春防抗灾饲料。投资3480万元，建成地区防抗灾物资储备库26个。

【农牧区改革】 2019年，地区农业农村局制定印发《农牧区土地“三权分置”加快推进农牧业经营方式转变实施方案》《农牧区综合改革实施方案》。推进农村集体产权制度改革，在改则县试点的基础上，总结经验、全面铺开。推进确权工作，农村耕地确权登记颁证工作涉及4个县（噶尔、日土、普兰、札达县）、17个乡（镇），建立地、县、乡（镇）、村（居）四级确权档案管理网络，实现与国家、自治区数据库的汇交，通过自治区抽查验收，为全地区5322户颁发农村土地承包经营权证书，颁证率100%。完成信息平台建设招投标。对全地区农牧民专业合作社进行摸底调查，共有171家（运营规范的75家、运营一般的96家），参与农牧民14823户56091人，注册资金12090万元。启动“空壳社”清理工作，累计清理“空壳”合作社16家，推动全地区合作社规范化、规模化发展。

【农牧民增收】 2019年，地区农业农村局建立农牧民增收长效机制，制定印发《阿里地区2019年促进农牧民持续增收的总体实施方案》及促进农牧民增收9个专项工作方案，落实“四级书记工程”责任制，建立全地区增收工作数据库，制定年度增收工作要点。严格落实领导小组成员单位会商、调度、督导联络、月报告、季度分析、半（全）年总结、督查考核工作机制，组织召开农牧民增收工作推进会2次、地区增收工作领导小组成员单位碰头会2次，对全地区农牧民增收工作进行调度部署，开展农牧民增收督导调研3次，及时总结分析增收工作中的疑难问题。落实草补奖政策，涉及农牧民18981户85644人，兑现资金35829.14万元。

【农村人居环境整治】 2019年，地区农业农村局按时完成农村人居环境信息系统录入工作。完成厕所革命工作计划、实施方案，编制完成厕所革命可行性研究报告，完成厕所革命整村推进奖补资金需求统计。完成人畜分离工作方案。开展村庄清洁活动10次，清理垃圾1324.4吨，清理村内水塘35口，清理村内沟渠176千米，清理河道、湖泊573千米，清理卫生死角341处，进村入户宣传教育428场次，受教育34938人次，张贴宣传标语212条，发放宣传资料930余份，达到全地区无乱倒垃圾、无乱堆粪土、无乱放柴草“三无”标准。完成普兰县霍尔乡等5个乡污水处理及收集系统项目的可研编制。普兰、札达、日土三县县城污水处理项目开工建设。完成改则、革吉、措勤三县县城污水处理项目前置工作。初步实现西四县垃圾“村收集、乡镇转运、县处理”减量化、无害化处置。完成日土县日土镇垃圾处理设施项目和噶尔县门士乡等5个乡镇垃圾转运站项目可研编制、项目前期工作。完成普兰、札达两县县城垃圾处理项目和噶尔县昆莎乡、普兰县巴嘎乡、霍尔乡垃圾处理项目前置工作，年内开工建设。自治区下达地区改厕指标18566座，地区有户用厕所3994户（国家投资建设3886户、群众自筹108户），建设率15.77%，边境小康村、易地扶贫搬迁、极高海拔搬迁等项目实施后，可解决厕所11858座，还需进行6708座户用厕所建设。年内地区户用厕所普及率11.2%，制定《阿里地区农村户用厕所改造工作方案》《阿里地区农村户用厕所改造工作计划》，编制《阿里地区户用厕所改造项目可行性研究报告》，计划优先实施噶尔、普兰、札达三县厕所（4164座）改造，与自治区农村人居环境整治工作领导小组沟通协调户用厕所改造资金。

【农产品检疫】 2019年，地区农业农村局严格落实农产品产地检疫及进入市场前的各项

◆9月21日，西藏自治区食品药品监督管理局主任谢平（右排右三），自治区农科院质标所所长次顿（右排右二）对阿里地区农产品质量安全检测中心进行“双认证”考核

检疫监督制度，组织开展农畜产品市场专项整治行动及农资打假专项行动。开展农产品质量安全县创建活动。推进地区农产品质检中心“双认证”前期工作，通过自治区专家组考核。截至年底，地区农产品农产检测合格率达97.5%以上，瘦肉精等药残检疫合格率达97.5%以上，检测合格率在自治区标准范围内。

【畜禽污染及农业面源污染防治】 2019年，地区农业农村局巩固畜禽养殖禁养区划定工作，强化畜禽养殖污染防治。重新规范调整畜禽养殖禁养区，调整后，划定禁养区36块、169891.1公顷。强化源头治理，遏制农业面源污染，完成种植业和畜禽养殖的选点普查，将调查数据录入系统。全年化肥调运300吨，实现化肥、农药用量零增长目标。地区地膜用量极少，主要集中在农业园区。对过期农兽药进行统一封存，与处置企业协调，处置过期农兽药53.81吨。

水 利

【概况】 2019年，阿里地区有水利行政管理部门8个，包括地区水利局和七县水利局。地区水利局内设正科级行政机构5个，分别为办公室、规划建设管理科、水政水资源管理科、河湖管理科（地区总河湖长办公室）、农村水利水电水保科。设正科级事业机构4个，分别为地区水旱灾害防御中心（地区水利水电勘测设计研究所）、地区水利工程建设质量与安全监督中心、地区水利建设项目管理中心、地区水土保持监测中心。实有57人（包含援藏干部2人和水利专班24人）。七县水利局有人员105人（包含援藏干部1人）。其中，有专业技术人员56人，具有中级以上职称9人。全年地区水利系统践行“节水优先、空间均衡、系统治理、两手发力”的治水思路，统筹做好水利事业惠民生、水利工程补短板、水利行业强监管各项工作，以水利扶贫为导向，加快水利基础设施建设，做好防汛抗旱，推进河湖长制，改善农牧民生产生活条件。水利建设到位资金5.72亿元，完成投资4.7亿元。地区水利水电勘测设计研究所获西藏自治区“三区三州”事业单位脱贫攻坚专项记功奖励。

【项目规划】 2019年，地区水利局谋划年度项目，完成9个项目的概算、11个项目的可研批复，完成2个项目的国土用地预审意见及住建选址初审意见批复，完成8个项目的水土保持方案和5个项目社会稳定风险评估审批。及时启动“十四五”水利规划编制，初步拟定“十四五”规划项目7大类59个，总投资168.5亿元。完成《西藏阿里地区“十四五”水安全保障规划思路报告（初稿）》。

【重点项目建设】 2019年，多油水库项目前置手续均办理完成，可行性研究报告报送审查。阿青电站供水灌溉配套工程可研报告报送审查，并调整设计方案。热布加林水库工程完成水保批复等5项前置手续。规划总投资62.09亿元的狮泉河中游生态修复及保护工程规划初稿通过行署审查。噶尔县加木灌区工程完成初步验收。普兰新城区防洪区工程、噶尔县嘎多抗灾饲草料基地灌溉工程、狮泉河镇河库联通及生态修复工程等5个项目全部完工。先后进行噶尔县、札达县、普兰县沙棘情况现场调研，完成《阿里地区沙棘种植与产业开发规划（2020—2029年）（初稿）》。

【民生水利建设】 2019年，地区水利局续建民生水利项目21个，除1个因资金未到位未开工外，其余20个项目完工并初步验收，主要包括小型农田水利设施建设、农村饮水巩固提升工程、小型农田水利重点（专项）县项目、饲草料基地、灌区工程、防洪保安项目等。新建项目完工2个（农村饮水安全巩固提升工程、噶尔县加木灌区工程）。日土县日松乡甲岗曲典灌区工程及札达县托林镇马朗河治理工程等4个防洪项目开工建设。除普兰县多油水库工程外，其余8个项目获批复概算。边境小康村项目概算批复39个，资金到位17768万元，完成投资8817.45万元。农村饮水安全巩固提升工程落实资金2.43亿元，建设项目670个，解决36749人的饮水安全问题，全地区饮水工程行政村覆盖率100%，供水保障率95%，集中供水率90%，自来水普及率21%。开展农村生活供水基础设施督导检查4次，新建六县供水工程670个，农村饮水工程开工率100%，完工率95%。

【水资源管理】 2019年，地区水利局落实最严格水资源管理制度，推进水资源消耗总量和强度双控行动，“三条红线”约束指标均控制在自治区确定的范围之内。强化水资源论证和取水许可管理，推进取水许可办理。对地区3家重点监控用水单位（冈仁波齐资源开发有限责任公司、狮泉河电站、地区自来水公司）开展监督检查6次，存在问题全部整改到位。对辖区内13家单位取水许可审批情况进行规范管理。对狮泉河镇范围内公共供水管网覆盖范围内自备井进行监督检查5次，关闭自备井11眼。

【节水型社会建设】 2019年，地区水利局印发实施《阿里地区节水行动方案》《关于加快建立完善城镇居民阶梯价格和非居民用水超计划累进加价制度的实施方案》，推动节水各项工作。地区水利局、噶尔县水利局、普兰县水利局机关单位各项节水建设任务完成，待自治区节水办考评验收。投资125万元，完成节水型社会建设试点县（噶尔县）13家载体建设。在“世界水日”“中国水周”“世界环境日”“法制宣传日”等节点，通过入户、进学校、进机关等方式，利用电视台等媒体平台，进行节水宣传，覆盖1.5万人次，增强全民节水意识。

【河湖管理与保护】 2019年，地区水利局调整充实地、县、乡三级河湖长制工作领导小组45个，明确“双总河湖长”90人，2170条河湖实现地、县、乡、村四级河湖长制管理全覆盖。七县37个乡镇河湖长制实施方案全部出台，建立完善河湖长制联席会议制度、河湖长制工作部门协调联动机制、河湖长制工作考核办法等制度18项。签发33条地区级“一河（湖）一策”方案，设立、更新河湖长公示牌1283块，重新核实全地区2170条河湖的《河湖名录》，整编完善“一河（湖）一档（策）”等资料。举办业务培训班12期，培训278人次，参与群众164人次，提高河湖管理人员的业务水平和保护意识。开展“清四乱”等5项专项行动，现场巡查河湖2073人次，清理河湖岸边各类垃圾196.55吨，下发调研报告、整改通知9份，涉及整改内容76条，整改突出问题455处。

【水利执法】 2019年，地区水利局加大联合执法力度，根

◆11月4日，阿里地区在行署会议中心三楼视频会议室召开河湖长制工作暨“清四乱”专项行动电视电话会议。行署副专员、地区总河长办公室主任刘宏（主席台右）主持会议，地委副书记、行署专员、地区总河湖长旦巴旺久（主席台左）出席会议并讲话

据防洪法、水保法等有关法律规定，对地区河道内违规建筑、违规采砂行为进行水利执法检查30余次，对违法行为进行整改或处罚。

【水土保持】 2019年，地区水利局严格审批水土保持方案，下达147个项目水保方案批复，其中水保方案报告书116份、报告表31份。征收水土保持补偿费328.47万元。开展水土保持监督执法检查2轮，检查涉及交通、水利、扶贫、住建、农牧、矿业、林业等项目32个，对18个项目下发整改通知，完成整改。

【水旱灾害防御】 2019年，地区水利局组建地区水旱灾害防御中心，落实水库安全度汛“三个责任人”制度，向社会公布地区防汛抗旱行政责任人及12座水库“三个责任人”的名单，严格执行汛期值班带班和信息报送制度。根据机构改革各单位职能转化，重新修订完善防汛抗旱应急预案。组织召开地区防汛抗旱工作部署会议2次。定期组织召开防汛抗旱指挥部会商研判会议，研究汛期天气变化、判断降雨趋势、江河水量变化、水工程调度方案等。组织3批工作队，专项督导检查各县防汛抗旱，对存在问题及时督办整改。严格落实汛期水库运行的各项制度，实现零安全生产事故的目标。下达山洪灾害防治、防汛抗旱、水利救灾等资金2514.31万元，全部实施完成。妥善处理因自然因素引起的城区段防洪堤塌方和损毁事件。

【水利建设管理】 2019年，地区水利局落实简政放权，将投资0.2亿元以下的项目全部下放至各县组织实施，做好指导和服务。推进水利工程质量提升行动，深化安全生产领域改革，建立健全《阿里地区水利工程建设管理与质量安全》制度汇编，包含质量与安全管理办法、考核制度等40余项。严格执行资金管理制度，未发生资金拨付违规情况。全面落实项目建设“五制”管理，通过建制度、明责任、强监管、查隐患、补弱项，推进水利建设管理制度化、规范化。组织开展工程质量和安全生产检查8次，下发整改通知单47份，对整改落实情况进行跟踪督办，未发生质量与安全事故。加强管理人员的专业技能培训，提高项目建设的施工管理、档案管理等业务能力。

【水利受援】 2019年，水利部从部综合事业局和各流域机构选派25名专家组成援阿技术团，利用3个月时间开展专业技术指导、谋划“十四五”规划和帮助培养本土人才方面等工作，调研项目159个，梳理重要问题26个，制定规章制度22个，编制规划报告7个，审查项目8个，形成调研报告8篇，举办专题讲座23次，完成并提交《水利部第三批技术专家短期“组团式”援阿工作总报告》。7月，水利部副部长蒋旭光带领水利部有关司局组成的调研组，深入普兰、札达、噶尔三县，考察调研地区重大水利项目、生态环境综合治理、河湖长制等重点工作，

◆7月20日，水利部副部长蒋旭光（右前排中）在阿里行署会议室慰问第三批“组团式”援阿团全体成员，西藏自治区副主席坚参（右前排右三）参加座谈会

对象泉河流域沙棘开发、狮泉河流域生态修复、多油水库项目建设等提出明确要求。

【水利脱贫】 2019年，地区水利局针对农牧区群众“吃水难、用水难”等实际问题，争取中央预算资金9800万元，其中8800万元向3个摘帽县倾斜；争取深度贫困县（三区三州）人饮工程建设资金1.12亿元，累计解决建档立卡贫困户8695人的饮水问题，实现全地区建档立卡贫困人口饮水安全目标。完成906处饮水工程水质检测。通过生态补偿、转移就业，将水生态保护岗位、村级水管员岗位与贫困人口精准对接、复核，吸纳水利生态岗位人员1936人。获得改则县察布乡扎美仁村助推脱贫工作“最佳支持单位”。1人获西藏自治区“三区三州”事业单位脱贫攻坚专项记功奖励，1人获得地区脱贫攻坚创新奖，8人获得西藏自治区“三区三州”事业单位脱贫攻坚专项嘉奖。

经济和信息化

【概况】 2019年，阿里地区进行机构改革，工业和信息化局变更为经济和信息化局，加挂地区大数据发展管理局牌子，优化工业经济、数字经济和信息化建设管理和服务职能。内设3个科室，分别为办公室（政策法规科）、经济运行科（中小企业科、消费品工业科）、大数据发展管理科（信息化推进科、数字经济发展科），下设正科级事业单位信息资源中心。实有干部职工19人，其中党组书记1人、局长1人、副局长3人、四级调研员2人、正科级4人、副科级4人、高级工1人、中级工1人、九级职员2人。全年地区实现工业总产值2.31亿元，比上年增长7%。规模以上工业企业完成产值0.83亿元，比上年下降11%；工矿企业完成产值0.7亿元，民族手工业完成产值0.13亿元，特色畜产品加工业完成产值0.32亿元，建材行业完成产值0.12亿元。全地区行政村信号覆盖率100%，宽带覆盖率82%。其中，电信网络覆盖行政村105个，覆盖率72.41%，宽带网络覆盖行政村45个，覆盖率31.03%；移动网络覆盖行政村134个，覆盖率92.41%，宽带网络覆盖行政村86个，覆盖率59.31%。联合地区应急管理局、公安治安支队、消防支队对民爆公司开展检查10余次，组织应急演练1次，组织销毁过期炸药1次，严格实行炸药销售库存报备制度、特殊时期“零报告”制度。未出现安全生产责任事故。

【政策扶持】 2019年，地区经济和信息化局为旅游公司落实象雄大酒店第一期技改资金300万元，帮助企业提升市场占有率。兑现全地区2018年中小企业发展专项资金100万元，其中西藏舞凤有限公司30万元、地区民生副食品流通有限责任公司30万元、地区交通实业发展总公司40万元，帮助企业进行技术改进、品牌推广、设备升级改造。组织各县经信局及企业做好自治区中小企业专项扶持资金项目储备、年内企业发展专项资金项目申报等前期工作。

【减轻企业负担】 2019年，

◆5月28日，地区经信局召集地区财政局、工商联、国资委在二楼会议室召开2018年度本级财政中小企业发展专项资金分配评审会。地区经信局党组书记、副局长秦建军（右排左），副局长李志骏（右排右）出席会议

阿里地区开展清理拖欠民营企业中小企业账款工作，行署先后召开视频会议4次，专题安排部署相关工作。建立地区减轻企业负担工作联席会议制度，制定下发清欠工作方案，明确责任和清欠范围。先后在地区范围内开展自查清理5轮，设立投诉举报电话，及时回应群众关切。全年地区10家责任主体拖欠13家民营企业中小企业账款2480.43万元，截至年底，清偿1435.25万元，占年度拖欠总额的57.86%。

【碘盐推广】 2019年，地区经济和信息化局持续巩固科学补碘成果，做好农牧民碘盐配送，确保全地区食盐充足供应，碘盐配送率保持100%。按照每人每年5.5千克碘盐食用量计算，完成466.94吨碘盐推广任务，惠及农牧民群众84899人，满足全地区农牧民群众对食用碘盐的需求。

【天然饮用水产业发展】 2019年，冈仁波齐资源开发有限公司与宏绩集团签订200万元订单，与外贸总公司签订200余万元订单，年内销量达到1000吨，实现产值560万元。霞岗江天然饮用水完成商标注册，于10月中旬试运行，办理其余相关证照。

【园区发展】 阿里地区培育一个产业园区，即狮泉河生态产业园区，占地面积300亩，2019年新增用地1000亩。根据噶尔县城市批次建设用地审批程序，初步确定园区规划，规划拟将北侧已有区域定为1区（原产业聚集区），南侧新增区域定为2区（年内新增园区建设用地）。吸纳外地和当地客商入驻产业园区，推动县域经济发展，提高综合经济实力。截至年底，园区入驻企业15家，总投资3.6亿元，实现总产值4260.51万元，实现销售收入4320.27万元，实现税收137.39万元，解决当地就业人员10余人。

【信息产业发展】 2019年，地区经济和信息化局履行地区信息产业发展领导小组办公室职责，代拟并印发实施《阿里地区贯彻网络强国战略推进信息化行动计划（2019—2020年）》《阿里地区深化“互联网+先进制造业”发展工业互联网的实施方案》《阿里地区一体化在线政务服务平台建设实施方案》。推进电子政务工程建设，建设完成电子政务一期点位116个、二期点位239个，完成电子政务外网“点到面”延伸补点工作。全地区第五期电信普遍服务试点申报自然村4G基站271个（每个拟投资105万元，共28455万元）、边境自然村4G基站35个（每个拟投资200万元，共7000万元），协调自治区通管局上报经信部，并获审批。地区七县建设农村综合信息服务站84个，其中12个点位因村委会搬迁拆除，需重新铺设线路至新地址，网络正常72个，网络畅通率85.71%，畅通点位均配备固定IP，网络传输速率均不低于20兆。

◆9月6日，西藏自治区经信厅副厅长郭翔率调研组在阿里地区调研电子政务外网建设情况。图为郭翔（右排中）一行在地区经信局二楼会议室召开电子政务外网建设情况座谈会

【土盐资源开发利用】 2019年，地区经济和信息化局贯彻落实自治区党委书记吴英杰在阿里地区调研时有关土盐资源开发利用、助推老百姓脱贫致富的重要指示精神，根据地委、行署总体工作安排，会同地区商务局、自然资源局、革吉县人民政府、地区盐业公司组成调研组，到革吉县盐湖乡盐湖矿点进行实地调研。多次与自治区经信厅盐务管理局、自治区盐业总公司进行对接沟通，促成革吉县于9月24日与自治区盐业总公司代表签订合作意向书。

【深化定点扶贫】 2019年，地区经济和信息化局深入实地对夏东村110户家庭情况进行实地察看走访调研，形成《夏东村调研报告》。结合夏东村实际，制定达雄乡夏东村群众劳动技能培训计划，并提出《夏东村经济合作组织紫绒山羊养殖项目建议书》。

供　电

【概况】 国网西藏阿里供电有限公司属国有小型供电企业，担负着阿里地区噶尔县狮泉河镇党、政、军、机关、昆莎机场和11万人常住人口的安全供电任务。设有1个营业网点，代管7个县域供电公司。有机构17个，其中职能部门10个、业务支撑机构5个、发电机构2个。有员工232人。2019年，全地区有变电站29座，其中110千伏变电站4座、35千伏变电站25座，输、配电线路总长度2579.46千米。公司直管电力客户3211户，与地区联网的三县（日土县、革吉县、札达县）电力客户6319户。全年售电量6431.5万千瓦时，比上年增长1.74%；售电收入9026.6万元，比上年下降4.14%；线损率7.91%，比上年下降0.15个百分点，电费回收率100%。完成阿里地区三大考试、塔尔钦宗教活动、阿里联网工程开工仪式、庆祝新中国成立70周年活动等重要电力保障任务60余次。“阿里联网”工程及“三区三州”工程在建35千伏及以上变电站17座，新建35千伏及以上输电线路17条，总长度3387.34千米，供电面积16.5万平方千米。地区“三区三州”主网工程17项，工程主网总投资131516万元，第一批项目（13项）形象进度完成76.6%，第二批项目（4项）形象进度完成51.5%。

【供电服务】 2019年，国网阿里供电公司针对地区频繁停电问题，协同专业部门加强供电质量管理，重点加大对台区重过载、三相电压不平衡等影响供电质量问题的整治力度，提高地区供电可靠率。严格执行高压搭火停电计划，按照“逢停综检，一停多用”的原则，整合、归并各类停电需求，将同一条线路上施工的高压新装用户搭火时间安排在同一天，减少重复停电。受理频繁停电投诉41起，比上年减少95起，降低65.54%，95598业务处理满意率达到98%以上。简化业扩包装手续，严格执行“一证受理、一口对外、一次告知”，实现高、低压业扩环

◆10月2日，国网阿里供电公司工会举办“喜迎十九大·有氧健步走”活动，40余名干部职工参加

节分别精简至4个和3个，全面取消普通客户设计方案审查和中间检查环节，对于具备直接装表条件的低压用户，在勘查确定供电方案后当场进行装表接电，严格要求具有相关资质的第三方设计单位合理预算高压业扩预算，减轻客户工程造价。推进地区转供电治理，配合地区发改委、市场监管局宣传国家相关优惠电价政策。截至年底，发放降低一般工商业电价宣传资料400余份，累计排查转供主体59户、转供终端户数1537户，编制改造资金预算1102万元。用户自愿出资改造“一户一表”126户，督促百益超市、阿里大酒店等商业综合体对转供终端用户执行国家目录电价，确保用户感受国家优惠电价红利，提升用户“电力获得感”。

【安全生产】 2019年，国网阿里供电公司在每月例行安规普考中融入岗位责任清单职责内容，促进全体员工熟知安全职责。按照《国网西藏阿里供电公司到岗到位实施细则》，发挥安全生产监督体系作用，加强工程、作业监督，管控作业过程中的违章行为、违章管理、违反劳动纪律的行为。开展常规培训、反事故演练、安全培训等。投资333.24万元，改善生产作业环境和劳动条件，主要用于制作宣传资料、安全教育培训、生产环境整治、劳动防护用品、防误闭锁、安全工器具、消防设施等7项。按照安全生产月、周、日例会制度，领导班子定期听取各部门、厂站安全生产汇报。组织各生产部门、安全员、一线职工开展“安全大讨论大反思活动”。全年未发生七级及以上的电网、设备、信息事件，连续三年获得“地区经济社会发展贡献奖”。

商　务

【概况】 2019年，阿里地区商务局进行机构改革，加挂地区口岸管理办公室牌子。内设3个正科级机构，分别为办公室、内贸综合科、外贸综合科，下设事业单位地区供销合作联合社（副县级建制）、地区商务信息中心（正科级建制）。实有干部职工27人。全年地区实现社会消费品零售总额14.24亿元，比上年增长13%；进出口和边贸总额3336.11万元。

【国内贸易】 2019年，阿里地区举办第五届农畜产品交易会，参与群众512户、经合组织23户、企业13家，设置肉类销售区、特色产品销售区、成品油促销活动区、配套商贸服务区、康乐新居创收区、政策宣传区等，农畜产品累计销售额1223.04万元，发放各类宣传单3000余份，向现场农牧民群众讲解中共十九届四中全会精神等200余人次。组织企业参加丝绸之路博览会、“5·18”廊坊国际经济贸易洽谈会，销售额20余万元，初步达成意向性协议120万元，近40万人到阿里馆参观和购物。加大与陕西省商务厅沟通衔接力度，争取落实阿里地区特色产品展销中心项目（2000万元）。推进日土县综合农贸市场项目，年内开工建设，列入2020年重点项目。在西安市解放路民生商场搭建阿里特色产品展销专柜，陕西省商务厅支持专柜装修费100万元，由措勤县西藏金紫绒工贸有限公司负责运行。申请解决114.82万元，在西藏会展中心二号馆打造阿里地产产品馆，于10月2日正式开馆，15家当地企业入驻经营。支持咸阳瑞林商贸有限公司在阿里举办夏季服装展销会，销售额315万元。

【市场保供】 2019年，地区商务局与49户商户签订生活必需品保供协议，发放保供奖励资金26.2万元。牵头印发《阿里地区鲜活农畜产品运输便利化绿色通道实施方案》，颁发首例绿色通行证，降低地区鲜活农畜产品运输成本。以政府购买服务方式，申报措勤县农牧民饮食结构改善工程试点县。应对非洲猪瘟、平抑市场物价，启动市场猪肉投放，全地区除措勤县外设立14个投放点，累计投放冻猪肉23.45吨，全地区冻猪肉价格降幅4.35%～26%。推进乡镇蔬菜便民利民店建设，深入基层开展调研，完成狮泉河镇4家，日土县多玛乡、热帮乡，札达县城、札达六乡及东波村便民利民直销店建设，拨付建设补贴资金40余万元。

【电子商务发展】 2019年，地区商务局争取落实噶尔、改则、革吉、日土4个县电子商务进农村综合示范县项目资金2110万元和普兰县电子商务进农牧区示范县项目2000万元。普兰县电商有序运营，噶尔、改则、革吉、日土电商项目待自治区商务厅确定承办企业后整体推进。

【对外贸易】 2019年，地区商务局从外经贸发展专项资金中解决347.01万元，支持普兰拉孜拉边贸市场灾后维修项目、札达县什布奇边贸市场维修项目，年内均开工建设。完成昆莎机场航空口岸可行性论证工作初稿，上报自治区商务厅审核。开展昆莎机场航空口岸实地演练，协助配合尽快完成首例航空包机降落。普兰口岸斜尔瓦“一关两检”综合保障设施建设项目（500万元）竣工。推进普兰边民互市贸易区相关工作，申报列入“十四五”规划边贸项目2800万元。申报普兰口岸斜尔瓦至尼泊尔胡木拉县公路建设项目6.65亿元。申报普兰口岸功能建设项目8000余万元，争取立项批复。组织人员到日喀则市亚东边贸市场和吉隆口岸国门区、吉隆货物查验厂、边民互市贸易区调研学习开放政策落实、边民互市贸易区界定、规章制度建立、口岸边贸运行模式等方面内容，形成调研报告。

【供销工作】 2019年，地区商务局与自治区供销社沟通衔接，为达热、噶尔新村争取建设基层社无息贷款扶持资金100万元。加大与陕西省供销社、河北省供销社沟通衔接力度，上报《请求陕西省供销社、河北省供销社对口援助解决西藏阿里地区供销系统有关帮扶事项的专题报告》，争取供销系统电子商务平台建设、干部业务提升、规划建设、农牧民专业合作社在展销对接、企业帮扶与合作等方面的援助。

【精准扶贫】 2019年，地区商务局帮助改则县先遣乡玛尔果村村委会办理合作社资金专用账户，争取落实添置牲畜资金4万元，扩大合作社经营范围。加强与自治区商务厅沟通协商，实施札达县电子商务进农村综合示范县项目（1500万元）和普兰县电子商务进农村综合示范县项目（1500万元），争取落实噶尔县、改则县、革吉县、日土县电子商务进农村综合示范县项目资金2110万元。措勤县电商项目稳定就业建档立卡贫困户5人、带动创业26人（开设网店）。普兰县电商项目稳定就业建档立卡贫困户3人、带动创业25人（开设网店），汽车流通领域解决就业3人（贫困户1人、贫困大学生2人）。协调修建乡村公路指挥部，安排10名农牧民群众负责公路两边可视范围内环境卫生，增收3万余元。制定出台《关于进一步深化驻村联系点定点帮扶工作责任落实方案》，及时把脱贫攻坚、安全生产、环境保护等纳入党组“三重一大”决策事项范围。对革吉县盐湖乡土盐进行调研，上报专题调研报告。

【环境保护】 2019年，地区商务局按照中央、自治区环保督察组要求，完成地区25座加油站双层罐及油气回收升级改造任务，完成地区7家再生资源回收个体商户清理整顿任务，累计清运各类再生资源物资7320.95吨，出动车辆255辆次。与地区公安处、市场监督管理局、自然资源局、加木村等相关部门沟通协调，落实40亩建设用地，组织动员企业和个体商户，以集资方式建设地区再生资源回收和报废汽车回收拆解基地项目，完成项目前期勘测定界、地质灾害评估、可行性研究报告等，出具项目环评报告书。

【安全生产监督检查】 2019年，地区商务局加强安全生产监督检查、成品油领域安全监管，通过中央安全生产督查考核组验收。深入各县、各乡督导检查加油站、商贸流通等领域安全生产，督导整改各类安全隐患140处。联合食安办等相关成员单位，开展食品安全宣传5次、市场检查4次。加强狮泉河镇各加油站、托运部等企业常态化安全隐患排查，督促驻站民警、安检员执行好“三证”加油制度，督促企业落实企业安全和消防工作主体责任和人防、物防、技防措施，整治整改加油站、人员聚集场所安全隐患40处。开展安全生产进企业、进机关等活动6次，发放宣传资料600余份。

狮泉河海关

【概况】 2019年1月1日起，按照拉萨海关三定方案的要求，狮泉河海关功能类型为偏属地综合型海关。受拉萨海关直接领导，是负责阿里地区境域内（不含普兰县）海关各类管理工作的执行机构。办理具体海关业务，负责辖区范围内海关“一次申报、分布处置”第二步处置的执行反馈，具体职责包括稽（核）查、企业管理、现场验估（后续）、减免税审核、进口目的地检验、出口产地/组货地检验检疫及后续监管等；执行“两中心”下达的报关单修撤、退补税、验估、稽（核）查等指令，进行指令后续处置及辖区内加工贸易、保税监管业务等属地管理职责；兼具口岸管理职责，负责辖区范围内海关“一次申报、分步处置”第一步处置的执行反馈，具体职责包括运输工具检查、货物查验和物品监管、现场验估（通关）、海关监管作业场所规范管理、口岸应急事务处理等；执行“两中心”下达的查验（检查）、验估等指令，进出境运输工具、货物、物品及人员的口岸检验检疫等功能和职责，将指令执行结果反馈“两中心”。有关员、警员17人。狮泉河海关按照边民每人每日带进价值8000元人民币以下生活用品给予免征进口关税和环节税优惠政

◆12月16日，狮泉河海关与阿里地区人民医院在地区人民医院签署卫生检疫技术协作，海关关长陈春生（中左）出席

策。2019年机构改革后，普兰海关独立，狮泉河海关定位为偏属地综合型海关，暂无进出口监管业务，未征收税款。严格按照《海关监管场所管理办法》《海关监管场所设置标准》对普兰口岸海关监管场所进行管理。

【打击走私】 2019年，狮泉河海关缉私分局依法开展严厉打击走私专项行动。开展“国门利剑2019”联合专项行动、“蓝天2019”行动，坚决将洋垃圾拒于国门之外。联合普兰海关、地县两级市场监督管理部门先后对辖区内废品回收等特殊行业开展联合执法检查、宣传法律政策2次。持续关注地区涉证涉税商品的走私动态，不定期了解底雅什布奇传统边贸市场交易情况，先后获得乡政府反馈的动态信息6条。加大对边民互市贸易渠道伪瞒报、夹藏及非设关地偷运走私冻品的打击力度，重点持续关注活体牛、大米走私态势。与地县两级市场监督管理部门对农贸市场和货运渠道开展联合大检查2次。开展“国门勇士”联合专项行动，贯彻落实公安机关缉枪治爆专项行动和禁毒“两打两控”专项行动部署要求，严厉打击涉枪涉毒走私犯罪。多次与地区禁毒委、公安处禁毒支队、机场公安分局等执法单位开展联合禁毒宣传，印发宣传单300余份。对涉嫌走私濒危物种及其制品的情报线索开展重点经营、研判，破获“7·27”涉嫌走私珍贵动物制品案，抓获犯罪嫌疑人2名，查获列入《濒危野生动植物国际贸易公约》（CITES）附录I的虎皮1张、豹骨6.05千克，涉案价值120万元。

石油销售

【概况】 中国石油西藏阿里销售分公司新增2座地面加油站（昆莎加油站、札达加油站）。分公司通过辖区内8座加油站为地区提供汽油、0#柴油、-20#柴油，进行资源协调配送，确保市场供应。2019年，累计销售成品油60976吨。其中，加油站销售14970吨，直销销售46006吨；汽油16519吨，柴油44457吨。狮泉河油库总库容量2500立方米。其中，柴油库容1500立方米，汽油库容1000立方米。全年收油3.1万吨，发油3.06万吨，年吞吐量6.16万吨。

【企业文化建设】 2019年，中国石油西藏阿里销售分公司丰富职工书屋的藏书200册。维修、补充职工活动中心活动器材2件。在节日期间，公司领导带队看望慰问在职家庭困难员工和退休职工9人次，慰问基层一线员工35人次，投入资金2.5万元。在员工生日当天，为其发放蛋糕费。开展“弘扬石油精神·重塑良好形象”活动，打造党建品牌文化墙，涵盖企业简介、党建文化、经营动态等内容，展出专业展板11个，利用机关LED屏和两个电视视频宣传企业文化，树立中石油良好品牌形象。

【安全生产】 2019年，中国石油西藏阿里销售分公司先后召开安全生产工作会议15次，落实各阶段安全生产工作部

◆10月15日，中国石油昆莎机场加油站正式营业

◆12月3日，中国石油西藏销售公司阿里分公司联合中国电信阿里分公司在普兰县正式挂牌成立首个央企驻藏联合党支部，中国石油阿里分公司总经理葛立均（右一）出席仪式

署。重点加强实名加油和零散成品油销售管理，严守“三条红线”，管控好油品源头。组织专人对神山加油站现场管理、安全生产等工作进行指导和帮助。“两会”和三月敏感月期间，库站开展防恐、防火预案演练26次，提高员工应急处突能力。

【阿里地区首届中直单位党建业务交流会】 2019年8月8日，由中国石油西藏阿里销售分公司承办的阿里地区首届中直单位党建业务交流会举行。阿里地区行署副专员泽仁扎西、中国石油西藏销售公司副总经理米玛顿珠出席。交流会上，十余家阿里地区中直单位和地区各职能部门代表，先后参观分公司精心陈列的党建展板、荣誉墙、视频会议室，并到狮泉河镇南郊加油站，了解基层党建，听取加油站党支部及企业文化建设汇报。召开座谈会，中国石油西藏阿里销售分公司、中国电信阿里分公司等中直单位先后做党建工作交流，为进一步加强党建工作、发挥党建引领作用、聚焦攻坚克难，促进阿里经济社会长足发展和长治久安进行探讨和交流。

◆首届阿里地区中直单位党建业务交流会期间，中国石油西藏销售公司副总经理米玛顿珠（前排右二）和行署副专员泽仁扎西（前排右一）参观非油展台

烟草专卖

【概况】 2019年，阿里地区烟草专卖局（公司）下设9个科室，分别为党建工作科、办公室、财务科、营销中心、配送中心、专卖监督管理科、人事科、综合管理督察科、安全管理科。营销机构有营销中心1个，县级营销网点3个，日土县卷烟营销网点撤销；物流配送机构有物流中心1个，物流中转站3个；专卖稽查机构有专卖监督管理科、稽查大队。全局有46人，在职42人。有5名职工参加年度烟草制品技能鉴定考试，3人通过四级鉴定。总资产5746.97万元，资产负债率106.87%。零售户数668户。零售户销售毛利率14.3%。2019年，销售卷烟4494.38箱，比上年增加158.37箱，增幅3.65%，完成年

◆5月，阿里烟草专卖局（公司）获阿里地区税务局颁发的“2018年度A级纳税人”称号

度任务的99.94%；卷烟销售金额20736.95万元，比上年增加874.74万元，增幅4.4%，完成年度任务的100.03%。单箱均价4.61万元，比上年增加0.03万元，增幅0.72%；实现各种税费2997.34万元，比上年增加167.34万元，增幅5.91%；实现税利2796.38万元，比上年增加254.83万元，增幅10.03%。三项费用率11.75%，比上年下降0.18个百分点。5月，获得“阿里地区A级纳税人”称号。

【生产经营】 2019年，地区烟草专卖局（公司）结合区局（公司）大物流的目标，谋划改革，规划设计“三点两线”的物流布局，计划采用一级直送和委托邮政二级中转配送模式相结合，促进卷烟物流从“外延式增长”向“内涵式发展”转变。37个乡镇销售网络覆盖33个，乡镇覆盖率89.19%，比上年的78%增长11个百分点。全地区电子结算客户626户，占总客户数的97.66%。电子结算金额18100.8万元，占总销售额的89.29%，比上年的90.18%下降0.89个百分点。在销重点品牌27个，销售3888.94箱，比上年增加143.01箱，增幅3.8%，占总销量的89.66%，比上年上涨0.93个百分点。区域品牌（雪域）销售45箱，增幅41.49%，占总销量的1.04%。雪茄烟销售9.18箱，减幅31.85%，占总销量的0.21%。

【专卖管理】 2019年，地区烟草专卖局（公司）根据天价烟整治行动中暴露出的具体问题制定针对性的整改措施并完善相关规章制度，张贴《国家烟草专卖局办公室关于认真贯彻落实禁止向未成年人出售电子烟通告》。组织开展法律知识集中培训7次，利用“5·15”打击和防范经济犯罪宣传活动，宣传《中华人民共和国烟草专卖法》《烟草专卖行政处罚程序规定》等法律法规，发放宣传资料155份，接受群众咨询42次。增强专卖市场管控能力，出动人员192人次、执法车辆72辆次，查处各类涉烟违法案件14起，查获涉案卷烟5.19万支，案值6.54万元，

◆7月，西藏自治区烟草专卖局（公司）党委书记、局长、总经理宋俊一行到噶尔县、日土县卷烟市场调研。图为宋俊（右三）一行在噶尔县零售户店内调研

罚没收入0.44万元。

旅游发展

【概况】 阿里地区旅游发展局为行署工作部门，正县级建制。内设科室3个，分别为办公室（财务室）、产业发展与资源开发科（交流合作科）、市场管理与公共服务科。设事业机构2个，分别为地区旅游执法支队（为参照公务员管理单位）、地区旅游服务与信息中心，有在编人员25名。地区旅游服务与信息中心暂未配人员。2019年，全地区有旅游资源216处，开放景区24处，其中国家AAAA级旅游景区1处，新申报国家AAAA级旅游景区2处、AAA级景区9处；宾馆饭店212家，床位总计8579张，其中四星级酒店2家、三星级酒店3家、二星级酒店2家、新申报四星级酒店2家。家庭旅馆76家，床位总计3568张；旅游企业17家，包括2家旅行社、10家旅游公司和5家纪念品开发公司。全年接待游客110万人次，比上年增长24.7%；旅游创收13.8亿元，比上年增长26.55%。通过景区（点）、宾馆饭店、家庭旅馆、旅游产品及沿线餐馆等途径带动农牧民转移就业3224人、创收1825.17万元。

【旅游规划】 2019年，地区旅发局配合自治区旅发厅完成《冈底斯国际旅游合作区规划》编制，由文化和旅游部完成评审。配合西藏旅投集团完成《阿里地区旅游文化资源普查》《阿里地区旅游文化产业发展提升规划（2019—2030）》《古格遗址景区旅游控制性详细规划》初稿编制和评审。

【项目建设】 2019年，地区旅发局落实重点旅游项目7个，总投资3136万元，包括普兰县旅游综合服务体建设、札达土林精品景区试点工程建设、普兰县吉让居委会扶贫旅馆扩建项目等，除普兰县旅游综合服务体建设、札达土林精品景区试点工程2个项目未建设完成外，其余5个项目均建设完成。国家文化旅游提升项目2个，总投资2000万元。措勤县扎日南木错景区基础设施建设项目，开工建设；日土县多玛水晶洞景区基础设施建设项目，建设完成。

【旅游宣传】 2019年，地区旅发局在拉萨市区核心商业区（青年路口至老电影院整街）投放46块阿里旅游形象灯箱广告；在央视纪录频道、西藏电视台等传统媒体，以及《西藏旅游》《西藏航空》《中国国家地理》等新型媒体投放阿里旅游广告；举办阿里摄影展和旅行社、游客、媒体互动活动；加大“西藏阿里旅游”微博、“阿里旅游”微信公众号宣传，紧密结合新媒体技术和AR技术，丰富宣传内容和形式，加大宣传力度。参加“两省五地”组织的各类旅游推介会和博览会，并在会上宣传推介“六大品牌”。搜集和创作12首阿里旅游歌曲并制作光盘；出版《西藏之西·阿里阿里》古格篇、象雄篇两本书，提升“游第三极峡谷、品古象雄文化”旅游品牌形象。

◆6月1日，由地区旅发局主办的以“藏西秘境·天上阿里”为主题的阿里旅游摄影展在成都宽窄巷子拉开帷幕。图为市民、游客驻足观展

【拓展客源市场】 2019年，地区旅发局依托旅交会、旅博会和阿里旅游摄影展举办多次阿里旅游专场推介会，面向区内外旅行社、自驾游俱乐部和媒体推介阿里旅游资源和旅游线路，宣传“冬游西藏”优惠政策。以西藏喜马拉雅国际旅游有限公司、地区旅游公司玛旁雍错旅行社等旅游企业为主体，采取散客拼团等形式招徕赴阿游客，大幅增加入阿游客数量。对接客源援藏工作，落实2017年全国旅游援藏工作会议与河北、陕西两省签订的客源援藏协议。陕西、河北两省文旅厅把客源援藏作为帮助阿里旅游市场发展的重要举措，综合利用各种渠道和平台加大对阿里旅游资源的宣传营销力度，出台多项政策措施扶持本省旅游企业组织游客赴藏旅游。

【扩大旅游区域合作影响力】 2019年，地区旅发局深入开展“冬游西藏·共享地球第三极”活动，为冬季运营的星级酒店和A级景区提供补贴。督促地区旅游公司，扶持暗夜公园和星空旅游产业。加大招商引资力度，与河北旅投、陕旅集团、西藏旅投、西藏旅游股份公司等旅游企业签订协议，在景区建设经营、旅游线路开发、酒店经营管理、文创影视传播、文旅产品打造等方面开展交流合作。加强区内外合作交流，与那曲市文旅局、青海省玉树藏族自治州旅游局、新疆维吾尔自治区喀什市旅游局合作，举办2019第三极终极越野拉力赛；与阿里暗夜公园、阿里天文台联系，举办“探寻藏西秘境·逐梦最美星空”天文夏令营活动；与区地两级体育行政部门沟通，举办冈仁波齐·玛旁雍错环湖自行车赛。

◆河北省第九批援藏工作队、地区旅发局组织参加第24届中国北方旅游交易会。图为10月15日，援藏工作队领队、阿里地委副书记、行署常务副专员韩学军（左二），地区旅发局副局长高彦武（右二）在阿里展馆布置工作任务

【景区和星级饭店行业评定】 2019年，地区旅发局严格实行A级景区和星级饭店行业的准入和退出制度，开展古格王国遗址景区、班公湖景区AAAA级评定，及阿里大酒店（供氧楼）四星级评定，相关资料上报至自治区旅发厅。对札达县喜马拉雅商务酒店、古格宾馆三星级评定有关资料进行初步审核。

【旅游市场监管执法】 2019年，地区旅发局联合地直部门、七县文化和旅游局，开展各类旅游安全生产大检查、旅游安全隐患排查、旅游安全生产和消防督导检查等50次，检查酒店137次，导游85人，旅游车辆76辆，出动车辆87辆，出动人员211人次，收到旅游咨询80余件，受理旅游投诉10起，无处罚金额，办结率100%，群众满意率100%。在端午节、萨嘎达瓦节、中秋节、国庆节等重大节庆活动期间，联合应急管理局对全地区A级景区、星级饭店、家庭旅馆的安全生产、服务质量进行检查；联合市场监管局对全地区A级景区、星级酒店、家庭旅馆、特色藏餐馆、旅游纪念品商店的物价进行审核，要求各经营场所在醒目位置明码标价，严禁强买强卖行为。

【旅游扶贫】 2019年，全地

区旅游行业带动农牧民转移就业人数2724人，收入1303.29万元；项目建设吸纳当地人数34人，创收13.8万元。通过“三区三州”深度贫困地区旅游规划扶贫公益行动，对全地区重点打造的4个村编制乡村旅游规划，完成札达县香孜村、改则县确登村、措勤县格玛村旅游规划终审，日土县乌江村旅游规划编制工作。加强农牧民旅游技能培训，组织4期农牧民旅游技能培训班，参训171人，其中贫困户85户。委托阿里地区德勒民族藏餐厨艺培训学校开展为期45天的中式烹饪培训，七县30名农牧民群众（建档立卡贫困户15人）参训；委托西藏他喜职业技能培训学校开展为期30天的家庭旅馆培训，七县97名农牧民群众（建档立卡农牧民群众30人）参训。自筹资金40万元，吸纳七县40名贫困户参与旅游公厕保洁岗位，并签订责任合同，按期兑现工资。

【安全生产】 2019年，地区旅发局明确景区景点、宾馆、饭店、家庭旅馆等旅游市场主体安全监管责任，明确旅游安全监管人员和联络员，重点整理“三个必须”管理制度、安全监管机构、旅游安全监管员职责。落实日常监管检查和指导督促职责情况等材料，根据地区的实际情况，总结执法工作经验。落实长效监管机制，制定旅游安全生产管理责任书，压实责任，同单位各科室、各县文旅局签订旅游安全生产责任书，及时消除安全隐患，增强处置各类应急突发事件的能力，为游客提供良好的旅游环境。

住房和城乡建设

【概况】 2019年，全地区住建领域涉及重点项目33个，完成固定资产投资6.34亿元，完成年初目标任务的100%。其中，续建项目13个，完成固定资产投资1.99亿元；新建项目14个，完成固定资产投资3.98亿元；新增项目6个，完成固定资产投资0.37亿元。

【住房保障】 2019年5月14日，阿里地区开始全面清查违规占用周转房问题，10月16日形成《阿里地区关于全面清查违规占用周转房问题专项报告》，11月完成整改。7月8日起，开展公租房信息系统数据梳理工作。9月，2850套2018年需交付使用公租房（廉租房）配套基础设施建设项目（投资5369.51万元），完成交付使用。10月，地区1556套保障性住房全部实现供暖覆盖。

地区“滨河花园”房地产开发项目，由地区住建局监督配合昌都市澜沧江房地产开发有限公司阿里分公司承建开发，共计725套，项目规划占地面积109993.22平方米，项目规划建筑面积1157076.33平方米。房屋分为商业用房和商品

◆10月15日，阿里地区第一个房地产开发项目“滨河花园”正式开盘，该项目位于噶尔县扎日南木措8号。图为售楼部大门正面

住房两种规模，预售230栋。10月15日，由地区住建局签发商品房预售许可证。

【城镇基础设施建设】 2019年，地区住建局配合开展“7·18”重点建设项目前期准备工作。推进普兰县巴嘎乡（塔尔钦）国际旅游小镇和日土县多玛乡特色小城镇建设进度。完成六县县城市政基础设施EPC建设项目，总投资约28亿元，全部完工并投入运营。完成投资3.36亿元，实现地、县、乡三级供氧全覆盖。完成投资29.88亿元，地区所在地、4个高海拔县城、14个高海拔乡实现集中供暖，供暖面积236.88万平方米，4.1万名居民“温暖”过冬。全地区市政道路123.08千米，建成区面积27.64平方千米，城镇化率平均29.59%，城市绿化覆盖面积1.6平方千米，绿化覆盖率9%。

【危房改造】 2019年，阿里地区农村危房改造任务285户，补助资金267.19万元（第一批补助资金257万元、第二批补助资金10.19万元）。结合地区脱贫攻坚实际，分配措勤县78户、改则县111户、革吉县96户，各县均完成危房改造。农房抗震改造任务590户，补助资金449万元，改则县完成101户、未完成19户，革吉、措勤两县办理前期手续。

【城镇污水、垃圾处理设施建设】 阿里地区污水处理设施建设项目总投资21418.85万元。其中，普兰县2686.82万元，札达县2583.62万元，日土县3008.41万元，巴嘎乡1500万元，革吉县4300万元，改则县4300万元，措勤县3040万元。累计完成投资980.46万元。其中，普兰县455.97万元，日土县524.49万元。革吉、改则、措勤三县污水处理及收集系统项目完成前期手续，革吉、措勤两县下达概算批复。生活垃圾无害化处理设施建设项目总投资9000万元。其中，普兰县3000万元，札达县3000万元，巴嘎乡、霍尔乡1500万元，昆莎乡1500万元。年内完成可研编制。

【厕所革命建设】 阿里地区厕所革命共96座。其中，普兰县16座，札达县10座，噶尔县12座，日土县14座，革吉县15座，改则县12座，措勤县17座。总投资7054.56万元，2017年8月开工建设，2018年10月完工，2019年1月固定资产移交至各县人民政府。

【高原装配式建筑建设】 阿里地区高原装配式建筑发展专项规划编制被列入河北省第九批智力援藏项目。在狮泉河镇开展装配式建筑试点，在普兰、札达两县边境小康村建设中逐步推广，累计建成装配式建筑10万平方米。

【公积金归集管理】 阿里地区累计提取公积金2907笔3.03亿元，累计发放个人住房贷款4569笔16.32亿元。2019年，通过住房公积金贷款为618户家庭解决住房问题。2名高校就业创业毕业生开户缴纳住房公积金5.76万元，享受补贴资金5.76万元。5月，开设住房公积金办理网点5个，入驻地区政

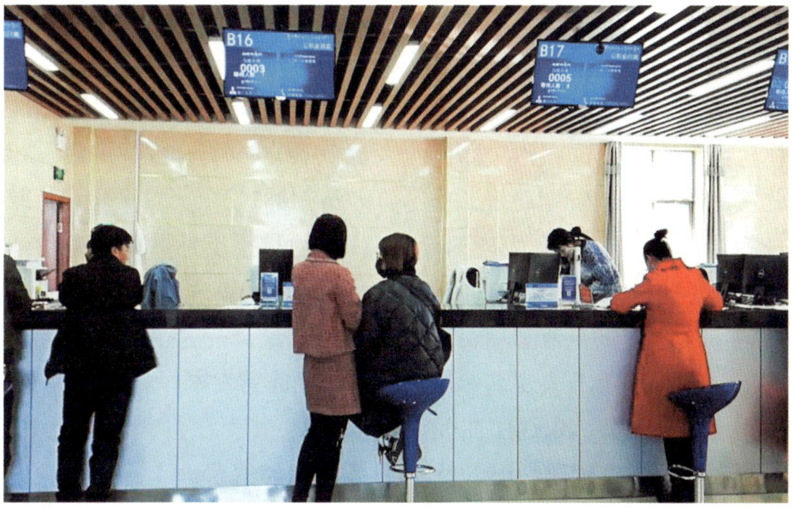

◆地区住建局住房资金管理中心入驻地区政务服务中心。图为公积金业务网点受理公积金业务

务大厅并开办业务，提高工作效率。

【建筑市场监管】 2019年，地区住建局开展建筑施工质量安全执法检查15次、7县全覆盖综合检查6次，检查项目110个，下发限期整改通知书57份、督办单33份、执法意见书10份，冻结企业网络信息56家，处罚金额67.62万元。与各企业签订安全生产责任书70余份，签订率100%。组织40余家企业214人进行建筑类安全员培训，开展建筑工地消防事故及安全事故应急演练1场，52家企业现场观摩。办理建筑企业资质证书12家，一体化平台办理施工许可证162份。办理农牧民建筑施工队资质证书18家。

【工程建设领域农民工工资保障】 2019年，地区住建局制定《阿里地区工程建设领域劳动用工实名制管理实施办法（试行）》《阿里地区工程建设领域农民工工资专用账户管理办法（试行）》《阿里地区住房和城乡建设局根治欠薪问题实施方案》，定期通报工作进展，召开民工工资清欠会议7次，落实根治欠薪各项保障措施。组织施工企业和项目法人单位进行建筑工人实名制管理平台培训3次。农民工工资专用账户开户317个，开户率100%。房屋市政监管项目285个，开户242个，覆盖率85%。

◆6月，地区住建局党组副书记、局长尼玛（前排右二）带队在改则县城开展建筑施工质量安全执法检查

借记卡发卡3015张，代发工资专户42个，代发1996人次，累计代发金额7311.36万元。

【项目审批和招投标】 2019年，地区住建局实施工程建设项目审批制度改革，制定《阿里地区关于全面开展工程建设项目审批制度改革方案》，理清各项审批事项24项，推进政府职能转变和深化“放管服”改革，优化营商环境，合并1项审批事项。开展消防设计审查项目113个，受理办结56个，消防设计备案项目26个，消防验收备案10个。监督房建、市政等招标113个，对房建和市政工程项目招投标活动中造价、计价全程实时跟踪监管，确保招标“公开、公平、公正”，并更新完善专家库。

【城镇燃气管理】 阿里地区有液化气站11家，其中2家未运营。2019年，地区住建局联合消防、应急管理、市场监督管理等部门，对狮泉河镇燃气经营企业进行安全生产检查15次。成立检查组，到各县开展燃气安全生产检查4次。委托乌鲁木齐德诺安全技术咨询有限公司，对11家液化气站进行安全评估。

自然资源管理

【概况】 阿里地区有自然资源行政管理部门8个，其中地区级1个、县级7个。2019年地区国土局更名为自然资源局，内设5个科室（正科级），分别为办公室、国土空间用途管制科、自然资源开发利用科、国土空间规划科、自然资源确权登记科。下属4个事业机构，分别为地区国土资源执法监察支队、地区不动产登记中心、地区自然资源确权中心、地区土地储备中心，有干部职工30人。

2019年，阿里地区严守耕地保护红线，全地区耕地保有量3.1万亩、永久基本农田2.7万亩，均达到保护目标。开展第三次全国国土调查，完成地区“三调”底图数据、外业核查和数据库生产，初步数据库成果按时间节点提交自治区“三调”办，调查图斑233480个。邀请自治区自然资源厅领导和专家开展“送教上门”业务培训，参训50人次。以“阳光自然，优质服务”党建品牌巩固年为契机，优化办事程序，缩短办证时限，强化作风，不动产一般登记、抵押登记业务办理时间分别压缩至7个、5个工作日以内。完成农村集体土地所有权确权登记发证，通过自治区验收，调查面积278.91平方千米，数量1218宗。发放各类不动产权证书、证明1456份。更新七县城区土地级别与基准地价，于9月1日颁布实施。完成2018年度土地变更调查，全地区监测图斑1071宗（普兰县42宗、札达县237宗、噶尔县195宗、日土县154宗、革吉县73宗、改则县287宗、措勤县83宗），监测图斑面积38162.4亩。

◆4月10日，阿里地区在电信阿里分公司视频会议室召开2019年自然资源工作电视电话会议。行署副秘书长张程良（主席台右）主持，行署副专员段晓勇（主席台中）出席并讲话，自然资源局局长刘存瑞（主席台左）作工作报告

【土地空间规划】 2019年，地区自然资源局编制和调整完善地县两级土地利用总体规划，地区、措勤等5个矿产资源总体规划获批准实施。向自治区政府呈报地区、七县土地利用总体规划审批请示。着手实施国土空间规划编制和用地规划“多审合一、多证合一”改革。

【重点项目建设】 2019年，“4·25”尼泊尔地震西藏灾区灾后恢复重建总体规划阿里地区地质灾害防治项目，投资总额6904万元，拨付项目资金5031.84万元，占总投资的72.88%。实施普兰县巴嘎乡雄巴村齐乌矿区生态恢复治理项目，总投资1636.34万元，完成土地复垦。札达土林自治区级自然保护区基础设施建设项目，总投资3000.25万元，完成项目投资2414.47万元，占总投资的80.48%。

【用地管理】 2019年，地区自然资源局落实城乡建设用地增减挂钩政策，助推脱贫攻坚。申请城乡建设用地增减挂钩指标512.07亩，落实指标交易金额15362.24万元。按照“依法依规、从严从紧、有保有压、节约集约”的原则，全年供应国有建设用地76宗，面积150.86公顷。其中，出让土地53宗，面积135.24公顷；划拨23宗，面积15.62公顷。组织农转用报件10余件，涉及农转用总面积4351.15亩。其中，城市批次报件6件，涉及农转用面积4009.31亩；村镇批次报件4件，涉及农转用面积341.84亩，保障脱贫攻坚产业项目、易地搬迁、交通水利、特殊项目等用地需求。全地区内开展依法管地用地情况自查自纠专项行动，发现并整改问题71个。

【“两违”清查整治】 2019年，地区自然资源局开展“大棚房”问题专项清理整治行动，拆除36户38栋违法违规建（构）筑物，面积38733.52平方米。噶尔县人民法院一审对叶某某非法占用农用地（1宗，面积16.39亩）判处有期徒刑3年，罚金10万元，宗地执行强制拆除。恢复平整土地80338.07平方米。开展违建别墅问题清查整治专项行动，全地区未发现违建别墅问题。持续推进自然资源领域扫黑除恶专项斗争，重点对征地、矿产资源、采石挖砂、行业乱象等进行集中治理。

【矿产资源管理】 2019年，地区自然资源局以中央安全生产督察为契机，落实企业主体责任，重点查处无证勘探开采、越界越层勘探开采等行为，与勘查（开采）企业（单位）签订目标责任书33份。全年自然资源领域未发生安全事故。执行矿产资源开发利用自治区政府“一支笔”批准制度和环境保护“一票否决”制度。公告注销过期矿业权9宗，申请注销探矿权5宗。复工矿产资源开采、建设矿权3个，调运硼镁矿矿石85043.7吨，生产优质天然矿泉水1000吨，调运铅矿石13300.41吨。规范砂石料开采，合理布局砂石料矿权设置，执行资源开采权有偿取得，有偿取得开采砂石料矿权1家。协调推进优势矿产资源开发，带动当地农牧民增收脱贫。出具自然资源勘探勘查项目介绍信33份，勘探勘查总投资25120.7万元（国家投资和企业自筹资金）。推进矿业权市场基准价制定工作，经请示自治区政府，同意地区矿业权市场基准价参照邻近地区基准价执行。

【土地矿产卫片执法】 2019年，地区自然资源局完成2018年度和各季度土地、矿产卫片核查、整改及系统报备。制定出台《阿里地区土地矿产卫片执法监督检查警示约谈工作实施办法》《自然资源领域监管防控的“黑名单”管理制度》《阿里地区整治自然资源开发利用秩序工作机制》，建立健全长效机制。

【地质灾害防治】 2019年，地区自然资源局推进地质灾害调查评价、监测预警、应急处置和综合治理，加强地质灾害汛前排查、汛中巡查，确保群众生命财产安全。地质灾害临灾避让成功预报1起。完成札达县1：50000地质灾害详细调查。

生态环境保护

【概况】 阿里地区有生态环境保护行政管理部门8个，其中地区生态环境局机关1个，地区生态环境局派出机构7个。地区生态环境局成立于2019年3月18日，正县级行政单位，行署工作部门。内设4个正科级机构，分别为办公室、自然生态保护科（地区生物多样性保护与生物安全管理办公室）、污染防治科、环境影响评价与排放管理科；下属5个正科级事业单位，分别为环境监察支队、环境宣传与信息中心、环境工程评估中心、东部生态环境质量监测站、西部生态环境质量监测站；派出7个正科级机构，分别为措勤分局、改则分局、革吉分局、札达分局、普兰分局、日土分局、噶尔分局。有干部职工46人。2019年，阿里地区生态环境保护工作坚持以生态文明建设为宗旨，围绕建设生态阿里、美丽阿里战略目标，保持和改善环境质量，严守生态环境保护底线、红线、高压线，科学谋划，大气、水和土壤环境质量持续保持优良。地区在2019年度全区生态环境保护考核中评定为“优秀”等级，日土县在2019年度全区生态环境保护考核中评定为“优秀”等级。

【环评审批】 2019年，地区生态环境局严格规范环评审批关，考虑资源禀赋，以环境容量、环境质量和环境承载能力为前提，从源头上做好生态环境保护，对达不到环保要求的产业和企业，不予审批、核准和备案，禁止“三高”项目进入。全年审批建设项目114个，重点项目环评执行率100%。推进“三线一单”编制，确定“三线”范围，建立

◆3月18日，阿里地区生态环境局举行揭牌仪式，行署副专员刘宏（前排中）出席并揭牌

生态环境准入清单，建立编制工作联络制度，完成第二批资料报送，组织各县、各相关部门调整完善生态红线划定方案。梳理完成18个行业排污许可证拟发清单，水行业排污许可证应发尽发。

【生态项目建设】 2019年，地区生态环境局投资7424.3万元，实施阿里地区土壤环境管理信息化、措勤县垃圾堆放场恢复整治、日土县班公湖生态恢复与水土保持、普兰县科迦沟生态修复和水土保持、阿里生态环境监测站、改则生态环境监测站等项目。初步编制完成阿里地区狮泉河流域治理总体实施方案，该项目总投资2.5亿元，立项批复3个子项，总投资1000万元。

【生态示范创建】 2019年，地区生态环境局实施生态细胞工程，巩固生态示范创建成果，强化生态示范县、乡、村跟踪动态监督。争取提升配套设施，加大生态示范县、乡、村创建力度。严格把关生态示范创建，择优申报年度生态乡7个、生态村30个。

【流域生态保护】 2019年，地区生态环境局建立流域补偿机制，制发《阿里地区建立流域上下游横向生态保护补偿机制实施方案》，签订措勤河、狮泉河、象泉河流域上下游横向生态保护补偿协议，明确河流上下游的权利义务、补偿标准和考核办法，推进流域生态保护管理体制改革。

【蓝天碧水净土保卫战】 2019年，地区生态环境局持续推进“蓝天”保卫战，推进机动车尾气达标排放，全地区25座加油站完成油气回收治理，推广使用国六标准成品油。年内全地区空气质量优良率100%。开展“碧水”行动，推进水污染防治行动计划，实施饮用水水源地保护攻坚战行动，完成饮用水水源地“一源一档”和规范化管理，制定《七县集中式饮用水水源地保护区风险源名录》，编制印发饮用水水源地突发环境事件应急预案，完成地县两级水源地评估、水调度表上报等各项任务。年度监测数据显示，

◆10月22日至11月15日，地区生态环境局副局长蒲春炯（前排右三）带队开展执法专项检查

除部分河湖断面本底值超标外，其余15个监测断面水质均达到或优于Ⅲ类标准。实施“净土”行动，落实土壤污染防治行动计划，开展土壤污染状况调查，共87个点位，采集表层土样76份、深层土样11份。及时更新《阿里地区土壤环境重点监管企业名单》。强化危险废物监管，加强全过程监管，规范转运处置危险废物102.69吨。

【农业农村污染治理】 2019年，地区生态环境局打好农业农村污染治理攻坚战，保障饮用水安全，改善农牧区人居环境，有效控制农业面源污染，重点解决农牧区突出环境问题，实现化肥农药保持零增长，农作物秸秆实现饲料化、肥料化处理目标。投资735.57万元，完成74个行政村的环境综合整治。落实年度农村环境综合整治实施项目资金300万元。

【污染源普查】 2019年，地区生态环境局推进第二次全国污染源普查，举办产排污核算方法暨数据质量提升培训，提高各县普查人员业务水平。完成第二次全国污染源普查的清查建库、入户调查、质量核查等阶段工作。

【建成生态环境保护监管体系】 2019年，地区生态环境局建立地、县、乡（镇）、村（居）四级环境监管网格化机制，基本形成“各级政府统一组织、生态环境部门统一协调、相关部门各负其责、社会各界广泛参与”的环境监管格局。发挥145名村（居）环境监管信息员作用，加强日常巡查监管，发现问题及时反馈上报，推动形成全地区不同区域独立监管、统一调度的全覆盖、精细化环境监管新模式。

【环境监察执法】 2019年，地区生态环境局在日常监管的基础上，全面排查，摸清底数，建立“一企一档”。开展生态环境保护大练兵、交叉检查等专项行动，严厉查处各类生态环境违法行为。公开信息，引导舆论，畅通群众投诉和公众参与监管渠道，通过环保12369投诉热线和网上举报系统，及时处理环境污染投诉案件。开展执法检查66次，出动车辆226辆次、执法检查人员992人次，下达整改通知书10份，案件移送2起，责令改正违法行为决定书6份，行政处罚案件6起，罚款167万元。受理并办结环境信访案件13起，结案率和群众满意率100%。

【环保宣传】 2019年，地区生态环境局以“6·5”世界环境日、节能减排宣传周等为契机，推进生态环境保护宣传教育进机关、进学校、进寺庙、进企业、进牧区，发放宣传帽1万余顶、环保袋3万余个、环保宣传资料12万余册等。利用新浪微博、微信公众号等新媒体及时发布信息，每天推送生态环境部、自治区环保厅、本单位等环境保护工作重点信息。向社会公众开放环保设施。邀请地区人大代表和地区中学二年级部分学生，参观地区生态环境监测中心实验室监测设施和地区空气自动监测站房设施。

◆5月11日，地区生态环境局邀请地区中学二年级学生参加“阿里地区环保设施公众开放日”活动

【督察整改】 2019年，地区生态环境局认领中央第六环境保护督察组督察反馈问题33项，制定措施96条，整改完成23项问题86条措施。认领自治区第五环境保护督察组反馈问题21项，制定措施78条，整改完成15项问题68条措施。

林业和草原保护

【概况】 阿里地区有林草部门8个，其中地区林草局1个、县级林草局7个（除改则县单独设立林草局外，其他六县林草工作职能划入自然资源局），地区及改则县、日土县设立有森林公安局，负责野生动物保护及打击非法盗猎、捕杀野生动物、自然保护区内各类违法活动。地区林草局与自然保护区管理局属两块牌子、一套班子，下设7个业务科室，分别为办公室、综合业务科、地区森林公安局、地区保护监测中心、地区草原站、地区动植物科研中心、地区森林病虫害防治检疫站（疫源疫病监测中心）。有干部职工26人。2019年，推动实施生态修复与建设工程，实施消除“无树村、无树户”，开展机关单位庭院绿化，本级财政投入预算资金172万余元。对10家2018年庭院绿化工作优秀单位进行奖励，发放资金19万元。对56家达标单位进行物质奖励，发放树苗4620株、草种子3024千克、花种子4454千克。全地区完成义务植树0.24万亩，义务植树参与率达到98%以上。落实年度林业生态岗位政策，及时足额发放生态岗位补助资金，以促进兴林富民。8月，宗吉被评为全国保护森林和野生动植物资源先进个人。9月，地区林草局被评为全国绿化模范单位。

【消除“无树村、无树户”】 2019年，札达县开展补植补栽树木，巩固上年度海拔4300米以下消除“无树村、无树户”工作成果，对海拔4300米以上“无树村”进行高寒试种。普兰县财政出资521万元，购买树苗，在国道564线两侧和各乡村种植红柳、青杨、圆柏、云杉等树种22万余株，面积516.62亩。日土县除东汝乡阿汝村、松西村两个海拔4300米以上不适宜种植树木的行政村外，其余11个行政村，在上年度消除“无树村”的基础上，基本消除“无树户”，完成试种231亩。噶尔县实施年度城区绿化项目，总投资1657万元，种植树种4种、花卉88亩；实施年度乡镇绿化项目，投资3000万元，种植树种4种、花卉53亩、种草8.3亩；四乡一镇绿化美化提升项目，投资2344.47万元。措勤县县城庭院绿化试种苗木4464株，四乡一镇种植苗木2679株，扎日南木措居委会绿化种植苗木4465株，达雄乡才扎村试种苗木2679株，达雄乡达瓦村、磁石乡尼龙村、曲洛乡曲洛村、江让乡加荣村种植678株；新建苗圃35亩，位于曲强村产业园区内，种植四年和六年生班公柳5万株，面积25亩。改则县年度县城市政道路配套美化绿化建设项目，总投资402万元，种植青海杨4712棵、山杏601棵、毛头柳41棵；在县（中）直各单位、海拔较低气候较好的各乡（镇）、18个村（居），共试种班公柳6145珠、红柳1800珠、花草29亩。革吉县植树6000余株；在一级检查站旁边种树6000余株，各乡镇种花种草面积约15亩；在易地搬迁小区、乡（镇）政府庭院、乡（镇）生态园及县城等区域，试种树苗5115株，其中杏子树115株、青海杨5000株；在县委大院、城市路边、各单位庭院等区域，植树4000余株，种草种花5亩。

【实施生态修复与建设工程】 2019年，阿里地区完成2018年西藏两江四河流域造林绿化工程，植树造林9749亩，完成投资2037.38万元。完成西藏生态安全屏障保护与建设工程2018年七县防沙治沙项目，总投资2384万元。完成西藏两江四河流域2019年噶尔县造林绿化工程，植树造林6600亩，完成投资2000余万元，完成西藏生态安全屏障保护与建设2019年防沙治沙工程，防沙治沙74250亩，完成投资2000余万元。完成2019年财政专项防沙治沙项

◆4月20日，地区林草局党组副书记、副局长岗加次仁（右一）检查羌塘保护区保护站暖廊建设情况

目，完成投资500万元。有序推进2019年重点区域生态公益林建设项目。

【自然保护地建设与管理】2019年，地区林草局修编班公错、洞错、扎日南木错3个自治区级湿地自然保护区总体规划，编制玛旁雍错湿地国家级自然保护区总体规划。完成狮泉河国家级湿地公园验收。编制自然保护区“一区一法”。开展勘界立标，地区财政解决玛旁雍错勘界立标工作资金178.55万元。清查自然保护区违法、违规项目，对已批复的建设项目进行督查，加大对国道216线（西藏境）区界至改则段公路新改建工程的检查力度。规范进入自然保护区人员的管理，对未经许可私自进入自然保护区的人员加大检查、处罚力度，在保护区主要路口、路段设立警示标示牌，强化宣传。完成2017年、2018年中央财政林业改革发展资金项目招投标。

【野生动植物资源保护】2019年，地区林草局森林公安局在国道219线马攸木段的藏羚羊迁徙主要通道设点，巡护、管制车辆、疏散人员、发放宣传单，确保藏羚羊在产羔期成功越过国道219线黑色路面。租赁草场，扩大金丝野牦牛栖息地，兑现已租赁日土县东汝、扎普两村春、夏季草场124983.8亩的租赁资金，检查管理已租赁的草场。开展野生动物疫源疫病监测、生态环境监测，以及资源本底数据采集、统计、汇总、整理。加大野生动物保护宣传力度，全年出动宣传车83辆次，发放宣传资料8832份。利用各类宣传日开展林业法律法规60次，悬挂横幅55幅，张贴、刷写固定标语478条。发挥390名专业管护队伍驻站值守作用，开展巡护救护、检查过往车辆、阻止非法穿越保护区事件、收集各类违法犯罪线索，猎捕、经营、销售、运输珍贵濒危野生动物及其制品的现象明显减少。初步掌握野生动物迁徙路线、栖息地、种群数量等基本情况，为做好野生动植物保护奠定基础。强化巡护和查处破坏野生动植物资源案件力度，累计进行大小巡护130次，抽调民警110人次，出动车辆114辆次，行程4.83万千米。受理并立案刑事案件1起，抓获犯罪嫌疑人8人，刑事拘留3人、逮捕3人，审查起诉8人，破案率100%。查处各类行政案件7起，处理违法人员19人，罚款12.3万元，收缴野生动物制品完整野牦牛头1头、残缺野牦牛头2头、完整藏羚羊头角6个、残缺藏羚羊头角10个。

【销毁野生动物制品】2019年，地区林草局森林公安局组织地县两级森林公安民警，将2018年5月至2019年8月收缴和上缴野生动物制品进行销毁。累计销毁国家一、二级保护野生动物制品藏羚羊皮14袋（完整）、藏羚羊皮23袋（残缺）、藏羚羊皮30张、藏羚羊头角180个（完整）、藏羚羊头角465个（残缺）、野牦牛头角58个（完整）、野牦牛头角38个（残缺）、野牦牛皮1张、野牦牛尾巴20个、狼尸体1具、金丝野牦牛头角1个（完整）、金丝野牦牛头角1个（残缺）、盘羊头角4个（完整）、盘羊头角22个（残缺）、野牦牛尸体1具、棕色棉皮衣15个、铁夹10个。对销毁全程进行同步录像及照相固定，并将影像资料存档，规范地区野生动物制品管理。

【林政管理】 2019年，地区林草局开展森林督查整改，对地区4起违法违规征用林地案件开展自查整改，对违法违规征用林地相关项目单位进行通告并要求整改，补办征用林地审批手续。完成林业行政案件统计录入并上报。全年开展政策宣传2次，发放宣传资料98份。针对林草资源、重大建设项目征用林地、“煨桑”燃料采集等，加强监管，加大对破坏森林草原资源行为的发现、查处力度，及时将自治区林业和草原部门行政许可服务指南、重要政策法律法规文件下发各县，各县开展行政服务监督管理。全年审查审核地区建设项目使用林地审批手续2件。其中，对普兰支线机场建设项目征占用林地的意见进行初审，对阿里与藏中电网联网工程新建项目征用林地相关材料进行核查。

【兴林富民】 2019年，地区林草局落实年度林业生态岗位政策，及时足额发放生态岗位补助资金。保险公司累计兑现野生动物肇事保险资金183.5万元，统计、核查2019年野生动物肇事情况。结合林业项目建设内容，组织安排当地农牧民参与施工，林业生态保护与建设项目投劳增收800万元左右。实施退耕还林7241亩，兑现退耕还林政策补助资金651.73万元。全地区森林生态效益补偿项目涉及4个县（普兰、札达、日土、噶尔）、19个乡镇、49个行政村、5266户，覆盖人数23223人。年内纳入森林生态效益补偿范围的公益林面积12978873亩，其中噶尔县1833726亩、札达县4463023亩、普兰县2920404亩、日土县3761719亩。年初下拨管护补偿资金6501.64万元，补助发放金额标准为国有每亩5元、集体和个人每亩10元。各县按照西藏自治区公益林管护办法聘用管护人员，全年未出现破坏森林资源案件。

◆6月20日，阿里地区举办造林技术规程和林地征占审批程序培训会，邀请自治区林规院专家孙继霖（主席台）授课

【草原建设监理】 2019年，地区林草局加强宣传草原保护与建设教育，先后开展法制宣传6次，共出动人员12人次、车辆6辆次，发放传单4263册。在地区七县开展草原监测，完成监测样地130个、样方390个，拍摄照片520张，整理、统计、录入、上报草原返青期监测数据，建立草地生态监测系统。地区草原返青推迟15～20天，植被综合盖度14.39%。开展草原“三害”（鼠、虫、病）的监测及防治，制定下发《鼠虫害防治方案》《鼠虫害防治应急预案》，控制及扑灭噶尔县、札达县部分区域不同程度的草原蝗虫53849.3亩。实地督查督办草原征占用项目，规范草原上建设项目的审核审批，杜绝未批先建项目。

交通·邮政·通信

道路交通运输

【概况】 2019年，阿里地区进行机构改革，撤销地区道路管理局，合并到交通运输局。地区交通运输局内设科室6个，分别为办公室、综合规划科、建设管理科、财务审计科、安全监督科、交通运输科；下设事业单位4个，分别为地区交通工程质量安全监督站、公路规划设计所、重点公路建设项目管理中心、招投标中心。有人员31人。主要负责地区内公路规划、建设、管理，道路、水路交通运输行政审批及执法监管、运输市场管理、车辆维修管理、交通稽查和公路工程质量监督、交通战备管理等工作。年内新（续）建项目100个，总投资162.60亿元，建设里程3746.94千米，完成投资60.77亿元。地区公路总里程达到19957万千米，县、乡镇、村居公路通畅率分别达到100%、96%、86%。

【项目建设】 2019年，阿里地区续建农村公路建设项目46个，总投资42.04亿元，年内完成投资12.32亿元，累计完成投资39.66亿元，占总投资的94%，使1个乡镇、21建制村、18个自然村通上沥青路，使11个自然村通上标准的砂石路，助推脱贫攻坚。建设边防公路项目13个，总投资53.38亿元，年内完成投资21.68亿元，累计完成投资49.09亿元，占总投资的91.95%。其中，且都项目利用30天时间完成建设任务。国道216线民丰至改则公路新改建工程为国省重点公路项目，总投资61.77亿元，路线全长729.4千米，年内完成投资22.92亿元，累计完成投资40.09亿元，占总投资的65%。抵边自然村公路建设项目34个，总投资2.63亿元，建设总里程371.78千米，完成所有建设任务。国道317线至国道219线连接线公路（环城公路）项目，总投资1.97亿元，完成所有建设任务，投入使用，实现大型客货车辆绕行分流。农村公路生命防护工程项目，总投资0.12亿元，建设里程530.64千米，完成所有建设任务。实施国省干线养护工程项目2个，批复总投资914.65万元，拨付资金474.35万元，年内全部完工。交通应急指挥中心5月1日开工建设，投资0.22亿元，完成主体工程，相关附属工程有序推进。

【公路养护】 2019年，地区交通运输局推进养护体制改革，按照《西藏自治区交通运输厅关于加强公路养护管理工作意见的实施方案》，完成人、事、权的移交，组建国省道公路机构和4个公路段筹备组（措勤、改则、噶尔、札达）。与各管养单位签订2019年养护管理目标责任书，投入国省干线和农村公路养护资金1.39亿元，实施国省干线服务区及灾毁重建项目（投资814.64万元），公路日常养护里程达到4360.78千米，干线公路油路优良路率和砂土路好路率分别达到87%和67.8%，农村公路好路率81%。制定《2019年农村公路养护补助资金分配方案》，按时拨付年度农村公路养护补助资金2922.18万元。累计完成国省干线清理排水43640米，清扫路面224.9万平方米，维护交通安全标志1654块，路肩和边坡整理1.5万平方米，修复路面跳车82处，完成公路巡查1536次。根据《阿里地区财政局关于下达2019年“四好农村路”养护专项补贴资金预算指标的通知》，按每县50万元指标下达专项补贴资金350万元，督促各县落实好养护配套资金，促进地区“四好农村路”建、管、养、运协调发展。在国省干线G317、G216、G565线各养护工区、休息服务区、旅游观景台、沿线休息区、公安检查站等地放置分类垃圾桶20个，组织养护一线干部职工不定期对管辖区域公路沿线两侧的“白色垃圾”进行清理。

【抢险保通】 2019年，地区交通运输局制定应急预案，成立抢险保通小组，实行24小时灾情报告制度和巡路制度，储备保通油、材料及相关物资。抢险保通投入人员1321人次、机械482台次，清理积雪384万立方米，除冰18.5万立方米，铺撒防滑料36.8立方米，修复灾害路面825千米，成功救助被困车辆903辆，救援受阻人员1130人。

【路政管理】 2019年，地区交通运输局加大公路巡查和路政案件的查处力度，维护路产路权。出动路巡人员198人次、执法车辆85辆次，受理路政案件3起，收取公路路产损坏赔（补）偿费2.35万元。办理路政许可审批5起，收取公路用地占用费1.2万元，办理大件运输通行证244起。查处超限超载运输车辆675辆次，收取公路赔（补）偿费15.08万元。

【道路运输管理服务】 2019年，地区交通运输局健全、完善道路水路运输市场安全监管和应急处置体系，开展道路水路运输行业市场检查20余次，出动执法人员70余人次，查处并整改问题8处，整改率100%。开工建设地区客运站场、普兰县客运站场及15个乡镇服务站，总投资3795.31万元（地区客运站投资1913.62万元、普兰县客运站投资981.69万元、15个乡镇投资900万元），完成投资1340.06万元，完成工程量的70%，主体框架部分基本形成。履行“三不进站、六不出站”安全管理职责，防止超员车辆、带“病”车辆出站，检查客运车辆的日常维护和凌晨2点至5点落地休息制度执行情况。强化对所属企业车辆和驾驶员的日常动态管理，制止非法包车行为。派遣驻站人员360余人次，检查车辆2555辆，运送旅客8.7万人；客运量8.47万人次，比上年增长21.13%；客运周转量5373万人千米，比上年增长5.39%；货运量140.6万吨，比上年增长6.22%；货运周转量136014万吨千米，比上年增长6.09%，完成重大节假日、重点时段运输保障任务。推进非法营运查处工作，七县宣传覆盖率100%，各乡镇、各村居宣传覆盖率分别达到90%、80%，累计发放宣传资料1.2万份。查处非法营运车辆10辆，处罚金25.5万元，查处违规车辆16辆，处罚金1.97万元，行业乱象得到有效治理。

【安全生产管理】 2019年，

地区交通运输局开展“安全生产风险防控和隐患排查治理百日行动”“安全生产月”“安全生产西藏行”等活动，落实安全生产责任，加强安全生产督促检查，加大对路、站、运、建、安的整治力度，预防安全事故。研究制定安全生产工作实施方案，调整充实领导小组，多次召开会议进行研究分析，逐级签订安全生产目标责任书20份，健全安全生产责任制度。根据《2018年度国务院省级政府安全生产和消防工作考核细则》中的四大方面、43项考核要点、78条评分标准，组织相关科室梳理出涉及交通运输行业考核要点20项，分解至相关业务科室，年内顺利通过国务院考核。采取“四不两直”和明察暗访形式，深入“两客一危”运输企业、在建工程项目及水上运输企业，开展安全生产大检查10次，发现安全隐患及问题117处，下发整改通知书25份，整改率100%。联合相关科室对公路工程和运输企业进行消防专题分析、警示约谈、应急演练。

【促进农牧民增收】 2019年，地区交通运输局编制完成《阿里地区交通运输局关于促进农牧民增收的工作方案》，加强宣传教育，在工程建设领域及养护工作中，吸纳当地农牧民参与，拓宽农牧民群众创收就业机会，提高劳务创收。全年交通项目中雇用当地农牧民2596人次，农牧民累计创收0.38亿元。租赁当地农牧民机械设备5836台，创收1.05亿元。国省干线及农村公路养护吸收农牧民5241人次，累计创收2800余万元。

【信访排查调处】 2019年，地区交通运输局指定专人开展信访隐患排查，采取挂牌督办、领导包案调处等形式，排查调处矛盾纠纷。接待和转办信访事件136起352人次，涉及总金额8747.85万元。其中，地区交通运输局接待82起，涉及金额2192.58万元，办结63起，解决率77%；阿里驻拉萨办事处转办21起，涉及金额4158.18万元，办结20起，法院受理1起，解决率95%；地区信访局转办33起，涉及金额2397.1万元，办结率100%。

【绿色交通发展】 2019年，地区交通运输局针对中央环保督导组和自治区第五环保督导组反馈涉及交通领域的3项环保问题，在时限范围内完成整改并销号备案。按照“绿色、环保、和谐”发展理念，坚持“不破坏、少扰动、多恢复”和“在建设中保护，在保护中建设”的工作方针，及时与代建单位、施工单位、监理单位、前置手续单位签订环保协议，明确环保条款和责任，加强监督检查，确保交通领域环保工作整改达标。

【公路水路联防及物流管理】 2019年，地区交通运输局落实公路安全联防工作目标责任，开展公路水路联防，联合检查33次，出动执法人员248人次，发现隐患114起，下达整改通知书29份，整改隐患109起，整改率95.61%，依法保障辖区内国省干线的安全畅通。开展物流专项检查3次，下发整改

◆6月12日，地区交通运输局副局长次仁贡布带队在日土县班公湖开展海事督导检查。图为次仁贡布（右二）一行与班公湖管理人员交谈

通知书6份，发现并整改隐患12处，整改率100%。

民用航空阿里站

【概况】 2019年，阿里航站有干部职工197人。全年保障航班安全起降1066架次，比上年增长14%；完成旅客吞吐量90898人次，比上年增长21%；货邮吞吐量17.7吨，比上年下降35%，实现第9个安全生产年。

【空管保障】 阿里昆莎机场海拔高，地表升温快，空气稀薄，可选备降场距离远，飞行难度大，民航航班主要运用RNP程序飞行，同时兼具传统飞行程序保障能力，按照“一主二备三应急”的原则配备有多套精密保障设备，具有较强的航行管制、地空通信、导航监视、气象服务和地面服务等保障能力，能够提供飞机充电、供水、清洁、充氧、充气、除冰等各项保障服务。

邮政管理

【概况】 2019年，阿里地区邮政企业和规模以上快递服务企业业务收入（不包括邮政储蓄银行直接营业收入）累计完成2115.4万元，比上年增长21.10%。业务总量完成1774万元，比上年增长27.13%。寄递业务服务量累计完成736.75万件，比上年增长3.42%，业务收入438.18万元，比上年增长0.52%。快递服务企业业务量累计完成6.68万件，比上年增长6.06%，业务收入189.06万元，比上年增长13.42%。

【普遍服务监督管理】 2019年，地区邮政管理局推动邮政普遍服务均等化、规范邮政普遍服务业务开展，重点对新《邮政普遍服务》标准落实情况、村邮站运营情况、党报党刊当日见报情况进行监督检查。开展营业场所检查41处，出动执法人员82人次。开展邮筒邮箱检查8次，出动执法人员16人次。开展“双随机”检查1次，出动执法人员2人。下发责令整改通知书4份，行政约谈1次，发现并规范整改问题4项。

【快递市场监督管理】 2019年，地区邮政管理局先后开展寄递渠道涉枪涉爆隐患集中整治专项行动、严控危险化学品违法寄递、行业生态环境保护、寄递渠道“扫黄打非”、快递网点违规收费专项整治和“防风险保平安迎大庆”消防工作，承担“三大节日”和全国“两会”、第二届“一带一路”国际合作高峰论坛、北京世界园艺博览会、亚洲文明对话大会、第二届青年运动会、新中国成立70周年庆祝活动期间寄递渠道安全服务保障。开展日常检查和专项检查53次，出动执法人员106人次。开展联合检查10次，出动执法人员52人次。开展“双随机”检查1次，出动执法人员2人。检查覆盖地区所有寄递企业营业场所，排查整改安全隐患8项，下发责令整改8份，行政约谈2次。达到规范企业安全生产经营管理和服务保障的目标，全年地区寄递企业

◆9月，阿里航站获“全国民族团结进步模范集体”称号。图为航站干部职工与奖牌合影留念

◆7月15—18日，国家邮政局党组成员、副局长戴应军（前排左一）率调研组一行在阿里调研邮政普遍服务和机要通信工作。图为调研组查看日土县邮政公司机要件登记情况，自治区邮政管理局党组书记、局长焦伟（后排左三）陪同

未发生安全生产事故。

【邮政机要通信监督管理】 2019年4月22—30日，地区邮政管理局联合地区国家保密局开展机要通信专项检查，出动执法人员30人次，检查涉及地区7个邮政机要网点和3个机要转运站，检查覆盖率100%，发现在机要场所、人员管理、投递服务、设施设备配备等方面的问题20项，下发责令整改通知书9份、《问题通报》1份。

【发展“绿色邮政”】 2019年，地区邮政管理局实施“绿色邮政”行动计划，召开局党组会议，对阿里地区邮政业生态环境保护进行专题研究部署，成立以局党组书记为组长，各寄递企业负责人为成员的领导小组，向各寄递企业下发《关于2019年地区邮政业生态环境保护工作的实施方案》，落实责任。

【扫黄打非】 2019年，地区邮政管理局及时传达涉黄涉非及政治性非法出版物管理口径，加大宣传教育力度，督促企业及时查堵各类涉黄和涉非出版物。传达查堵口径21人次，开展联合检查1次、日常检查16次，出动执法人员37人次，净化地区寄递渠道文化环境。

【快递业信用体系建设】 2019年1月25日起，地区邮政管理局贯彻落实《快递暂行条例》《社会信用体系建设规划纲要（2014—2020年）》《快递业信用管理暂行办法》，函邀地区公安处、地区市场监督管理局等单位代表，通过制定工作细则、公示候选委员等相关程序，于2月1日正式成立阿里地区快递业信用评定委员会，推动阿里地区快递业信用体系建设。

【纪特邮票发行监督管理】 2019年，地区邮政管理局检查纪特邮票首发日销售20次，出动执法人员41人次，未发现邮政企业邮票销售中存在的搭售

◆5月7日，地区邮政管理局召集地区国家保密局、地区邮政分公司负责人在局会议室召开邮政机要通信联席会议

◆5月9日，阿里地区快递企业（快递员）工会委员会成立。图为地区邮政管理局组织地区部分快递企业从业人员在局会议室召开第一次代表大会

及高于、低于票面价值销售邮票的行为，有效维护地区集邮爱好者合法权益和邮票销售市场正常秩序。

【成立快递企业（快递员）工会委员会】 2019年，地区邮政管理局配合地区工会办事处开展“八大群体”入会工作，指导快递企业召开第一次代表大会，选举产生第一届工会委员会主席、副主席、经审委员和女工委员。

【宣传培训】 2019年，地区邮政管理局利用“3月综治宣传月”“3·15”消费者权益日等节点，开展集中宣传7次，增强寄递用户的维权意识和法律意识。组织开展安全生产培训2次，培训32人次，强化企业安全红线意识，提高从业人员的收寄验视能力和应对紧急事故救援的能力。

中国邮政集团公司阿里分公司

【概况】 2019年，中国邮政集团公司阿里分公司（简称“邮政阿里分公司”）总人数169人。全年业务收入1815万元，比上年增加115万元，增长6.77%，完成预算进度102.13%，超进度绝对值38万元，总收入增幅排名全区第4位，预算进度排全区第5位。

【金融业务发展】 2019年，邮政阿里分公司代理金融业务收入352.02万元，余额规模17275.05万元，比上年增长3.04%，净增10.39万元，完成区分公司预算进度102.03%。其中，保险业务完成趸交保费27万元，期交保费21万元；手机银行激活848户，完成年计划46.80%，基金定投客户当年净增4户，完成目标计划57.14%，基金有效销量全年新增7.78万元，完成计划59.85%；理财日保有量比上年净增123.46万元，完成计划的123.46%，第三方电子支付绑卡账户8759户，年度累计净增1151户；完成战略合作企业信用卡进件50件，寺庙新增揽储资金200余万元。将2台故障ATM机更换成CRS，7个金融网点点验钞机全部进行更新换代，为地区最大的金融网点配备智能柜员机。对各金融网点合规工作开展联合检查，强化风险防控意识，提高质量管控手段，对重点业务、重点环节持续开展自查，确保分公司全年生产零风险和零案件。

【寄递翼、渠道平台业务发展】 2019年，邮政阿里分公司寄递事业部推动寄递翼深化改革，发展寄递业务，加强揽投队伍建设，优化网络运行结构，调整邮路，提升客户用邮体验。全年寄递业务收入331.16万元，比上年增长34.81%，净增85.5万元，完成区分公司预算进度116.19%。其中，标准快递业务收入119.74万元，普通包裹业务收入21.82万元，快包业务收入189.60万元，排名全区第一。渠道平台业务方面，与阿里国能矿业公司达成分销产品采购协议，完成收入27.5万元。11月底，举办分销产品订货会暨客户答谢会，实现收入51万余元。12月，噶尔县分公司与交警支队洽谈，达成“代收交警罚没款”手

◆11月1日，阿里地区在行署会议中心三楼会议室召开2020年度党报党刊征订工作电视电话会议。地委委员、宣传部部长索南才旦（主席台左二）主持，邮政阿里分公司总经理丹罗（主席台右一）出席

续费由原来的3%提升至6%的合作协议。全年渠道平台业务收入完成165.05万元，比上年增长7.58%，完成预算进度的91.69%。其中，分销业务收入165.05万元，比上年增长7.58%，完成预算进度91.69%；增值业务收入9.85万元，比上年增长2.93%，净增0.28万元，完成预算进度44.77%。

【传统业务发展】 2019年，邮政阿里分公司开展“举全局之力·攻坚收入难关”的专项营销活动，实现集邮、分销、文创、函件等业务收入30万余元。各经营单位以函件业务为抓手，开拓政务图书市场，革吉、改则、措勤、日土县分公司为政府相关部门订购《习近平在正定》《习近平扶贫论述摘编》《习近平新时代中国特色社会主义思想三十讲》《习近平谈治国理政》等政务图书，实现订阅额52739元。借助自治区分公司新媒体文创产品，开辟函件收入增长新路径，开展“我的祝福我的花”专项营销活动，历时两天，销售201套，收入突破40万元。陆续推出“美丽家乡·邮我出力”营销项目和“车优保”汽车延保营销项目。3月，首次成功举办集邮品鉴会，实现集邮业务收入26.21万元。普兰县分公司在走访驻军、机场建设单位时销售集邮品，收入6万元。各县分公司与教育部门沟通联系订阅教辅图书，实现收入72.1万元。截至年底，报刊业务收入402.84万元，比上年增长19.87%，完成预算进度103.04%；集邮业务收入237万元，完成预算进度225.71%；机要业务收入9.13万元，净增1.26万元，完成预算进度101.44%。函件业务收入170.71万元，完成预算进度55.97%。

【普遍服务】 2019年，邮政阿里分公司根据新普遍服务标准规定，全地区31个乡镇网点营业时间提高至每周5天、每天营业不少于6小时，10个城市网点营业时间为每周7天、每天营业时间不少于8小时，38个投递单位投递频次达到周七班，103个村邮站建设、通邮率100%。地区党政机关《人

◆12月20日，邮政阿里分公司邮运驾驶员桑布（中）获西藏自治区总工会第三届“西藏工匠”称号

民日报》主要党报党刊次日见报率100%，27%的县级城市党政机关主要党报党刊实现次日见报。分公司服务质量部定期安排人员深入乡邮网点现场检查业务，对乡邮人员进行业务培训，在微信群中提醒各县分公司和寄递事业部加强邮件验视和投递业务规范，督促工单处理，提升普遍服务水平。机要通信严格落实“党管保密”的工作要求，确保国家秘密载体传递的安全畅通。邮运驾驶员桑布荣获第三届“西藏工匠”称号。

【基础设施建设】 2019年，邮政阿里分公司加快分公司网点标准化建设，优化、美化服务环境和生产生活环境，提升邮政公司内外部形象。将枢纽楼档案室及集中监控室改造为行政办公室，改造原有闲置库房为档案室、物资仓库，完成行政楼整体搬迁。普兰县分公司综合楼正式投入使用。措勤、改则、革吉综合楼建设项目动工。札达、日土、普兰、改则县分公司职工周转房建设项目前期准备工作全部完成。

中国电信股份有限公司阿里分公司

【概况】 2019年，中国电信股份有限公司阿里分公司（简称“电信阿里分公司”）本部有27个部门、中心（包括划小单元），6个县局。有员工111人。全年分公司主营收入10607.23万元，实现主营业务收入破亿的目标。发展宽带用户8339户，发展手机用户23361户。截至年底，宽带用户总计33298户，移动用户总计69687户。地区国道4G信号覆盖率达到90%以上。国道216线阿里段改则县先遣乡—措勤县芝麻茶馆段4G信号覆盖率达到90%以上。国道317线噶尔县—改则县段4G信号覆盖率达到94%以上。国道219线普兰县马攸木拉—日土县泉水湖段4G信号覆盖率达到95%以上。地区30个乡4G信号以及光宽覆盖率100%，143个行政村及居委会4G信号覆盖率90%、光宽覆盖率73%。37个边境村4G信号覆盖32个、覆盖率86.49%，光宽覆盖22个、覆盖率59.36%。

【基础设施建设】 “十三五”期间，电信阿里分公司先后实施“37工程”、普遍服务、基础网络能力提升、“三个超九”等项目，阿里电信通信类基础网络质量和网络覆盖达到双提升。截至2019年11月5日，分公司承接的年度“三个超九”建设项目所包含的95个国道覆盖点位、21个行政村光宽点位，在规定时限内完成。2019年，建设4G基站203个。截至年底，全地区有基站516个。其中，800M基站283个，1.8G基站170个，2.1G基站58个，卫星基站5个。

中国移动通信集团西藏有限公司阿里分公司

【概况】 中国移动通信集团西藏有限公司阿里分公司（简称“移动阿里分公司”）下设职能部门7个，下辖县分公司7个。共有员工112人。全地区有自办营业厅9个，合作渠道37个，覆盖所有县、乡镇。网络基站1121个，乡镇光缆覆盖率100%，村居光缆覆盖率95.8%。2019年，分公司收入1.13亿元，移动客户数6.63万户，客户份额52.73%。4G客户数提升明显，净增客户0.56万户。全地区移动固定宽带用户10911户，移动宽带用户人口普及率9.15%。136个行政村通移动电话，覆盖率100%，移动电话人口普及率55%。年内建设项目16个，包括地区年度无线网络能力提升工程（第三批）无线部分、地区年度蜂窝物联网工程无线部分、地区年度5G一期工程无线部分等项目。

【网络服务】 2019年，移动阿里分公司网管系统2G网络规模达到422个，4G网络规模达到679个。其中，TDD基站259个，FDD基站414个，NB-Iot站点6个。2/4G网络覆盖阿里七县37个乡镇、139个行政村，行政村4G信号覆盖率95.9%。所有旅游风景区及一、二级公安检查站和部分边防哨所、边防检查站，新建传

◆12月2日，移动阿里分公司在措勤县磁石乡尼龙村开展扶贫终端手机发放活动

输光缆3600千米，乡镇光缆通达率达到100%。

【通信保障】 2019年，移动阿里分公司组织6名网络技术人员、2辆应急通信车，全面做好年度普兰县塔尔钦镇萨嘎达瓦节应急通信保障。活动期间，共吸收话务量1353.84Erl（爱尔兰，是衡量话务量大小的一个指标），数据流量1197.36GB（GB，是流量中记录设备访问互联网消耗的字节数），核心区域最大在线用户数22892户，有效保障当地用户感知。

【精准扶贫】 2019年，为响应地方政府精准扶贫政策，中央网信办指导中国互联网发展基金会实施，中国移动西藏公司承办开展“2019年网络扶贫双语手机捐赠公益项目”活动，为阿里地区2714名建档立卡贫困户赠送华为、小米等中高端品牌手机，并特别配置扶贫优惠资费。10月，中国移动终端公司与阿里地区行署联合为改则县350户贫困户捐赠网络扶贫手机，并特别配置3年扶贫优惠业务资费。

中国联合网络通信有限公司阿里地区分公司

【概况】 中国联合网络通信有限公司阿里地区分公司（简称“联通阿里分公司”）下设三级职能部门4个，分别为办公室、营销部、政企客户事业部、网络部，下辖县域经营部6个。分公司有干部职工47人。分公司紧抓混合所有制改革的重要历史机遇，通过与战略投资者强强联合，全面推进互联网化运营转型。2019年，主营业务收入901.8万元。其中，移网收入680.25万元，固网收入221.55万元。网上用户数8800户。其中，2G用户1398户，3G用户816户，4G用户6586户。年内新增4G基站54个站点。其中，L900M项目18个站点，4G二期县城基站36个。完成阿里7个县城的4G网络覆盖工作。完成革吉、措勤综合局房前期手续。

【安全生产管理】 2019年，联通阿里分公司树立“安全第一”的工作理念，严格落实安

◆6月20日，中国联通集团公司副总经理李福申（前排中）一行到革吉县考察援藏项目，联通阿里分公司总经理黄福志（后排右三）陪同

全生产责任制，签订安全生产责任书，成立安全生产工作领导小组，重点排查公司涉及安全生产、保卫方面的隐患和遗留问题。建立健全各项管理规章制度，配备专人进行管理，定期开展安全检查，及时排查并消除安全隐患，全年未发生安全事故。配合上级部门发布各类公益短信35次。

中国铁塔股份有限公司阿里地区分公司

【概况】 中国铁塔股份有限公司阿里地区分公司（简称“铁塔阿里分公司”）下设5个部门，分别为综合部、财务部、通信发展部（市场部）、运行维护部、行业拓展部。有干部职工38人。经营范围包括铁塔建设、维护、运营，基站机房、电源、空调配套设施和室内分布系统的建设、维护、运营，及基站设备的维护。2019年，承接2018年结转项目71个，移动46个，电信25个，全部完成建设交付。年内新增需求355个，比上年增长45.49%，其中移动127个、电信174个、联通54个，新建58个、改造263个、存量直接满足34个，总投资3933万元。截至年底，塔类需求转化订单签订率98.82%、交付率82.86%，塔类交付及时率93.58%，宏站单租户站址共享改善5.41%，新增站址共享率33.05%，平均站址租户数达到1.41户。全年整治存量基站隐患345个，总投资862万元。

【队伍建设】 2019年，铁塔阿里分公司建立健全员工素质开发机制，根据需求培养相适应的人才队伍。建立科学的员工素质评价体系，建立员工素质档案。根据员工资历、学历、技术技能等级、工作能力业绩、获奖情况等，对员工进行客观评价，准确把握员工的知识水平、工作技能和发展潜力，有针对性地对其进行智力开发和创造力培养。通过专题培训、能力测评、专业调考和劳动竞赛等方式，开展在职培训。集团及区公司通过现场实地教学、远程视频教学等形式培训20余次，涉及各部门专业知识，其中通信发展部、运行维护部、行业拓展部的培训占比较大。培养造就高层次领军人才，有9名员工进行本科学历报名，有4名员工参与全国或全区通信行业相关竞赛。开展工会活动6次，提升员工活力与凝聚力。

财税·金融

财政

【概况】 阿里地区有财政行政部门8个，其中地区级1个、县级7个，有财政专、兼职人员173人。地区财政局下设办公室、预算科（绩效管理科）、国库科（阿里地区政府采购管理办公室）、行财科（社会保障科）、农业农村科、经济建设科、会计监督评价科、资产管理科8个科室，辖阿里地区财政票据管理中心、阿里地区财政信息中心、阿里地区国库集中支付中心、阿里地区国有资产收益中心、阿里地区投资评审中心、阿里地区政府采购中心6个所属事业单位。共有干部职工48人，其中，援藏人员4人。

2019年，全地区一般公共预算收入超预算任务序时进度完成，地方财政收入47016万元，比上年增加2857万元，增长6.47%。其中，一般公共预算收入完成43383万元，政府性基金预算收入完成3633万元。一般公共预算收入中，税收收入25496万元，比上年减少5404万元，下降17.49%，占一般公共预算收入的58.77%；非税收入17887万元，比上年增加5973万元，增长50.13%。地区本级一般公共预算收入18232万

◆10月11日，地区财政局在四楼会议室召开阿里地区2020年部门预算编制工作布置会，党组副书记、局长陈代均（主席台中）主持

元，比上年增加2873万元，增长18.71%。县级一般公共预算收入25151万元，比上年减少2304万元，下降8.39%。全地区地方财政支出1091586万元，比上年增加195678万元，增长21.96%。其中，一般公共预算支出1081456万元，比上年增加197774万元，增长22.38%；政府性基金预算支出10130万元。一般公共预算支出中，地区本级一般公共预算支出394770万元，比上年减少31512万元，下降7.39%；县级一般公共预算支出完成686686万元，比上年增加229286万元，增长50.13%。“八大项”支出527514万元，比上年增加46272万元，增长9.62%。政府性基金预算支出中，本级政府性基金预算支出完成1158万元，县级政府性基金支出完成8972万元。

【财政管理】 2019年，地区财政局严格预决算公开制度，牵头开展地区本级74家预算部门收支公开，地直78家预算部门（单位）决算公开。强化预算管理，实现全地区本级年初预算项目绩效目标申报全覆盖，继续推进第三方机构参与预算绩效管理，完成涉及地区本级七大项3.44亿元财政预算绩效项目评价，涉及七个县13.54亿元财政预算绩效项目评价工作有序推进。逐月统计监测隐性债务变化情况，于次月10日前通过全口径债务监测平台将数据上报自治区财政厅，全面掌握隐性债务总量、类别、期限结构、债务项目明细、偿债安排等情况。收回存量资金3.16亿元，全部安排支出。严格地方政府债券管理，全地区年度地方政府性债券余额9.28亿元（均为一般债券），其中新增一般债券资金6.8亿元；地方政府债务限额10.07亿元，其中一般债务限额9.98亿元，专项债务限额0.09亿元；一般债务率4.52%。完善国库资金管理制度，初步拟定《阿里地区财政国库资金调度管理办法（试行）》，规范库款管理。深化国库集中支付管理，完善工作流程，规范支付程序。优化政府采购管理，及时对政府采购项目进行登记，遴选和审核10家代理机构登记资料，进行实地核查，截至年底，政府采购预算资金36380.56万元，中标价35806.22万元，节省财政资金600万元，其中完成公开招标68次。修订完善《阿里地区财政投资评审管理实施细则》，完善概（预）算、最高投标限价、竣工结（决）算流程及所需资料，规范投资评审行为。引进评审中介机构，提高项目评审效率。以噶尔县财政局为试点，按要求平稳下放评审工作权限。全年完成概（预）算审核项目97个，送审总投资金额73384.11万元，审减金额2016.09万元，审减率2.75%，年内竣工结（决）算项目含“阿里地区革吉县盐湖乡基础设施建设项目”等12个项目。第一批项目总到位资金21769.65万元，竣工结（决）算审定金额20346.97万元，财政投资评审审减及结余投资金额1422.68万元，审减率6.54%（全部上缴阿里地区本级国库）。第二批项目竣工决算送审24148.81万元，评审工作有序推进。加强行政事业单位公务车辆规范化和制度化管理，推动节能减排，降低行政运行成本。落实资金90.19万元，用于地区公安处、地委政法委开展专项斗争活动。落实综治维稳经费3988.44万元。被评为全国财政系统先进集体。

【财政扶贫】 2019年，地区财政局先后制定《阿里地区2019年统筹整合财政涉农资金使用方案》《关于探索建立涉农资金统筹整合长效机制的实施办法》，修订完善《阿里地区财政专项扶贫资金管理办法》《阿里地区扶贫项目资金绩效管理办法》《阿里地区产业发展资金管理办法（暂行）》《阿里地区统筹整合财政涉农资金管理办法》等。年内收到中央、自治区统筹整合涉农资金75163.71万元，全部下达。地区本级统筹整合资金8432.6万元，下达7833.47万元。完成扶贫资金动态监控系统中2018年所有扶贫项目资金的指标、支付、绩效目标、绩效自评等填报和审核。获2019年度阿里地区脱贫攻坚组织创新奖。

◆11月22日，地区财政局在二楼党组会议室召开2018—2019年第二次绩效评价报告反馈座谈会，副局长田雪林（左排右三）主持

【支农惠农】 2019年，地区财政局落实中央和自治区各项农业支出政策，建立健全支农投入稳定增长机制，加大投入力度，稳定存量、提高增量。通过“一卡通”发放各项惠民补助资金，创新补贴方式，促进新增补贴向专业大户、家庭农场和农牧民专业合作社等新型经营主体倾斜，扶持致富典型，强化辐射带动作用。会同地区农业农村局联合制定《阿里地区村级动物防疫员工作目标考核办法（试行）》等，将本级预算村级动物防疫员123.66万元纳入绩效考核范围。全年收到各项惠农补贴资金58491.9万元，全部拨付，收到农林水等项目建设资金83715.61万元，下达78367万元。

【民生投入】 2019年，地区财政局加大对民生工程的保障力度，落实各项民生资金19979.76万元。其中，新农合医疗补助资金6426.49万元，特困人员救助补助及提标资金420万元，年度困难残疾人地级提标资金111万元，年度残疾人“两项”补助资金662.21万元，年度孤儿基本生活补助资金218.66万元，年度流浪乞讨救助站附属工程项目及工作经费86.44万元，2018—2019年自治区级冬春受灾群众自然灾害生活补助资金136万元，2019年退休人员治病路费242.17万元，年度临时救助、流浪乞讨救助资金及购买社会救助服务资金2074.91万元，改则县强降水救灾专项经费300万元。拨付医疗卫生服务资金14659.58万元、文化惠民资金19121.66万元、科技资金1381.52万元、体育事业资金3056.88万元。

【基建预算管理】 2019年，地区财政局全方位保障城镇、医疗、交通等基础设施建设的资金需求，基建总收入230335.56万元。其中，上级财政下达基建资金212023.56万元，占基建总收入的92.05%；本级财政安排基建资金18312万元，占基建总收入的7.95%。基建总支出267860.1万元。其中，预算内支出238484.15万元，占基建总支出的89.03%；专户基建支出29375.95万元，占基建总支出的10.97%。

【会计管理】 2019年，地区财政局配合审计、纪检等部门开展专项检查。对七县扶贫领域财务管理及资金使用、城投公司商品房出租、阿里地区旅游公司老院资产管理、阿里地区行署驻拉萨办事处中共十八大以后资金管理及使用等情况进行检查。与地区审计局联合组成检查组，对全地区重点建设项目资金进行审查。先后组织初级、高级会计专业技术资格考试，报名353人，实际参考168人。组织全地区会计从业人员举办全国减税降费知识竞赛活动。鼓励地区年度会计人员进行继续教育，提升会计人员业务能力。

【国有资产管理】 2019年，地区财政局对地直有关单位上交的11辆公务闲置（更新）用车进行公开拍卖，将所得收益83.1万元及时上缴国库，规范本级行政事业单位国有资产处置。提前谋划资产划转配比方案，推进全地区党政机构改革，下发《阿里地区财政局关于做好深化党政机构改革重点资产摸底工作的通知》，确保改革过程中资产划转的平稳过渡。配合地委组织部等部门，通过调研、督导的形式进行资产经费调配。对全地区出租、出借及闲置国有资产进行清查统计，起草下发《阿里地区地直党政机关和事业单位出租及闲置资产集中统一管理方案》。对地区6家企业进行减税降费工作的初步调研。

税　务

【概况】　阿里地区有税务行政机关8个，其中地区局1个、县级局7个。全系统有在职干部166人。国家税务总局阿里地区税务局内设行政机构14个，包括办公室、法制科、货物与劳务税科、所得税科、收入核算科、纳税服务科、征收管理科、财务管理科、督察内审科、人事科、纪检组、机关党委、老干部科。下辖事业单位2个，分别为信息中心和机关服务中心。有派出机构3个，即稽查局、第一税务分局、第二税务分局。2019年，阿里税务系统落实党中央、国务院减税降费政策，深化“放管服”改革，完成社保费征管职责划转任务，减轻企业负担，优化税收营商环境，实现各项税收55319万元，比上年减收10718万元，下降16%，非税收入1758万元，社会保险费78662万元。

【减税降费】　2019年，地区税务局推进个人所得税第二步改革，深化增值税改革，落实小微企业普惠性政策、社保降率减费政策，建立跨部门减税降费工作沟通协作联络机制。成立减税降费工作领导小组，挂图作战、对表推进。宣传解读政策，及时回应社会关切，向各级地方党委、政府汇报减税降费工作30余次。开展调研，强化政策效应分析。开展自查自纠，深入各县税务局开展专项督导检查2次。完善问题反馈机制，设立减税降费问题台账，落实整改。全年累计实现减税降费1.16亿元。

【优化营商环境】　2019年，地区税务局连续6年开展“便民春风行动”，落实减税降费推出的8条便利小微企业办税

◆10月25日，地区税务局在三楼视频会议室开展新任科级领导干部宪法宣誓入职活动

新举措，拓展10大类80个“最多跑一次”和6大类76个“全程网上办”办税事项。推进企业优化注销登记改革，压缩注销时间，全面取消涉税非行政许可审批事项。落实《税收征管操作规范》《纳税服务规范》，实现纳税人业务办理事项减少50%，资料报送压缩48%，表证单书精简26%。建立纳税人诉求响应机制，深化税务领域“放管服”改革。建立纳税人信用等级信息共享机制，深化“银税互动”，帮助企业解决融资难、融资贵的问题。运用互联网技术、云计算和大数据，加强金税三期系统运维，提升税收数据质量。强化税收风险管理理念，落实分类分级管理要求，建立健全增值税风险快速反应机制，开展风险分析，防控涉税风险。与全国、全区同步上线增值税发票管理系统2.0版、增值税电子发票公共服务平台。加大电子税务局业务推广力度，截至年底，全地区注册用户2260户。12月，获得2019年阿里地区经济社会发展贡献奖。

【依法治税】 2019年，地区税务局落实“七五”普法任务，开展第28个全国税收宣传月活动。贯彻落实耕地占用税法。组织清理规范性文件，规范重大税务案件审理。推行公职律师和法律顾问制度，提升复议应诉工作能力。落实税务行政处罚裁量基准，推行“三项制度”。落实近千户集团税收风险分析应对。联合相关部门有序推进打击虚开骗税两年专项行动和扫黑除恶专项斗争。全年立案检查纳税人11户，组织企业自查11户，查补收入823.6万元。12月，被评为全国七五普法中期先进集体。

中国人民银行阿里地区中心支行

【概况】 2019年，阿里地区金融机构有8家，其中银行业5家、保险业3家，银行业金融机构网点45家。人行阿里中心支行有科室（部）11个，分别为行长办、办公室、货币信贷统计科、人事科、纪检监察室、会计业务科、国库科、货币金银科、宣传群工部、科技科、征信管理科、保卫科。有职工121人。截至年底，全地区金融机构各项存款余额142.64亿元，比上年下降2.97%；各项贷款余额42.83亿元，比上年增长8.68%，贷款增长速度大幅高于预期。

人行阿里中支货币信贷统计科获总行级2017—2018年“女职工文明示范岗”称号，被阿里地区行署授予金融服务“三农”先进集体称号。人行阿里中支获“2019年度阿里地区脱贫攻坚创新奖”“2019年全地区脱贫攻坚成效综合评价好”，被阿里地区国家安全人民防线建设领导小组授予“阿里地区国家安全人民防线先进集体”，被阿里地委、行署授予“2019年经济社会发展贡献奖”“第八批创先争优强基惠民生活动优秀组织单位”称号。

【科技服务】 2019年，人行阿里中心支行健全IT基础设施，建成2号UPS机房，升级1号机房环境监控系统。组织全

◆8月30日，人行阿里中心支行在西藏银行阿里分行举行阿里地区与全国同步发行2019版人民币仪式

辖45个金融机构网点，开展金融科技、网络安全知识宣传活动，发放宣传资料4000余册，覆盖群众5500余人次。全年辖内累计发放金融IC卡298647张，比上年增长82.79%。

【金融政策引导】 2019年，人行阿里中心支行通过向地方党政领导汇报、召开经济金融形势分析会、按月调度货币信贷执行情况等方式，对人民银行宏观调控、货币工具运用和区域金融运行情况等内容进行解读，传达人民银行货币信贷政策，引导商业银行加大金融供给侧结构性改革，重点支持脱贫攻坚、民营小微企业、乡村振兴等领域，执行中央赋予西藏特殊优惠金融政策，确保社会融资规模和信贷与地方经济发展目标相匹配，优化薄弱环节和重点领域金融服务质量。截至年底，全地区社会融资规模54.4亿元。

【服务实体经济】 2019年，人行阿里中心支行加大“双创”金融服务力度，推动出台《阿里地区创业担保贷款实施方案》，推动设立500万元规模的“创业担保基金”。持续支持民营小微企业发展，做好融资对接，召开企业座谈会议。提升“乡村振兴”金融服务质量。截至年底，全地区“双创”贷款余额1.46亿元，比上年增长89.61%。小微企业贷款余额9.01亿元，民营企业贷款余额1.69亿元。涉农贷款余额19.30亿元，比上年增长5.23%。

【金融扶贫】 2019年，人行阿里中心支行创新建立“致富带头人+扶贫贷款+贫困户”的利益联结机制，通畅“三农”信贷风险补偿基金运作机制。中支纪委对全行金融精准扶贫工作及定点扶贫工作开展专项监督，解决金融扶贫领域存在的认识不够到位、工作不够务实、措施不够具体、管理不够规范等问题。截至年底，全地区金融精准扶贫贷款余额10.82亿元。致富带头人贷款余额1.25亿元，比年初增长121.18%。风险补偿基金到位4224万元，项下贷款3495万元。

【风险防控】 2019年，人行阿里中心支行承担地区防范和处置非法集资工作领导小组办公室、互联网金融风险专项整治领导小组办公室职责，牵头制定防范和处置非法集资、互联网金融风险摸排和评估、整治工作方案，统筹推进辖区工作。引导革吉县农行采取应对措施，遏制贷款违约传染与蔓延态势，形成《阿里中支妥善处理辖区扶贫小额信贷违约事件纪实》。截至12月末，全地区不良贷款余额541.91万元，不良率0.13%。

【创新金融服务】 2019年，阿里地区建成助农取款服务点181个，服务点有效率95%，完成狮泉河镇康乐新居居委会、札达县托林镇扎布让组2个金

◆10月28日，人行阿里中心支行深入牧区开展金融宣传活动。图为在日土县松西村开展金融宣传时合影留念

融服务点改造升级。截至年底，全地区有三农金融综合服务站6个，助农电商3户。相继完成代理支库TCBS系统上线、噶尔县代理支库上收工作。在噶尔县扎西岗村、加木村及革吉县公前村配置反假宣传工作站。做好年度各类纪念币和纪念钞发行兑换工作，开展人民币流通监测预警。对金融机构人民币收付、假币收缴鉴定机具鉴别能力开展现场检查。推进县、乡、村三级信用体系建设，农业银行评定信用县5个、乡35个、村139个，占比分别达71%、95%、96%。联合地区发改委，推进噶尔县、日土县“自治区级信用县”参评工作。提高外汇管理与服务质量，在塔尔钦成立地区首家外币代兑机构。

【反洗钱】　2019年，人行阿里中心支行反馈协查案件结果7个，涉及主体11个、账户53个，涉案金额1.8亿元。其中，2017年“T817”专案中，与反恐特侦队阿里支队、总队、公安厅经侦总队等单位协作，2018年12月29日判处巴某非法经营罪，巴某提出上诉，2019年5月10日拉萨中级人民法院作出终审判决维持原判。2018年12月协助阿里地区公安处破获一起涉恶案件，2019年8月17日一审判决开设赌场罪。对5家银行业金融机构开展执法检查和监管走访。

【保护金融消费权益】　2019年，人行阿里中心支行开展普惠金融指标测算及分析，摸清金融发展质量，形成《阿里地区2019年普惠金融发展分析报告》《改革先锋与西藏牧区改革背后的普惠金融机制安排》等材料。开展金融“飞鸽”行动，组织金融机构进学校、进农区、进牧区，累计开展宣传活动28次，受众3210人，发放宣传资料3684份。

中国农业银行阿里分行

【概况】　2019年，中国农业银行阿里分行有各级机构35个，包括7个县支行、25个营业所、1个营业部、1个分理处和1个二级支行，网点覆盖地区7个县和25个乡镇（空白乡镇5个，分别为革吉县文布当桑乡、札达县楚鲁松杰乡、改则县先遣乡和古姆乡、日土县东汝乡）。在职员工399人，平均年龄为34岁。其中，长期合同工295人，合同制柜员92人，非业务短期合同工12人；分行本部112人（含跟班学习人员41人），营业部26人（含跟班学习人员10人），县支行及分理处127人，营业所134人。

截至年底，各项存款时点余额98.12亿元，较年初减少11.13亿元；核心存款日均余额104.68亿元，较年初减少2.31亿元。各项贷款余额31.47亿元，较年初增加3.58亿元，增长12.86%，高于地区各商业银行4.97%的平均增长率。实现中间业务收入1909万元，比上年增加59万元。存贷款四行市场份额分别为87.03%、74.76%，较年初分别上升1.51、4.01个百分点；中间业务收入市场份额88.44%，比上年下降6.09个百分点。获得2019年阿里地区经济社会发展贡献奖，被阿里地委、行署评为2018年阿里地区

◆2月18日至19日，农行阿里分行在三楼视频会议室召开2019年党建和经营工作会议，主持工作的党委委员王军（主席台中）出席并讲话

反洗钱涉稳涉恐资金监测先进集体。

【小微企业金融服务】 2019年，农行阿里分行线上线下并进，深挖客户资源，优化办贷流程，累计发放对公贷款1.39亿元，余额8.33亿元，市场份额45.38%，较年初上升1.16个百分点。深挖客户潜在金融服务需求，发放小企业简式快速贷款11笔、8335万元。推广微捷贷、抵押e贷和纳税e贷，累计放贷979万元。

【“三农”金融服务】 2019年，农行阿里分行累计发放涉农贷款6.66亿元，余额18.06亿元。提升互联网金融服务“三农”“一号工程”，“惠农e贷”余额1.17亿元，服务农牧户1780户。“钻金银铜”四卡授信、用信覆盖率分别达到95%、94%，四卡贷款余额7.28亿元。建设农牧区渠道，三农金融服务点增至174个，交易金额7467万元。有效惠农卡18906张，农牧户覆盖率85.85%。代理发放12类涉农补贴资金4.64亿元。纵深推进县域诚信体系建设，信用县、乡（镇）、村覆盖率分别达71%、95%、96%。践行以“神圣国土守护者·幸福家园建设者”为主题的乡村振兴战略，升级农牧户金融服务，成功评定首个“金卡村”“钻石卡村”。

【金融扶贫】 2019年，农行阿里分行累计发放扶贫贷款1.56亿元，余额9.07亿元。建立完善利益联结机制，兑现帮扶资金137.57万元，惠及贫困户762户。扶持易地扶贫搬迁贫困人口，为搬迁户发放扶贫贴息贷款1447万元，搬迁户覆盖率52.54%。推进消费扶贫，直接购买和帮助销售贫困地区农产品价值35.71万元。

◆9月29日，农行阿里分行在三楼视频会议室举行“不忘初心、牢记使命”金融服务座谈会

【业务转型发展】 2019年，阿里地区机构改革期间，15个更名类机构账户留存农行阿里分行，成功营销阿里边境管理支队、地区退役军人保障局、地区国安办、地区应急管理局账户及陆军第九五七医院、阿里地区狮泉河兵站两家团级部队客户基本账户。截至年末，农行阿里分行对公核心存款日均余额81.77亿元；个人贵宾客户10286户，其中新增717户，个人核心存款日均余额22.91亿元。个人理财余额3.31亿元，较年初新增4284万元，实现中间业务收入79.73万元。累计发放社保卡90523张，激活60650张，发卡率、激活率分别达95.11%、67%。营销“网捷贷”产品，共导入单位84家，导入客户2264户，累计放贷1.19亿元，余额2.15亿元。信用卡乐分易分期实现城区网点和支行全覆盖，累计放贷7320万元。新增POS商户128户，新增聚合码商户335户。成功对接落地国电缴费，成功营销广电局、光明公司、自来水公司、司法局等客户缴费业务。按照“三减两增一改”网点转型总要求，对分行营业部、噶尔县支行、城东分理处进行网点微改造、局部改造等转型。全面取消企业账户开户许可工作，提高企业开户业务办理效率。投放移动便携式终端11台，实现银行柜台“走出去”，金融服务“全天候”。

【风险防控】 2019年，农行阿里分行严防信用风险，加大限时办结力度，逐步优化全行信贷业务审批流程不畅、边界不清、耗时过长的问题。加强客户评级、风险分类、操作风险、客户风险系统等在线监测和结果运用，前移监测时点，提高风险信号的敏感度。强化条线业务管理，加强合规文化建设、监督检查、责任审计、整改工作、反洗钱等重点工作，提升内控合规管理水平。组织开展“知敬畏、守底线、促合规”案件警示教育活动，持续加强合规文化教育。落实案防“业务与人员双线管理”责任制，压实风险防控和案件治理责任。发挥“三线一网格”监督预警作用，及时发现、排除风险隐患。加强密码保密、印章、办公网络、涉密计算机使用和管理，提升信息技术保障和产品创新能力，排查信息科技风险隐患，全年未发生失泄密事件、计算机安全责任事故，各应用系统运行稳定。完成“守押一体化”外包业务。

◆7月25日，人行拉萨中心支行行长郭振海（前排左三）率工作组到建行阿里分行调研金融扶贫工作。建行阿里分行副行长雷瑞锋（前排左二）、纪检组组长凌波（前排左一）陪同

中国建设银行阿里分行

【概况】 中国建设银行阿里分行于2014年9月19日成立，是建设银行在全国地市级行政区划中设立的最后一个二级分行。到2019年，建行阿里分行内设科室发展至6个，分别为行长室、综合管理部（安全保卫部）、财务会计部、风险管理部、派驻纪检组、营业部（业务管理部）。员工由16人发展至31人，平均年龄31岁。主要经营存款、贷款、结算业务，银行承兑汇票贴现，理财、代理业务；资金托管、审价咨询、国内保理，承诺委托贷款、贵金属买卖业务等。截至年底，一般性存款余额107831.25万元，各项贷款余额86293.26万元，实现税前利润896.38万元。

【服务地方实体经济】 2019年，建行阿里分行支持日土县商砼站扶贫产业项目融资落地，贷款金额1000万元，执行扶贫利率1.08%，期限5年。向国网西藏电力有限公司发放项目精准扶贫贷款1亿元，用于支持农网二期改造升级中阿里地区电网项目建设，该项目为绿色信贷类项目。全年累计为30余家小微民营企业发放贷款0.37亿元，执行利率均为西藏优惠利率2.15%～2.35%。通过供应链融资平台，成功向2家小企业投放贷款700万元。推出“云税贷”“云电贷”“交易结算贷”等线上小微快贷产品，支持地区小微企业发展。

中国银行阿里分行

【概况】 中国银行阿里分行有员工16人，其中领导班子3人、纪委办公室1人、综合管理部3人、业务发展部3人、营业部6人。截至2019年底，人民币存款余额3.2亿元，贷款余额1.9亿元。

【业务发展】 2019年，中国银行阿里分行设立塔尔钦外币代兑点，可兑换英镑、港元、

◆8月9日，中国银行阿里分行党委书记、行长边巴（右排左）主持召开代兑机构业务指导座谈会

美元、瑞士法郎、新加坡元、瑞典克朗、挪威克朗、日元、丹麦克朗、加拿大元、澳大利亚元、欧元、菲律宾比索、泰国铢、韩国元、澳门元、新台币17种货币。发展银行承兑汇票开票、来聚财、ETC、中银E贷、信用卡优客分期、中银日积月累产品、中银集富理财计划、公务卡、社保基金缴费服务、消费贷款、住房贷款、公积金贷款等业务和产品，提供全面授信服务方案、全方位手机银行、网上银行渠道，以先进的金融网络、理念、质量服务地区经济社会发展。先后4次组成工作队，参加人行阿里中心支行组织的消费者权益保护、反诈骗等宣传，到广场、社区、寺庙宣传金融知识。

西藏银行阿里分行

【概况】 西藏银行股份有限公司阿里分行设有综合管理部、风险管理部、业务拓展部、营业部4个部门。2019年，有干部职工23人。截至年底，总存款余额26637.49万元，其中对公存款余额22574.81万元、个人存款余额4062.68万元。总贷款余额7378.48元，其中对公贷款2160万元、个人贷款5218.48万元。无不良贷款。

◆4月16日，阿里地区在地区住建局四楼党建活动室召开2019年度建筑领域民工工资工作会议

【党建工作】 2019年，西藏银行阿里分行党委以习近平新时代中国特色社会主义思想为指导，学习宣传贯彻党的十九大精神和习近平总书记系列讲话精神，扎实开展“不忘初心、牢记使命”主题教育，在全分行形成书记负总责、各成员密切配合、齐抓共管的全面从严治党局面。

人保财险阿里分公司

【概况】 人保财险阿里分公司内设职能部门8个，分别为总经理室、综合部、财务会计部、理赔中心、农业保险部/社保部、非车险保险部、运营管理部、车辆保险部，下辖1家改则营销服务部。各类性质用工103人，包括在编人员45人、劳务外包员工58人。为建档立卡贫困户子女解决就业5人。

◆4月18日，人保财险阿里分公司工作人员在普兰县西德村开展保险政策送农村活动

【开办险种】 人保财险阿里分公司开办的险种包括惠农险种、商业险种、社会医疗保险。惠农险种有政策性农险（包括养殖业、种植业、农房）、农牧民补充医疗保险和超大额补充医疗保险、农村小额意外险、野生动物肇事补偿保险等。商业险种有机动车保险、企业财产保险、家庭财产保险、工程保险、责任保险、船舶保险、货物运输保险、其他意外健康险等。社会医疗保险有城镇职工大额补充医疗保险、城镇居民大病保险、农牧民大病医疗保险、农牧民大额补充医疗保险。年内新开办投标保证金保险、农民工工资履约保证险、建设完工履约保证险3个险种，为111家施工单位减少资金流转和资金压力。为61家单位提供安全生产风险保障，累计提供风险保障约366万元。9月，改则县营销服务部成功签出“承保商业性养殖业（牦牛）”第一单，陆续推广至地区其余各县，为地区四县3025头牦牛、18442只羊提供风险保障2250万元。

【网点建设及服务延伸】 2019年，人保财险阿里分公司设立阿里地区恒远车辆检测站便民出单点、阿里地区城投车辆检测站便民出单点、改则营销服务部、七县“三农”服务站、37个乡镇“三农”服务点，配备相应“三农”专职人员，着力打造保险服务团队。全年开展政策性涉农保险专职工作人员培训会2次、军训1次，提高各县“三农”服务站工作人员的团队协作能力及保险服务能力。截至年底，地区七县农牧民因灾、因病、因意外需要索赔的，均可在县、乡所在地办理。

【重大理赔】 2019年，人保财险阿里分公司向社会兑现赔款4551.05万元。其中，向七县农牧民兑现政策性涉农保险赔款684.25万元，大额补充医疗保险总赔付412.62万元，农牧民大病医疗保险总赔付279.13万元。

◆6月28日，人保财险阿里分公司在普兰县政府会议室举行普兰县公安局团体意外赔付仪式

科学技术

科技发展

【概况】 2019年机构改革后，地区科技局内设正科级行政科室3个：办公室（科协办公室）、农村科技发展规划科（外国专家管理科）、成果转化应用科（政策研究监督科）；所属事业单位3个：阿里地区科技服务中心（阿里地区生产能力促进中心）、阿里地区科学技术协会、阿里地区天文台（国家天文台阿里观测基地）。有干部职工19人。噶尔、札达、革吉、改则、日土五县单设科技局，为正科级行政部门，配置独立办公场所和专职人员，普兰、措勤两县科技局与县农业农村局合署办公，农牧局副局长兼任科技局局长，无专职人员。

2019年，全地区科研项目21个，资金总量1388.41万元（自治区10个，投资728万元；地区本级7个，投资460.4万元；援藏4个，投资200万元），完工项目11个，投资608.41万元（自治区8个，投资368万元；地区本级3个，投资240.21万元），按计划任务跨年实施项目6个，投资580万元（自治区2个，投资360万

◆3月21日，阿里地区在行署会议中心三楼视频会议室召开2019年科技工作会议，地区科技局副局长欧阳帮华（主席台左）主持。地区科技局党组成员、副局长吕荣涛，地区科技局党组副书记、局长米玛出席会议

元；地区本级4个，投资220万元），项目立项资金未到位项目4个，投资200万元（均为援藏项目）。争取自治区科协、援藏等渠道资金和项目，实施绵羊短期育肥和人工种草等科技精准扶贫项目；争取自治区及地区本级财政科研项目和资金，实施措勤县高寒畜牧业关键技术集成与示范、绿麦草高产栽培技术研究与示范、象雄半细毛羊新品系扩繁、普兰县西德白青稞、仁贡紫青稞提纯复壮试验示范等项目；争取自治区科协科普专项经费，实施科普长廊、中小学科普馆提档升级等项目，健全科普基础服务设施。

【科技项目】 2019年，全地区实施中央、自治区各类科技科研项目9个，专项投资528万元。实施援藏项目4个，专项投资200万元，项目已经立项通过，完成与河北、陕西两省科技厅项目任务书的网签。实施本级应用技术研究与开发项目7个，专项投资460.41万元。

2019年阿里地区科技项目列表

表4

序号	类别	项目名称	项目投资（万元）
1	自治区重点研发及转化计划	措勤县高寒畜牧业关键技术集成与示范项目	300（2019年投资180万元）
2		普兰县仁贡紫青稞本地品种提纯复壮及产业化开发试验示范项目	60
3	自治区科协基层科普行动计划	改则县物玛乡抢古村藏系绵羊短期育肥高效养殖育肥技术示范科普助力脱贫攻坚项目	30
4		革吉县雄巴乡结克村藏系绵羊短期育肥高效养殖育肥技术示范科普助力脱贫攻坚项目	30
5	自治区科协人均科普专项	科普e站项目	8
6		阿里地区中学科技馆提档升级项目	50
7		阿里地区科普e站项目	40
8		阿里地区小学科技馆项目	50
9		阿里地区科普长廊项目	80
10	河北援藏专项	改则县野牦牛杂交后代繁育及高效养殖技术示范推广项目	50
11		革吉县雄巴乡结克村高海拔地区青海44、甜燕麦牧草新品种高产种植技术示范项目	50
12		阿里地区濒危藏药材“甘青青兰”人工栽培技术示范推广项目	50
13	陕西援藏专项	西藏阿里地区札达县底雅乡经济林果、蔬菜病虫害监测防治技术研究与示范项目	50

续表4

序号	类别	项目名称	项目投资（万元）
14	本级应用技术研究与开发项目	阿里青年学生心理健康状况及人格特征研究项目	30
15		阿里地区边民慢性非传染性疾病现况调查及相关影响因素研究项目	60
16		仁青查牛达西替巴藏药新药物研发项目	100
17		阿里地区7～9岁儿童口腔健康状况调查及窝沟封闭试验示范项目	30
18		阿里地区白绒山羊高效繁育技术研究与示范项目	80
19		改则县改则镇牧草新品种高产栽培技术示范项目	80
20		阿里地区设施蔬菜瓜果水培新技术试验示范项目	80.41

【科技特派员及“三区”人才工作】 2019年，全地区科技特派员解聘、选聘工作全部完成，解聘30人，新选聘30人。科技特派员生活补助经费由地区财政局直接下拨至各县财政局，补助标准为每个行政村2名（2018年开始，自治区财政厅取消各居委会科技特派员及补助资金），6000元/人/年，共兑现科技特派员补助资金160.8万元。做好“三区”人才组团式选派54名和集中、分散培训40名人员的申报审核。3月27日至30日，地区科技局与农业农村局联合在象雄酒店举办蝗虫监测、防治暨种植业综合技术培训班，对阿里地区40名专业技术人才开展以飞蝗防治监测技术、病虫草害绿色防控、新农药使用方法和管理、土壤改良、测土配方施肥、种植实用技术、农业相关理论知识等为内容的培训。结合科技科研项目开展情况，选派人员赴措勤县开展农牧业实用技术和科技特派员培训，培训70人。结合“不忘初心、牢记使命”主题教育，由地区科技局组织、西北农林科技大学继续教育学院承办，开展1批为期15天的培训。

【大众创业万众创新】 2019年，地区科技局按照《西藏自治区人民政府关于推进创新创业中心建设的实施意见（试行）》要求，制定《阿里地区象雄创新创业中心建设方案》，推进实施大众创业万众创新。成立阿里地区工作领导小组和科技局协调推进指导工作组，确定西藏青创广告传媒有限公司为“众创空间”的运营和管理方。3月，确定阿里地区康乐新居广场3号楼为创新创业中心场所，办公面积1876平方米；6月11日，创新创业中心办公场所装修设计及估算通过地区财政评审，下达建设运营资金302.78万元；至年底，完成装修，并开展运营及设备采购。可承接14家以上初创团队60余人，容纳40～60人就餐及路演、容纳25人电商及办公信息化实训、容纳40人会务培训，签约入驻创业公司10家。

【科技扶贫】 2019年，地区科技局按照《中央第三巡视组脱贫攻坚专项巡视反馈意见整改任务分解方案》，制定地区科技局整改方案，成立领导小组，细化工作措施，按要求进行整改。同时，充分利用各级各类科技科研项目，鼓励项目区域群众参与增收创收。将本级3%经费中460余万元和自治区科协资金60万元用于脱贫攻坚，为改则、措勤、革吉县顺利脱贫提供科技支撑。

【科普宣传】 2019年，地区科技局开展“五下乡”“科技惠阿里科技助脱贫”“地震日”等各类科普宣传活动，发放藏汉双语版的农牧业实用技术成果等科普资料共计3000余册，发放科普宣传品2000余件。按照《阿里地区全民科学素质行动计划纲要实施方案》，提高科普经费。自治区科协下达“基层科普行动计划”4个项目118万元，“人均科普专项经费”3个项目170万元。

【举办“科技下乡”集中服务活动】 2019年，由自治区科学技术厅、地区行政公署主办，地区科学技术局、措勤县人民政府承办，西藏自然科学博物馆和西藏阜康医院协办的西藏自治区2019年“科技下乡”集中服务活动在措勤县举办。完成“三区”科技人才、农牧民科技特派员和科技致富带头人实用技能培训40余人次；自治区科技厅表彰奖励基层优秀农牧民科技特派员6名，向措勤县科技局捐赠科普补助专项资金5万元，向扎日南木措居委会、达瓦村授予“科普活动室”牌匾并捐赠科普设备和书籍，累计发放各类科普资料2万余份；联合西藏阜康医院开展免费义诊，受益群众300余人次，发放价值5万元的药品；在县小学设立流动科技馆巡展点，参与中小学生500余人次，措勤县干部职工、学生、农牧民群众、僧尼、军警等1000余人参加集中服务活动。

【改则县野血牦牛品质检测】 2019年，地区科技局利用地厅院战略合作机制，成功完成改则县野血牦牛品质检测，由西南大学动物科技学院畜产品检测实验室出具牦牛绒、毛品质检测，改则县半野血牦牛、家养牦牛分子遗传评估，改则县半野血牦牛、家养牦牛肉品氨基酸含量分析，改则县半野血牦牛、家养牦牛肉功能成分检测4个权威报告，为大规模开发提供科技支撑。

◆西藏自治区开展2019年度“科技下乡”集中服务活动。图为6月5日措勤县“科技下乡”集中服务活动现场

【设施蔬菜瓜果水培新技术示范推广】 2019年，地区科技局依托科技型中小企业，在噶尔县狮泉河镇现代农业产业园区内实施《设施蔬菜瓜果水培新技术示范推广》项目取得成功，在阿里地区首次实施设施蔬菜水培技术，茄果类蔬菜增产增收40%以上，减少农药药剂86%的使用总量，节省水肥用量70%，提高土地利用率50%，节省人工48%。

【医疗领域科研攻关】 2019年，地区科技局与西藏大学、中国人民解放军陆军第957医院、地区人民医院和地区藏医院等单位在地方病、高原病、慢性病、医疗资源普查、新药物研发领域开展科研攻关，为民生领域提供科技支撑。

【科技援藏】 2019年，地区科技局按照两省援藏三方协议，河北、陕西两省科技厅援藏经费分别由“十二五”期间的50万元/年提升至200万元/年、30万元/年提升至50万元/年。同时在人才交流合作、增进资源共享、加强平台建设、推动成果转化等方面达成合作共识。全年申报河北科技厅援藏项目3个，总投资150万元；申报河北科协“基层一线技术人员实用技能培训”项目1个，投资20万元，通过走出去的方式，完成专业技术人员培训15名。

◆5月8日，地区科技局党组书记翟福东一行在革吉县科技局指导检查。图为翟福东（右一），党组副书记、局长米玛（左二），副局长吕荣涛（右二）查看档案资料

【协调对接第二次青藏高原综合科考】 2019年，阿里地区成立第二次青藏高原综合科学考察研究领导小组，由行署专员旦巴旺久任组长、七县人民政府及地直相关部门主要负责人为成员，在地区科技局设办公室。第二次青藏科考活动覆盖全地区七县，涉及地球第三极国家公园建设、荒漠生态系统及其效应、森林与灌丛生态系统与资源管理、河湖源区土地利用强度变化、生态安全屏障体系优化、自然保护地体系、西藏地区草地退化、气候稀缺区、高原农牧耦合绿色发展、西藏生态安全屏障重大生态工程成效、地球第三极国家公园群建设、羌塘、可可西里和三江源、考察生物与环境协同演化、亚洲水塔冰川、湖泊变化、湖河流演变与影响16个综合科学考察。地区科技、农业农村、水利、林业和草原、生态环境、气象等部门和七县人民政府全程参与，组织相关部门主要负责人前往各考察点进行实地调研，协调保障各区域内科考现场采样，各相关部门指定一名负责人对各自领域的考察点指导讲解，深入改则、革吉、普兰、札达、日土等县，行程约6000千米。各县及地直相关部门为科考队提供电子版资料40余份，纸质版资料60余份。科考队在阿里考察期间，地区科技局、气象局、改则县人民政府共组织召开座谈会3次，了解阿里地区自然保护、气象环境等工作存在的问题、好的做法和需求，综合考虑区域承载能力、生态脆弱性、承载量、管理的可操作性、交通条件、民族政策、边境政策等，为科考队提出第二次青藏高原科考综合实施方案提供综合需求。

防震减灾

【概况】 2019年7月，机构改革，阿里地区地震局为应急管理局下属副县级事业单位，更名为地区防震减灾中心。内设综合业务科、监测预报与震害防御科2个科室。实有6人。

印发《阿里地区本级防震减灾专项资金管理办法》。全地区本级财政预算并拨付地震事业费153.4万元，单列地震局业务专项费15万元。辖区内发生地震（M≥3.0级）13次，其中日土县4次、改则县9次；M≤3.0级地震3次，其中普兰县2次、改则县1次。

2019年阿里地区发生地震情况表

表5

序号	时间	地点	经度	纬度	震级	震源深度（千米）	备注
1	1月18日5时25分	日土县	81.79	35.03	3.8	13	东汝乡松西村双点达坂北部
2	2月17日21时57分	改则县	86.08	35.04	3.2	8	察布乡果查村北部（无人区）
3	3月4日10时47分	改则县	83.25	34.24	3.5	7	先遣乡德布康饶村
4	3月9日7时10分	日土县	81.12	35.28	3.3	11	东汝乡郭扎错北边
5	4月24日19时56分	改则县	82.47	34.89	4.2	8	先遣乡巴热村
6	4月29日20时55分	改则县	83.95	32.34	3.4	8	改则镇玉多村
7	4月29日21时36分	日土县	81.50	33.56	3.6	6	东汝乡阿汝村
8	5月25日18时01分	改则县	85.54	32.91	3.6	7	古姆乡岗如村
9	5月31日08时36分	改则县	83.03	34.44	3.8	7	先遣乡双湖附近康绕村
10	6月6日20时45分	改则县	83.56	33.28	3.7	6	先遣乡、察布乡、物玛乡三乡交界处其古沃瓦山附近属物玛乡扎多那日村
11	6月29日21时20分	改则县	82.69	33.60	4.0	6	先遣乡巴热村
12	7月15日06时25分	日土县	81.13	35.19	3.4	8	东汝乡郭扎错以北无人区
13	8月15日20时40分	改则县	85.01	31.93	3.7	7	洞措乡罗波拉康附近

【监测预报】 2019年，地区防震减灾部门联系和协调中国地震局监测预报司监测预警处、西藏自治区地震局，将青藏高原地震监测预报能力提升项目中涉及阿里的台站计划由最初的5个增加至9个。加强震情值班值守和震情灾情速报，完善局主要负责人、业务骨干手机绑定地震信息播报机器人、12322防震减灾信息平台和区内震情，遇有涉及阿里区域相关震情，加强与自治区地震局监测预报中心联系、沟通，及时上报地委、行署，与震情所在县、乡（镇）沟通联系，核查震情灾情并及时上报。提请专家分析评估阿里地区监测能力，形成《阿里地区地震监测能力及现状》。加强“三网一员”（“三网”指地震宏观测报网、地震灾情速报网、地震知识宣传网，“一员”指防震减灾助理员）工作，将地震宏观观测、灾情速报、科普宣传等延伸至村、组（牧业点），健全地、县、乡镇、村四级群测群防网络体系，确保遇有震情、核查灾情上下联动、信息畅通。

【震害防御】 工程性防御 2019年，地区防震减灾部门严格按照《中华人民共和国防震减灾法》《西藏自治区实施〈中华人民共和国防震减灾法〉办法》《中国地震动参数区划图》（GB18306-2015）《建筑抗震鉴定标准》等，对

◆7月29日，西藏自治区副主席多吉次珠（前排左二）在阿里地区防震减灾中心检查指导工作。行署副专员葛庆敏（前排右二）、地区防震减灾中心主任李伟（前排左一）陪同

160个新建、改建、扩建一般性建设工程项目按照抗震设防要求进行技术审查、审批和备案资料审核，对地区审计局移送的噶尔等四县10个未批先建的违规项目依法依规下达处罚决定并责令整改。协调开展新疆皮山—西藏日土地震重点危险区调研和地震易发区房屋加固以及D级危房改造。6月17日，派出业务骨干，对革吉县各施工单位开展建设工程抗震设防要求业务知识培训。服务地方重大项目建设。争取自治区地震局支持，密切配合相关部门工作，搜集震害防御相关资料，为普兰支线机场、日阿铁路和新藏铁路等重大建设项目前期调研提供防震减灾基础资料；就阿里地区加快边境地区发展，向地委呈报关于加强边境地区地震监测台站建设、震害防御能力建设和地震应急能力建设的报告；为37个边境小康村建设和近100个扶贫项目提供抗震设防技术指导和工作支持。落实《西藏自治区2019年地震趋势和进一步做好防震减灾工作的意见》文件精神，加强新疆皮山—西藏日土涉及的日土、改则地震重点危险区震害风险防范。支出36.5万元，编排印制以地震常识、抗震设防和自救互救为主要内容的防震减灾宣传海报、挂图等，以户为单位，分发给日土、改则9190户农牧民群众和810家个体工商户。支出30万元，对地震重点危险区日土县1所学校、改则县2所学校教学用房实施抗震性能鉴定。

非工程性防御　制订地区防震减灾工作联席会议成员单位职责、制度，明确年度地区防震减灾工作联席会议成员单位重点工作任务。推进地区防震减灾科普基地建设和运行管理，地区防震减灾科普基地陆续增建、完善，累计投入155万余元，建设面积400余平方米，增加科普多媒体室、应急物资（品）展柜、地震监测仪器展示厅、地震体验屋、模拟人（心肺复苏），先后接待参观学习人数1300余人次。自治区副主席多吉次珠、水利厅副厅长陆伟东、地区四大班子相关领导等先后到科普基地检查指导。组织开展“3·10”地区法制集中宣传活动、“5·12”防灾减灾日、“7·28”唐山大地震纪念日、“9·13”全国科普宣传活动周、“10·13”国际减灾日等重要时段、时间节点防灾减灾法律法规宣传活动。以防震减灾课程进党校为抓手，推进防震减灾科普宣传进机关活动，加强面向党政机关和党员干部的防震减灾法律法规教育。全年向9批次地委党校培训班285人次、12个地（区、中）直单位机关党支部401人集中开展防震减灾法律法规宣传教育。联合地区职业技术学校、陕西实验小学、地区中学、孔繁森小学、昆莎乡小学、地区旅游公司、民航阿里站等组织开展防震减灾讲座和地震应急疏散演练。联合地区退休服务站，组织离退休老干部参观地区防震减灾科普基地，实地学习防震减灾知识。会同地直机关工委，组织地（区、中）直单位机关党支部代表150余人到地区防震减灾科普基地参观学习。将面向改则、日土地震重点危险区域加强防震减灾科普宣传的藏文版资料通过“狮泉河畔”微信公众号向阿里地区农牧民群众手机用户进行广泛宣传。

【应急救援】 2019年，地区防震减灾部门按照地委会议要求修改、完善《阿里地区地震应急预案》后呈报行署并于4月30日印发。借鉴自治区地震局地震应急工作流程，制定阿里地区地震应急工作流程图。建立地、县、乡（镇）、村四级联动、震情速报（重要震情防震减灾部门和县委书记、县长及时上报地委、行署，一般震情按照规定和要求速报）、灾情核查上报等工作体制机制，全年调整、更新地、县、乡（镇）、村灾情速报人员334人。投入1.43万元为各县、各乡镇印制行政区划图，提升各县、各乡镇应对地震突发灾害处置能力。

【援藏工作】 2019年，地区防震减灾部门与对口援藏两省地震局沟通联系，争取项目、技术和人才援助。加强与中国地震局联系，争取中国地震局支持市县防震减灾项目——地区防震减灾流动科普馆建设项目（50万元）1个。投资23.8万元建设地震模拟体验屋。利用河北省地震局捐赠的11台老式地震监测仪器，建设阿里地区防震减灾科普基地地震监测仪器展示厅。河北省投入20万元援助防震减灾科普展项目3个；陕西省地震局投入10万元援助部分地震体验屋项目。

气象服务

【概况】 2019年，阿里地区气象局下设办公室、人事科、业务科、计财科职能科室4个；直属事业单位4个：气象台、大探中心、科技服务中心、财务核算中心；地方气象机构2个：防御灾害中心、人工影响天气办公室；代管西藏农牧经济信息网阿里分中心1个地方农牧业服务机构；下辖普兰、改则、札达、日土、革吉、措勤县气象局。有副研级专业技术职称6人，中级技术职称18人。全年发布重要天气预报10期，藏汉双语预警信号10期；发布月短期气候预测9期、降雪实况公报37期、公众服务短信1.4万条，微信公众号推送642人，发布次数136次，去冬今春专题预报1期，汛期专题预报1期。

【重要会议】 2019年4月3日，阿里地区气象局组织召开2019年气象局局长会议暨全面从严治党工作会议，坚持在落实中央重大决策、中国气象局、自治区气象局和地委、行署部署安排中发展阿里气象事业，推进气象现代化建设和气象部门全面从严治党、“不忘初心、牢记使命”主题教育。深入开展生态文明建设、乡村振兴、“一带一路”、军民融合领域气象保障服务，推进气象服务提质增效，推进“三农”项目和气象灾害防御“六个一”能力建设，继续加强乡（镇）农牧综合服务中心建设，强化气象信息服务站和气象信息员作用，完善县、乡气象灾害应急预案和村级行动计划。

【气象服务】 2019年，地区气象局向地委、行署及相关部门报送每日预报、中短期预报、天气消息等服务材料，准确及时报送各类重大气象灾害和社会活动预报预警信息。发布春运专题预报40期，春节、藏历新年专题预报、“3·28”百万农奴解放日专题预报、节日预报、“施工建筑”开工期专题预报、“国务院安委会”安全生产检查专题预报、“植树”专题预报11期，发布节假日及高考、中考专题预报26期，塔尔钦佛事活动专题预报4期，庆祝新中国成立70周年专题预报3期，完成新中国成立70周年等大型活动气象保障服务。与民航阿里站签署气象资源共享合作协议，建立信息共享、资源共建和沟通交流的业务机制。密切联系应急管理、农牧、水利、教育、国土、民政、林业等部门，促进协作联动机制；对各乡镇和学校开展防震减灾知识宣传，组织气象信息员开展汛前培训，地县两级气象部门共开展培训8次，参加人员500人次。

◆6月19日，地区气象局与阿里航站举行气象资源共享协议签订仪式。地区气象局党组书记琼玛次仁（右），阿里航站副站长扎西次仁（左）出席

【"三农"专项服务】 2019年，地区气象局围绕"两个体系"（农业气象服务体系和农村气象灾害防御体系）建设，加强和完善气象防灾减灾组织体系、公共气象服务预警发布平台、县级综合管理服务平台、微信服务平台、农村气象信息服务站建设，加大信息员培训力度。新建"物联网可视化"实景监视系统35套、气象智慧信息发布终端15套。发挥"气象局+乡镇信息服务站+气象信息员"模式及气象服务机制优势，解决气象信息发布"最后一公里"问题。根据《自治区"三农"服务专项业务验收工作方案》要求，梳理2017—2019年"三农"工作开展情况，配合自治区气象局开展"三农"专项业务验收。结合当地气象气候特点和农业生产的需要，及时为政府和农业部门提供雨情、病虫害预测及农业生产对策、措施和建议。发布春耕春播专题预报4期、秋收专题预报4期、藏汉双语预警信号10期、精准扶贫专题预报16期。利用乡镇自动气象站建设项目解决气象观测站看护岗位19名，增加贫困户收入。完成革吉县2018年"三农"服务专项实施方案的撰写和前期相关工作，指导各县2019年"三农"服务专项项目入库和制订2019年的中央财政"三农"项目预算表等。

【人工影响天气】 2019年，地区气象局对阿里4个固定作业点进行安全生产大检查2次。主要查看装备维护保养、作业人员对作业流程和规章制度熟悉程度、炮点作业人员的安全意识、弹药储存是否安全等。开展空地结合、跨区域的人工增雨作业，开发空中云水资源，保护区内农作物。在门士乡、西德村、仁贡村、多油村等地开展人工增雨作业10次，发射火箭弹26发，作业影响面积65平方千米，地区累计降雨量22.7毫米，普兰累计降雨量21.7毫米，札达累计降雨量20.8毫米。

【防雷安全】 2019年，地区气象灾害防御技术中心利用"3·23"世界气象日、"5·12"防灾减灾日、法制宣传日等重要节点进行雷电科普知识宣传，发放雷电防护法律法规和预防知识等各类知识手册1200余份。按照西藏自治区防雷减灾管理办公室下发的《关于开展2019年度全区防雷安全监管双随机抽查工作的通知》文件，开展防雷隐患专项排查，完成全地区学校、医院、炸药库、自动站和易燃易爆场所等30余家重点区域的防雷安全检查。完成新建、改（扩）建工程防雷图纸审核2份，参加防雷装置竣工验收项目3个，对发现的隐患下发《责令整改通知书》，限期整改完成。

【气象业务现代化建设】 2019年，阿里地区成立全面推进现代化暨网络安全与信息化领导小组，加强对业务现代化工作的谋划部署和指导检查，推进气象现代化及网络安全与信息化。继续完善气象观测站网建设，全地区建有气象观测站50个，其中国家基站3个、国家无人站10个、区域站11个、交通站2个、旅游站2个、源头站2个、乡村自动气象站

19个。全自动探空站2个，辐射观测站3个。地区气象局协调普兰县人民政府落实普兰国家基准气候站搬迁工作，争取县政府划拨建设用地20亩，同时解决搬迁经费110万元。利用援藏资金完成“气象站网分布沙盘”和阿里地区气象局视频会议系统建设。选派2名办公室人员参加西藏自治区气象局举办的气象政务管理信息系统培训班；局办公室组织全地区气象部门文秘和管理人员开展气政通1.0系统培训，保障气象政务管理信息系统及相关管理应用在西藏的上线运行。

【援藏工作】 2019年5月14日至18日，陕西省气象局副局长薛春芳带队一行四人到地区气象局、普兰、札达县气象局调研援藏工作。地区气象局党组书记琼玛次仁一行四人到四省气象局协调援藏工作，争取落实援藏人员、资金、技术等事项。山西省气象局、陕西省气象局分别委派两人到措勤县气象局、札达县气象局开展短期援藏，河北省气象台和阿里地区气象局签订业务项目合作协议1项。

教育　体育

【概况】 阿里地区有教育行政管理部门8个，其中地区级教育局1个、县级教育局7个。地区教育局（体育局）下设办公室、思想政治工作科（稳定安全工作科、卫生艺术工作科）、教育科（职业教育科、学生管理工作科）、体育科、政工人事科（教师工作科）、计划财务审计科、教育督导科、电教馆、规划科、教育考试中心、教育科学研究所、国家语言文字工作委员会等12个科室。有干部职工60人。全地区各级各类学校151所，其中中等职业技术学校1所、高级中学（完中）2所、初级中学9所、小学37所（含教学点5个）、幼儿园104所。深化“一校一品，特色党支部”创建活动，加强中小学校党建工作，各级党组织达32个，党员教师886人，占教师总数的46.4%。小学在校生11136人，小学净入学率99.89%；初中在校生4619人，初中毛入学率108.96%；中等职业学校在校生637人，高中生2540人，高中阶段毛入学率82.58%；幼儿在园3924人，学前三年毛入园率72.96%。全年组织7大类9次考试，参加考试人员6617人，

◆1月18日，地区教育局召开教育系统创建全国民族团结进步示范地区动员部署会，地区教育局党委书记、副局长格桑（右排中）主持

未出现违纪违规现象。

【义务教育】 2019年，全地区教育系统推动改则县义务教育均衡发展，在项目、资金、人才上加大支持力度，并多次进行跟踪管理和实地指导，7月通过自治区评估验收。

【语言文字工作】 2019年，全地区教育系统制定《阿里地区开展中小学幼儿园语言文字工作建设活动规划方案》，研发推普脱贫双语培训教材，完成50名双语教师和904名干部职工普通话培训测试，培养国家级测试员5名、省级测试员3名。推动国家通用语言文字工作，札达、普兰、日土、革吉、改则、措勤六县均通过自治区级三类城市语言文字评估认定。

【职业教育】 2019年，全地区教育系统针对地区“两后生”（初、高中毕业未能继续升学的学生），采取分批次分阶段实施学制教育和短期技能培训。在阿里地区中等职业技术学校接受职业技能教育218人，组织短期技能培训303人，毕业95人，推荐就业51人，实现推荐就业率53.68%。

【信息化建设】 2019年，全地区教育系统实施教育信息化2.0行动计划，积极推进“互联网+教育”和数字教育，全地区46所学校（初高中）实现联网，联网率86.9%。开展“一师一优课，一课一名师”活动，晒课达291节，不断提高教师信息化应用水平和信息素养。

【教师培训】 2019年，全地区教育系统充分发挥国培、区培、地培、县培和校本培训“五级培训”联动机制作用，强化“走出去”“请进来”“送教上门、送教下乡”力度，实施“名教师、名班主任、名校长”培养工程，培养“四有好老师”“四个引路人”的教师队伍。培训教师1512人次，选派15名教师到陕西、河北两省跟岗研修1年。及时补充教师力量，新补齐教师88人，地区内交流轮岗98人。先后组织骨干力量深入20余所基层学校开展教育调研指导和送教下乡活动，举办送教讲座24场，参训人员621人次，促进基层学校教师的专业发展。

【教育援藏】 2019年，全地区教育系统积极协调河北、陕西两省请进40名“组团式”教育人才到西藏拉萨阿里高级中学、西藏阿里河北完全中学开展援藏工作。先后两次邀请河北省8位名校长和8名骨干教师到阿里开展送教上门，受益教师281人次，不断深化“组团式”教育援藏工作成果。

【教育经费投入】 2019年，全地区教育事业经费年初预算总投入68299.52万元，比上年增长14.13%。落实“三包”政策和营养改善计划，落实“三包”经费7695.73万元，享受人数2.01万人。制定并下发《阿里地区建档立卡贫困家庭子女接受高等教育实施免费教育补助政策管理办法》《建档立卡大学生补助程序规范管理制度》，区、地、县三级建档立卡大学生补助工作全部兑现，兑现建档立卡大学生补助金679人次、169.04万元。

【认亲结对帮扶】 2019年，全地区制定并下发《阿里地区教育系统结对帮扶工作实施方案》，鼓励各级各类学校以学校为单位开展“教职工认亲结对”帮扶贫困（学困）学生活动，实现义务教育阶段贫困（学困）生“认亲结对帮扶”全覆盖。全年各级各类学校结对帮扶贫困学生10862人次。

【项目建设】 2019年，全地区实施教育重点项目11个，总投资12586.4万元，投入改善办学条件资金10036.4万元，投入体育基础设施建设资金2550万元。重点项目开工率达100%，完成投资9158.09万元，占总投资的72.8%。积极实施57个提升学校信息化建设水平、幼儿园办学条件、现代职业教育质量等“十项民生”工程，总投资21858.89万元，项目建设资金全部拨付至各县（校），完成总投资13476.89万元，占总投资的62%。

【体育发展】 2019年，全地区印发《阿里地区全民健身工作任务分工方案》，完善全民健身工作联席会议制度，举办足球、篮球等各类群众性体育活动，推进全民健身工作常态化、生活化。开展业余体校招生，培养地区竞技体育后备人才。业余体校5名学生被自治区体校录取，18名高中生参加全区U-18篮球锦标赛，近30名体育教师和体育工作骨干参加各级各类培训，成功申报全国足球特色幼儿园2所。体育产业发展方面，4月，阿里地区在拉萨市参加全区体育工作会议并获“2018年度体育彩票销量贡献奖”和“2018年度全区体育体彩管理个人优秀奖”。截至年底，全地区有体彩销售网点29个，销售4177.82万元，完成体彩销售任务。

【平安校园建设】 2019年，全地区教育系统开展社会主义核心价值观教育、爱国主义教育、感党恩教育、民族团结进步教育、反分裂斗争教育，抓好校园稳定安全工作，确保青少年学生健康成长。印发《关于认真做好春季开学学校安全工作和三月敏感期维稳工作的紧急通知》《阿里地区关于进一步加强学校食品安全工作的实施意见》，制定《阿里地区教育系统维稳责任领导包干制》，配备法制副校长47名、思政教师156名、思政理论课专任教师41名，在住宿制学校建立学校医务室30所，配备医生18名、医护人员23名。在全系统开展“扫黑除恶打非治乱”和“预防校园欺凌”线索摸排2次，校园及其周边治理排查整治4次；加大宣传力度，悬挂横幅150余条，张贴扫黑除恶标语和图片366幅，自行组织宣讲360余场次，发放宣传资料2.16万份，受教育群众5.45万人次。组织地、县两级教育、综治、公安、消防、卫生、文化、食药监等部门联合开展校园及校园周边安全综合整治大检查、大排查，特别对学校食堂、校园禁毒、学生宿舍、教学设施、学校网络、消防设备、校园工程、交通安全以及吃、住、行等各个方面的隐患进行系统排查，逐一建立隐患台账，及时整改销号，并随时派人检查整改落实情况。

◆3月2日，地区教育局、自治区人民检察院阿里分院、地区中学联合举办普法讲座

文化　文物

【概况】 地区文化（文物）局为地区行署部门，内设办公室、产业发展与资源开发科（公共服务科、市场管理科）、文物综合管理科3个科室；所属事业单位5个：地区博物馆（地区图书馆）、地区群艺馆、地区文物保护研究所、地区文学艺术界联合会（挂靠地区文化局）、地区象雄艺术团，均为正科级建制，经费来源均为全额拨款。2019年，全地区有文化娱乐场所92家、网吧13家、文艺表演团体8家、艺术品经营单位15家。共有国家级文物保护单位4处、自治区级45处、县级235处，其中野外文物保护单位226处。札达酥油制作技艺和普兰服饰代表性传承人成功列入自治区级非遗代表性传承人

◆6月30日，地区文化局党支部联合人大地工委机关办公室、生态环境局、经信局、自然资源局4家单位党支部，在人大机关大院开展“不忘初心、牢记使命”主题党日活动

名录，普兰服饰和森郭服饰成功列入第一批国家级传统工艺振兴目录和第一批自治区级传统工艺振兴目录。

【文化产业规划】 2019年，地区文化局完成年度自治区文化产业发展资金申报和阿里地区文化产业发展资金分配工作。开展“十三五”衔接和“十四五”谋划，明确“十四五”时期文化产业发展的指导思想、方针原则和发展目标、发展思路，谋划公共文化设施建设、重大文物保护利用、文物征集、创作精品文艺节目、打造品牌舞台剧等项目12个，资金规模达5.09亿元。

【公共文化设施建设】 2019年，西藏“十二五”公共文化服务设施建设项目——阿里博物馆主体建筑工程建设完成，委托阿里象雄建筑勘察规划设计有限公司编制展陈设计方案，通过初评，并由自治区文物局组织相关专家终审。地区图书馆置换建设项目，位于阿里地区噶尔县狮泉河镇文化东路（博物馆地块），总投资2042.12万元，完成初步设计评审并获地区发改委批复。地区象雄艺术团改扩建项目，投资2240万元，于9月底通过验收。

【文化市场监管】 2019年，全地区文化系统出动监督检查人员950人次，检查歌舞娱乐场所、网吧200家次，其中删除和屏蔽互联网有害信息30条，受到停业整顿、罚款、限期整改、吊扣营业执照等行政处罚的文化经营单位20家次，发放文化市场宣传资料1.2万份。根据地区扫黑办安排部署，在地区及七县设立意见举报箱和举报电话，接受投诉监督。按照属地管理原则，督促各县文化局执法大队开展文化市场扫黑除恶专项斗争检查，对全地区108家娱乐场所、20家互联网服务场所摸底排查40余次，确保文化市场健康有序。

【非遗传承保护】 2019年，地区文化局成功申报第五批国家级非遗项目和推荐第四批自治区级非遗代表性传承人。完

◆6月8日，地区文化局在地区小学开展文化遗产宣传展示活动

成2020年度国家级非遗项目和代表性传承人保护专项经费的申报、完成2019年度自治区级非遗项目和代表性传承人保护专项经费申报、完成西藏自治区专家信息采集和阿里地区地管专家推荐相关工作。安排唐卡绘画工作人员到其他地市开展培训及参加展览会。完成首批自治区级非物质文化遗产特色县乡村推荐申报及非遗普查数字化建档前期工作。完成革吉县盐湖乡自治区级非遗项目"驮盐习俗"保护点调研。通过古格"宣"舞等传统舞蹈表演和宣传非遗法律法规等不同形式开展文化和自然遗产日"非遗进校园"活动，参与师生达500余人。启动第二批地市级非遗项目和代表性传承人推荐公示的前期工作、阿里传统工艺振兴相关工作、传承人群创意工作平台创建。

【文物保护】 2019年，全地区健全完善地、县、乡（镇）三级文物保护网络，由行署与各县政府，各县与各乡镇、具体文物保护单位签订《2019年度文物安全目标责任书》，层层落实文物安全管理责任。继续落实野外文物保护单位看护制度，与县级以上野外文物保护单位看管人员签订《阿里地区野外文物保护单位看管协议书》。在拉萨市召开阿里考古工作启动会，启动格布塞鲁墓地、桑达隆果墓地及周边遗址、曲龙遗址、皮央东嘎墓地与遗址、梅龙达普石器洞穴遗址等5个考古发掘项目。充实第八批全国重点文物保护单位申报材料，开展国家级、自治区级文物保护单位基础信息资料的采集整理和录入。对野外县级文物保护单位，地区财政兑现看管人员补助资金509万元；对野外自治区级文物保护单位，区财政兑现看管人员补助资金147万元。

【文艺活动与创作】 2019年，地区文化局组织开展文艺下基层、进校园、进军营活动，完成文艺下基层460场，观众人数达3.6万人次，创作优秀文艺节目50个。承办"3·28"西藏百万农奴解放纪念日文艺晚会、"共产党来了苦变甜"巡演活动、"庆祝中国共产党成立98周年"专题晚会、"阿里地区壮丽70年奋斗新时代暨第二届象雄锅庄舞大赛"等一系列活动。对七县民间艺术团开展舞蹈专业培训，历时147天，受益人数142人次。地区象雄艺术团受自治区党委宣传部和陕西省文化和旅游厅邀请参加"纪念西藏民主改革60周年"主题教育歌舞晚会，舞台剧歌乐舞《牧云之声·古格遗韵》参加第六届"丝绸之路"国际艺术节文艺演出。措勤县艺术团打造的《天边的牧人》前往北京展演，传播阿里文化。创编脱贫攻坚主题文艺作品，与知名词作者合作创作藏语、汉语两种版本的歌曲《春到阿里》。继续提升精品剧目《飞天故里》《天边的牧人》。启动推进《札达宣》《果沃琴》精品剧目的打造。国庆期间，组织多种文化活动，通过更新国旗、悬挂条幅彩旗灯笼、循环播放宣传标语、制作安装主题展板、设置亮化灯带、清理环境卫生等，举行全地区喜迎新中国成立70周年文艺晚会，牵头举办千人锅庄舞比赛，各县文化部门举办庆祝演出活动，开展文艺下乡、文化下乡活动，为广大人民带来文化盛宴。

【文联工作】 2019年，地区文联协助地区机关工委开展庆祝中国共产党成立98周年"书法大赛"活动，给广大党员干部提供展示汉字、藏文书法，绘画，摄影等才能的舞台，展现党员的精神面貌与文化修养。

广播　电视

【概况】 全地区有广播电视行政管理部门8个，其中地区级广播电视局1个、县级广播电视局7个，各县广播电视局挂牌在县委宣传部；机关事业单位地区广播电视信息中心1个。2019年4月，阿里地区进行机构改革，新闻出版、电影管理职能划入地委宣传部，将地区广播电视台、地区调频广播转播台、地区有线电视台、地区农村电影管理中心、全（新）媒体运营中心整合，组建地区广播电视局，主管全地区广播电视事业建设、产业发展、播出安全等工作，归口地委宣传部领导。撤销原影视传媒科、公共服务科，整合设立综合业务科。转隶新闻出版宣传科（扫黄打非办）至地委宣传部。7月，地区新闻出版广播电视局正式更名为地区广播电视局，下设办公室、综合业务科2个科室，下辖地区广播电视信息中心（正科级事业单位）。有干部职工11人。

2019年，地区广播电视局继续指导阿里广播电视台做好年度新闻报道，加强地县影院院线建设，电影放映形式由单一向多样转变，电影种类不断丰富。推动广播电视“户户通”“寺寺通”工程建设，全地区建站893座，其中县级站22座、乡级站871座（“村村通”电视单收站711座，广播电视收转站26座、广播收转站8座、小型有线电视站5座、2套无线广播8套以上电视收看站21座），累计向农牧区发放“户户通”设备31880套。全地区广播覆盖率96%，电视综合覆盖率97%。利用深入基层开展工作及调研契机，派出技术人员协助、督促各县做好农牧区、宗教场所广播电视设备维护维修（全地区75座寺庙、拉康的广播电视“寺寺通”“舍舍通”工程于2012年全部建设完成）。有序推进有线数字化电视改造，狮泉河镇有线数字化电视光缆155千米，有线电视用户18320户，实际用户数2682户。至年底，145个村居、58座寺庙实现书屋全覆盖，农村广播、电视综合覆盖率分别达96%、97%，寺庙僧舍广播电视覆盖率达到100%，基层广播电视覆盖面不断扩大，公共文化服务水平不断提升。

【安全播出】 2019年，地区广播电视局不断完善广播电视安全播出日常管理制度和工作机制，建立安全播出应急预案和保障措施，形成各负其责、各司其职、便捷高效的安全播出管理监管体系。做好安全播出日常管理，严格落实新闻稿件“四级审签”和政治纪律“一票否决”制，领导干部带头做好实时监听监看工作，每日对广播电视节目播放情况进行监听监看记录，实地查看“三满”播出情况、值机值班情况、安全生产情况、重播重审落实等情况。严格落实广播电视安全播出管理责任制，签订目标责任书30份。指导监督阿里广播电视台开展安全播出应急演练5次。重要保障期间，主要领导带队赴七县开展广播电视安全播出检查2次，全地区开展安全播出检查40余次，维护维修设备30余次。完成新中国成立70周年庆祝活动等重大节日及重要会议的转播及日常安全播出。督促地区广播电视台及各县每季度对广播电视UPS应急电源进行维护管理，应急电源全部运转正常，保证各县广播电视调频转播台24小时正常运转，满足广大群众对广播电视的需求。

【卫星接收设施管理】 2019年，地区广播电视局研究制定《2019年阿里地区开展非法销售安装使用广播电视卫星地面接收设施专项整治行动工作方案》《2019年卫星电视广播地面接收设施管理工作考核评分标准》，与七县签订目标责任书，明确任务目标、安装使用程序、规范管理。检查全地区相关经营商户及居民400余户，行程1万余千米，出动60人次，发放宣传资料3000余份，查处没收非法安装使用卫星地面接收设备10套。

【项目建设】 2019年，地区广播电视局完成5个续建项目，分别是2018年阿里电视台节目信号落地建设项目、“百县万村”村（居）广播配套器材项目建设、中央无线覆盖调频项目、“十二五”高山无线发射台站建设、西新工程第五期新建铁塔项目。新建项目有序推进，完成新华书店、藏语节目制作中心两个项目所有前期工作，新华书店建设项目完成主体建设，藏语节目译制中心全面完工并交付使用；2019年阿里电视台节目信号落地项目开工并完成建设；藏语频道

◆5月，地区广电局党组书记贡布扎西（左）、副局长巴桑次仁（中）在地区新华书店项目工地督导检查安全生产工作

制播系统开工建设，完工并交付使用；广电中心监测系统项目建设完成；县级应急广播建设项目资金到位，方案通过自治区审批，全面开工建设。

【扫黄打非】 2019年上半年，阿里地区召开“扫黄打非”工作领导小组工作会议1次，召开办公室主任会议7次，专题研究部署工作，签订目标责任书8份。对全地区新华书店、打字复印店、零售书店、娱乐场所、音像制品店、邮政寄递企业、印刷企业、农家书屋、寺庙书屋和各大小商店先后开展督查3次。不定期深入各县、各乡镇进行督导检查，开展净化新闻出版领域、净化娱乐场所等各类执法检查20次，出动车辆25辆次，出动人员240人次，检查打字复印店30家、音像制品店45家、娱乐场所45家、各类图书经营场所12家、印刷企业3家、邮政寄递企业45家。制定下发“扫黄打非·护苗2019”“扫黄打非·清源固边2019”“扫黄打非·净网2019”“扫黄打非·秋风2019”“扫黄打非”净化等专项行动方案，强化督导工作。

阿里地区广播电视台

【概况】 2019年3月，阿里地区电视台升格为正县级单位，更名为阿里广播电视台，为行署下属的事业单位，归口地委宣传部管理。7月，国家广电总局批准播出许可，更名为阿里地区广播电视台。机构改革后，阿里地区广播电视台下设7个科室，即办公室、总编室、广播电视中心、技术管理中心、电影公共服务中心、全（新）媒体中心，在职干部58人。

2019年，地区广播电视台贯彻落实习近平总书记关于新闻舆论工作48字职责方针（高举旗帜、引领导向，围绕中心、服务大局，团结人民、鼓舞士气，成风化人、凝心聚力，澄清谬误、明辨是非，联接中外、沟通世界）和中共十九大关于“高度重视传播手段建设，提高新闻舆论传播力、引导力、影响力、公信力”的要求，坚持宣传抓导向、播出保安全、事业谋发展、服务惠民生、队伍强管理，充分发挥广播电视的宣传职能，努力提升广播电视节目质量，各项工作取得新进展。协调引进短期援藏专业技术人员2人，发挥广播电视专业技术传帮带作用。播出新闻4256条。其中，汉语广播新闻616条，汉语电视新闻2140条；藏语广播新闻600条，藏语电视新闻900条；向西藏电视台上送新闻277条，播出148条。作品《喜迎十九大特别节目〈还看今朝〉西藏篇》在2017—2018年度西藏新闻奖评选中获特等奖；阿里地区广播电视台先后被授予2018—2019年阿里地区国家安全人民防线先进集体、2019年度新闻宣传先进集体、2019年全区民族团结先进集体。

【新闻宣传报道】 2019年，地区广播电视台规范时政和消息类新闻记者分工，做到专职专责，保障新闻质量。探索新形势下媒体宣传报道方式，丰富新闻题材、内容以及制作方

◆3月19日，阿里广播电视台举行揭牌仪式。地委委员、地委宣传部部长索南才旦（前排中）出席，图为参加揭牌人员全体合影留念

式。对《一周快闪》播出方式进行改革，全年播出26期。利用现有平台，开创政策解读，以新颖的方式宣传党和国家的政策。严格遵守中央八项规定和地区《实施意见》精神，控制新闻时长，压缩会议新闻报道，增加民生社会新闻比例，丰富新闻内容。向新华社新媒体平台和中央电视台积极推送有价值、有实效、有意义的民生新闻，并获得播出。做好新中国成立70周年、“四讲四爱”、“不忘初心、牢记使命”主题教育等方面的专题报道、新闻宣传，开辟《决胜脱贫、共奔小康》《奋进新时代，砥砺前行》《环境保护整治》等专栏和系列报道，宣传阿里地区在政治生态建设、经济社会发展、民族团结、美丽乡村建设、生态旅游、招商引资、重点项目等方面取得的成就。播出“不忘初心、牢记使命”“四讲四爱”“学习《习近平谈治国理政》”等方面的专题报道、新闻132条，播出环保类新闻108条，播出脱贫攻坚各类新闻496条，其中会议新闻17条、调研类新闻41条、消息201条、脱贫攻坚政策知识161条、评论员文章21条、口号55条。

【广播电视节目播出】 2019年，地区广播电视台利用机构改革契机，优化部门分工，加大承办晚会录制次数，提升节目主持、导播、摄像、录制等队伍的水平，展现阿里广播电视人的风采和素质。在节目编排中结合新中国成立70周年庆祝活动，相继播出《秋收起义》《远征远征》等正能量优质题材电视剧10余部，及《红海行动》《战狼》等电影近300部，特别在“3·28”西藏百万农奴解放纪念日期间安排播出《农奴》《红河谷》《英雄儿女》等多部爱国影片。按照国家、自治区有关要求，播出有关庆祝新中国成立70周年、安全生产、环境保护、扫黑除恶等公益广告15条。制作专栏类节目《对话阿里》，播出10期；《藏西我家》（后更名为《全景看阿里》），播出4期；新开辟《精品荟萃》，播出4期；《今日，我朗读》播出6期；制作播出庆祝“3·28”西藏百万农奴解放纪念日的设立、喜迎新中国成立70周年、扫黑除恶等方面的宣传片10余条。充分发挥广播的作用，播出汉语广播剧《梁家河》25期、《精神永存》22期、《金谷银山》30期，加大党政方针在农牧区的传播力度，加强、筑牢党的新闻舆论阵地建设。藏语栏目有情景对话双语《跟我学》，全年制作播出48期；录制藏语广播对话访谈栏目2期，分别为《先遣连》《文成公主》；开办《经典人文地理》广播栏目，播出6期；开办《今日我朗读》广播栏目，播出16期；首次引进藏语广播剧《纪念红色革命根据地》10集、《习近平谈治国理政》10集、《卫藏方言广播剧》35集。

【融媒体改革】 2019年，地区广播电视台加大微信公众号播出力度，做到每日《阿里新闻》、每期《对话阿里》《全景看阿里》等节目和宣传片全部审核后在微信上发布。阿里广播电视台微信公众号粉丝增至8000余人，日平均点击量超过500次。

【公共服务】 2019年，全地区农村电影放映1444场次，观影49627人次。阿里影剧院积极向大型剧院靠拢，承办大型演出8场。有线数字电视维修维护3962次，新装有线数字电视机顶盒120户，更换高清数字电视机顶盒446户，上缴地区财政有线数字电视收视费48万元。新建项目1500个机顶盒采购和有线电视狮泉河城区网络改造，办理项目前期工作。

【安全播出】 2019年，地区广播电视台党委班子成立以台长罗布旺拉为组长的安全播出领导小组，多次召开安全播出部署工作会议，在重要节假日和各重要安全播出保障期，严格执行零报告制度，建立完善安全播出值班及交接班制度、重播重审制度、复播复审制度、维护检修制度、供配电制度等规章制度，并督促落实。制订安全播出应急预案，并依据预案开展安全播出应急演练5次。完成全国“两会”、自治区“两会”、新中国成立70周年庆祝活动等重大节日及重要会议的转播及日常的安全播出。

卫生健康

综　述

【概况】　2019年3月19日，阿里地区卫生健康委员会挂牌成立。内设办公室（卫生健康对口支援办公室）、疾病预防控制与职业健康科（地区卫生应急办公室）、基层卫生与妇幼健康科、医政医管科（药物政策与基本药物制度科）、综合监督科（卫生综合监督执法局、食品安全标准与监测科）、人口监测与家庭发展科（藏医药管理科）等职能科室，所属事业单位有地区医鉴医考中心、地区中心血站、地区疾病预防控制中心、地区妇幼保健院。截至2019年底，全地区有医疗机构48家，其中公立医院47家、民营医疗机构1家。各级医疗机构卫生专业技术人员有1097人，取得资格证书的卫生专业技术人员591人，其中执业（助理）医师共253人，注册护士206人，药剂师42人，检验技师28人，影像技师13人，放射技师10人，公卫人员39人。编制床位数954张，实际开放床位数557张。

【医药卫生体制改革】　2019年，全地区卫生系统坚持以等级医院创建为抓手，狠抓公立医疗机构服务水平提升。地区人民医院、藏医院等级创建工作有序推进，改则、日土、札达、普兰、噶尔、措勤六县人民医院完成“二乙”创建；落实公立医疗机构药品“零差

◆3月19日，地区卫健委举行挂牌仪式。图为参与揭牌仪式全体人员合影留念

◆4月4日，阿里地区"1+7"医院等级创建工作协调会在行署会议中心三楼会议室召开，行署副专员泽仁扎西（主席台右一）主持，地委委员、组织部部长、地直机关工委书记何兴茂（主席台中）出席会议并作重要讲话

率"销售和医疗服务价格调整，提升医院规范化、制度化水平。

【两降一升】 2019年，全地区卫生系统围绕"降低孕产妇和婴幼儿死亡率、提高孕产妇住院分娩率"，实施母婴安全和健康儿童行动计划，通过产前检查、发放叶酸、儿童营养包等方式，改善妇女儿童健康水平。开展妇女"两癌"筛查，全年累计筛查6567人次。开展免费孕前检查及出生缺陷干预检查；落实"一孩双女"困难家庭奖励和独生子女伤残及死亡扶助资金244.16万元。全地区孕产妇住院分娩率95.12%，孕产妇死亡率174.29/10万，5岁以下儿童死亡率11.76‰，婴儿死亡率9.59‰，新生儿死亡率8.6‰。

◆3月19日至20日，2019年阿里地区卫生健康工作会议在卫健委三楼会议室召开。地区卫健委主任青松（主席台左），副主任洛桑达瓦（主席台右）参加会议

【健康扶贫】 2019年，全地区卫生系统建立健全基本医疗保障制度，加强县乡村医疗卫生机构建设。贫困人口全部纳入基本医疗保险、大病保险和医疗救助保障范围，常见病、慢性病在县、乡、村三级医疗机构获得及时诊治。推进城乡居民暨僧尼免费健康体检，重点关注"因病致贫、因病返贫"农牧民群众体检和建档。全年"三个一批"（大病集中救治一批、慢性病签约服务管理一批、重病兜底保障一批）总体救治率达到100%，"先诊疗、后付费"就医模式政策落实率100%，包虫病确诊患者救治全覆盖。"因病致贫、因病返贫"户全部退出扶贫系统。城乡居民暨僧尼免费健康体检率达到86.78%。

【先天性心脏病免费救治】 2019年，在爱心人士和慈善机构的帮助下，地区卫健委和红十字会共同开展儿童先心病筛查3726例，救治35例。

【疾病防控】 2019年，全地区报告传染病3类11种，共计383例，总发病率324.58/10万，发病率比上年上升0.52%；无死亡病例，无甲类传染病，计划免疫接种率96.25%。推进包虫

◆9月3日，国家卫健委医政医管局局长张宗久（左一）一行在阿里地区人民医院调研指导工作。中组部干部一局副巡视员王雷（右二）、自治区卫健委副主任胡学军（左二）、地区人民医院院长韩军（右一）陪同

病、“三病”筛查救治，累计完成包虫病手术治疗128人、药物治疗879人；开展结核病重点人群筛查26591人，新生儿接种病毒性肝炎疫苗1589人，5岁以下儿童甲、乙型肝炎疫苗查漏补种2148人，筛查风湿病重点人群1150人。落实鼠疫等重大传染病和大骨节病等地方病防控要求，设立固定及流动鼠疫监测点41个。推进碘缺乏病防治，采集2101份盐样进行检测并投服碘化油2986粒。建立大骨节病患者档案76份，开展药物治疗100人。开展布鲁菌病筛查216人。开展艾滋病防控，完成监测407人次，发放宣传资料3068份；开展水质监测，采集水样339份。

【公共场所卫生监督】 2019年，全地区卫生系统对学校、医疗机构、服务场所、餐饮消毒单位等开展监督检查229次，下达监督意见书31份，停业整改2家。完成双随机卫生监督任务94家。对1家医疗机构开展放射卫生监督检查。

【供血服务】 2019年，地区中心血站全力保障医疗机构用血需求，供血范围覆盖全地区，未发生血液安全事故。全年成功接待献血者726人次，累计献血15.72万毫升，血液合格率98.9%，为各级医疗机构临床供应血浆3.5万毫升、红细胞悬液711单位，成分血输注率达到86.6%。

【藏医药事业发展】 2019年，全地区卫生系统推进藏医药适宜技术，开展放血等传统藏医优势疗法，拓展藏医药服务范围。设立“114”挂号平台，解决看病挂号慢的问题。县级藏医院（科）藏药品种均能达到60种以上，乡镇均能达到25种以上，60%村级卫生室能提供藏医药诊疗服务，藏药品种达到20种以上。

阿里地区人民医院

【概况】 地区人民医院是阿里地区行署直属正县级事业单位，固定资产9869万元，开放床位129张，设有办公室、三甲办、人事科、医务科、质控科、信息科、设备科、制氧站、收费处、总务科、财务科、党建办、护理部、感控科、科教科、驾驶班、医保办、门诊办、档案室、病案室、干部保健科、眼科、口腔科、耳鼻喉科、妇产科、外科、儿科、内科、中医科、重症医学科、急诊科、手麻科、皮肤科、超声科、放射科、检验科、病理科、输血科、药剂科、功能科、消毒供应中心、高压氧舱等42个科室。共有工作人员383人（援藏专家26人）。其中，医生113人（含规培生9人），护士106人，医技57人，行政后勤等职能科室人员107人；高级职称14人（含援藏9人）、中级职称41人（含援藏10人）、初级职称48人。2019年，门诊量6.68万人次，比上年增长11.61%。出院量3513人次，比上年增长8.9%。手术量842台次，比上年增长23.64%，其中三四级手术量536台次，比上年增长32.35%。业务收入4169.83万元，比上年增长52.92%。药占比17.5%，婴儿死亡率下降至14.7‰，孕产妇无死亡，孕产妇住院分娩率上升到98%。不良事件上报195例，上报率100%，处理率100%。危急值上报864例，知晓率100%，处理率98%。院内感染上报率100%。

【医疗队伍建设】 2019年，地区人民医院新增各类人员81名，其中通过公开招聘方式引进40名、专项招收大学毕业生14名、公开考录3名、扶贫安置3名、临时工7名、公益性14名。通过“团队带团队、专家带骨干、师傅带徒弟”等形式，陕西省第五批援藏专家与当地医务人员共结成帮带对子68对，援藏专家在科内授课共204节，通过手把手教、一对一带，10名业务骨干能独立实施手术，47名当地医生晋升上一级职称。开展全院大讲堂——医学教育系列讲座24次，受教育人数达1600余人次，组织“三基三严”考试2次，参考率达到96%。选派12名医疗骨干到西安进修学习，2人参加住院医师规范化培训，76名新入职职工参加岗前培训，分期分批选派专业技术人员进行短期集中培训，选派医疗骨干参加国内及自治区学术会议，购买远程教学课件，通过网络直播课程学习，提升干部职工的整体素质。第四批组团式援藏医疗队有3人被自治区党委、政府评为“优秀援藏干部”，18人被地委、行署评为“优秀援藏干部”。医院先后对第八批援藏干部和第四批组团式援藏医疗专家、第二届中国医师节先进个人、2018年度优秀党务工作者和优秀共产党员、“5·12”国际护士节表彰先进集体和先进个人、2018年度考核优秀等次人员、创建三级乙等医院先进集体和先进工作者进行表彰。

【学科建设】 2019年，地区人民医院对学科布局进行重组，整合利用资源，打造学科软实力。筹建皮肤科、康复中心、健康体检中心。将原行政协同中心划分为办公室、人事科、总务科、党建办、档案室等科室，制定《医院岗位设置及岗位职责方案》，完成定编定员定岗。与西安交大一附院签订《西安交通大学第一附属医院—西藏自治区阿里地区卫生工作帮扶协议》，在培养人才、建立智慧医院和科研协作方面进行合作。与西安交大一附院建立论道·长安乳腺疾病专科联盟并授牌，确保医院在乳腺疾病诊疗上同全国各乳腺专科医院具有相同的诊疗体系和制度。与西安第四医院签订西部妇产科、眼科联盟协议，与西安交通大学第二附属医院签订陕西省耳鼻咽喉头颈外科联盟协议，提升医院妇产科、眼科、耳鼻喉科技术水平和服务水平。与西安市儿童医院签订西北儿科专业联盟协议，通过远程会诊顺利实施首例阿里儿童（4岁）高原性肺动脉高压的诊治。邀请陕西省药学会13名药学专家到阿里开展药学帮扶指导，分别进行《药学组织的管理要求及发展方向》等专题讲座8场。

【课题研究】 2019年，组团

◆7月17日，西安交大一附院乳腺外科与阿里地区人民医院建立论道·长安乳腺疾病专科联盟。西安交大一附院乳腺外科主任何建军（左三），地区人民医院院长韩军（右三）参加仪式。图为出席仪式人员合影留念

◆7月13日，西部眼科联盟授牌仪式举行。西安市第四医院业务院长、神经内科主任医师吕雅丽（左），阿里地区人民医院党组副书记朱鸿（右）参加仪式并合影留念

式医疗援藏专家带领当地干部开展科研课题研究，全年实施科研课题10项（省部级4项、地区级6项），申报课题8项，地区级课题获批1项，总计发表论文13篇，其中援藏专家指导当地医护人员发表论文7篇，援藏专家带领当地医护人员向国家知识产权局申报专利2项。

【医疗设施建设】 2019年，地区人民医院加强基础设施建设，先后在医院基础设施、大型医疗设备方面投入资金17979.13万元，其中地区财政配套14014.1万元、援藏支持解决354.48万元、医院自筹解决3610.55万元。建成HIS（医院信息管理系统）、LIS（实验室信息系统）、PACS（影像与存储系统）、EMR（电子病历系统）四大信息化系统。配置64排CT、全自动生化仪、心脏彩超、1.5T核磁共振、大型C臂、全自动生化仪、moticDNA倍体分析系统、数码电子阴道镜、奥林巴斯腹腔镜、软体式氧舱、脉动真空灭菌器等大中型医疗设备，并配备应急流动医院。改建120急救中心和门诊医技楼，打造医疗远程信息化建设平台，改造科研教学楼，完成旧住院大楼装修，完成所有职工周转房和专家公寓楼维修，协调解决职工周转房和专家公寓楼的供暖问题。外科综合大楼主体工程完工封顶，医疗远程会诊中心前期调试全部完成并投入使用。先后开通银联刷卡收费、网络挂号系统、114和微信预约挂号等服务。

【医疗质量管理】 2019年，地区人民医院建立健全质量安全体系，成立医院质量与安全管理委员会，下设医疗、护理等14个专业委员会。全年开展多学科联合诊疗和疑难重症、死亡病例讨论共201次，专家远程会诊5次。建立健全医院学科带头人（首席专家）制度，推荐2名援藏专家为首席专家，推荐1名援藏专家担任医院副院长职务，其他专家分别任科室主任或业务主任职务。完善医院风险防控体系建设，制定《医院医疗不良事件报告制度及报告流程》，鼓励不良事件上报，定期对全院医疗不良事件进行分析汇总、点评。开展处方点评、临床用药培训、问题反馈干预、专科用药点评，处方合格率提高至95%。及时清理催交病历，病历归档率达到96.3%。

【护理服务】 2019年，地区人民医院开展优质护理服务，强化病区标准化管理，防止护理风险，建立护士长查房制度，开展护理知识竞赛、专科护理培训、品管圈等质量管理工具的应用培训等活动，提高医院护理工作水平。组织县、乡基层一线医务工作人员，围绕高血压、高血脂、包虫病等常见高原病的防治开展培训，并进行操作演练，现场指点各位学员学习。

【义诊帮扶】 2019年，地区人民医院利用节假日先后10次深入边防部队、社区、福利院、驻村工作点等地方，为广大官兵、孤寡老人和各族干部群众开展“关爱健康、呵护生

◆8月6日，北京大学公共卫生学院一行在阿里开展“让格桑花美丽绽放”义诊活动。图为北京大学公共卫生学院一行与地区人民医院院长韩军（后排中）合影留念

命”“送医送药送健康”“情系阿里·服务百姓”等大型义诊服务活动，义诊人数3000余人次、免费发放药品6万余元、免费生化检查12.8万元。组织援藏专家和在编干部深入康乐新居和措勤县达雄乡达瓦村与51户168名贫困户结成对子，发放生活必需品和药品价值2万余元，制作51张连心卡，方便结对帮扶对象及时联系到帮扶责任人。选派6名医护人员到普兰县、措勤县的乡卫生院开展对口帮扶高海拔边远贫困乡镇卫生院派驻工作，并分批选派医护人员到拉萨学校、地区养老院、昆莎机场等地开展医疗援助。先后组织和选派18名援藏专家和10名当地医疗骨干多次前往六县人民医院进行初审、督导检查与终审，并组织各县医院的医护人员到地区人民医院进行培训、经验交流、现场观摩等活动，接受培训200余人次。推动等级医院创建，与海拔最高的措勤县人民医院签订医联体协议。下半年，第四批2名延期专家带领团队赴七县开展“两癌”筛查4000人次。全年完成150余例肝包虫患者复查。

【“组团式”援藏】 2019年7月14日，20名来自陕西省各大医院的第五批“组团式”援藏工作队队员进驻医院与第四批“组团式”援藏工作队队员进行交接，从支援省医院“打包移植”先进经验和技术成果34项，攻克难题5项，397种大病、中病不出地区就能治疗，先后成功实施开颅、锥颅、髋关节置换、腰椎固定等重大手术，开展首例颌面部巨大恶性肿瘤切除及转移皮瓣修复术、首例膝关节后交叉韧带止点粉碎性骨折切复内固定术、首例胫骨平台骨折切复内固定术、首例CRRT（连续性肾脏替代治疗）等26项新技术新业务，首例世界海拔4500米以上高原性肺动脉高压患者得到治愈。医疗人才“组团式”支援医疗队被国务院授予“全国民族团结进步模范集体”称号。

【巩固“三乙”和创“三甲”】

2019年，地区人民医院按照《医院关于创建三级乙等综合医

◆8月19日，陕西省第五批“组团式”医疗援藏队、河北援藏专家和阿里地区人民医院医师到地区社会福利院开展第二届“中国医师节”义诊活动。图为义诊人员合影留念

院现场评审问题整改方案》，针对评审专家提出的54个具体问题及意见，制定《医院2019年工作要点》，列出10项工作目标、15项重点任务和83项重点工作，制定医院综合目标考核方案，将工作任务分解到各相关科室，压实责任，巩固“三乙”成果。同时，制定《医院三级甲等综合医院创建工作实施方案》，成立“三甲”创建办公室，启动创建“三甲”工作。按照“三甲”评审标准和PDCA质量管理方法，进行医疗质量循环督查和病历质量点评，病历质量得到改进。

【医院文化建设】 2019年，地区人民医院利用医院网站和微信公众号刊登医院亮点，撰写医疗简报、发表新闻稿件、制作宣传展板等，确保地区各族群众了解医院诊疗项目，感受医院快速提高的诊疗水平。全年医院网站发文71篇，比上年增长129.03%，公众号发文104篇，比上年增长48.57%。利用“世界慢阻肺日”“世界骨关节炎日”“世界爱眼日”等重要时间节点，撰写文章、举办讲座，开展“科普进机关、进校园、进社区”等活动。开展评优树模活动，建立各层次、各类别的评优体系，利用中国医师节、“5·12”国际护士节等重要节日评选先进集体和模范个人。组建医院足球队，新建篮球场，举办全院大型文艺会演，开展各种文体活动，丰富职工业余生活。

【制度建设】 2019年，地区人民医院规范财务核算行为，严格采购审批程序，对药品、设备采购、基建项目等资金往来按原则、按制度、按程序办事，坚持领导班子集体讨论，集体决策，做到公开透明。完善物价收费管理和财务管理制度。加强固定资产管理，建立固定资产定期清查制度。编写《医院传染病管理制度汇编》《检验科质量管理汇编》《药剂科工作制度》等丛书，建立健全《临床科室值班制度》《药品耗材盘点管理制度》等92项制度，其中管理制度34条、业务制度58条，医院各项管理向制度化、规范化和精细化迈进。

阿里地区藏医院

【概况】 2019年，阿里地区藏医院有职工118名，其中，藏医医师36名、护理人员20名、药剂人员9名、医技人员4名、管理人员9名、工勤人员6名。传承师3名、继承人6名。正高职称1名、副高职称7名、中级职称9名、初级职称41名，正科职务5名、副科职务5名、正县职务2名、副县职务1名。行政级别为正县级，领导职数4名（党组书记1名、院长1名、副院长2名）。党支部、团支部、工会、妇委会等组织健全。全年医院事业收入349.63万元，事业支出1797.34万元。门诊量23188人次，其中医技科检查量3977人次（检验科2824人次、B超检查858人次、影像检查463人次、心电图检查105人次），理疗门诊1706人次，针灸56人次。创立“114”挂号平台，解决病人挂号慢的问题。

【临床业务】 2019年，地区藏医院入院病人总数676人次，出院总数649人次，终末消毒659人次，一级护理156人次，二级护理5844人次，三级护理29人次，病危1人次，病重156人次，抢救2人次，皮肤护理1人次，测血压11759人次，给氧922人次，皮试166人次，导尿11人次，膀胱冲洗11次，静推7次，静滴4196次，肌注2次，抽血12人次，药浴前准备护理910次，药浴后护理910次，药浴擦汗护理850次，药浴病人喂食护理98人次。

【藏医特色护理】 2019年，地区藏医院开展藏医特色护理治疗。藏药细磨76次，熬汤1331次，藏医特色久巴疗法1566次，藏医特色涂泥疗法290次，鹤麦974次，龙毒1887次，热盐敷1019次，冷敷25次，雾化156次，裹龙217次，巴姆决154次，梅棚13次，灌肠3人次，住院总天数6663天，治愈25人次，好转591人次，未愈6人次，转院20人次，自动出院

◆6月14日，地区藏医院召开创建“三级乙等藏医医院”动员部署大会，院长扎西顿珠（主席台左二）参加会议并讲话

2人次，死亡2人次。

【“三乙”创建】 2019年6月14日，地区藏医院召开创“三乙”动员部署工作会，召集相关人员学习政策、学习评审标准、分解工作任务，配备所需的各科室及科室负责人，成立创建“三乙”工作领导小组，按照各项指标要求建立健全医院管理业务制度，完善病历，提升各项指标。领导小组定期对各科室工作开展情况进行自查，及时反馈，对存在的相关问题限期整改。

【业务技能培训】 2019年，地区藏医院加强地县级藏医临床技术骨干人才培养，选派藏医临床技术骨干人员到拉萨参加培训12人次。在院内部组织高职称医生安排每周三授课，开展各县乡村重点专科医师培训20人次。

◆10月21日，地区藏医院举办2019年重点专科（风湿专科）建设培训班，党组书记普布顿珠（主席台右二）参加开班仪式并讲话

【首届象雄藏医药学术会前期准备】 2019年6月1日至12月31日，地区藏医院邀请当地专家7人开展论文收集、筛选、分类，收集普兰、札达等藏医药典古书籍和特色治疗器械。邀请自治区藏医药专家3人开展论文筛选、审核、编辑等。

【藏药制剂】 2019年，地区藏医院制剂中心共配制小米辣盒6531盒，1.9万袋，总量达3000千克。生产普通藏药48种，总量3340余千克，静脉膏2000盒，贵重成品药4种（22万粒）。采集药材（植物药材19种449千克、矿物药材10种1250千克）。

【冈底斯藏医分院情况】 2019年，医院门诊量达7000人次（含国内外患者），住院病人360人次、生产普通藏药20种，总量1000余千克。开展义诊活动，免费发放普通藏药10种价值4000元。同时开展放血、针灸、火灸等藏医特色疗法，疗效显著。

【天文历算研究】 2019年，地区藏医院按时准确地推算、编辑、出版具有阿里地域特点的藏历书。及时收集论文，完成冈底斯院刊内容输入、编辑、出版。全年出版杰松达孜历书册子1000份，免费发放给当地群众。

民　政

【概况】　全地区民政行政管理部门8个，其中包含地区民政局1个、县级民政局7个。民政事业单位19个，其中地区民政下属事业单位5个、7县民政下属事业单位14个。民政系统专职、兼职人员共110人。地区民政局内设办公室（规划财务科）、基层政权与社区治理科、社会福利与社会救护科，下属事业单位阿里地区福利彩票服务中心、特困人员集中供养服务中心、流浪乞讨站、救助居民家庭经济状况核对指导中心、儿童福利院。地区民政局有干部职工30人。2019年，全地区民政系统贯彻守初心、担使命、找差距、抓落实的总要求，围绕农村低保、特困人员供养、社会救助、村居组织建设等重点工作任务层层分工，落实责任。共兑现农村低保资金121.8万元、城镇低保资金832.8万元；下拨自治区特困人员救助供养机构运行保障经费172.34万元；兑现困难残疾人“两项补贴”及提标资金938.76万元，落实孤儿补助资

◆5月8日，地区民政局组织干部职工在三楼视频会议室传达学习习近平总书记关于民政工作的重要指示暨全国十四次民政工作会议精神。党组书记、副局长唐永平（主席台左）主持，党组副书记、局长米玛次仁（主席台右）参加会议并讲话

金218.7万元。规范婚姻系统联网登记，依法依规完成婚姻登记3200人。加快殡葬服务标准化进程，各县天葬台维修工作相继竣工并投入使用，地区殡仪馆开工建设。

【脱贫攻坚兜底保障】 2019年，全地区民政系统围绕脱贫攻坚兜底保障重点，开展城乡农村低保对象与贫困人口精准认定、五保户精准识别、残疾人“两项补贴”提标等。制定《阿里地区民政系统脱贫攻坚战三年行动方案》《切实做好社会救助兜底保障工作的实施方案》等文件，衔接农村低保制度和扶贫开发政策。加强宣传引导，在全地区民政系统开展民政惠民政策法规“百场”宣传活动，整合地、县、乡民政力量，借助微信公众号、门户网等平台，进行《婚姻法》等政策法规宣传，群众对党的惠民政策的知晓度不断提升。完成中央、自治区脱贫攻坚专项巡视反馈问题整改，推进扶贫领域腐败和作风问题专项治理，强化行业监管能力。

【社会救助】 2019年，全地区民政系统落实各类兜底保障救助资金，加大临时救助工作力度，完善临时救助机制。按照“应救尽救、适度救助”原则，所有遭遇突发事件、意外伤害、重大疾病或其他特殊原因导致生活陷入困境的家庭或个人，及时予以临时救助。各乡（镇）建立“救急难”备用资金制度，将临时救助小额审批权限委托给各乡（镇），提高临时救助的时效性。落实特困人员供养政策，保障流浪乞讨人员基本权利。全地区城乡低保人员有729户1907人（城市410户869人、农村319户1038人），城市低保人均月标准1000元、农村低保年人均标准4450元，累计兑现农村低保资金121.8万元、城镇低保资金832.8万元；落实物价联动补贴26.01万元。临时救助资金累计支出454.42万元，临时生活救助1407人；城乡特困对象445人，其中集中入住296人，有意愿集中入住的特困对象入住率100%。集中特困人员和城市分散特困人员基本生活标准每人每年15600元、农村分散供养每人每年6675元，累计下拨自治区特困人员救助供养机构运行保障经费172.34万元。

【社会福利】 2019年，全地区民政系统按照《贫困残疾人脱贫攻坚工作计划行动（2016—2020）》等文件要求，成立相关领导小组，在全地区范围内对残疾人、孤儿、困境儿童、留守儿童、事实无人抚养儿童进行深入摸底调查，了解掌握残疾人、孤儿等保障对象的基本情况和基础数据，及时完成残疾人“两项补贴”提标和困境儿童营养包发放。全地区享受残疾人“两项补贴”人数3700人（重度残疾人1599人）；有孤儿135人，困境儿童825人，事实无人抚养儿童344人。全年兑现困难残疾人“两项补贴”及提标资金938.76万元，落实孤儿补助资金218.7万元。

【社会组织管理】 2019年，全地区民政系统开展社会组织登记和年检，在地区范围内联合开展打击整治非法社会组织

◆8月5日，地区儿童福利院4名孤儿参加西藏自治区七地（市）福利院以及SOS儿童村儿童朗诵比赛，获得二等奖

专项行动，取缔撤销不符合条件社会组织5家。至年底，全地区有社会组织12个，全部为官办社会团体。加强社会组织党建工作，督促指导各社会组织成立党组织，建立党员活动阵地，完善党建工作规章制度，党组织覆盖率达到100%，全地区社会组织有党员635名。在社会组织中同步开展“不忘初心、牢记使命”主题教育，引导现有社会组织在脱贫攻坚、经济发展、社会稳定、慈善捐赠中发挥作用。

【“双集中”服务管理】 2019年，地县“双集中”（特困人员集中供养和孤儿集中收养）机构以提升服务质量、加强安全管理为工作重点，推动管理服务规范化、标准化、精细化。落实各项安全措施，经常组织供养对象开展安全教育。采取三级检查制度、两种检查机制，定期与消防、市场监督部门联通互动。地区“双集中”机构按照食堂明厨亮灶工作要求，安装多部监控，将食堂监控信号与市场监督等部门联网，机构食堂实现“厨房4D”运行管理模式。强化供养对象医疗康复工作，及时更新完善老人、儿童健康档案，按时体检，针对不同病情制定康复计划，多渠道争取治疗，确保老人、儿童健康状况不断向好。利用周末、节假日为孤儿进行辅导补习，在重要节点组织文体活动，确保老人和孤儿的文化生活不断丰富。学习和借鉴区内外福利院管理先进经验，引入各类先进机制和体系，完善“双集中”机构党务、院务、财务等制度，制定多项安全生产防范措施，明确各部门和工作人员的岗位具体职责。

【基层政权和社区建设】 2019年，全地区民政系统按照自治区、地区关于扫黑除恶的会议精神，围绕基层群众自治领域热点、难点和突出问题，严厉打击干扰基层政权、插手基层公共事务、侵害人民群众利益、破坏社会稳定的黑恶势力，铲除带有黑社会性质组织和恶势力犯罪团伙。做好易地搬迁安置点社区管理和服务，下发《关于加强易地搬迁安置点社区管理和服务工作的通知》。指导各村（居）顺应形势变化，依法制定适应基层治理工作新要求的村规民约（居民公约），规范农村生产、经营秩序等方面的不良行为。

【区划地名和界线管理】 2019年，全地区民政系统联合交通、公安等部门按时完成不规范地名清理整治。开展边界矛盾纠纷排查化解和各类事故隐患整治，加强边界管理和平安边界建设，实现“小矛盾纠纷不出村、一般矛盾不出乡（镇）、重大疑难矛盾不出县”的工作目标要求，平安边界创建工作效果良好。

人力资源　社会保障

【概况】 阿里地区人力资源和社会保障局下设办公室、事业科、社会保险科（社会保险基金监督科、就业促进科）、调解仲裁科（劳动关系科、农民工工作科）、劳动保障监察科、地区劳动就业（大学生就业创业）服务中心、地区社会保险管理中心、地区事业人员档案室、地区事业人员工资福利中心、地区事业人员考试中心、地区新型农村养老保险管理中心等11个科（室）、经办机构，有干部职工41人。2019年，全地区新增就业2135人，城镇人口失业登记率控制在3%以内。地区人社局先后开展春风行动及民营企业招聘会等公共就业服务专项活动6次，开发就业岗位1194个，现场求职1430余人，达成就业意向1549人次。全地区有事业单位人员5391人，其中管理人员331人、专业技术人员4690人（含正高级职称4人、副高级职称115人、中级职称751人、初级职称1219人）、工勤技能人员370人。研究确认相应专业技术职务任职资格260人，完成事业单位岗位设置前期准备。

【劳动就业】 2019年，全地区整合农牧民培训资金53.03万元，开展农牧民技能培训74期2238人，培训后就业510人，就业率28%，培训合格率90%

◆7月，地区人社局召开西藏自治区2019年高校毕业生第二批公开招考笔试阿里考区考务会

以上；培训人员及其他富余劳动力转移就业4734人，实现劳务收入4629万元。职业技能鉴定267人。失业保险征缴386.4万元，参保人数7740人。地区人社局开展各项就业专项活动，发放《高校毕业生求职实用手册》《西藏自治区就业援助工作知识手册》《农牧民进城就业指南》《高校毕业生就业政策百问》《西藏自治区就业援藏工作宣传手册》等10余种宣传手册1000余份，接待来访群众500人次。全地区应届高校毕业生340人（未按期毕业7人），就业299人，就业率87.94%。开发高校毕业生就业岗位1420个（援阿两省提供就业援藏岗位146个、自治区工商联提供285个、地区国有企业岗位37个、地区民营企业岗位85个、公益性岗位120个、地区供血中心站、妇保院和乡镇的事业编制岗位217个、地区相关行业部门开发的政府购买服务530个）。累计为181名高校毕业生兑现就业创业政策补贴资金643.53万元。其中，兑现创业启动资金51人247万元，场地租金及水电费补贴4人9.36万元，区外就业一次性路费、生活住房补贴22人85万元，区内企业吸纳高校毕业生就业生活住房补贴、社会保险补贴、培训补贴104人302.17万元。

【社会保障】 2019年，地区人社局开展大规模社保卡数据采集，共采集数据10万条，制卡8.4万张。4月16日，在地委宣传部新闻发布中心召开阿里地区社保卡发行工作新闻发布会。全年发放6万余张。全地区城镇企业职工基本养老保险参保单位602家，参保人数5037人（在职参加企业职工养老保险4627人，退休人员392人），企业职工养老保险收入1956万元，基本养老保险支出1675万元，支付率100%。工伤保险参保单位732家，参保人数15687人，工伤保险基金征收123万元，支付工伤保险55万元，支付率达到100%。上半年办理工伤认定10人次，接受工伤咨询60余人次。参加机关事业养老保险466家11088人。基本养老保险支出30796万元，支付率达到100%。城乡居民养老金发放21119人次，兑现442.42万元，人均月领取209.48元，发

◆6月22日，地区人社局送10名“两后生”到山西太原参加培训，党组副书记、局长才旺卓玛（右二）参加欢送仪式

放率100%。参保55635人，应领取待遇7779人。

【构建和谐劳动关系】 2019年4月25日，地区解决企业拖欠工资问题联席会议领导小组召开2019年第一次会议，研究审定《阿里地区保障农民工资支付责任追究办法》，并对2018年参与阿里地区工程建设施工企业进行劳动保障守法诚信评价，安排部署2019年工作，并于4月30日召开新闻发布会。截至年底，全地区调解劳动纠纷57起，涉及人员335人，涉及金额522.84万元；累计收取157个项目的农民工工资保证金6109.4万元。

【援藏工作】 2019年5月初，地区人社局党组书记张见赴援藏两省开展就业援藏对接，并向两省人社厅提供347名应届高校毕业生的毕业院校、学历、专业等基本信息。经对接，陕西省为地区提供公务员岗位10个（公安岗位5个、监狱岗位5个）、事业单位岗位15个、国有企业岗位40个以上；河北省为地区提供公务员岗位10个、事业单位岗位20个、国有企业岗位70个。

医疗保障

【概况】 根据《阿里地区机构改革方案》《阿里地区机构改革的实施意见》，地、县两级医疗保障局于2019年3月19日相继挂牌成立，地区为正县级单位，各县为正科级单位。地区医疗保障局核定编制10名，其中县处级领导职数4名、科级及以下干部6名。内设办公室、待遇保障和医药服务管理科、基金监管和医药价格管理科3个正科级机构；正科级事业科室3个，分别为待遇服务中心、医疗基金结算中心、医疗保障信息数据管理中心。事业编制13名。在编在岗人员13名，其中局领导4名、工作人员9名，七县机关核定编制18名，噶尔、改则两县事业单位改革完成，事业编制5名。2019年，全地区各项参保人数126016人，参保率保持在95%以上，征收各项基金4.5亿元，各项待遇支出9168.65万元。全地区11家定点医疗机构、20家定点零售药店实现即时刷卡结算。组织实施《西藏自治区医疗保障扶贫工作实施方案（2019—2020年）》通知，围绕基本医保、大病保险、医疗救助“三重”制度保障，建立绿色通道，落实“先诊疗、后付费”结算制度，实现大病统筹报销75%以上、大病保险赔付达到85%以上、医疗救助水平达到70%以上。举办医疗保障政策培训2次、深入基层指导业务3次。

【职能变化】 新组建的阿里地区医疗保障局对之前地区人社局负责的城镇基本医疗保险、生育保险，地区卫健委负责的农牧区医疗制度、医药招采，地区民政局负责的医疗救助，地区发改委负责的医药价格，城乡居民大病保险等工作职能进行整合，其主要职责是制订并实施地区医疗保障事业发展规划，拟定医疗保障规章制度，执行医疗保障基金监管办法，执行自治区医药服务价格收费政策，实施医疗保障筹

◆3月19日，地区医疗保障局举行挂牌仪式。行署副专员梁庆（中），党组书记帕珠（右一）、副局长达瓦卓玛（左一）出席

资和待遇政策，实施长期护理保险制度改革措施，实施城乡统一的医保目录，监督招标采购政策，对定点医药机构实行协议管理，依法查处医疗保障领域违法违规行为。负责医保经办管理、公共服务体系和信息化建设。组织实施和完善异地就医管理和费用结算办法。建立健全医疗保障关系转移接续制度。

【信息化建设】 2019年，全地区医疗保障系统加强信息化建设，职工（居民）医保信息系统实现全区互联互通互刷、信息共享，城乡居民信息系统建设逐步推进，跨省异地就医结算工作取得明显成效。

退役军人事务

【概况】 全地区有退役军人事务部门8个，其中地区级退役军人事务局1个、县级退役军人事务局7个；共有退役军人服务中心（站）15个，其中地区级退役军人服务中心1个、县级退役军人服务中心7个、乡（镇）级退役军人服务站7个；地区级烈士陵园服务中心1个。2019年3月，阿里地区退役军人事务局挂牌成立，下设办公室、移交安置科、拥军优抚和褒扬纪念科3个行政科室，退役军人服务中心（5月挂牌）、烈士陵园服务中心2个事业单位。有干部职工25名。2019年，成立以地委副书记张会明为组长的阿里地委退役军人事务工作领导小组，深入学习习近平总书记关于退役军人工作的重要论述，部署全地区退役军人工作重点任务，做好安置就业工作，提高优抚保障水平，维护军人合法权益。树立尊崇褒扬导向，经常性开展走访慰问、悬挂光荣牌活动。6月起，在全地区范围内开展向时代楷模张富清学习活动，宣传“最美退役军人”的先进事迹，增强退役军人的责任感和归属感。9月9日，地区退役军人事务局配合征兵办举行全地区欢送新兵入伍仪式。

2019年7月，日土县焦云彪被退役军人事务部评选为“全国模范退役军人”；措勤县措勤镇武装干事石确扎堆被退役军人事务部评选为“全国退役军人工作先进个人”。

【安置就业及保障】 2019年，地区退役军人事务局接收安置军休干部、自主择业军转干部、退役士兵、自主就业退役士兵。完成自主择业军转干部适应性培训。落实军休干部和自主择业军转干部各项待遇，为地区军休干部和无军籍职工发放退休金353万元，为自主择业军转干部发放退役金共2.62亿元。

【拥军优抚】 2019年，地区退役军人事务局在八一建军节期间，开展走访慰问、军营开放日等系列活动，发放慰问金112.77万元。发放2018年度退役士兵“家属优待金”及“自主就业一次性经济补助金”414.76万元。落实发放伤残军人抚恤金109.48万元、“三属”定期抚恤金15.38万元。10月开始，每个月按时发

◆4月25日，阿里地区在行署会议中心四楼会议室举行为烈属、军属和退役军人等家庭悬挂光荣牌启动仪式。地委委员、行署副专员葛庆敏（主席台左二）出席仪式并讲话，退役军人事务局党组书记刘贤坤（主席台右二）、局长强巴白珍（主席台左一）、副局长张克银（主席台右一）参加

放重点优抚对象物价补贴。

【褒扬纪念】 2019年，全地区完成制作光荣牌工作，4月25日，启动为烈属、军属和退役军人等家庭悬挂光荣牌仪式，地区完成悬挂光荣牌工作。在“传承·2019清明祭英烈”活动和“9·30”烈士纪念日活动期间，组织在家地级领导、驻阿部队、地（中、区）直单位干部职工、老干部、学生、群众代表共3000余人参加祭奠活动。编撰全地区烈士英名录，录入英烈人数102名。

民族宗教事务

【概况】 阿里地区民族宗教行政管理部门有8个，其中地区民族宗教事务局1个、县级民族宗教事务局7个。地区民族宗教事务局下设办公室、民族事务科、宗教事务科、宣教创建和执法监督科、信息中心5个科室，有干部14名。2019年，地区民宗局根据《国务院办公厅关于支持贫困县开展统筹整合使用财政涉农资金试点的意见》及《西藏自治区人民政府办公厅关于开展统筹整合使用财政涉农资金工作的实施意见》文件精神，整合少数民族发展资金（兴边富民）10400万元用于易地扶贫搬迁和产业项目贷款利息。推进民族团结进步示范地区创建，全地区有国家级民族团结进步创建活动示范单位4家、自治区级1家、地区级39家。4个村寨被评为全国少数民族特色村镇。地区民宗局连续四季度名列全区民委系统信息报送第一名，经区民委研究确定阿里地区民宗局为国家民委信息直报点。中央专项彩票公益金支持全地区宗教领域社会福利事业（体育事业）项目资金650万元，地区民宗局制定《关于阿里地区13座宗教活动场所配备健身器材资金分配情况方案》，加快健康西藏建设步伐，提高寺庙僧尼健康水平。

【民族团结进步创建】 2019年，阿里地区成立以地委书记任组长、各县县委书记和各单位党组书记为成员的创建全国民族团结进步示范地区领导小组，先后召开专题会议5次，制定活动方案6个。地区财政安排专项资金500万元，推进阿里地区民族团结进步模范区创建。3家单位被国务院评为全国民族团结进步模范集体，3人被国务院评为全国民族团结进步模范个人，11家单位被评为自治区级民族团结进步模范集体，15人被评为自治区级民族团结进步模范个人，15家单位被评为地区级民族团结进步模范集体，20人被评为地区级民族团结进步模范个人。

【创建全国民族团结进步示范地区互观互检】 2019年11月12日，由西藏自治区民委党组成员、副主任黄云素带队，自治区民委宣教创建处和各地市民委领导组成的自治区互观互检组到阿里地区实地验收民族团结进步创建工作。深入社区、乡村、学校、企业、机关、宗教场所、军营等14个站点，通过实地考察、情况介绍、查阅资料、群众评议、专题测试、个别访谈的方式，对工作进行评估考核，总结和提炼典型经验和成功做法。年底

◆11月4日，阿里地区在地委会堂召开2019年民族团结进步表彰大会

◆11月16日，阿里地区在行署会议中心三楼圆桌会议室召开创建全国民族团结进步示范地区考核验收工作汇报会议。地委副书记、行署副专员张小平主持，自治区民委副主任黄云素作初验反馈讲话

经自治区民委同意，形成《阿里地区创建全国民族团结进步示范地区初验报告》，报送国家民委。

【全国少数民族特色村镇申报】 2019年，地区民宗局根据自治区民委下发的《关于开展少数民族特色村镇规范管理和命名工作的通知》和《关于进一步加强申报少数民族特色村镇命名工作的通知》精神，向自治区申报少数民族特色村寨6个、少数民族特色小镇2个，其中4个村寨被评为全国少数民族特色村镇（普兰镇吉让居委会、普兰镇赤德村、普兰镇仁贡村、普兰镇科迦村）。

【巡回宣讲】 2019年，地区民宗局组织开展“法律进宗教活动场所”暨“民族团结进步”“四讲四爱”内容巡回宣讲活动。地委统战部牵头，联合地委宣传部、地区司法处、民宗局及佛协组成组团式宣讲团，深入七县13个乡镇、8个村居、14座重点寺庙、150名僧尼、1640名农牧区群众进行巡回宣讲，历时19天，教育引导寺庙僧尼和信教群众遵法学法守法用法。

扶贫开发

【概况】 全地区有扶贫开发行政管理部门8个，其中地区扶贫开发办公室1个、各县扶贫开发办公室7个，共有扶贫开发工作人员65人。地区扶贫开发办公室为行署工作部门，正县级建制。内设综合科、计划财务与数据统计科、开发指导科、监督考评科，所属事业单位1个，即地区扶贫信息监测和技术服务中心，均为正科级建制。有干部职工17名，2019年，完成普兰、札达、日土三县脱贫摘帽国务院第三方评估验收。全地区实现1833户6799人脱贫，贫困发生率从2015年的28.7%下降到零，噶尔、普兰、札达、日土四县脱贫摘帽成效进一步巩固，革吉、改则、措勤三县达到脱贫摘帽标准；农村居民人均可支配收入12281元，比上年增长13%，其中建档立卡贫困群众人均可支配收入8802元。

【责任落实】 2019年，全地区扶贫系统建立地县乡村“四级书记”抓扶贫的指挥体系和“地区直管、县抓落实、乡镇专干、工作到村、帮扶到户”的工作机制，调整充实地县扶贫开发领导小组和脱贫攻坚指挥部。地委、行署定期不定期召开会议，传达学习习近平总书记在决战决胜脱贫攻坚座谈会上的重要讲话精神和关于扶贫工作的重要论述，专题研究脱贫攻坚工作。坚持党政“一把手”脱贫责任制，地委、行署与各县签订脱贫责任状。33名地级领导干部联系帮扶7个贫困县、37个贫困乡（镇），133名县级干部包乡村，162名科级干部包村组。地委书记带领七县县委书记和部分地直单位负责人，把脱贫攻坚作为自查考评重点工作内容，压实责任，推动各项措施落实落地。落实“四级书记”遍访贫困对象规定，地委书记走访贫困乡镇、县委书记走访贫困村、乡镇党委书记和村（居）党支部书记走访贫困户的比率均达到100%。全年地区脱贫攻坚指挥部脱岗集中办公人员达到57人，七县脱贫攻坚指挥部抽调315人参与脱贫攻坚。

【落实“两不愁三保障”】 2019年，全地区扶贫系统落实资金2.43亿元建设农村饮水安全巩固提升工程点670处，解决36749人（含建档立卡贫困人口8695人）的饮水安全问题；投资267.19万元完成285户危房改造，对因自然灾害新增的13户建档立卡危房户，投资18.2万元完成危房改造提升；系统内812名学生全部劝返入学，1856名易地搬迁群众子女随迁入学，全地区学前毛入园率、小学净入学率、初中毛入学率分别达到72.96%、99.89%、99.5%，义务教育阶段师生比例达到国家规定标准；建档立卡贫困人口全部纳入基本医疗保险、大病医疗保险、医疗救助范围，农牧区医疗补助标准提高到人均555元。8月份，自治区共向地区乡（镇）卫生院分配医务人员128人，人员总数达297人，其中各类持证专业技术人员106人。地区人民医院对建档立卡户群众就医看病、七县人民医院对该县户籍群众住院落实“先诊疗、后付费”比例均达到100%。开展地区人民医院创“三甲”、地区藏医院创“三乙”、地区妇幼保健院创“二甲”，完成噶尔、普兰、日土、札达、改则、措勤六县人民医院创“二乙”，实现农牧民群众救治有希望、医疗有支持、健康有保障。

【脱贫攻坚成果巩固提升】 2019年，全地区扶贫系统制定下发地县巩固提升脱贫攻坚成果的实施意见和年度巩固提升方案，建立完善贫困户跟踪监测防返贫制度和脱贫人口“回头看”“回头帮”机制，制定实施地县乡村四级脱贫攻坚监督员制度，发挥313名（地区级75名、县级22名、乡镇级74名、村级142名）脱贫攻坚监督员作用，加强脱贫人口、贫困边缘人口持续跟踪监测和动态评估，建立重大自然灾害致贫预警机制，制定针对性预案，最大限度消除返贫风险。建立重点户预警监测台账，实行动态管理，落实救助扶持政策。加快推进37个边境小康村建设，配套建设34个产业项目。编制完成4800米以上极高海拔生态搬迁规划方案，分期分批规划搬迁极高海拔4013户15926人，跨地区搬迁安置876户3649人。规划启动日土县松西村107户332人的整村抵边搬迁试点。

【扶贫资金投入】 2019年，全地区扶贫系统聚焦6个深度贫困县建档立卡贫困人口脱贫，把90%的本级项目资金、80%的援藏资金向深度贫困县乡倾斜。制定出台《阿里地区统筹整合财政涉农资金使用方案》等政策性文件，规范政策资金使用流程。制定实施财政涉农资金及财政专项扶贫资金管理办法等，严格扶贫项目资金审查，严把扶贫资金使用方向，加强扶贫资金监管，坚持定期调度、公告公示，确保资金使用、拨付、监督和管理依法依规。强化资金投入保障，统筹整合中央、自治区、地区财政涉农资金80814.31万元专项用于脱贫攻坚。其中，中央及自治区统筹整合财政涉农资金72381.71万元，分配下达71878.56万元，待分配生态岗位清算资金503.15万元，分配下达率达到99.3%；地区本级统筹整合涉农资金8432.6万元，分配下达7811.51万元，待分配621.09万元，分配下达率达到92.63%。

【扶贫宣传】 2019年，全地区扶贫系统加强政策宣传，讲好脱贫攻坚故事，教育、引导、激励贫困群众，坚定脱贫信心。通过专题宣讲、开设专栏、播报新闻、悬挂横幅、图片展览、新旧对比、发放宣传资料等方式，开展脱贫攻坚政策宣讲685场次，发放政策明白卡等宣传资料3万余册（张），受教育群众9.3万人次，自治区级以上媒体刊播阿里脱贫攻坚新闻160条，阿里地区各级媒体刊播脱贫攻坚新闻2000条，脱贫攻坚“每日一讲”播

◆10月17日，阿里地区在康乐新居开展扶贫日系列活动。图为群众驻足了解展板内容

出228期。向自治区上报脱贫攻坚信息简报117期，采用26期，信息简报采用量名列七地（市）第一名。开展“志智”双扶，涌现出尼玛顿珠、尼吉拉姆等一批优秀党员代表和脱贫致富先进典型，尼玛顿珠被评为“全国改革先锋”“全国道德模范”“最美奋斗者”，尼吉拉姆被评为“2019年全国脱贫攻坚奋进奖”，行署副秘书长、改则县委常委、副县长段玉平被评为“2019年全国脱贫攻坚贡献奖”。开展“我的脱贫攻坚故事”演讲比赛和脱贫攻坚政策理论知识竞赛活动88场次，参加干部群众5280人次。

【产业扶贫】　2019年，全地区扶贫系统实行产业脱贫项目工作推进情况周通报制度，加快推进项目建设。“十三五”时期规划建设产业扶贫项目88个（规划内项目65个、深度贫困县项目23个），概算总投资14.28亿元，累计到位资金13.69亿元、资金到位率95.86%，累计支出资金11.93亿元、资金支出率87.14%。全年实施产业扶贫项目58个（含续建31个、新建24个、提前实施2020年计划项目3个），完工45个、占77.58%，在建13个、占22.41%，实现产业脱贫1830人。健全完善利益联结机制，88个产业扶贫项目共确定建档立卡贫困群众受益对象14487人，通过产业扶贫项目直接受益5569人，年人均增收1450元。2016—2019年累计实现产业脱贫6588人，超额完成自治区“十三五”时期下达的3829人产业脱贫目标任务。

【易地搬迁】　2019年，全地区扶贫系统整合资金11亿元建成30个易地扶贫搬迁安置点，2089户7786人全部搬迁入住。推进易地扶贫搬迁安置点配套基础设施和公共服务设施建设，实施水电路讯网、科教文卫保“十项提升工程”，搬迁群众生产生活条件明显改善。配套建设产业项目41个，与4794名搬迁贫困群众建立起利益联结机制，所有项目均开工建设，完工34个。制定出台《阿里地区易地扶贫搬迁生产资料处置工作方案》，签订旧房拆除协议1130户并全部拆除，搬迁户原承包耕地3135.03亩、草场1919.11万亩、林地127.14万亩、牲畜130935头（只、匹），处置完成率100%，宅基地人工复垦和修复97.05亩、自然修复84.89亩，完成率100%。

【转移就业】　2019年，全地区扶贫系统以强化技能培训、提高就业能力为目标，坚持岗位开发、就业培训、就业管理、就业服务，帮助有劳动能力的贫困人口实现外出务工和就地就近就便就业。全年举办各类技能培训班109期，培训2999人（建档立卡贫困群众1151人），分别完成年度任务的136.25%、104.42%；培训后就业1223人（贫困群众379人），占年度任务的118.28%，实现转移就业10281人次（贫困群众转移就业2492人次），劳务收入10580万元。

【生态扶贫】　2019年，全地区扶贫系统贯彻落实《西藏自治区“十三五”时期生态补偿脱贫实施方案》及相关配套政策，按照低收入群众界定标准和享受生态补偿岗位的低收入群体范围，核查8大类生态岗位兑现情况，整改落实中央脱贫攻坚专项巡视反馈的“普兰县、札达县的生态岗位均多于实际需求，存在盲目下达指标的现象”问题，确保全地区生态岗位人岗相适。上半年落实生态补偿岗位28829个，落实资金5045.07万元。8月份，根据新标准重新认定生态补偿岗位20111个，较上半年减少10480个。下半年落实生态岗位20111个，落实资金3519.42万元。全年累计落实资金8564.49万元。11月份，根据自治区脱贫攻坚指挥部办公室《关于全区生态补偿脱贫岗位低收入标准测算有关事项的通知》精神，进一步认定生态岗位人员1252人，年人均补助3500元。每年6月30日、10月30日前分2次对生态岗位管理工作进行全面核查，确保生态岗位补助政策精准落实到位。

【教育扶贫】 2019年，全地区享受教育“三包”政策学生20127人，落实资金7695.73万元；资助贫困大学生679人次169.04万元；享受营养改善学生共14488名，落实资金1159.04万元；完成秋季学期扶贫专项招生50人。制定出台控辍保学工作实施方案，自治区建档立卡与控辍保学管理系统内812名学生全部劝返进校入学，全地区九年义务教育巩固率达95.7%。

【社保兜底】 2019年，全地区扶贫系统加强农村最低生活保障制度与扶贫开发政策有效衔接，统筹实施各类救助政策，做到应扶尽扶、应保尽保。按农村低保年人均标准4450元，落实321户975人138.11万元；临时救助1424人481.51万元；兑现城乡特困人员救助资金463.8万元；落实残疾人“两项补贴”3700人（重度残疾人1599人）827.76万元；有意愿集中供养和孤儿集中收养率均达到100%。

【金融扶贫】 2019年，全地区扶贫系统制定出台《阿里地区“三农”信贷风险补偿基金管理指导意见》等政策性文件。将建档立卡贫困人口纳入商业保险范围，防止脱贫群众因病因灾返贫。截至12月底，全地区金融精准扶贫贷款余额9.23亿元。

【健康扶贫】 2019年，全地区扶贫系统落实健康扶贫各项政策，提高救助标准，将人均农牧区医疗补助标准提高到555元，纳入大病集中救治一批236人、慢性病签约服务管理一批516人、重病兜底保障一批28人，救治率均达到100%。建立起“基本医疗+大病保险+医疗救助”三重医疗保障线，将贫困人口全部纳入城乡居民基本医疗保险、大病保险和医疗救助保障范围。累计完成包虫病患者免费手术和药物治疗1007人，占筛查出患者人数的100%。

【法治扶贫】 2019年，全地区扶贫系统制定实施《阿里地区2019年法治扶贫工作实施方案》，以“三月综治宣传月”“六月综治宣传周”和“扫黑除恶打非治乱”专项普法等活动为载体，开展法制宣传活动128场次，发放宣传资料4.8万份，受教育群众3.7万人次；调解化处矛盾纠纷122起，涉及当事人266人，调解成功率达99.6%，解答法律咨询3000余人，贫困群众法治观念不断增强。

【援藏扶贫】 2019年，全地区扶贫系统成立由3名地级领导带队的工作组赴“两省三企”对接，争取援藏扶贫项目资金，坚持把援藏资金的80%向深度贫困县乡倾斜。河北省安排1.95亿元援建日土县、札达县2个边境小康村，河北省招商引资企业阿里莲华之宝文化艺术有限公司投资4300万元实施日土县文化艺术产业项目。陕西省安排5000万元支持地区特色产业发展。中国联通公司安排2522万元援建革吉县易地扶贫搬迁配套设施项目。国家电网公司安排1700万元援建措勤县光伏电站二期工程。中国移动公司安排1385万元援建改则县蔬菜种植产业园区项目。全年“两省三企”实施援阿项目11个，计划投资3.39亿元，完成投资2.28亿元，完工2个。

【结对帮扶】 2019年，全地区扶贫系统健全完善结对帮扶机制，建立乡镇干部、驻村工作队、村居干部脱贫攻坚考核评价体系，推动形成脱贫攻坚激励与约束相结合的长效机制，实现73家地（中、区）直单位、1.4万名党员干部结对帮扶贫困群众2.31万人。优化调整驻村帮扶工作队，全地区选派驻村帮扶工作队135个，工作队队员572人，配备科技特派员268人，实现驻村帮扶、结对帮扶、科技服务“三个全覆盖”。开展“党员干部进村入户、结对认亲交朋友”活动，帮助解决实际困难282个，为群众办实事好事1350件。地直各单位深入各村（居）走访调研265次，与贫困群众座谈2028场次，为村（居）协调项目44个，落实资金1329.2万元。

【推动落实自治区三年行动计划】 2019年，全地区规划总投资39.58亿元的产业、培训、水利、电力、交通、通信、教育、危房改造等8类225个项目，到位资金31.81亿元，到位率80%；拨付资金28.7亿元，拨付率90%，完成自治区要求的年底支出90%的目标；开工216个、开工率96%；完工186个、完工率86%。

【督导考核】 2019年，全地区扶贫系统聚焦精准扶贫精准脱贫基本方略，开展督导检查。年初制定年度督导工作计划与方案，明确督查时间、方式等内容。结合“东三县”脱贫摘帽实际、巡视整改工作要求、脱贫摘帽专项评估初验、脱贫人口开展“回头看”等，全年开展综合督导检查2次、调研督导3次。

【作风治理】 2019年，全地区扶贫系统查处扶贫领域不作为、慢作为、文山会海等形式主义、官僚主义突出问题80件127人，组织处理39件66人，立案41件61人，给予党纪政务处分44人。落实精文减会要求，严把文件审批关，杜绝重复发文，取消不必要的发文，做到务实管用。全年地区脱贫攻坚指挥部会议比上年下降38.5%、文件比上年下降33.3%，地区脱贫攻坚指挥部办公室会议比上年下降21.4%、文件比上年下降34.5%，脱贫攻坚督查考核比上年下降20%以上。

【巡视整改】 2019年，全地区扶贫系统贯彻落实习近平总书记关于巡视工作的重要论述，按照中央精神、区党委部署要求，针对中央脱贫攻坚专项巡视、九届区党委脱贫攻坚专项巡视、自治区党委巡视三组、四组巡视、2016年以来扶贫领域各类监督检查、2018年脱贫攻坚成效考核、2018年扶贫审计、自治区省级领导督导调研反馈的254个问题，共制定整改措施798条，全部整改到位。

措勤县

【概况】 措勤县位于西藏自治区西部，阿里地区东南部，冈底斯山中段北侧。东与那曲市尼玛县、日喀则市昂仁县为邻，西与日喀则市仲巴县相连，南与日喀则市萨嘎县毗邻，北与阿里地区改则县接壤，是连接西藏阿里地区、日喀则市、那曲市三个地（市）和五个县的中心区。地处羌塘自然保护区西南部。县域平均海拔4700米以上。县城驻措勤镇门东村，海拔4600米，东距西藏自治区首府拉萨市1079千米，西距阿里地区行署所在地狮泉河镇约760千米。整体地势四周高、中间低，县域呈矩形状，东西窄、南北宽。县境南、北两端属高原高山—极高山地貌区，山体海拔高度多在5300米以上，并发育有冰川。位于北部达雄乡达瓦村的夏岗江雪峰是境内最高峰，海拔6348米。东、西以“馒头状”高原丘陵为主，海拔变化不明显。中部是高原河流湖盆地貌区，地势平缓，以措勤藏布为主的众多河流汇集后，形成扎日南木错、达瓦错等高原湖泊群及长约100千米的湖积平原，海拔高度4700米左右。境内主要河流有措勤藏布、达龙藏布、独日藏布等，全部为内流河，流量较小，冬季封冻时间长，不具备大规模水能开发条件；境内湖泊众多，其中较大湖泊有扎日南木错、敌布错、嘎仁错、达瓦错等，大多为咸水湖，盐类资源丰富，具有一定的开发价值。其中，扎日南木错是西藏第三大湖泊，湖面面积1023平方千米，横跨措勤、昂仁、尼玛三县。

措勤县属高原亚寒带干旱气候区，寒冷、干旱、多大风、太阳辐射强是该县主要气候特征。年平均气温-4℃左右，冬季漫长而寒冷，最低气温可达零下40余度，从10月至次年5月为取暖期；夏季平均气温10℃，最高气温不足20℃，没有绝对的夏季。降水集中于7月下旬至8月下旬，平均年降水量不足100毫米；一年中有150～200天的大风天气（风速17米/秒），主要集中于12月至次年5月。风季，大风刮走牲畜及损坏房屋等现象时有发生。措勤年日照时数在3100小时以上，紫外线照射强烈。

措勤县是纯牧业县，以饲养牦牛、绵羊、山羊为主，主要物产是牛羊肉及毛、皮等畜产品。野生动物资源丰富，有国家和自治区Ⅰ级重点保护野生动物黑颈鹤、雪豹等14种；Ⅱ级重点保护野生动物棕熊、兔狲等19种。此外还有国家保护有益的或者有重要经济、科学研究价值的“三有”野生动物55种。矿产资源主要有铜、铅、锌、铁、金等金属矿产及硼砂矿、水晶石等非金属矿产，以及煤、热泉等。其中，尼雄磁铁矿区规模达到中型以上。主要旅游景点有以扎日南木错、达瓦错和夏岗江峰为主的自然风光及门东寺等人文景观。特色产品有风干牛肉、藏雪鸡护肤品及牧民手工艺品等。

全县辖四乡一镇22个村（居），较上年新增1个，即扎日南木措居委会。全县总人口4791户19097人。其中，城镇人口4144人，农村人口3846户14953人，地域总面积2237266.19公顷。有寺庙、拉康4座。2019年，全县生产总值完成42998万元，比上年增长19%；社会固定资产投资完成52839万元，比上年增长17.86%；地方财政收入完成1539万元，比上年下降35%；社会消费品零售总额完成10089.7万元，比上年增长9.82%；城镇居民人均可支配收入达到40207元，比上年增长4.38%；牧民群众人均可支配收入达到11749元，比上年增长12.73%。完成邮政业务总量82.18万元。接待国内外游客68513人次，比上年增长33.35%；实现旅游收入4326.17万元，比上年增长33.04%。居民消费价格涨幅控制在4%以内。全县坚持以供给侧结构性改革为主线，调整优化产业结构。一、二、三产业所占地区生产总值比重由2018年23.91%、25.29%和50.8%，调整为21.87%、19.98%和58.15%。第一产业牧业中，畜群结构更加合理，优质紫绒山羊饲养量扩大；第二产业工业以电力、藏香等产品为主的工业生产增加值上升，比上年增加83.04%；第三产业中的商贸流通、信息产业覆盖面扩大，为广大干部职工群众提供更加快捷、方便的服务。

【农牧业发展】 2019年，全县农村经济总收入26668.9万元，比上年增长82.57%；农牧业总产值（现价）13082万元，比上年增长4.1%；第一产业实现增加值7737万元，比上年下降11.1%；农畜产品综合生产率达到63.9%，与上年持平。年末牲畜存栏387834头（只、匹），牲畜出栏119043头（只、匹），出栏率32.7%，肉类总产量2298.19吨，奶类总产量1633.28吨，羊毛产量238.24吨，山羊绒产量37.23吨，生产皮张13.47万张。农作物播种面积1736.69公顷。其中，蔬菜播种面积3.07公顷，蔬菜产量17.72吨；青饲料种植面积1733.33公顷。

【工业发展】 措勤县作为纯牧业经济县，工业基础薄弱，产业门类单一，工业门类主要是电力、建材、汽车修理及民族用品加工等，工业经济占地区生产总值比重小。2019年，全县依托西藏电网建设，将原隶属该县管理的供电公司上划西藏电力管理，并完成资产清查、移交，开工建设覆盖全县的电网工程。加强以砂石料生产为主的建材生产管理，鼓励各类从事建材生产的农牧民合作经济组织加强企业管理，扩大生产量，提高经济效益。全年实现工业增加值755万元，比上年增长83.04%。规模以下工业增加值比上年增长1.63倍。

【商贸与旅游业发展】 2019年，措勤县加快发展商贸、旅游等第三产业，市场商品供应充足，社会消费持续增长，社会消费品零售额达到1.03亿元，比上年增长12.64%。县商务局指定4家冬季蔬菜店为该县冬季蔬菜定点供应商，给予冬季经营补助资金2万元；对县城6家百货超市、4家蔬菜店、3家加油站和1家加气站冬季库存物资进行检查，防止因雪灾封路出现生活必需品脱销、断销现象；加强对县城便民蔬菜肉类直销店管理，发挥其稳定和平抑市场物价作用。蔬菜肉类直销店累计销售蔬菜水果92吨、肉类35吨，实现销售额120.49万元。全年收购山羊绒37.27吨，比上年增长3.24%；收购山羊毛13.08吨，比上年增长4.62%；收购牛绒8.76吨，是上年的7倍；收购绵羊毛165.78吨，比上年增长67.12%，实现销售额950.28万元，比上年增长11.03%。全年接待游客6.85万人次，比上年增长33.35%；实现旅游收入4326.17万元，比上年增长33.04%。其中，“五一”长假期间，接待海内外游客474人次，实现旅游总收入31.38万元，比上年分别增加67.4%、78.28%；城乡居民参与旅游业740人次，实现创收145.45万元；为有意愿参加文化旅游服务的农牧民群众提供技能服务培训3次，参与培训人员33人次。协调地区旅发局和自治区相关部门争取到扎日南木错景区大门及周边辅助设施建设项目资金322万元、扎日南木错景区基础设施项目到位资金1000万元，完成部分基础工程项目施工。8月，投资17万元拍摄《高原之巅·雪绒湖城》文化和旅游宣传片。投入资金5.2万元，定制旅游线路宣传册8000份。10月23日，根据地区旅发局关于转发《第三轮“冬游西藏”市场促进奖励（补助）优惠政策实施印则（试行）的通知》要求，县文旅局开展“冬游西藏·共享地球第三极”宣传，发放旅游法规宣传单、宣传册及旅游线路图等宣传品。

【特色产业发展】 2019年，措勤县立足牧业资源和全国农村电子商务试点县优势，加大农村电子商务推广，扩大畜牧特色产品生产销售。3月，由县商务局牵头，联合阿云电子商务有限公司工作人员在扎日南木措居委会向易地搬迁安置群众宣讲电子商务知识，发放宣传册100余份。7月，借助中央电视台、西藏电视台记者采访契机，详细介绍该县电商工作中的“农产品上行”和电子商务运营模式，并通过媒体进行宣传报道，针对有意愿开设淘宝店人员对运营知识的需求，培训个人及企业人员6批次，参加培训人员达630余人次，较上年增加2批次。截至10月，通过电子商务平台、线下体验店和参加区域性展销会，销售金紫绒羊绒制品、藏雪鸡护肤品、扎日南木错藏香、民族特色手工制品、畜产品等产品实现销售额996.5万元，比上年增长3.02%。在加大紫绒原料收购量、继续委托新疆张氏绒业进行深加工的同时，由西藏金紫绒工贸有限公司在拉萨市洲际大酒店地方特色馆和陕西省西安市民生商场设置专柜，增加“金紫绒”产品销售网点。全年西藏金紫绒工贸有限公司委托加工生产男女式羊绒衫、羊绒内衣、围巾、哈达等2350件（条），销售1520件（条），比上年增长75.11%，实现销售额126.68万元。培育发展牧区各种专业经济合作组织，县财政从自治区安排的扶持农村集体经济发展试点资金中下拨措勤镇曲强村雄踞零售农牧民专业合作社扶持资金20万元、江让乡加荣村扶贫砂石场扶持资金30万元、达雄乡才扎村专业合作社扶持资金20万元。截至年底，全县农牧民专业合作组织达到44家，其中牧民建筑施工队15家、砂石加工厂6家、育肥基地与奶牛加工厂7家、民族服饰与妇女编织加工厂6家、电焊加工3家、其他合作社7家。发挥曲强现代牧业产业园区优势，扩大园区蔬菜种植规模和肉类加工规模，20座温室大棚种植面积达到4000余平方米，年销售蔬菜6000千克，实现销售收入3.1万元；收购加工用牲畜价值327.72万元。

【脱贫攻坚】 2019年，措勤县针对中央第三巡视组脱贫攻坚整改反馈意见和2018年阿里地区脱贫攻坚成效考核中发现的问题，召开专题会议，安排部署整改。8月，县脱贫攻坚领导小组组织各县级干部深入各扶贫包乡、包村点，对所负责区域内的脱贫攻坚工作进行考核检查。8月13日至20日，阿里地区扶贫开发领导小组组成评估初验组，对措勤县脱贫摘帽工作进行评估初验。全县建档立卡贫困人口1129户4238人，通过四年脱贫攻坚，累计脱贫1125户4230人，全县贫困人口减少到4户8人，贫困发生率从2015年底的20.54%降至0.06%，建档立卡贫困人口人均可支配收入稳定超过国家现行扶贫标准，实现“两不愁三保障”。达东村等11个贫困村（居）均符合退出条件，2018年措勤村等10个村已退出，措勤县21个村（居）基础设施条件、基本公共服务、产业发展较完善，各项脱贫指标达到国家、自治区规定的贫困县脱贫摘帽标准。12月9日，经自治区人民政府研究，批准措勤县退出贫困县。

【基础设施建设】 2019年，全县实施开复工建设项目49个，总投资12.32亿元，实际完成投资7.71亿元。其中，续建项目35个，完成投资4.63亿元；新增项目14个，新开工项目19个（含2018年未开工项目），完成投资3.08亿元。19个新开工项目中，县人民医院改扩建项目，概算投资1155.60万元，完成投资310.83万元，完成总工程量的30%；2018年公共租赁房建设项目，概算投资2772.00万元，新建住房144套，完成全部投资并竣工验收；措勤镇110千伏输变电工程及10千伏及以下配电工程、达雄乡110千伏输变电工程及10千伏及以下配电工程、曲洛乡35千伏输变电工程及10千伏及以下配电工程、江让乡35千伏输变电工程、磁石乡35千伏输变电工程及10千伏及以下配电工程，共计9个项目，概算总投资64212.16万元，计划新建35千伏变电站3座、10千伏变电站2座，35千伏线路152.2千米、10千伏线路790.28千米、低压线路132.85千米及户表安装1483户，完成投资42384.68万元，完成总工程量的50%；县中学信息化建设项目，概算投资500万元，完成总工程量的50%；藏雪鸡标准化养殖基地项目，概算投资500万元，新建藏雪鸡养殖基地1座，面积1200平方米，野外养殖基地1座，面积6500平方米，补饲场、温室大棚1座（种植饲草料）及业务用房、职工宿舍、孵化室、防疫房、旱厕、消防设备、饲料储备库、水电路等配套设施，完成投资150万元，完成总工程量的30%；措勤县民族手工业加工厂建设项目，概算投资800万元，计划新建民族手工业加工车间、购置缝纫机等相关设施设备，材料库房、产品库房、销售门面等，完成投资250万元；达雄乡边山村饲草料地灌溉工程，概算投资1020万元，建设内容包括引水枢纽1座，干渠1条，支渠13条，渠道总长17.5千米，其中干渠长4.4千米，完成工程招投标；扎日南木错上游周边湿地修复与水土保持工程项目，概算投资2683.35万元，建设内容包括措勤河水系疏浚保持工程、县城末端垃圾清理与转运工程、磁石乡格玛村、刀青村污染防治工程、县城饮用水水源地保护工程、宣传教育及亮化工程，完成投资800万元；江让乡、达雄乡生活垃圾收集转运站项目，概算投资815.14万元，完成投资300万元；扎日南木错景区基础设施建设项目，概算投资1000万元，新建观赏点1座，完善旅游标识解说系统，景区周边环境整治、给排水、垃圾污水等，完成投资60余万元；美朵一级公安检查站项目，概算投资717万元，计划建设双边检查通道、引道900平方米，候检区300平方米，犬舍24平方米，备勤房690平方米，监控等配套信息化建设及必要的附属设施，总建筑面积1914平方米，完成投资216万元，完成总工程量的60%。

【教育事业】 2019年，措勤县有各级各类学校16所，其中初级中学1所、完全小学1所、乡级初小4所、县级幼儿园1所、乡级小学附属幼儿园4所、村级双语幼儿园5所；在校学生2835人，其中初中在校生620人、小学在校生1628人、幼儿园在园人数587人。教职工368人（不含离退休人员），临时聘用人员110人，公益岗位人员32人。其中，专任教师226人（初中59人、小学141人、幼儿园26人），汉族教师11人，党员教师134人。2019—2020

学年，全县996名4～6周岁幼儿中（含5名残疾幼儿），在园幼儿758人（含在外借读53人、在小学阶段低龄136人，不含外来借读18人），在县内入园幼儿587人（含外来借读18人），学前三年毛入园率76.1%。全县1614名7～12周岁儿童中，在校就读学生1628人（不含外来借读生29人），其中适龄在校生1613人（不含外来借读生），小学阶段纯入学率99.93%，小学毛入学率103.23%；40名适龄小学残疾儿童中，随班就读26人、送教上门14人，小学残疾儿童入学率100%。全县667名13～15周岁人员中，在校生620人（含外来借读2人、超低龄187人），适龄在校生654人（含完成小学学业的53人，低龄48人，在外借读149人），初中纯入学率98.05%，毛入学率114.99%。全县996名16～18周岁人员中，在校生547人［含其他省（市）职校95人，区内职校199人；县外高中36人］，高中阶段毛入学率73.92%。全县幼儿园校舍建筑面积11991.92平方米，每生平均园舍面积20.43平方米；小学校舍建筑面积34837平方米，小学在校生人数1628人，小学生均校舍面积为21.4平方米；措勤县中学校舍建筑面积13546平方米，初中在校生人数620人，初中生均校舍面积为21.85平方米。做好春秋季学生开学工作，协调县政府办公室和县直各单位安排接送学生96车次。推进素质教育形成规模，开展教师教案、备课、听课、布置作业等各项工作，先后下派县级教研组和督导检查组10余次，督导检查学校素质教育工作开展情况等。完成中小学考务网上报名。举办2019年春季学期教师技能大赛。县德育教研室先后组织开展爱国主义教育和民族团结教育、感恩教育，组织师生观看爱国影片，参观校德育室，观摩新旧西藏对比图片及影像资料等。协调县人民检察院检察长、副检察长为中、小学、幼儿园法制副校长，开展“三官讲法”法治进校园活动；协调县司法局在各学校举办“开学第一课法律宣讲活动”。12月3日，县教育局协调县普法办组织县公安局、县人民法院、县教育局等普法成员单位人员组成“法律进校园”宣讲团，在县完小开展以“学习宪法、争当守法好少年”为主题的法律知识宣讲活动。投资500万元的县风雨操场建设项目在10月底完工，16所双语幼儿园设备配置工作全面启动，落实采购资金389万元，其中县幼儿园设备采购资金200万元、15所村级幼儿园设备采购资金189万元。启动2020年教育重点规划建设项目前期工作，编制完成《措勤县2019—2020年项目储备规划》，开展“三区三州”范围内教育领域主要建设项目缺口资金测算，完成阿里地区第二批薄弱学校改造项目申报。

【医疗卫生】 2019年，全县开展结核病、肝炎、风湿病（骨关节疾病）“三病”摸底调查，新发现肺结核患者5例（含3例痰菌阳性）、结核性胸膜炎4例、骨结核1例、睾丸结核1例，并随访患者14人，对14例患者进行登记造册及规范化系统管理。落实生育补助

◆6月，陕西延安大学附属医院、西部战区空军医院驻措勤县人民医院医疗服务队14名专家在达雄乡夏东村开展义诊活动

政策，为286名“一孩双女”补助对象发放补助资金274560元；为108名“独生子女伤残死亡补助”对象发放补助资金56.4万元，其中7名伤残独生子女发放补助资金2.94万元；兑现211名孕产妇住院分娩补助资金280610元。加强村（居）医疗机构建设，从扶贫资金中安排49.59万元，为19个村卫生室分别配备价值2.61万元的医疗设备；从每个村（居）委活动场所安排两间房屋专门用作村卫生室，并分别配备村医3人，全县66名村医中持证村医有51人，每月向每名村医发放补助工资1600元。顺利完成县人民医院“二乙”创建。协调组织县、乡、村三级医疗机构医务人员成立家庭医生签约团队，为每个乡镇安排工作经费5万元，全县慢性病患者完成签约服务264人，完成建档立卡贫困人口家庭医生签约3796人，家庭医生上门诊疗服务3796人次。与自治区人民医院、阿里地区人民医院协调，开通贫困患者住院治疗绿色通道，对身患重病、大病的贫困患者实行免押金入院优惠待遇。协调阿里地区卫健委、地区红十字会等机构在境内开展白内障、先天性心脏病等重病免费筛查，筛查出唇腭裂患者9例、精神障碍患者25例。截至10月底，各级医疗机构对129例包虫病确诊患者实施药物治疗、对28例患者（建档立卡贫困户8人）实施手术治疗；完成白内障手术治疗54例（建档立卡贫困户14人），先心病救治34例（建档立卡贫困户11人）。全县公立医疗医院通过“先诊疗、后付费”模式接收住院患者1481人次，为患者报销住院费840万元。加大援藏医疗受援工作，“五一”期间，陕西省第四批组团式援藏医疗队和阿里地区人民医院选派25名专家组成医疗对子，利用“五一”假期到措勤县开展下基层义诊活动，累计诊疗患者1000余人次，免费发放药品价值2万余元。

【社会保障】 2019年，县医保局贯彻执行国家、自治区基本医疗保险、生育保险、医疗救助等医疗保障政策，按规定报销参保参合人员相关医疗费用，累计为1761人次农牧民群众报销住院（特殊门诊）医疗费948.44万元，其中建档立卡贫困户102人，报销金额72.95万元。城镇居民住院医疗费用报销56人次，报销费用61.1万元，其中统筹报销

◆措勤县曲洛乡传统服饰

37.04万元。干部职工住院报销医疗费用65人次，住院总费用88.4万元。干部职工生育保险包干121人次，总金额64.2万元。城镇调查失业率和城镇登记失业率分别控制在5%和3%以内。

【文化事业】 2019年，县文旅局联合县公安、应急管理、消防救援大队、工商、文化执法大队等部门加强对景区（点）、酒店、宾馆、酒吧及KTV等经营行业管理，结合扫黑除恶打非治乱专项斗争，开展文化市场整治，规范文化市场秩序。在36个县级以上文物保护点集中开展安全检查，督促文物点看管人员履行职责。组织开展主题为文艺名家名角“深入基层、扎根人民”的文艺下乡活动，组织扎日南木措民间艺术团演职人员开展送文艺下乡慰问演出，为牧民群众表演舞蹈《小小故乡》《女子群舞》《天边牧人》及小品《民族团结》等节目，累计为群众演出50余场次，创作的“扫黑除恶出重拳·不获全胜不收兵”文艺小品及脱贫攻坚类文艺小品《易地搬迁的幸福生活》等深受群众喜爱；邀请日土县民间艺术团20余人到措勤县磁石乡、江让乡及县完小开展交流演出。“十一”国庆节期间，受中央电视台邀请，措勤民间舞蹈《天边牧人》参加中国民歌大会国庆盛典晚会。在“3·28”西藏百万农奴解放日等重要节日期间，各乡镇、村（居）组织群众及基层干部开展唱红歌、跳“锅庄”等活动。8月，组织22个村（居）的文艺骨干在县党建文化广场举办广场舞、锅庄舞及当地特色的民间歌舞培训。

【政务服务】 2019年3月，措勤县行政审批和便民服务局正式挂牌，设措勤县人民政府政务服务大厅，开展行政审批及便民服务。从10月中旬开始，县公安局、县自然资源局、县医保局、县社保局、县民政局、县市场监督管理局正式入驻，各服务窗口机构标志全部齐全，涉及行政审批及服务事项600余项。全年受理事项和补录事项38340件，完成电子证照录入1464件。

◆3月，措勤县举行市场监督管理局挂牌仪式

【援藏工作】 2019年，对口支援措勤县的国家电网公司选派第九批援藏干部到县工作并与第八批援藏干部进行工作交接。国家电网公司第九批援藏干部分别是杨长青、王岩、支新。其中，杨长青任中共阿里地委副秘书长、县委常务副书记、常务副县长，王岩任阿里地区行署副秘书长、县委常委、副县长，支新任副县长。国家电网公司投入资金重点实施易地扶贫搬迁工程建设项目及措勤县贫困人员住宅小区搬迁小康示范工程建设项目、措勤微电网示范工程。其中在措勤县磁石乡实施的易地扶贫搬迁项目投入1100万元，为35户108名建档立卡贫困户新建安置住房及配套暖廊、室内外给排水等附属设施，项目完成并投入使用；在措勤镇建设的贫困人员住宅小区搬迁小康示范工程投入2100万元，计划安置搬迁贫困群众78户，总建筑面积6455平方米，年内项目全面竣工验收；措勤县微电网示范工程，本期装机500千瓦，

其中光伏发电装机440千瓦，风力发电装机60千瓦，工程于2019年4月完成招投标，8月开工建设。与援藏干部对接2020年计划实施的4个项目，将措勤县广西路西段市政道路附属设施建设项目，优化调整为措勤县国网路和广西路市政道路附属设施建设项目；将措勤县3个乡镇环境整治和设施建设项目优化调整为达雄乡、曲洛乡环境整治和扶贫综合便民服务大厅建设。邀请10余名公司员工与县国网公司援建国网公司幼儿园进行文化、教育交流，捐赠该园办公电脑6台及书籍、文具、衣物等价值20万余元。6月20日，河北省邯郸市司法局率援藏考察团到措勤县司法局开展对口支援考察指导，商定与措勤县司法局建立对口援助关系，向县司法局援助资金10万元，每年安排措勤县司法局1～2名工作人员到其他省（市）参加跟班学习或挂职锻炼。

【党建工作】 2019年，全县以强化党组织服务功能为重点，由县委组织部牵头，县纪委监委、县公安局、县民政局抽调专人对全县22个村（居）党支部，134名村（居）“两委”成员开展排查，并对2018年排查出的达雄乡边山村、曲洛乡曲洛村两个“软弱涣散”村级组织整顿成效再次进行“回头看”，筛查确定措勤镇扎日南木措居委会、磁石乡加绕村2个“软弱涣散”村级党组织，结合开展的“三个专项斗争”活动进行整改。整合各驻村工作队办实事经费418万元，用于村级组织活动场所标准化建设，并先后2次对22个村（居）活动场所建设情况进行集中调研，对2018年实施的22个村（居）活动场所配置设施进行验收。推进党内基层民主建设，县委党建办制定下发《措勤县村级党组织议事规则》，在村级党组织中推行“四议两公开一监督”和“三务公开”工作法。以打造县（中）直单位党支部活动场所标准化建设为重点，将“党旗引领·大湖崛起”党建品牌提升年工作理念纳入标准化建设内容，围绕推进“八型”党组织建设要求，按照“十五有”标准规范县直机关党支部活动场所上墙制度、各项台账、场所布置、公开栏、会议记录、党员笔记等内容，督促各乡镇健全完善《乡镇党委议事制度》，规范基层党组织议事程序。组织党建品牌创建提升工作督导组，督促检查各级党组织开展“一支部一品牌”活动情况，评选出5份具有特色的党建品牌实施方案。完善干部包乡（镇）、村（居）工作，联系寺庙僧尼，联系贫困户，联系1名学生机制，县委常委、县级领导带头深入联系乡（镇）村（居）、寺庙、联系户开展调研。乡镇党委、政府、驻村工作队、大学生村干部、第一书记协助村“两委”制定发展思路29条，为村（居）解决实际困难27个。组织党员干部职工深入学习中共十九大精神，中共十九届二中、三中、四中全会精神，习近平总书记系列重要讲话精神，安排支部书记讲党课，组织党员观看廉政教育警示片等，强化党员干部思想武装。各部门依据人员变动调整情况，对党支部进行补选、改选或换届，先后16个党支部开展换届选举，18个党支部成员进行补选、改选。县直机关工委在每个党支部指定党建工作联络员2名，明确工作职责及相关要求，建立微信工作交流群。各党支部落实“双培养”工作，全年发展预备党员95人，106名预备党员转为正式党员。在“七一”期间，表彰奖励优秀党务工作者和优秀共产党员。

【廉政建设】 2019年5月9日，中共第九届措勤县纪律检查委员会四次全体会议召开，对全县深入推进全面从严治党、不断加强党风廉政建设和反腐败工作进行全面部署。利用年内各重要节点开展集体宣传活动、集中组织观看警示教育片、结合“不忘初心、牢记使命”主题教育开展各类宣传教育。累计开展宣传活动16次，发放各类宣传教育资料322份，组织全县集中观看警示教育片3次，各单位自行组织观看警示教育片8次，利用“拒腐防变每月一课”平台开展警示教育10次。5月21日，组织全县科级以上领导干部进行廉政知识测试，有100余名科级以上领导干部参加。加强监督执纪，全年提醒谈话43人，诫勉谈话4人，其中涉及扶贫领域提醒谈话37人，诫勉谈话3人，集体约谈各乡（镇）、县直各单位负责人52人次。对受理的问题线索初核了结20件，立案审查16件，结案12件，给予12人党纪政务处分。春节和藏历新年期间，县纪委监委组成专项监督检查小组，对全县各级党员干部公车私用、公款吃喝、公务接待、内部食堂等关键部位和薄弱环节进行监督检查。累计对61家县直单位、乡（镇）村（居）及各驻村工作队的人员在岗情况、维稳值班情况进行检查，对30家茶馆、餐厅、KTV、朗玛厅等餐饮和娱乐场所存在的干部职工公款吃喝、违规消费等问题进行检查，对县城加油（气）站和各乡镇储油点的值班情况和安全情况检查22次，对寺庙和拉康的驻寺情况检查2次。针对2019年脱贫攻坚工作涉及资金量大、工作任务服众、群众关注影响面大的情况，开展扶贫领域腐败和作风问题专项治理。举办纪检监察系统扶贫领域监督执纪业务培训班，以会代训，培训乡镇纪委书记、委员及巡察、纪检、监察干部职工。各乡镇纪检监察干部及县纪检监察机关干部27人参加培训。

改则县

【概况】 改则县位于西藏阿里地区东部，藏北高原腹地，东与那曲市的双湖、尼玛县相接，东南与措勤县相连，南与日喀则市的仲巴县毗邻，西与革吉县、日土县接壤，北以昆仑山为界与新疆维吾尔自治区交界。土地总面积135025平方千米。改则地处南羌塘高原湖盆区，全县地势高亢，平均海拔4500米以上。多为高山河谷地带，山势平缓，由西北向东南倾斜。境内有昆仑山、隆格尔山、达日龙、波杂、查多岗日、藏萨岗日、岗阿若、夏岗坚等主要山脉，海拔均在6000米以上，最高峰为乌斯腾达格峰，海拔6878米。水资源丰富，境内分布有大量冰川、河流（均为内流河）、湖泊、温泉和丰富的地下水。境内冰川主要分布在昆仑山脉、夏岗坚、藏萨岗日、琼布岗拉、昂龙岗日山脉等，总面积约7200万平方米，水质良好，是境内河流、湖泊、泉水的重要补给源。境内较大的河流（总长在20千米以上的）有12条，河流短小，且多是时令河，均属内流水系，主要河流有托和平河、米巴藏布等。全县位于藏北高原湖盆区，境内湖泊多是咸水湖，主要有麻米湖、洞错等。面积在60平方千米以上的湖泊有14个，黑石北湖为境内海拔最高的湖泊，湖面海拔5048米。境内散布大小约30个温泉（探明26个），较大的有夏岗坚温泉、康托微温泉、温泉湖温泉、高温泉、鸭子湖西微温泉等。

气候条件受海拔高度、远离海洋、深居内陆腹地等影响，具有明显的大陆性特色。全县的气候寒冷、干旱、日照长、辐射强、大风多。2019年全县整体气候特征是上半年处于气象干旱状态，下半年比历年降水量相对偏少。1月至5月总降水量0.5毫米，与历年同期降水量12.0毫米相比偏少96%；1月至10月总降水量为231.3毫米，与历年同期降水量254.0毫米相比偏少8.9%；日最大降水量为75.1毫米，与历年极值相比偏多38.2毫米。1月至10月，平均气温3.4℃，与历年同期4.4℃相比偏低1.0℃，月极端最低气温为-28.0℃，出现日期为1月15日。县城出现35个大风日数，县城极大风速为22.2米/秒（9级烈风），乡镇极大风速出现在察布乡31.9米/秒（11级暴风），日照时数充足。

野生动物资源丰富，栖息有国家级野生保护动物藏羚羊、野驴、野牦牛等。境内矿产资源丰富，已发现的主要有岩金、沙金、铜金、铂金、硼镁矿、天然碱、食盐、钾盐、冰洲石、石膏、煤矿、软玉石等，具有开发利用价值的有金矿、硼镁矿、铜矿以及卤虫、食盐等。

2019年，改则县辖物玛乡、洞措乡、麻米乡、先遣乡、察布乡、古姆乡6个乡及改则镇，47个村、2个居委会。全县常住人口26735人，其中城镇人口3003人，占总人口的11.23%；农牧民人口23732人，占总人口的88.77%。人口自然增长率13.9‰。有寺庙、拉康4座。全县实现生产总值74259万元，其中一产实现23093万元、二产实现12861万元、三产实现38305万元，形成三产占51.58%、一产占31.10%、二产占17.32%的三、一、二产业结构。社会消费品零售总额10409.7万元，地方财政收入完成5228万元，地方财政支出139570万元。城镇居民人均可支配收入40439元，农村居民人均可支配收入12132元。城镇失业率控制在2.3%以内。邮政储蓄余额2183.21万元。电信实现业务收入980万元。全年旅游接待5.08万人次，实现收入3168.38万元。工业总产值（现价）3076万元，工业增加值3292万元。供电公司发电量683.65万千瓦时，售电量423.8万千瓦时。完成货运量11.65万吨。年末各项存款余额10.2亿元，各项贷款余额4.16亿元。

【农牧业发展】 2019年，改则县蔬菜播种面积3.68公顷，产量88.42吨。年末各类牲畜存栏50.53万头（只、匹），其中牦牛5.98万头、马0.11万匹、羊44.44万只（山羊21.84万只、绵羊22.6万只）。肉产量2585.28吨，奶产量3386.64吨，各类皮张151213张。藏系绵羊良种选育推广项目落实在古姆乡珠玛日村，属于集体经济合作组织（联户放牧），参与牧户数182户758人，扶持贫困户39户153人。年末出栏藏系绵羊300只，收入22.5万元。年末象雄半细毛羊存栏1990只，象雄半细毛羊产羔370只，成活率93%；象雄半细毛羊作为父本、改则藏系绵羊母羊作为母本进行杂交扩繁的适龄繁殖母羊共628只，成活率91.4%。白绒山羊产羔280只，成活率91.7%，纯白度91.7%。春秋季口蹄疫共免疫注射牲畜103.07万头（只、匹），羊痘疫苗注射53.68万只，包虫病疫苗接种羔羊数15.89万只，春季牲畜强制疫苗、免疫率达到100%，免疫抗体率达到85%以上。完成犬驱虫工作，累计投药犬16327条次。

【脱贫攻坚】 2019年，改则县实现脱贫摘帽，建档立卡贫困人口人均可支配收入达到9568.01元。及时成立以党政一把手为组长的扶贫开发领导小组和脱贫攻坚指挥部，负责全县扶贫开发工作的统一领导。各乡镇相应成立脱贫攻坚指挥部，配备扶贫专干42名。各村（居）均设立精准扶贫办公室，配备第一书记1名和扶贫专干2名。制定出台《改则县“十三五”时期脱贫攻坚工作规划》《中共改则县委员会关于打赢深度贫困地区脱贫攻坚战三年行动计划（2018—2020年）》等20余个规范性文件，明确全县脱贫时间表、路线图、任务书。完善党建促脱贫工作机制，通过加强阵地建设，实现全县49个村（居）村级活动场所全覆盖，充分发挥党组织示范带头作用，将抢古村打造成为全区“牧区改革第一村”，将扎布村打造成为全区“红色文化第一村”。狠抓扶贫领域作风整治，组织督导考核组先后深入六乡一镇49个行政村（居）开展专项督查13次，共发现问题166条，均整改完成。成立以县委书记任组长的整改工作领导小组，县委、县政府主要领导先后50余次到脱贫攻坚一线指导反馈问题整改，对中央第三巡视组脱贫攻坚专项巡视反馈问题等八大类问题，主动认领231个，制定整改方案8个，细化整改措施638条，整改完成193个问题548条措施。“十三五”期间共投入1.26亿元，完成308眼机井和9个引水管道工程，实现贫困群众安全饮水全覆盖。通过落实“三个一批”分类救治，实现大病集中救治171人，慢性病签约救治688人，重病兜底救治11人，救治率达100%，开展家庭医生签约服务，组建签约团队48个，参与签约医生202人，先后完成家庭医生诊疗服务3.2万人次，群众满意率90%以上。投入1768.95万元实施315户危房改造，其中C类249户、D类66户。紧盯“十项提升工程”铲穷基，累计发放光伏设备1501套，全县乡镇公路通达率达100%，通畅率达100%；建制村公路通达率达100%，通畅率达80%；全县49个村（居）实现通信全覆盖，全县六乡一镇49个村（居）邮政投寄网点实现全覆盖；选派科技特派员94名，指导群众科学从事牧业生产，推广象雄半细毛绵羊、野血牦牛和白绒山羊等优良畜种；发放卫星接收设备1500余套；民间艺术团巡回演出64场次；实施医院改造项目4个，县人民医院顺利通过“创二乙”等级验收；实施老年人日间照料中心等4个项目，105名五保老人、55名孤儿实现供养、供上学，有意愿集中供养率达100%。

◆8月22日，自治区党委副书记、常务副主席庄严（前排左三）在改则县中学检查指导工作

【项目建设】 2019年，改则县开复工项目达145个（含招商引资项目），总投资55.28亿元，完成投资16.08亿元（含交通续建项目）。加快农村公路建设，国道216线区界至改则县完工72%以上。完成市政道路、供暖、综合管廊等市政项目建设，县城供电、供暖、供氧体系运转正常，市政道路便捷通畅。实现北部三乡和洞措乡供暖供氧全覆盖。总投资2600万元的县市政道路建设项目完成建设并投入使用。投入资金1768.95万元，实施危房改造315户。全面做好灾后重建，投入390万元，修缮受灾房屋102户（贫困户22户），修缮水渠、防洪沟、幼儿园围墙、厕所等基础设施。深入推进“厕所革命”，建成12座公共厕所并投入使用，使用率达100%。投资10054.15万元，在六乡一镇范围内实施建设289眼机电深井及7处管道工程。

【招商引资】 2019年，改则县通过并确定的招商引资项目共有11个，包括森郭服饰羊绒羊毛收购项目、洞措乡中国石化加油站、先遣乡加油站建设项目、普遍服务、邮政业务综合楼重建项目、商品混凝土搅拌站建设项目等，总投资1.2亿元，全年建设完成8个，完成投资8046.76万元。

【教育发展】 2019年，改则县投资4837.52万元，实施22个学校基础设施建设项目。对64名大学生进行资助，资助资金30.94万元。完成教师培训42人次。小升初考试中其他省（市）西藏班录取36人，全县考生中考总分300分以上达9人。小学适龄儿童入学率为99.81%，初中入学率为98.36%。累计完成221名辍学生劝学上学，对67名残疾学生开展“送教上门”。推进“五个100%”工作落实，全县中小学双语教学普及率100%、小学数学课程开课率和中学数理化课程教学计划完成率100%、中学理化生实验课程开课率达到99.5%。均衡教育顺利通过自治区评估验收。

【医疗卫生】 2019年，全县投资4481万元，实施县人民医院创“二甲”，新建住院部、门诊医技楼改造、信息化建设、医疗设备购置及配套设施等。投资209.87万元，实施物玛乡卫生院改扩建项目。依托校地合作和组团式援藏，对医务人员进行职业技能培训。组织开展包虫病患者救治工作，药物治疗89人、手术治疗26例。住院报销1028人次、500.18万元。完成贫困群众家庭医生签约服务7833人次，非贫困群众签约8000余人次，完成诊疗服务3.2万人次。

【社会保障】 2019年，全县发放城镇居民低保金117.74万元，发放农村提标资金33.68万元，做到应保尽保。医疗救助340人次，救助资金98.52万元。临时救助446人，救助资金144.66万元。有意愿集中供养的52人全部集中供养。采集社保卡信息22691条，发放社会保障卡21648张。兑现2019年度草补资金11020.7万元。收缴44家企业民工工资保证金765.8万元。

【文化事业】 2019年9月，先遣连纪念馆开馆；开展文艺下基层演出活动64场次；开展文化市场专项整治行动7次；新闻发稿213条，向西藏电视台报送新闻13条、被采纳6条，向地区电视台报送新闻193条、被采纳175条。播放爱国主义电影469场次，观看人数达17577人次。

【生态环保】 2019年，改则县推进玛日玛村、扎美仁村、丁固村等12个自治区级生态村（居）申报。以羌塘自然保护区为重点，实施自然保护区管护能力建设，建成23个管护站，有193名管护人员。充分利用49名环境网格化监管员、23个林业管护站、38名县级河（湖）长，确保县域内河（湖）不受污染。加大盗采沙金矿区生态破坏恢复治理力度。以县域建筑领域、交通公路建设、医废储存点、城镇生活垃圾卫生填埋场、饮用水源地保护为重点，开展环境执法工作检查24次。严把环评审批关，全年审批环境影响登记表及备案项目163个；落实环境影响评价制度及“三同时”制度，禁止未批先建行为，环境影响评价执行率为100%。投资124万元委托西藏博源环境检测有限公司对全县主要水体、集中式生活饮用水水源的水质、县城空气质量和土壤环境质量进行监测，县域环境质量保持良好。制定《改则县高污染燃料禁燃区划定方案》，依据改则县城总体规划，县城规划禁燃区总面积2576.16亩。结合“全民国家安全教育日”活动，宣传环保相关法律法规，发放农村环境保护知识问答册（藏汉双语版）100册、竹篮50个、纸杯500个、布袋子200个。

【援藏工作】 2019年，改则县完成援藏投入资金3200万元，援藏项目3个。县人民医院改造工程建设项目1385万元；县双师课堂信息建设项目800万元；县优质蔬菜生产基地建设项目1015万元。第九批援藏干部到任后，协助终端公司安排捐赠手机350部，向县建档立卡贫困户发放；协助西藏公司专项实施购买改则县扶贫消费产品35万元。

【党建工作】 2019年，改则县有党组织112个，其中党委9个、党总支1个、党支部102个；有党员3303人，其中牧民党员2302人、机关党员930人、离退休党员50人、个体非公党员21人。全年发展牧民党员49人，培养入党积极分子325名。结合“不忘初心、牢记使命”主题教育总要求，深入学习习近平新时代中国特色社会主义思想、中共十九届四中全会精神778次，利用“学习强国”“党员小书包”“网信改则”等网络载体拓宽学习载体，召开专题学习会1200余次，撰写学习交流发言材料3212份、心得体会8612篇。按照机构改革相关要求，组织实施37个党政机构（党委机构8个、政府机构29个）改革。以文化路为中心，统筹区域资源，选取富隆商贸有限责任公司、梁氏科技有限公司、扶贫商业综合体为主体，采取政企联建、个体工商户挂靠的方式，打造以县文化路为基础的商圈党建。加强村级组织活动场所建设，签订村级组织活动场所标准化建设目标责任书49份，安排490万元用于全县49个村（居）标准化内涵建设，打造村级活动场所示范点10个。投入114万元实施县直机关党支部“双提双促”标准化建设工程，搭建与西藏民族大学校地合作平台，建设“羌塘腹地·红色改则”党建品牌社会实践基地，西藏民族大学选派党建指导员指导改则县基层党组织标准化建设，制作标准化台账样本36本，细化标准措施37项。落实县处级包乡、科级干部包村、一般党员一对一的帮扶工作机制，全县干部职工结对帮扶2004户7787人次，为群众答疑解惑、解决实际困难4000余件。统筹协调300万元扶持壮大村级集体经济建设6个，开展农牧民技能培训班6期，专题讲座2次，参与人数610人次。先遣连纪念馆、扎布村村史馆为主阵地的“先遣之光、先遣之路、红色扎布、新旧之别”四大主题展区同步开馆使用。投资279万元打造改则县抢古村牧区改革第一村村史馆。发挥县委党校、基层党组织活动阵地在党员干部教育培训中的主渠道、主阵地作用，开展中共十九大精神专题培训班6期，参与人数846人次；执行《改则县2018年村“两委”干部培训计划》，实现279名村“两委”干部轮训一遍；开展“党的恩情照边疆·阿里人民心向党”基层宣传思想文化阵地建设，开展各类群众文化活动230余次，发挥49个村级组织活动场所政治作用，开展爱国主义教育宣讲活动196场次，参与人数2.38万人次。

【廉政建设】 2019年，改则县严肃查处党员干部作风方面违纪违规问题，开展监督检查16次。开展节日期间监督检查5次，发现问题57条，问题线索1条；开展节前约谈2次，约谈提醒单位负责人89人次。深入排查扶贫相关案件问题线索，共监督检查11次，发现问题141条。全年受理扶贫领域问题线索14件，办结14件，诫勉谈话4人，约谈9人，给予党纪政务处分12人。充分运用第一种形态，开展约谈106人次，占“四种形态”的82.7%。落实中央八项规定精神，坚持日常检查和集中督查相结合，以“三大节日”、国庆等时间节点为契机正风肃纪，受理问题线索45件，立案24件，初核了结9件，对17人进行约谈和谈话提醒，对9人进行诫勉谈话，给予党纪政务处分24人，其中党内警告处分9人、党内严重警告处分7人、撤销党内职务1人、政务记过处分5人、降低岗位等级处分1人、撤职处分1人、开除党籍1人。运用第二种形态占15.8%、第三种形态占1.4%、第四种形态0.7%。利用五月廉政宣传月组建廉政宣讲团8个，深入各村居开展廉政宣讲活动35次，覆盖32个行政村，参与人数2000余人次；自制“改则县扶贫领域腐败和作风问题典型案例汇编”“不忘初心、牢记使命”主题教育党风廉政警示教育月宣传手册，向各乡镇及县直各部门发放各类宣传手册共计500余本。组织84名干部职工到县人民法院庭审现场，“零距离”观摩公诉人宣读起诉书、法庭调查、出示证据、法庭辩论等全过程。严格把关各单位、党员干部的廉政意见回复工作，在干部提拔、评优评先、职级晋升、工作调动等工作中认真审核，全年出具各类廉政意见复函102批次、559人次。

革吉县

【概况】 革吉县地处西藏自治区西部，东与改则县相接，西与噶尔县相连，南与普兰县、日喀则市仲巴县为邻，北与日土县接壤。全县平均海拔4700米以上，县城海拔4567米，县域内6000米以上的山峰21座，其中最高峰无名峰海拔6434米。县境内有大小湖泊90余个，著名的外流水系森格藏布（狮泉河）发源于革吉县革吉镇境内。气候为高原内陆亚寒带干旱季风气候，年日照时数3110.2～3545.5小时，年降水量70.0～100.0毫米，年雨雪日19天。县政府驻革吉镇，距狮泉河镇117千米，距自治区首府拉萨1640千米。辖四乡一镇（亚热乡、盐湖乡、文布当桑乡、雄巴乡、革吉镇），18个行政村和2个居委会，52个村民小组。全县总人口19072人，其中牧业人口17107人（4324户）、城镇人口1965人。全县土地总面积46104.28平方千米，其中草场面积5638.49万亩，可利用草场面积4784.84万亩。以第一产业为主，主要牲畜包括牦牛、绵羊、山羊和马等。农作物播种面积695.65公顷，粮食播种面积26.7公顷。国家级野生保护动物有藏羚羊、黄羊、藏野驴、野牦牛、黑头角雉、黑颈鹤、天鹅、金丝野牦牛、赤麻鸭等，已探明矿产资源有砂金矿、硼镁矿、硼晶、硼砂、盐矿、铜矿、铅矿、锌矿、铁矿等矿种，盐湖乡硼镁矿储量居全国第二、西藏第一。特色产品有雄巴乡民族手工业的特色服饰及民族手工艺品，那普藏药厂的藏药、藏香，盐湖的天然浴盐。有寺庙、拉康5座，僧尼37人。2019年，全县生产总值5.5302亿元，比上年增长19%；一产产值12861万元，比上年增长10%；二产产值14648万元，比上年增长9%；三产产值27793万元，比上年增长30%；全社会固定资产投资4.8729亿元；社会销售品零售总额9779.7万元；地方财政收入1793万元，比上年增长8%，地方财政支出92381万元，比上年增长48%；城镇居民人均可支配收入40133元，比上年增长10%；农村居民人均可支配收入11945元，比上年增长11%。

【农牧业发展】 2019年，革吉县研究制定《革吉县牧区改革定期研究制》《革吉县牧区改革总结汇报制》《革吉县牧区改革督查推进制度》《革吉县牧区改革评比考核制》等制度措施，全面推动牧区改革。全县草场经营权流转668户，流转面积达441.79万亩；联组联户放牧898户，解放富余劳动力559人；培育牧业生产大户183户；培养新的生产业态44家（牦牛基地、牛羊肉加工厂、畜产品销售店、生鲜冷链、畜产品加工厂、12个行政村育培基地），其中2家运营、4家在建。推广白绒山羊400只，建成绒山羊养殖示范户215户。其中革吉镇康巴列村34户、加布村40户，亚热乡塞利普村34户、江玛村41户，盐湖乡羌麦村33户、羌堆村33户。推广和选育优质种公羊数量达到100%。酸奶产量350千克，绒产量68.2千克，折合人民币22050元；将10个项目发包由县内有资质的当地牧民施工队承建，总投资达1555.56万元，创收58.78万元。落实草原生态保护补助奖励机制，至9月30日兑现资金4074.54万元；成立由县委书记任组长、分管副县长任副组长的农村集体经济组织产权制度改革领导小组，指导全县的集体产权制度改革，并解决相关工作经费，于10月30日完成全县集体资产清产核资。

【工业发展】 2019年，革吉县市管部门登记注册的民营企业或中小企业共74家，注册资本或认缴资本达34954万元，主要涉及矿产、制造、民族手工、建筑、绿色饮食等行业。有中国电信、中国移动和中国联通3家通信企业，从业人员43人，建设通信基站50个，用户数量超1.3万户，光纤宽带用户达到2584户，县城及乡镇共有营业场所（点）15个，年营业额达1792万元。革吉县自2015年实现工业“零”突破，先后引进平安加油站、革吉商砼站、南充大酒店，争取国家资金建设盐湖铁皮加工厂、雄巴民族服饰加工厂、羊毛加工基地、生鲜冷链基地、牦牛养殖基地等一批制造业、民族手工业、绿色饮食业。全年工业产值达1285万元，比上年增长8.9%。

【商贸、服务业发展】 2019年，革吉县从事商贸、饮食服务的商家有455家（茶馆126家、汉族餐馆13家、回族餐馆4家、超市11家、蔬菜店14家、宾馆20家、其他商店267家），物流2家（邮政1家、快递1家），邮政物流辐射到乡镇。加油站4家。其中，中石油1家，平安加油站1家，亚热乡加油站1家，撬装（雄巴乡）加油站1家。私人加油站2家，加气站1家。参加阿里地区第五届农畜产品交易会，总销售额1016.56万元。其中，销售牛905头，销售额772.47万元；销售羊2518只，销售额222.53万元；藏香、藏药销售额3.9万元；酥油销售额44890元；其他13种类（手工艺品、奶渣、糌粑等）销售额131754元。

◆2月19日，西藏自治区党委书记吴英杰一行工作组到革吉县盐湖乡督导检查脱贫攻坚工作。图为吴英杰（右三）一行在盐湖乡农贸批发市场听取经营情况汇报

【特色产业发展】 2019年，革吉县投资1900万元实施革吉县亚热乡游客综合服务站，投资2000万元实施革吉县特色农畜产品生鲜冷链物流配送建设项目，投资2600万元实施革吉县12个行政村牲畜添置项目，投资168万元实施革吉县康巴列村特色产品销售点建设项目，投资1300万元实施革吉县亚热乡绵羊短期育肥基地，投资1500万元实施革吉县绵羊养殖育肥基地工程建设项目，投资800万实施夏玛村人工种草及灌溉设施建设项目，并与1064名建档立卡贫困户建立利益联结机制。

【脱贫攻坚】 2019年，革吉县狠抓产业扶贫、易地搬迁等扶贫措施落实，突出解决贫困人口增收和“十项提升工程”等关键工作，激发群众脱贫内生动力，实现323户1047名贫困户脱贫、8个贫困村（居）退出的任务目标，贫困发生率从25.75%下降至零，实现全县如期摘帽。

【项目建设】 2019年，革吉县重点建设项目69个，总投资15.8亿元，完成全社会固定资产投资7.94亿元。新增项目17个，总投资2.06亿元。至年底，开复工500万元以上项目39个，完成固定资产投资5.92亿元，完成年度目标任务的77.2%；开工建设500万元以下项目47个，完成投资2991.9万元。由革吉县担任法人并纳入地区重点项目44个，到位资金3.79亿元，开复工项目34个，完成投资1.07亿元。全县市政基础设施EPC建设项目总投资42093.94万元，建设内容主要包括综合管廊、给水、排水、集中供热4个分项工程，于5月底复工，9月中旬完成县城集中供暖工程竣工验收和给排水工程、综合管廊建设项目初步验收，实现全县集中供暖。推进国土绿化、消除“无树户、无树村”及城镇绿化，全县植树1.6万株。组织完成8个行政村申报自治区级生态村和4个乡镇申报自治区级生态文明乡镇工作，并全部通过评审和现场核查。廉租房配套附属设施建设项目，总投资302.09万元，建设内容为新建停车场450平方米、道路硬化320平方米、围墙加高30米、新建库房310平方米、新建院墙1247米等附属设施；2018年公租房配套附属设施建设项目，总投资369.4万元，建设内容为新建停车场1810平方米、新建暖廊377.9平方米、道路硬化100平方米、新建库房212.58平方米、新建住户院墙940.50米等附属设施，该项目于9月25日竣工验收，并投入使用；2018年棚户区改造建设项目，总投资达794.47万元，项目主要建设内容为拆除占用消防通道的违规院墙和库房，新建院墙和库房和暖廊修复等，于10月中旬竣工验收；革吉县2018年建档立卡贫困户133户D级危房拆除重建项目，确定2019年C级危房120户、D级危房拆除重建43户，主体工程全部完成投入使用。实施革吉县2019年农村饮水安全巩固提升工程（扶贫资金）。规划“十四五”水利项目10个。接康巴线（k39+000）至康巴列村公路改建工程、国道317（革吉镇）至公前村公路改建工程、国道317线（文布当桑乡）至罗玛村公路改建工程完成项目建设；协调羌堆村、多仁村、却藏村、塞利普村4个村通硬化路项目；实施文布当桑乡农村客运服务站、亚热乡农村客运服务站项目建设；加快革吉县国道317至布贡村一组农业点等16个公路安全生命防护工程建设。投入482.31万元，组织致富带头人和村合作社等力量进行农村公路日常养护；投入260余万元，对水毁较严重、安全隐患较大的6条公路进行整治；二次养护县、乡、村主干道公路763千米。

【教育发展】　2019年，革吉县落实“三包”及营养改善教育惠民政策，完善贫困家庭学生资助体系，实施资助和送教上门服务，2019—2020学年，全县7～15周岁适龄残疾儿童（少年）98人，随班就读17人，送教上门81人；全年兑现32名建档立卡大学生资助资金20.46万元。加大“控辍保学”力度，制定实施《革吉县“控辍保学”实施细则》《革吉县脱贫攻坚“控辍保学”工作实施方案》，实施“一校一对策、一生一责任人”的帮扶机制，确保建档立卡学生不漏一人。开展“三联三进一交友”“四讲四爱”“五讲五看五做”和“民族团结七进活动”等教育实践活动和“寻找最美孝心少年”“阳光体育艺术”等系列活动，促进学生德智体美全面发展。

【医疗卫生】　2019年，革吉县投入本级财政资金166万元和公立医院改革资金300万元，实施县人民医院信息化建设和添置医疗器械、120急救站建设项目、水电改造项目；投资200万元，实施亚热乡卫生院改扩建项目；投资250万元，实施三乡一镇卫生院暖廊建设项目；投入健康扶贫专项资金150万元，改善乡镇卫生院和村卫生室服务功能和服务水平；投资250万元，实施120急救站及附属工程建设项目；投资218万元，实施县妇幼保健站项目（因拆迁问题无法实施）。开展三级医院和城市医院帮扶，北京医院选派5名医务人员、渭南市中心医院选派6名医务人员入驻革吉县人民医院开展医疗帮扶；西藏自治区第三人民医院选派6名医务人员入驻雄巴乡、亚热乡卫生院帮扶高海拔边远乡镇卫生院。家庭医生签约1375人（建档立卡签约993人，非建档立卡签约382人）。与阿里地区人民医院、阿里地区藏医院、西藏阜康医院、西藏自治区人民医院、西藏自治区藏医院签订实施“先诊疗、后付费”就医模式，有216人享受“先诊疗、后付费”就医。接种乙肝疫苗、卡介苗、脊灰疫苗、百白破疫苗等各类疫苗3985人。做好鼠疫防控、包虫病综合防治、“三病”综合防治、儿童先天性心脏病筛查救治和唇腭裂、精神障碍筛查和白内障救治。

【社会保障】　全年农牧民住院、门诊特殊医疗费用报销1707人次，报销金额743万元（建档立卡贫困户335人次，报销金额140万元）。受理医疗救助264人次；发放医疗救助资金318855元。参加基本养老保险11038人，城镇职工参加基本养老保险1141人；参加新型农村养老保险11002人，其中建档立卡户2511人。领取养老保险待遇1187人。参加新型农村合作医疗16285人，参合率96%。参加城镇失业保险578人。城镇居民中有58人得到政府最低保障金。

【生态环保】　2019年，革吉县制定《革吉县2019年环境质量监测方案》《革吉县主要河湖水质监测方案》，聘请专业环境检测公司对环境质量进行检测，包括县城饮用水源地水质检测、县城空气质量检测、县地表水（国控监测断面）水质检测、农村环境质量试点监测（空气、地下水、土壤）以及重点污染源（县城生活垃圾卫生填埋场）监督性监测（空气、地下水、土壤）、县域内26条主要河湖的水质监测。围绕“2·2”世界湿地日、“3·22”世界水日、“4·22”世界地球日、“6·5”世界环境日等主题宣传活动，发放环保知识宣传册700余册，环保知识进校园宣传册500余册，三大攻坚战知识宣传单900余册，全国第二次污染源普查知识宣传册800余册，环保袋2000余个，悬挂横幅8条，全县人居环境整治出动人数13484人次、车辆346辆次，组织大小卫生清理158次，清理各种垃圾废弃物242.4吨，开展环保宣传13次，发放宣传单2800余份，张贴宣传标语和宣传栏84幅（面）。配合对县域汽修行业进行统一排查，制定废机油、废电瓶回收台账，及时收集废机油、废电瓶，并转运至地区暂存点。组建“革吉县环境保护网格化管理”网络，确定20名村级环境保护监督员，明确职责，环境保护工作深入基层，全年网格化补助资金6万元于12月全部兑现完毕。

【援藏工作】 中国联通第九批援藏队于2019年8月4日到革吉县报到，8月5日正式开展工作。先后多次下乡、深入项目现场走访调研，协调县受援办、发改委、项目管理中心、质监站等召开专题推进会、现场协调会，推进受援项目建设。做好“十三五”联通援藏项目和计划外项目的跟进，推动完成援藏项目3个，顺利启动援藏项目4个，新申请援藏资金2000余万元，围绕革吉县“十四五”整体社会经济发展规划所需，工作组认真审核相关上报项目，从项目源头强化项目可行性分析和经济运营效果研判，推动项目的整体质量。同时，根据实地调研考察，向中国联通集团争取更大援藏力度，申请2020年援藏资金5000余万元。

【党建工作】 2019年，革吉县相继投入690万元资金，成功打造阿里（革吉）直属库红色爱国主义教育基地。投入资金40余万元，建设平安讲堂、平安展览室，设立“占堆调解室”，总结探索出基层治理“四法”等。投入22万余元，重点打造革狮一级检查站等“四个一”党员便民服务点，建立党员流动服务站1个、党员便民综合服务中心5个，设立党员示范服务岗12个，精准选派119名“六个一”工作队伍，发挥党组织和党员在“三项斗争”中的先锋模范作用，扩大典型示范带动力。撤销党支部5个、保留党支部8个、重设党支部8个、新设党支部1个。根据《中国共产党农村基层组织工作条例》要求，党员人数超过50名的12个村，按照规定程序，相继成立12个党总支，下设32个党支部。严把党员入口关，全年发展党员95名，培养积极分子240名。制定出台《关于在牧区党员中开展“我带头、走前头、我示范、促脱贫”专项活动的实施方案》《“守初心、我带头，办实事、解难事，促帮扶”主

◆6月19日，革吉县在政府二楼会议室召开受援工作座谈会

题实践活动》等，培养党员致富带头人35名，帮助群众增收40.86万元。三级书记遍访工作实现全覆盖，开展百名干部下沉活动，深入牧户、深入帐篷开展“四摸清”“五讲清”等。依托“1+1+20”党员干部教育体系，突出政治教育培训为主，举办各类培训5期，培训人数共计172人，各乡镇党委深化村居干部文化素质提升工程，创新开展“传帮带”，共举办18期培训、培训人数456人次，相继选派28名优秀党员干部外出培训。聚焦“八个阵地”“十大功能区”，在实现村居组织活动场所和县直机关党支部活动场所标准化“双覆盖”基础上，整合各类资金245.87万元用于村级组织活动场所内涵建设，规范《革吉县村居组织活动场所使用管理办法》等45项制度，投资60余万元对县（中）直22个机关党支部活动场所进行升级改造，坚持一村一策，整顿提升软弱涣散基层党组织2个。全县有101个基层党组织开展主题教育，总体评价“好”的为99.8%。开展专题学习研讨456场次，集体学习268场次，专家学者、领导干部讲党课97场次，对学习贯彻习近平总书记治边稳藏重要论述和重要指示批示精神不深不透、工作不敢担当等方面73个突出问题进行整改，为群众办实事、办好事285件。

【廉政建设】 2019年，革吉县制发《革吉县纪委关于成立扶贫领域腐败和作风问题专项治理办公室的通知》，按照要求抽调乡镇纪委委员成立专项治理办公室，制定例会制度等相关规章制度。受理扶贫领域问题线索60件，约谈2人，提醒谈话7人，诫勉谈话1人，立案6件，给予党纪政务处分8人。开展扫黑除恶专项斗争，制定《革吉县纪委监委联席会议制度》《革吉县纪委监委关于革吉县各职能部门案件移送机制》等制度。设立举报电话、奖励机制，主动与县扫黑除恶专项斗争小组办公室加强联系，与县委政法委、公安局、检察院、法院分别建立协调联系机制。开展不作为慢作为、文山会海等形式主义、官僚主义集中整治等。开展五月廉政文化宣传月活动，制定《革吉县五月廉政文化宣传月活动实施方案》，通过讲授党课、播放警示教育片、举行法治讲座等方式，加强反腐倡廉建设，纪委书记讲廉政党课1次，邀请地区律师开展革吉县法制讲堂1次，参与干部共计200余人次。5月，在县电视台滚动播放警示教育片4部，深入各乡镇发放宣讲手册200余份，参与群众达300余人。开展“不忘初心、牢记使命”主题教育、党风廉政建设主题教育月活动，通过广泛学习教育、观看典型案例、开展交流研讨、参观警示教育展板、组织参加党风廉政建设知识网络测试等形式，推动主题教育党风廉政警示教育月活动取得实效，全年平均各党支部观看警示教育片4次，学习典型案例通报6次，干部职工个人学习笔记字数均达3000字以上，组织全县干部职工观看警示教育展板、召开警示教育大会各1次，开展监督检查4次。细化《党风廉政建设目标责任书》，制定“两个责任”清单，开展集体廉政谈话、任职谈话和集体约谈4次，督促县直党组、乡镇党委落实主体责任，开展监督检查3次，当场反馈意见11条。严把“党风廉政意见回复关”，出具廉政意见书91份。召开党风廉政建设和反腐败协调会议3次。强化巡视整改，推动工作落细落实。中央第三巡视组反馈问题整改，发现问题9类，其中个性问题30个、共性问题24个，全部整改完成并长期坚持；九届区党委巡视反馈问题整改，反馈3类5个问题，县纪委监委制定整改措施16个，全部整改见效并长期坚持；区党委巡视四组反馈问题整改，共计反馈2类4个问题，县纪委监委制定整改措施20个，全部整改完成并长期坚持；对四乡一镇巡视整改工作开展监督检查2次，发现并反馈问题9个。

噶尔县

【概况】 噶尔县位于西藏自

治区西北部，阿里地区西南部。东与革吉县毗邻，南与普兰县、札达县接壤，西北同克什米尔地区接壤，北与日土县相连，是西藏21个边境县之一。土地面积1.99万平方千米，平均海拔4500米以上（县城所在地海拔4277.38米）。属于高原亚寒带干旱气候，年平均气温0.5℃左右，最热月均温14.2℃，最冷月均温-12.7℃，县城所在地狮泉河镇冬季极端最低气温-41℃，夏季极端最高气温21℃。年平均降水量73毫米，主要集中在7、8月份，干燥寒冷，太阳辐射强，日照时数长，昼夜温差大，气温随海拔高度呈垂直变化，一年四季可降雪。噶尔县是西藏大风日数最多的县之一。由于地处西风带内，受高空西风气流的影响，多半年盛行西风，而且风大、风频。主要灾害有雪灾、旱灾、洪水、泥石流、滑坡、霜冻、风沙等。境内河流众多，水能资源较为丰富，森格藏布发源于冈底斯山脉西段主峰冈仁波齐峰的北侧，有6条较大支流，是印度河上流的主干流。噶尔藏布流域面积6060平方千米，年平均流量20亿立方米。与太阳能、风能形成能源互补优势。林地面积158633.511公顷、占8.98%。非林地面积1608338.539公顷，占91.02%，森林面积147781.581公顷（数据来自森林二调数据）。农作物有青稞、油菜、蔬菜、豌豆等。耕地面积469公顷。空气中水汽含量少，空气洁净，气候干燥，日照充足，太阳能资源比较丰富。朗久地热田位于冈底斯—念青唐古拉褶皱带西段。哲达布日地热显示区位于噶尔县门士乡境内。已探明矿产资源有铬、镍、钴、铜、沙金等金属矿产和硼、钾盐、芒硝、天然碱、蛇纹岩、白云岩、石灰岩、石膏等非金属矿产。国家Ⅰ级重点保护野生动物有雪豹、藏野驴、藏羚羊、野牦牛、黑颈鹤、胡兀鹫、金雕、秃鹫、黑头角雉等；国家Ⅱ级重点保护野生动物有藏原羚、岩羊、盘羊、棕熊、藏雪鸡、藏狐、赤狐、香鼬等。旅游景点主要有加木红柳公园、阿里暗夜公园、古入江寺、芝达布日寺、那木如温泉度假区、阿里分工委遗址（西藏自治区文物保护单位）等。特色产品有藏辣椒（县卫生服务中心制作）、藏香（古入江寺）、酸奶（昆莎乡）。寺庙4座、拉康1座。全县辖四乡一镇15个村（居），总人口24910人，其中农村人口7510人。民族有藏族、汉族、回族、维吾尔族、蒙古族、苗族、彝族、壮族、布依族、满族、侗族、土家族、土族、瑶族、白族、哈萨克族、纳西族等。2019年，全县完成生产总值41305万元，比上年增长14.5%，其中第一产业6246万元、第二产业完成12870万元、第三产业完成22189万元。依托狮泉河镇产业聚集区的建设加快经济和产业的发展，三产比例15.1：31.2：53.7，第一、第二产业比重下降，第三产业比重增加。全社会固定资产投资11.04亿元，增长43%；地方财政收入5592万元，比上年下降27.33%；地方财政支出93171万元。年末城乡居民储蓄存款

◆4月1日，中共噶尔县委九届五次全会暨经济工作会议在县会议中心召开。地委委员、县委书记高宝军（主席台左四）出席会议并讲话，地区政协副主席、县委副书记、县长卫东（主席台右三）主持会议

余额929576万元。城镇居民人均收入40001元，比上年增长10.3%，农村居民人均纯收入12811元，比上年增长12.2%。全县工业总产值579万元，规模以下工业增加值496万元。发电量84.35万千瓦时。全县社会消费品零售总额实现10.77亿元，比上年增长9.3%。其中，零售业市场是市场消费的主体，批发零售业实现零售额7927.6万元；住宿餐饮业实现零售额2843.2万元。旅游接待248592人次，实现旅游收入3.5亿元。完成邮政业务总量176万元。

【农牧业发展】 2019年，噶尔县粮食种植面积296.31公顷，粮食总产量375.9吨。蔬菜种植面积78.36公顷，蔬菜产量1125.1吨。草场总面积16857170亩，牲畜存栏163943头（只、匹），牲畜出栏35716头（只、匹），肉类总产量809.6吨，奶类产量1354.2吨，羊毛产量106.63吨，羊绒产量21.7吨，皮张产量12199张。

【脱贫攻坚】 2019年，噶尔县开展"脱贫攻坚巩固提升年"和"扶贫领域作风建设年"活动，建档立卡贫困户464户1585人。产业方面，截至8月底，8个产业项目带动649户2533人，稳定就业298人，带动增收391万元。转移就业方面，通过"自办、联合、输送"等方式开展培训10期，参训人员159人（贫困户52人），培训后就业79人。转移就业1836人次，实现创收1126.61万元。

【项目建设】 2019年，噶尔县实施项目53个，其中续建项目15个、新建项目38个。农牧业项目完成投资1530.4万元，水利项目完成投资3842.29万元，生态环保项目完成投资760万元，教育体育项目完成投资1767万元，林业项目完成投资7500.39万元，产业项目完成投资7205.95万元，政法项目完成投资2926万元，基础设施建设项目完成投资10224.66万元。基础设施建设项目，完成城区三期改造提升工程，实施垃圾分类收储、城区环境卫生整治和市政路灯、护栏、公厕、道路的接管工作。环城北路"两违"建筑和"大棚房"全面拆除。噶尔县生态农业产业园建设项目，总投资1209万元，完成投资1192万元。2019年四乡一镇绿化美化提升项目，总投资2344.47万元，完成投资2227.25万元。噶尔县昆莎乡索麦村防洪堤工程（年内完工），总投资179.89万元，完成投资170.9万元。

【招商引资】 2019年，噶尔县招商引资入驻企业12家。协议投资金额196203.65万元，实现招商引资6.09亿元，实施招商引资项目13个（清洁能源产业3个、现代服务业8个、边贸物流产业1个、房地产1个），完成投资60309.8万元。年初园区管委会与入驻11家企业签订《2019年消防及安全生产责任书》《2019年环境保护责任书》及《2019年社会治安综合治理责任书》。开展招商项目落地工作。新入驻4家企业成功通过由噶尔县自然资源局牵头举行的招拍挂程序。拍卖成交价为永先商贸133万元、俊兰节能建材142.38万元、瑞博太阳能141.56万元、源沣泉安全玻璃188.5万元。园区管委会推进企业落地，完成投资850.8万元。7月下旬，委托湖南宝信云建筑综合服务平台股份有限公司西藏分公司对园区1500亩用地开展《西藏阿里地区狮泉河生态产业园控制性详细规划》编制，经过现场勘察、资料收集，于8月9日形成规划初稿，副县长蒲东主持召开噶尔县产业园区规划对接会，予以初次审查；于8月26日形成正式成果方案并参加噶尔县行业部门评审会，于9月8日完成定稿《阿里狮泉河生态产业园控制性详细规划》，待行署审批。

【社会事业发展】 2019年，噶尔县有学校15所，其中小学3所、幼儿园12所。在校生1384人，其中小学808人，在园幼儿576人。教师148人，其中小学92人、幼儿园53人、局属事业人员3人。小学净入学率100%，学前三年毛入园率

◆9月24日，噶尔县在新政府广场开展以“礼赞新中国·讴歌新时代”为主题的文艺会演

88.09%。全县有医院1家，乡镇卫生院5个，村卫生室12个。县人民医院创“二乙”顺利通过验收。狮泉河镇卫生院共为672户康乐新居搬迁户完成家庭医生签约，其中为22名慢性病患者制作签约服务手册，定期上门提供医疗卫生服务，并建立服务工作台账，其他四乡卫生院为132户建档立卡贫困户慢性病患者完成家庭医生签约服务。专门定制“噶尔县建档立卡贫困户就诊卡”，初步为康乐新居搬迁户群众进行试点。加强日常监督检查，受理公共场所卫生许可证53家，办理卫生许可证53份。组织联合执法检查2次，卫生监督单独执法5次。全县城乡居民养老保险参保人数5352人，其中年满60周岁以上待遇领取人654人，上半年发放基础养老金347073.16元。完成51家单位1069人的统筹申报。参加城镇失业保险423人。全县五保人员30人，其中集中供养20人、分散供养10人。城镇居民最低生活保障对象242户517人，农村低保户9户17人。享受寿星老人补贴108人。临时救助37人，救助资金达到21万元。全年实现城镇就业再就业300人，城镇登记失业率2.5%。96名应届高校毕业生实现全部就业。5个乡镇职工之家规范运营，友谊小区改造提升全面完成，用水、用电、供暖更有保障。

【生态环保】 2019年，噶尔县以城镇提质和“无树村、无树单位、无树户”消除为重点，加强城区、5个乡（镇）、15个村（居）、地县单位和农牧民庭院的绿化美化，全年栽植各类树木30.6万棵，种植花草15.3万平方米，培育苗木200亩，种植牧草2万亩，完成蝗虫灾害消杀5.3万亩。

【援藏工作】 2019年，陕西省第九批援藏工作队噶尔县工作组一行共9人走村入户针对农牧民的生活状况、人口分布、经济情况以及文化程度等进行调研，开展医疗援藏、项目援藏，重点援建民生工程、边境小康村建设。利用每年杨凌农业博览会平台，对接阿里地区同其他省（市）的联系，将阿里高原特有农产品和旅游资源向陕西省、全国及目标外国进行推介，助力藏西高原快速高质量发展。加大农牧区聚居社区建设、农牧业综合开发、精准扶贫力度，推进农牧民住房、安全饮水等工程建设。实施噶尔县农牧业综合开发项目二期工程和噶尔县昆莎乡扩建暖廊及外墙粉刷建设项目，涉及援藏资金691.57万元。引导援藏资金项目向边境一线倾斜，加大对索多村建设的投入力度，建设初具规模。典角村一期、二期和鲁玛村等边境小康村建设累计投资近2亿元，建筑面积61061平方米，惠及1000户3200人。推动基层基础设施建设，投资140万元，对村级卫生室进行标准化建设，总面积近390平方米，年内投入使用。医疗援藏方面，援藏医生李锋实施县人民医院首例腹腔镜胆囊切除术、首例腹腔镜阑尾切除术、首例腹腔镜肝囊肿开窗引流术、首例无缝合手术切口、首例肠梗阻粘连松解术、首例包皮环切术等手术，填补全县普外科多项技术空白。完成三级手术22台，二级手术3台，一级手术5台，医院普外科水平达到二甲医院标准。下乡义诊回访患者10余次，取得良好的社会效益。陕西省第二、第四人民医院专门选派6名业务骨干指导和帮助县人民医院完成创“二乙”任务。陕西省铜川市人民医院全力支持和帮助噶尔县医疗人才培养工作，接受县医院2名医护人员为期3个月的培训学习。

【党建工作】 2019年，噶尔县有基层党组织98个。其中，基层党委6个（乡镇基层党委5个、公安局基层党委1个），党总支9个（教育系统党总支1个、农牧区村党总支7个、城镇居委会党总支1个），党支部83个（县直机关党支部27个、乡镇机关党支部5个、农牧区村党支部5个、城镇居委会党支部2个、农牧区作业组党支部31个、寺管会党支部3个、公安局党委下属党支部5个、教育系统党总支下属党支部4个、产业园区党支部1个）。党员总数1765名。其中，少数民族党员1545名；机关党员805名，农牧民党员891名，退休党员65名，个体工商户党员4名；女党员580名，男党员1185名；35岁以下党员803名，60岁以上党员159名；大专及以上学历党员752名。以“不忘初心、牢记使命”主题教育为抓手，开展“作风建设年”活动，强化政治建设、队伍建设、阵地建设、集体经济建设、党风廉政建设。制发《噶尔县2019年党建品牌创建工作巩固年实施方案》，推进党建五项建设。多渠道筹措资金300万元，建设加木村村史馆并投入使用。向上级部门争取资金120万元，将两个第一村打造成引领全县基层党建提质增效的标杆。开展扫黑除恶打非治乱专项斗争，加大软弱涣散基层党组织整顿力度，开展党员干部“七进”活动，依托驻村工作队走村入户摸底排查“村霸”“行霸”和有问题干部。全年各级党组织摸底调查33次，排查重点人员40余人，未发现涉黑涉恶问题。投入资金200万元更换村级组织活动场所展牌12套、设立新时代讲习所15个、便民服务大厅15个，县直活动场所达标15个。加强村（居）后备干部培养管理，选拔后备干部205名，建立后备干部信息库，加强后备干部教育管理，上半年举办后备干部培训1次27人。加强党员队伍建设，实施发展党员精品工程，全年发展入党积极分子89人。其中，汉族16人，藏族73人；农牧民45人。做好排查解决发展党员违规违纪问题试点，排查党员312人，其中农牧民党员97人、机关党员215人。加强党员教育培训，召开村（居）书记、委员会主任履职能力培训班1期30人。举办村（居）干部文化素质提升培训班1期65人。开展三级书记遍访贫困对象工作，县委书记走访6个村（居）634户，乡镇党委书记共走访785户，各村（居）书记走访1123户。全年有685名党员干部与473户建档立卡贫困户结对。扶持村集体经济，将中央扶持壮大村集体经济资金100万元分配至上左左村和索多村，确保每个村有一个年收入突破5万元的集体经济。以开展驻村试点为契机，打造狮泉河镇巩固脱贫试点镇、左左乡基础建设试点乡、扎西岗乡边境维稳试点乡、门士乡乡村振兴试点乡、昆莎乡产业发展试点乡。全年开展各类宣传宣讲439场次，发放各类宣传资料4000余份，受教育群众2000余人次，商讨部署重点工作和年度计划24个，研究制定帮扶措施26项，制定维稳工作预案方案153个，召开村情民意会74场次，妥善处理化解各类矛盾纠纷38件。

【廉政建设】 2019年，噶尔县各级党组织和纪检监察机关贯彻落实中央、区党委、地委全面从严治党的各项决策部署，坚决纠治不作为、慢作为、文山会海等形式主义、官僚主义突出问题，开展违反中央八项规定、扶贫领域、扫黑除恶、漠视群众利益等方面专项整治，运用四种形态处理党员干部100人。压茬推进巡察3

轮，完成两轮巡察，共反馈问题208个，加强对巡察工作的领导，常委会、专题会定期研究部署巡察工作，听取巡察汇报，及时发现纠正普遍性、苗头性问题。

普兰县

【概况】 普兰县位于西藏自治区西南部、阿里地区南部、喜马拉雅山南侧的峡谷地带及中国、印度、尼泊尔三国交界处。土地面积13179平方千米。距阿里地区行署所在地狮泉河镇395千米。地形地貌以高原为主，平均海拔4500米以上，主要山脉有冈底斯山脉、喜马拉雅山脉。气候属于高原亚寒带干旱气候，年降水量193.1毫米，比上年偏多26.4毫米；年平均气温为3.3摄氏度，比上年偏低1.1摄氏度；日照时数为2810.8小时，比上年偏少396.8小时。以农牧业为主，农业主要种植青稞、春小麦、油菜、豌豆、马铃薯、萝卜等，主要畜类有牦牛、犏牛、绵羊、山羊、黄牛、马、驴、骡等。国家级野生保护动物有野黄羊、野牦牛、野驴、黄羊、羚羊、岩羊、盘羊、狼、猞猁、山豹、旱獭、黑颈鹤、雪鸡、黄鸭、野鸽、野牛、雪豹、金雕等20余种。已探明矿产资源有铬、镍、钴、铜、沙金等。主要旅游景点有冈仁波齐峰、纳木那尼峰、玛旁雍错、拉昂错等。特色产品有酥油、牛羊皮、羊毛，玛旁雍裸裂腹尻鱼、长体裸鲤鱼。AAA级及以上旅游景区有2处，神山圣湖为AAAA级旅游景区，科迦寺为AAA级旅游景区。有寺庙、拉康、日追14座。全县辖3个乡镇，10个行政村，52个村民小组，有2866户12723人（农村人口8356人）。

2019年，全县完成地区生产总值37969万元，其中第一产业4526万元、第二产业10031万元、第三产业23412万元。三次产业结构调整为12：26：62，经济结构不断优化。固定资产投资5.47亿元，社会消费品零售总额9170.4万元。地方财政收入5043万元，地方财政支出95467万元。城镇居民人均可支配收入39407元，农牧民人均可支配收入13569元。出入境总人数33816人次，进出口贸易总额2072万元。工业总产值9364万元，工业增加值3084万元，发电量552.23万千瓦时；预制砖3.1万立方米；矿泉水842吨。完成邮政业务总量1774万元，电信业务总量13685万元，移动业务总量11258.14万元，联通业务总量901万元。全年接待国内外游客190683人次，其中国内游客136660人次、国外游客54023人次，实现总收入27335.83万元，全县旅游行业从业人员2677人，其中农牧民2212人。巴嘎乡冈仁波齐旅游运输服务有限公司实现产值2000余万元，人均增收1.7万元。

◆3月12日，中共普兰县委九届八次全委（扩大）会议召开

【农牧业发展】 2019年，普兰县农村经济总收入15515.6万元，农牧业总产值（现价）7670万元，第一产业增加值5440万元，农畜产品综合商品率62%。全县耕地面积614.99公顷，粮食播种面积580公顷，粮食产量2867.05吨，蔬菜产量779.02吨。年末牲畜存栏

90038头（只、匹），牲畜总增数30749头（只、匹），牲畜出栏28204头（只、匹），肉类总产量608.3吨，奶类总产量512.3吨，羊毛产量46.05吨，山羊绒产量8.3吨，各类皮张产量9447张。普兰县高标准农田建设项目总投资270万元，在普兰镇实施面积900亩，完成项目总工程量的70%，拨付资金162.91万元，剩余资金107.09万元。实施人工种草与天然草场改良建设项目，在巴嘎乡新建人工种草与天然草场改良1500亩，项目总投资180万元（全部申请中央预算内国家投资），完成投资100.49万元。加强疫病监测。调运五号疫苗11.5件、包虫病疫苗1180瓶和稀释液590瓶、羊痘疫苗21盒和稀释液10.5件、小反刍疫苗53盒和稀释液530瓶、禽流感疫苗1瓶。全年开展检测7次，合格率达到97%。选配乡（镇）农产品质量安全监管员6名、村级农产品质量安全协管员10名。全县产地检疫动物2011头（只、匹），其中马2匹、羊510只、牛1499头；检疫动物产品1770千克（牛羊肉），其中羊肉850千克、牦牛肉920千克；开具动物检疫合格证（动物B证）55张、产品B证3张；收回检疫合格证116张，其中动物A证2张、动物B证6张、动物产品A证108张，全县未发生畜产品质量安全事故。县科技局成功举办两期“新型农牧民技能培训班”和“2019年普兰县青稞增产行动田间管理技术培训”。培训各类人员700余人次，发放技术明白纸、书籍、宣传材料等1200余份。全县有物资储备仓库4座、易灾点饲草库18座，储备物资2种（青饲料575.95吨、饲草194.5吨），救灾车1辆。农牧区改革深入推进。完成10个村（居）2.16亿元清产核资初始登记。全县农牧民专业合作社21家（地级示范社1家），经营范围建筑、批发零售、农畜产品、加工、住宿等，注册资金5222.89万元，覆盖农牧户1982户7700人，带动贫困户378户1229人。同时，重点扶持岗莎牦牛运输队和西德白糌粑加工厂，投入330万元扶持壮大西德白糌粑加工厂和赤德济贫暖家合作社。岗莎牦牛运输队参与总户数335户1092人，建档立卡贫困户76户198人，分红336520元。

◆11月21日，岗莎村召开牦牛运输集体经济合作组织分红大会

【脱贫攻坚】 2019年，普兰县减贫成效显著，在上年实现脱贫摘帽的基础上再脱贫20户28人，贫困发生率从0.37%降至零，全县建档立卡贫困群众均实现脱贫。推进巩固提升工作，组织脱贫攻坚“回头看”，对全县脱贫攻坚工作进行整体检查，尚未发现返贫情况，确保贫困群众“真脱贫”“脱真贫”。

【项目建设】 2019年，普兰县全年有重点项目41个，项目总投资5亿元，完成投资2.01亿元。普兰县边境小康村建设规划投资89877.98万元，到位资金68602.26万元，完成投资52990.02万元。普兰县公租房附属工程建设项目，总投资150.38万元，完成80%工程量。普兰县普兰镇派出所改扩建建设项目，总投资361.9万元，完成80%工程量。普兰县塔尔钦派出所建设项目，总投资505.9万元，完成30%

工程量。普兰县吉让村扶贫招待所建设项目，总投资498.22万元，完成60%工程量。普兰县塔尔钦扎琼阿杰天葬台建设项目，总投资392.07万元，完成75%工程量。普兰县种植蔬菜基地建设项目，总投资849.64万元。2019年重点区域公益林建设工程人工造林项目，总投资为1594万元，完成45%工程量。阿里地区2017年城镇棚户区改造项目（普兰镇），总投资1047.42万元，完成80%工程量。普兰县普兰镇科迦村整体提升工程，总投资2699.65万元，完成90%工程量。普兰县人民医院“二甲”创建项目，总投资706.76万元，完成80%工程量。普兰县吉吾生态旅游综合体建设项目，总投资1297.27万元，完成35%工程量。普兰县普兰镇西德村整体提升工程，工程总投资2310万元，完成75%工程量。普兰县普兰镇赤德村整体提升工程，工程总投资4115.3万元，完成88%工程量。普兰县科迦村整体提升工程（增加部分），工程总投资1871.51万元，完成90%工程量。普兰县仁贡村整体提升工程，工程总投资3932.98万元，完成88%工程量。普兰县多油村整体提升工程（增加部分），工程总投资4197.2万元，完成90%工程量。普兰县贡珠村、帮仁村整体提升工程（基础设施及公共服务设施），工程总投资7072.31万元，完成75%工程量。普兰县普兰镇吉让居委会整体提升工程，工程总投资3141.05万元，完成89%工程量。普兰县雄巴村整体提升工程（基础设施及公共服务设施），工程总投资3870.92万元，完成60%工程量。普兰县岗莎村整体提升工程（基础设施及公共服务设施），工程总投资4255.4万元，完成60%工程量。普兰县2019年高标准农田建设项目，总投资269.9万元。普兰县森巴红色遗址景区基础设施建设项目，总投资329.9万元。普兰县普兰镇西德村整体提升工程（新增部分），工程总投资2639.4万元，完成90%工程量。普兰县贡珠村、帮仁村民房建设项目，工程总投资9424.91万元，完成30%工程量。普兰县岗莎村民房建设项目，工程总投资3766.33万元，完成30%工程量。普兰县雄巴村民房建设项目，工程总投资2960.17万元，完成30%工程量。普兰县寺庙体育健身工程建设项目，工程总投资110万元，完成30%工程量。阿里地区普兰县总工会办公楼改造项目，工程总投资99.69万元，完成30%工程量。普兰县拉孜拉边贸市场基础设施灾后维修项目，工程总投资117.22万元，完成30%工程量。

【城乡建设】 2019年，普兰县加强城乡规划管理，实施县城综合管廊和给水工程管道、排水工程铺设污水管等项目。巴嘎乡被列入全国特色小城镇培育名录。推进普兰县巴嘎乡（塔尔钦）国际旅游小镇建设。建成17座公共厕所并投入使用。科迦村传统村落名录申报成功，下达改造资金300万元。全年核发《建设项目选址意见书》3件、建设工程规划许可证7件、建设用地规划许可证7件、乡村建设规划许可证5件（办理权限已移交县自然资源局），办理建设工程施工许可证32件。复工实施普兰县2016年农村危房改造项目。该项目总投资572万元，共改造246户，其中贫困户203户、一般户43户，全部完成验收。县城市政基础设施建设项目，综合管廊主体工程2609米、管理用房1座建设完工并通过验收，投资14303.35万元；给水工程管道敷设6610米，投资5966.55万元；排水工程敷设污水管12456米，设立检查井340个、雨水口283个，投资6896.96万元。普兰县巴嘎乡（塔尔钦）国际旅游小镇核心区涉及11家单位、9家集体用地、22家个体户，占地面积71770.18平方米，建筑面积20620.61平方米（不含联通公司）。核心区范围内主要市政设施包括电力、通信、监控、太阳能路灯、供水房、客运站牌等，完成入户调查、资产评估，开展拆迁工作。流浪犬收容所建设项目，投资404万元，建设完成。协调推进普兰县垃圾填埋场改扩建项目、污水处理设施项目。完成两个污水处理设施可研评审。2017年城镇棚户区（危旧房、城中村）改造共823套，总投资2832万元。其中，普兰镇245套，投资1052.65元，完成工程量的85%；霍尔乡258套，投资1108.51万元，建设完工；巴嘎乡320户，投资670.84万元，完成招投标。2018年公租房建设项目150套8250平方米，2019年建设公租房120套，2020年建设公租房100套。其中，2018年150套公租房建设项目开工建设。

【招商引资】 2019年，普兰县招商引资项目5个，总投资1.86亿元。其中，普兰县扶贫生态园及附属设施项目，总投资约1亿元，竣工投入使用；巴嘎乡、马攸桥加油站项目完成投资2000万元；石油液化加气站及LPG能源汽车加气站项目完成投资600万元；普兰县综合体建设项目未开工；高原智慧农业示范基地项目和旅游扶贫有限公司项目未开工。

【社会事业发展】 2019年，普兰县有学校16个，其中幼儿园11个、小学4个、初中1个。有教职工161人，其中幼儿园教师36人、小学教师81人、初中教师44人。在校学生1576人，其中幼儿园427人、小学919人、初中230人。幼儿园毛入学率86.86%，小学入学率99.87%，初中毛入学率133.72%。双语教育普及率达到100%，小学升学率达到100%，初中升学率达到100%，考入其他省（市）西藏班29人。全年建设完成吉吾、斜尔瓦、西德村洛巴组3所幼儿园，解决500万元实施普兰县九年一贯制学校信息化建设。基层医疗设施条件不断完善，人民医院“二乙”创建有序推进。全年实现劳动力转移就业1095人，创收1695万元，城镇新增就业122人，城镇的登记失业率2.4%。截至年底，城乡居民参加养老保险人数3046人，参保率98%；机关事业单位职工参加基本养老保险31018人，企业职工参加基本养老保险1552人；参加失业保险16732人。参加新型农村合作医疗8109人，农牧民参合率100%。居民消费价格涨幅控制在4%以内。加强非物质文化遗产保护和传承，自治区审批通过普兰婚俗、噶尔舞及普兰新年3个非物质文化遗产，下拨乡镇文化配套资金12.84万元。

【生态环保】 2019年，普兰县委常委会和理论中心组组织学习研究环保工作13次，政府党组会议研究部署学习环保工作9次，整改专班、各乡镇和各单位采取灵活方式进行学习，县委党校开展环保知识培训2次。召开2019年生态环境保护工作会议1次和整改工作学习部署会议3次，对整改工作进行再次安排部署。以县委、县政府名义下发文件3份，以普兰县分局名义印发环保方面的文件9份，以整改办的名义印发文件21份，对生态环境保护和整改工作实施有力统筹，确保生态环境保护各项工作落到实处。中央第六环境保护督察组督察反馈问题中涉及普兰县26项问题60条整改措施，完成整改措施56条，达到序时进度措施4条。自治区环保督察组反馈问题涉及普兰县的17项问题51条整改措施，完成整改45条，其余6条达到序时进度。做好大气、水、土壤污染防治工作，推进环境综合治理，生态环境持续改善，取得环保年度考核良好等次。建立县、乡、村三级“河湖长”为主要内容的“河湖长制”组织体系，做到河湖管理全覆盖。完成植树造林4.34万株，335.9亩，兑现草场补助奖励资金2192.8万元。

【援藏工作】 2019年7月25日，第九批援藏工作队普兰县工作组一行9人，与第八批援藏工作组进行工作轮换交接。深入两乡一镇10个村居、边境一线和通外山口开展调研，了解全县维稳形势、经济现状、自然禀赋、风土人情、发展潜力、民生保障、生态环境、宗教信仰等情况，撰写调研报告8篇。开展“十三五”援藏项目督查检查，加快推动投资1100万元的普兰县人民医院改扩建等工程建设进度。针对部分援藏项目存在建设进度缓慢、经济效益发挥欠佳、和普兰实际需求结合不紧密等问题，提出项目调整意见建议，经陕西省援藏工作队同意和县委常委会研究，剩余3000余万元项目资金调整为普兰县农业生态示范园提升和科迦村村容村貌提升项目。配合陕西省发改委“十四五”援藏规划编制前期调研组在普兰调研，围绕实际推荐项目。谋划投资8000万元，建设横跨孔雀河的普兰县陕西大桥一座，拉大县城发展空间；投资2000万元，对219国道和564国道交界处的老巴嘎进行改造，改变脏乱差面貌，将其打造成集旅游、住宿、商贸、休闲为一体的商业中心；投资1200万元，建设普兰县融媒体中心项目；投资3400万元，建设普兰县国安指挥中心信息化项目，在普兰县城、乡镇、村居、国道沿线、边境一线安装视频监控，便于安全维稳调度，以技术手段助力普兰安全维稳工作。加大招商引资力度，吸引更多陕西企业和个人到普兰投资兴业，拓宽援藏的资金和渠道。聚集医疗民生项目，利用陕西“十三五”援藏资金、第九批援藏干部和陕西汉中市对口帮扶人才力量，支持普兰县人民医院等级创建。加强对当地干部职工“传帮带教”，组织“三基”知识培训，进行应急模拟演练，实现“输血给氧”向“造血制氧”转变。12月，普兰县人民医院通过“二级乙等”综合医院评审并挂牌。参加陕西杨凌农业高新技术博览会，推广普兰糌粑、青稞酒、冈仁波齐矿泉水和菜籽油等农产品，带动农业产业发展和群众增收。与陕西宏盛牧业有限公司洽谈，达成经营普兰县农业生态示范园协议。11月，组织援藏干部为贫困学生捐款，帮助贫困学生解决生活、学业等困难；医疗工作队队员为全县残疾儿童送医送药，上门服务。

【党建工作】 2019年，普兰县规范设置5个党（工）委，31个机关党支部，4个寺管会支部，4个村居党委、6个党总支（下设村居党支部33个）。截至7月，全县各级党组织吸收发展党员86名，转正68名。

【廉政建设】 2019年，普兰县发现违反政治纪律（对抗组织审查）问题5件，立案5件，给予党纪政务处分5人。对9名党支部书记分别进行批评教育、谈话提醒、诫勉谈话。对因巡察整改不到位的5家县直单位主要负责人进行集体约谈，对九届县委第四轮、第五轮巡察及县级交叉巡察反馈问题整改落实情况进行督导检查。开展党章党规党纪知识测试活动，对1名考试未及格的干部进行约谈提醒，要求3名成绩较差的干部加强学习并持续跟踪学习动态。在全县范围内召开警示教育大会3次，观看警示教育片1次，召开专题组织生活会30余场次，组织干部学习《西藏自治区违纪违法干部忏悔录选编》《地厅级党员领导干部违纪违法典型案例警示录》20余场次。审核并回复党风廉政意见508人次，其中对6人提出暂缓使用的建议、对1人提出暂缓转正的建议。

日土县

【概况】 日土县位于西藏自治区西部边陲，阿里地区西北端。东与革吉县、改则县相邻，南与噶尔县相接，北与新疆维吾尔自治区和田地区为邻，西与克什米尔地区接壤。县境内东西最大横距271千米，南北最大纵距354千米，总面积81046平方千米。国道新（疆）（西）藏公路纵贯全境559千米，战略和交通位置十分重要。全县地处羌塘高原西部，气候类型属高原亚寒带及部分高原温带干旱大陆性气候，具有气温低、辐射强、降水少、温差大等特点，季节变化不明显，冬季漫长而夏季短暂。气象灾害主要有干旱、大风、冰雹、雪灾、霜冻、洪涝等，地质灾害主要有地震、雪崩、冰崩、泥石流等。全县水资源丰富，水域面积5297.6

平方千米。其中，湖泊水面面积2150.12平方千米，河流水面面积19.72平方千米，冰川及永久积雪2817.49平方千米，滩涂面积310.28平方千米。境内河网密布，主要河流有曲龙河、日松河、扎普河和乌江河，河流总长5128千米，年径流量37.7亿立方米，河流水面总面积1971.88公顷。湖泊较多，总面积达215011.83公顷，主要有班公湖、鲁玛江冬错、郭扎错、邦达错、龙木错、结则茶卡等。其中，班公湖面积最大，是中国与印度的界湖。境内空气洁净，气候干燥，日照充足，太阳能资源丰富，可利用太阳能建采暖房、建温室、发电，是一种得天独厚的自然资源。矿产资源丰富，已知矿产资源有铁、铬、铜、金、硼、盐、钾盐、软玉、水晶、石灰岩、大理岩、石膏、沸石、硅藻土、泥炭、地下热水、硫黄、铅锌矿、天然沥青等20余种；已列为开发的矿种有铬铁矿、金矿、石膏矿、铅锌矿、石灰岩、地下热水、泥炭，具有品位高、易开采、运输方便的特点；列为远期开发的矿种有盐湖锂、盐湖液硼、盐湖液钾。旅游资源丰富，种类多样，致力于打造非遗岩画之城、金丝牦牛之乡、班公蓝色之家。主要旅游景点有班公湖、鸟岛、日土岩画、德汝度假村、日土民俗村、野生动物保护区等，其中最为著名的是国家AAA级旅游景区班公湖。它是一个东淡西咸的国际湖泊，湖中鱼类品种有10余种，常见的有黄鱼、高原裂腹鱼。其灵魂为班公湖鸟岛，岛上鸟类丰富，主要有棕头鸥、斑头雁、赤麻鸭等。在班公湖湖盆南部和东部二三百平方千米的区域内，分布有以鲁日朗卡、塔康巴、日姆栋为主的13处岩画点。境内羌塘自然保护区有诸多国家级保护动物，如藏羚羊、藏野驴、黑颈鹤、岩羊、黄羊、秃鹫、金丝野牦牛、野牦牛、盘羊、棕熊、狐、雪豹等。全县辖四乡一镇13个行政村41个作业组。全县3498户12870人。其中男性6792人，女性6078人；城镇人口3666人，农牧民人口9204人；藏族人口占比98%，汉族、回族、珞巴族、蒙古族等各族群众占比2%。

◆4月24日，中国共产党日土县第九届委员会第五次全体（扩大）会议在县人民大礼堂召开，县委副书记、县人大常委会主任次仁旺久（主席台前排右三）主持

2019年，全县完成生产总值4.1亿元，增长11%；固定资产投资5.31亿元，增长18.1%；地方财政收入3832万元，增长8%；社会消费品零售总额1.05亿元，增长13%；城镇和农村居民人均可支配收入分别达3.96万元、1.4万元，增长10%和14%；城镇调查失业率和登记失业率均控制在5%、3%以内。引进西藏日土县小康村微网直供式电站建设项目，于7月8日在日土县注册公司。

【农牧业发展】 2019年，日土县完成粮食播种面积6072.85亩，比上年增长13%，粮食总产量达到921.35吨，比上年增长4.54%，其中青稞种植面积5602.85亩，比上年增长17%，青稞产量850.9吨。蔬菜种植面积达364.5亩，蔬菜总产量达到520.1吨。全年推广粮食高产作物“藏青320”“喜拉22号”

等新品种1465亩，推广优质蔬菜“艾玛土豆”117亩、“黑金刚”土豆5亩。购置农机具31台，兑现农机补助资金20.31万元，受益12户。山羊存量19.82万只，白绒山羊16.83万只，占山羊总数的84.9%，比上年增长5.4%，优质白绒山羊数量达9万余只，占白绒山羊总数的53.7%。绒、毛产量分别达到62.53吨和99.23吨（白绒山羊绒、毛产量分别为57.17吨、3吨），比上年增长9.6%，总产值达1460.88万元，因受国际羊绒市场供需影响，比上年下降18.4%。

【脱贫攻坚】 2019年，日土县顺利通过国家抽查复验；贫困人口实现“两不愁三保障”，全县539户2045人脱贫任务全部完成，贫困发生率从2018年的0.26%下降至零。全县13个村均达到贫困村退出标准。推进扶贫产业，141户457名贫困群众从中受益，实现利益联结分红32.8万元。易地扶贫搬迁实现“搬得出、稳得住、能致富”的目标。精准落实生态补偿和森林生态效益补偿，兑现3231名生态岗位人员资金1262.45万元，兑现生态效益补偿基金1881.38万元。落实贫困人口扶贫贴息贷款政策，发放72户贫困人口贴息贷款319.6万元。

【基础设施建设】 2019年，日土县加强城镇基础设施和公共服务设施建设，完成县城综合管廊、给排水、集中供暖、市政基础设施建设工程（EPC模式）和多玛特色小城镇三期施工图纸内所有项目；热帮乡集中供暖供氧工程建成实现稳定运营；完成多玛污水处理厂和垃圾转运站建设项目评审；完成14个“厕所革命”建设项目；县城污水处理设施建设项目稳步推进；完成7条续建农村公路和3条边境小康村示范村公路，累计建成185.2千米；完成6条复工续建边防公路改造升级项目，累计改造569.3千米；国道216民丰至改则新建公路连接线（日土段）项目有序推进；截至年底，全县公路通畅率实现100%，行政村通达率实现100%、通畅率实现85%。

◆5月1日，日土县在县体育场举行首届“班公湖杯”足球赛开幕仪式

【社会事业发展】 2019年，日土县全力发展教育事业，完成4个幼儿园续建项目和4个边境幼儿园附属建设项目及改建县中心双语幼儿园项目。推进“智慧教育”试点项目建设，深化素质教育和教育改革，实现“五个100%”目标任务。县人民医院成功创建“二乙”医院，健康扶贫“三个一批”惠民政策全面落实，“互联网+医疗健康”远程医疗会诊系统建成投入使用，新建藏医院、藏医综合楼及附属配套设施，提升诊疗水平和服务能力，基本实现“小病不出县”目标。文化旅游蓬勃发展，完成县级文化活动中心提升改造工程，成功举办日土县第二届农民丰收节暨第七届班公湖民俗文化旅游节，可移动和野外文物及非物质文化遗产得到保护。转移就业方面，全年47%的技能培训就业人员和1151名转移就业群众实现劳务收入1348万元，高校毕业生就业率超过90%。完成劳务输出838人，实现劳务创收932.41万元。开发公益性和合同工岗位44个。社会兜底方面，全年累计兑现救助资金250余元，救助弱势

群体700余人，特困群众有意愿集中供养率达100%。申报多玛乡、甲岗村边境小康村新建两处农村客运站事宜，上报县城—乌江村—多玛乡—东汝乡东汝村、县城—日土镇日土村—热角村、县城—过巴村—热帮乡龙门卡—扎普村，3条农村客运班线。开展公路保通抢险7次，出动装载机9辆次、巡路车6辆次、养护工作人员36人次。

【生态环保】 2019年，日土县取得自治区级生态环境保护考核优秀等次，获得奖励资金300万元。做好中央、自治区环保督察及“回头看”反馈问题42项72条整改，完成整改并公开销号62条，剩余10条均达到序时进度。开展环境整治专项行动，全面整治“散乱污”企业。日土镇和松西村完成自治区级生态乡（镇）、村创建。推进全民种草植树绿化行动，完成阿汝和松西村试种披碱草5亩，完成国土绿化236亩，完成“两江四河”人工造林4000亩，在2018年消除“无树村”的基础上基本消除“无树户”。

【援藏工作】 日土县“十三五”援藏原规划项目16项，计划投资2.95亿元，经2018年底项目中期调整后项目18项，计划投资2.88亿元，到位资金1.85亿元，占规划投资的64%。截至年底，规划内完工11个大项目的23项子项目内容，累计完成概算批复总投资12583万元，拨付资金9844万元，占概算批复投资的78%。调研和编制日土县“十四五”援藏规划，主要计划编制概算总投资4.85亿元，项目17个。深入调研，协助县教育部门制定年度日土县教育对口支援规划时间表，确定由唐山市教育部门和先进学校为主导，融师资交流培训与学生交换培养为一体的教育支援新方向。协调唐山市卫健委与日土县人民医院签订《唐山市对口帮扶阿里地区日土县人民医院协议书》，先后组织选派2批次24名医疗骨干到日土县人民医院进行组团式医疗援藏。唐山市派出医疗援藏专家团队围绕等级医院创建和管理规范化开展工作，开通首条远程诊疗系统、完成首例剖宫产手术、首例无痛胃镜检查。多次邀请唐山市发改委、卫健委等相关部门各级领导到日土县等级医院创建一线调研督导。协调唐山市财政资金提供必备医疗设备采购资金100万元。协调唐山工人医院为日土县架设远程视频诊疗双贯通系统（唐山工人医院—日土县人民医院、唐山工人医院—四乡一镇卫生院远程诊疗中心），实现远程诊疗县域全覆盖。协调唐山市妇幼医院等医院为日土县人民医院提供大量设备、药品等创建物资，解决技术、资金、设备等各项难题。组织、参与各类文旅、招商推介活动3次。协助组织实施日土县“第二届农民丰收节暨第七届班公湖文化旅游节”活动，并对接河北省科学院地理研究所，谋划以班公湖为中心的日土县全域旅游新思路。参与河北省第九批援藏工作队组织实施的河北省旅游发展大会（石家庄）和第二十三届中国（廊坊）农交会，广泛宣传日土产品、日土文化，并围绕日土县白绒山羊等特色产业发展以及探索市政服务新模式为核心推动招商引资。经对接，以庞大集团为首的多家市政服务、农业发展、贸易服务等公司在阿里地区以及日土县谋划、构建重汽服务基地、肉类冷链物流中心以及农产品加工包装等，达成初步合作意向。

【党建工作】 2019年，日土县有各级党组织112个。其中，党委6个（日松乡党委、热帮乡党委、日土镇党委、东汝乡党委、多玛乡党委、公安局党委），党总支11个（阿汝村党总支、东汝村党总支、松西村党总支、过巴村党总支、德汝村党总支、丁则村党总支、龙门卡村党总支、扎普村党总支、多玛村党总支、乌江村党总支、日土村党总支），党支部87个（机关党支部49个、农牧区党支部38个），党组5个（法院党组、检察院党组、人大党组、政协党组、政府党组），工委1个（县直机关工委），村党委2个（热角村党委、甲岗村党委）。党员总数1762名，其中党员干部837名、农牧民党员925名。年内新确定预备党员65名、正式党员99名，农牧民党员在原基础上增加35名。推进活动场所标准化建设，规范整治管理不规范、功能布局不合理问题。13个活动场所均完成验收投入使用。建立选派第一书记、大学生村干部工作长效机制，完善考核办法，择优选派13名党政机关干部到村担任党建指导员，整顿软弱涣散党组织2个。整合和科学配置机关党的组织资源，重新设置42个党支部，实行党员、基层党组织积分管理、评星定级制度，优化成员结构，选优配强支委班子152名，扩大党组织的“双覆盖”。制定下发《日土县村“两委”班子人选联审机制》《日土县村“两委”班子议事规则》，联合县纪委、政法等部门对74名村干部、300名村后备干部进行审核把关。全县举办党员干部培训班4期，组织开展支部书记、副书记集中培训1期，召开农牧区基层党务工作者座谈会1次。

【廉政建设】 2019年，日土县深入推进巡视反馈问题整改，落实中央、区党委巡视反馈问题整改要求，巩固深化巡察结果运用，落实巡察工作调度制度，顺利完成2轮巡察，被巡察单位整改率达98%。贯彻落实中央八项规定及其实施细则精神，开展专项监督检查20次，发现违反中央八项规定精神问题589条，涉及违纪违规资金53万余元；推动解决形式主义、官僚主义突出问题为基层减负若干举措贯彻落实，出台减负措施30条，全县文件、会议均达到30%减负标准，查处1件3人抄袭心得体会问题。开展扶贫领域腐败和作风问题专项治理，全年受理处置问题线索66件，立案21人，给予党纪政务处分21人，其中受理处置扶贫领域问题线索7件8人，查处微腐败问题1件1人。

札达县

【概况】 札达县位于阿里地区西南部，平均海拔4000米，属高原亚寒带干旱季风气候，距地区行署所在地狮泉河镇247千米。辖7个乡（镇），16个行政村，58个村民小组（自然村），1702户8526人。其中农村人口5994人。地域面积275万公顷，以农牧相结合产业为主，农业包括春小麦、大麦、豌豆、蚕豆、油菜、“藏青2000”、青稞等作物，畜牧业包括山羊、绵羊、象雄半细毛羊、牦牛、黄牛、犏牛、马、驴等。耕地面积691.47公顷，粮食播种面积312.8公顷，经济作物耕地面积39.05公顷。森林覆盖率15.80%，林地面积435.72万公顷。国家级野生保护动物有藏野驴、盘羊、雪豹、野牦牛、豺、猞猁等。已探明矿产资源有沙金、水晶石、铜、铅等。主要旅游景点古格都城遗址、托林寺、皮央东嘎洞窟遗址、曲龙遗址。特色产品札达沙棘、多香糌粑、杏子酒、唐卡。有寺庙、拉康、日追39座。

2019年，全县结合“旅游兴县，开放富民”政策，完成生产总值36754万元，比上年增长20%。其中，第一产业完成3542万元，比上年下降0.7%；第二产业11712万元，比上年增长12%；第三产业完成21500万元，比上年增长29%。全社会固定资产投资44443万元，完成邮政业务总量4670万元，完成电信业务总量700万元。固定电话用户220部，使用率86%；移动电话用户6323户，使用70%率；互联网用户2300户。社会消费品零售总额8308.1万元，进出口贸易总额1264.11万元，居民消费价格涨幅在4%以内。地方财政收入3214万元，比上年下降26.44%，地方财政支出79192万元，实现税收总额4303万元。各项储蓄存款8.21亿元，各项贷款3.93亿元，城乡居民储蓄存款余额2.57亿元。全年农村居民人均纯收入11723元。实现城镇就业再就业50人，城镇登记失业率3.6%。全年参加城镇失业保险750人，基本养老保险165人，城镇职工参加基本养老保险1230人，新型农村合作医疗5878人，参合率100%。参加新型农村养老保险3806人，领取养老保险待遇563人。城镇居民中有54人得到政府最低生活保障金。札达杏子酒、野生沙棘、多香糌粑、古格唐卡等成为札达县旅游产业重点项目并正规化，为札达县旅游产业带来收入。“十三五”期间投资1.57亿元，建设产业项目15个，完成44个易地搬迁点建设并全部入住。实现脱贫摘帽后，巩固提升脱贫攻坚成果，推进脱贫攻坚巡视反馈问题整改。贫困人口年人均可支配收入7830元，综合贫困发生率下降至零，被地委、行署评为“脱贫攻坚巩固提升成效显著县”。

【农牧业发展】 2019年，全县推进农牧业改革，完成农作物播种面积408.45公顷，其中粮食播种面积312.8公顷（青稞321公顷、豌豆46.31公顷、马铃薯4公顷、油菜1.8公顷、玉米6.97公顷），蔬菜种植面积37.25公顷。青稞平均亩产196千克，良种推广青稞平均亩产241.5千克，粮食产量1251吨，蔬菜产量978吨。全县草场面积1750.24万亩，其中禁牧面积330万亩，草畜平衡面积1420.24万亩，核定载畜量为17.22万个绵羊单位，年末牲畜存栏数为81487个绵羊单位，牲畜出栏16246万头（只、匹），牲畜死亡率控制在4.3%以内，幼畜成活率达93.98%，实现草畜平衡。肉产量564.92吨，羊毛产量29.34吨，羊绒产量3.22吨。完成春秋季疫苗注射，免疫率达到100%，免疫密度达到100%，抗体率75%以上。

【特色产业发展】 2019年，札达县整合2015—2017年兴边富民资金70万元、县扶贫开发资金106万元，建设多香糌粑加工厂。新建糌粑加工厂房6间，占地面积800平方米。萨让乡萨让村特色产品专业合作社推出的象泉河藏香、藏式药浴粉、藏式腰带、象泉河辣椒粉，初期融资2.5万元，厂房6间，占地面积3000平方米，于7月正式投产运行。全年边贸交易额达到1264.11万元，其中进口货物交易额728.76万元，出口货物交易额505.35万元。曲松乡曲木底村养殖场项目主体建设完工，投入资金90.48万元，添置500只绵羊，并强化产业项目对贫困户的分红机制，曲木底村牧业经济合作社收入146.89万元，总支出8.09万元，纯收入139.32万元，合作社周转资金预留为50万元，按照利益联结机制进行分红89.32万元。全县累计接待旅游人数达到16.2万人次；门票收入187.9万元（古格王国都城遗址门票收入166.4万元，皮央东嘎遗址门票收入4.5万元，托林寺门票收入17万元）；5月21日，古格景区观光车试运营，销售车票38641张，车票收入77.3万元；旅游总收入达到1.86亿元，城乡居民参与旅游业867人，人均纯收入2000余元。

【脱贫攻坚】 2019年，札达县制定《札达县深度贫困地区脱贫攻坚实施方案》，规划项目50个，总投资60593.07万元，其中，产业项目15个、转移就业培训1个、水利项目18个、交通项目12个、教育项目3个、危房改造项目1个，全县37个行业部门承担脱贫攻坚分工责任，分别召开会议，参与结对帮扶干部697人，选派驻村干部19人，行业部门参与建设脱贫攻坚项目168个，投入资金96997.6万元，覆盖58个作业组。在县委农村工作暨脱贫攻坚工作会议上，县委、县政府与各乡镇签订工作目标责任状，表彰奖励14个先进集体和35名先进个人，全年贫困人口脱贫12户27人，贫困人口年人均可支配收入7830元，综合贫困发生率降至零。全年新建产业项目5个，完工2个、在建3个；续建产业项目6个，完工4个、在建2个。2017—2018年4个完工项目投入运营并发挥效益。15个产业项目总投资15699.73万元。国家投资全部到位，资金到位率100%，资金支出14756.67万元。全县贫困群众转移就业362人，劳务输出35人，创收566.34万元。全年投入各类支教资金1004.56万元，其中“三包”经费284.08

◆7月14日，札达县2019年精准扶贫产业项目楚鲁松杰乡巴卡村运输车辆发放仪式在县体育馆举行，县委副书记、县长扎西次仁（左二）出席仪式。图为仪式现场

万元，营养改善经费47.28万元；资助建档立卡大学生241人次，资助资金49.44万元。

【项目建设】 2019年，札达县项目共计135项，总投资15.56亿元，到位资金7.68亿元。1月至12月完成投资2.81亿元。其中投资500万～5000万元的项目完成投资2.01亿元；投资500万元以下的项目完成投资7931.07万元。“十三五”援藏开工建设项目12项，总投资10735.97万元。其中，在建4项，总投资1939.79万元；续建8项，总投资8796.18万元。土林—古格风景名胜区基础设施建设项目，2018年4月开工建设，总投资2087.05万元，新建游客服务中心建筑一栋，地上2层，建筑面积4717.81平方米，于2019年10月竣工验收。札达县污水处理及收集系统建设项目工程，8月开工建设，项目总投资2583.62万元。新建污水处理厂1座，其中包括综合办公楼、脱水机房、储泥池等相关设备。新建污水处理收集网25.06千米，占地面积8954.82平方米。阿里地区河北援藏周转房建设项目（札达县），2018年5月开工建设，项目总投资886万元。安置房南楼工程736.8平方米，安置房北楼工程733.13平方米，食堂活动室工程331.44平方米，室外附属工程1项，占地面积1801.37平方米。札达县人民医院改扩建项目（续建），总投资1998.34万元（援藏资金500万元），6月底开工建设，截至年底，规范化住院部和传染病房主体完成，医技楼、综合门诊楼改造提升基本完成，完成总工程量的90%，完成资金拨付979.81万元。札达县公安局110指挥中心（维稳军地联合指挥部）业务用房建设项目（续建），总投资399.84万元，项目于8月6日开工，截至年底，主体完工，完成总工程量的75%，拨付资金228.82万元。札达县党建示范村建设项目（15个村级组织活动场所标准化建设项目）（续建），项目总投资4034.98万元（援藏资金1000万元），项目于2018年6月开工，截至2019年底，13个村级活动场所验收，2个村级活动场所进行整改，完成资金拨付3404.86万元。札达县扶贫整村推进附属配套设施项目（在建），总投资385.98万元，项目于9月底进场，拨付资金103.97万元。札达县托林镇边境小康村二期工程暨托林镇基础设施建设项目（续建），总投资1878.47万元，项目于9月开工建设，截至年底，完成土方回填、部分路面硬化、上下水管网铺设等，完成总工程量的70%，完成资金拨付991.64万元。扎布让组边境小康村附属设施项目（在建），总投资624.18万元，项目于11月办理施工许可证，拨付资金172.85万元。札达县扎布让村旅游扶贫综合开发项目附属工程（在建），总投资799.63万元，项目于11月办理施工许可证，拨付资金266.06万元。札达县扶贫整村推进——札布让家庭旅馆配套项目（续建），总投资1483.53万元，项目于2018年7月底开工建设，截至2019年底，体验中心主体完工，装修基本完成，完成总工程量

92%，完成资金拨付732.22万元。札达县高原特色农牧业扶贫开发（千亩沙棘）建设项目一期（续建），总投资550万元，项目于2018年8月2日开工，截至2019年底，完成绿化工程、铺装及台阶、塑木园路、原路平整、混凝土道路、蓄水池、景亭、生态厕所、浇灌沟等工程，完成总工程量的90%，完成资金拨付144.05万元。札达县高寒种苗繁育基地项目一期（续建），总投资600万元，项目于2018年8月5日开工建设，截至2019年底，完成管理房及室外廊架、绿化工程、铺装工程、土地整理、蓄水池、景亭、灌溉沟等工程，完成总工程量的90%，未完成景观石、太阳能发电机组的工程量，完成资金拨付151.9万元。札达县援藏干部周转房配套供氧设施建设项目（在建），总投资130万元，项目设备于11月运抵札达，完成资金拨付64.59万元。

【招商引资】 2019年，札达县招商引资项目5个。札达县商砼搅拌站，由个体户投入700万元进行合作，完成设施建设。投入1200万元建成札达县西客大酒店项目。投入1252万元建成札达县中石油加油站。在香孜乡、达巴乡曲龙村建成两座微型标准加油站，合计投资900万元。景区规划完成，古象雄文化体验中心于9月完成设计招标。

【社会事业发展】 2019年，札达县投入1515万元完成乡镇卫生院、村卫生室、妇幼保健站、高压氧舱建设，投资90万元推动藏药事业发展。建档立卡贫困户家庭医生签约全覆盖，实行“先诊疗后付费”工作模式，城乡居民和僧尼免费体检率达78.2%。投入1998万元用于县人民医院改扩建，顺利通过“二乙”评审。调整学校布局及配置学校设备。完成达巴村幼儿园、4个乡五人制足球场以及2所乡村少年宫的建设。文化活动方面，赴托林镇、达巴乡等7个乡镇16个村居、各乡镇边防部队、学校开展文艺演出62场次，扶贫文艺节目排练与会演10场次，观众1.86万人次。

【生态环保】 2019年，札达县落实“党政同责、一岗双责”责任制，推进生态文明和美丽札达建设。开展12次地表水质量监测、4次环境空气质量监测、4次集中式生活饮用水源地监测、4次农村水质量试点监测，共计投入76万元。投入21.2万元开展全国第二次污染源普查，排查登记企业15家。县城空气质量达到优良；河流水质始终保持在Ⅱ类以上，友让沟集中式饮用水水源地水质39项指标，达标率100%，监测点饮用水水源地监测结果均达到《地下水质量标准》Ⅲ类标准；土壤环境质量良好；环境噪声、交通噪声低于国家标准，均为合格。开展专项执法检查114次，征收环保税1.23万元，认领中央环保督察反馈问题26个，制定具体整改措施67条，整改完成65条。自治区环保督察反馈的16个问题，制定具体整改措施43条，整改完成39条。

【援藏工作】 2019年，河北省援藏工作队札达组先后多次

◆2月8日，札达县举办2019年庆祝春节、藏历新年主题文艺会演。图为演出现场

下乡实地考察调研，就乡镇经济发展、民族团结等问题与农牧民群众交心谈心。累计下乡调研、技术指导等40余次。河北省“十三五”对口支援札达县发展项目22项，计划总投资39819.12万元，到位资金17750万元，拨付资金13647.2万元，资金结存4102.8万元。其中，规划内项目20项，总投资30050万元，到位资金12620万元，支出8717.95万元，结存3902.05万元；规划外项目2项，总投资9769.12万元，到位资金5130万元，支出4929.26万元，结存200.74万元。跑办大小子项目手续30项。其中，开工建设2项，开工前期准备1项，办理施工许可证2项，招投标1项，完成用地预审、环评等前期手续6项，完成评估报告、办理环评等前期手续6项，完成可行性研究报告和初步设计并通过地区评审会评审7项，制定建设方案2项，变更调整建设内容和地点3项。札达县援藏领导小组每隔15天召开一次由有关责任部门参加的河北省“十三五”援藏项目推进会。提前谋划布局河北省对口支援札达县“十四五”发展规划，谋划项目向基层倾斜、向民生倾斜。初步确定县城取饮水工程、高海拔乡镇取暖工程等24个援藏项目。医疗援藏专家先后6次在县城主街道、学校、敬老院以及各乡镇为农牧民群众义诊送健康，诊疗患者750余人次。修订完善县医院各级各类医疗制度，多次对县医院医务人员心肺复苏等操作进行技术指导。11月14日，通过地区“二级乙等”医院验收。聘请设计公司对札布让古格文化旅游小镇项目原有设计进行完善补充，以生态保护与优化村民居住环境为出发点，加大对旅游资源整合力度。在象泉河河谷两岸规划打造札达县沙棘特色产业园项目，规划建设面积2913.2亩。借鉴日喀则市江孜县沙棘项目在规划设计、经营发展等方面好的经验做法，加大与河北省林业协会合作力度，不定期邀请河北省林木专家到札达传授先进的种植技术，从选种育苗、田间管理、病虫防护、采收贮藏等方面进行现场“授课”。推动县城居民24小时通水供水建设项目，先后多次就札达县城所有取水点及管网铺设情况进行实地调研，多次组织县水利局、住建局、发改委等部门单位主要负责人召开谋划“札达县供水项目”建设研讨会，提出项目实施方案。初步安排水厂、管网及配套附属设施等大小项目24项。打造札达县香孜乡旅游扶贫产业建设项目，主要建设香孜乡道路硬化、绿化亮化、环境卫生、风貌提升及附属配套设施建设等。打造香孜乡香孜村（霞义组、香孜组）边境小康村附属设施项目，总投资603.41万元，办理环评等前期手续，年内开工建设。制定香孜乡剩余村组建设方案，初步计划将剩余村组建设项目列入“十四五”规划。

【党建工作】 2019年，札达县以创建“八型”（学习型、服务型、竞争型、创新型、文明型、和谐型、清廉型、健康型）党组织为目标，撤销党支部5个，保留党支部6个，重设党支部6个，新设党支部12个，督促指导24个党支部选优配齐班子成员，优化党组织结构，配齐党小组组长，加强党务干部队伍建设，强化基层组织。新发展党员46名，培养入党积极分子92名，预备党员按期转正68名。开展党内关怀慰问，发放慰问金11.6万元。开展“组织找党员、党员找组织、党员找党员”活动2次，排查出流动党员3名。

【廉政建设】 2019年，札达县组织协调小组在县委领导下开展工作，召开反腐败工作协调小组会，分析研判信访举报形势，突出5类执纪审查重点，共处置问题线索30件，立案23件，给予党纪政务处分23人，比上年增长64.2%，结案率100%。执行《关于打击黑恶势力“保护伞”线索移交、调查、反馈制度》，联系相关职能部门，形成工作合力，严肃查处4名干部职工酗酒闹事、打架斗殴、阻碍民警执行公务问题。

全国最美支边人物

罗蒙　男，47岁，陕西汉中市医院原妇产科医生，西藏阿里地区人民医院妇产科主治医师。他牵头打造一支专业技术过硬的医疗团队，先后抢救急危重症患者30余人，接待门诊患者2000余人，开展子宫次全切除术等各类手术800余例，成功接生婴儿700余名。获得“全国对口支援西藏先进个人”称号。

律庆堂　男，46岁，河北省沧州市人民检察院副检察长，2016年7月进藏工作，任自治区人民检察院阿里分院党组成员、副检察长。他积极开展业务工作，带领干警在一年多的时间内立办职务犯罪案件11件，其中县级干部4人，为国家挽回经济损失近1000万元。先后获得“西藏自治区民族团结进步模范个人”“检察机关公益诉讼工作先进个人”等称号。

段玉平　男，44岁，中国移动江苏公司连云港分公司副总经理，西藏阿里地区行署副秘书长，改则县委常委、副县长。他推动建成9个蔬菜大棚，促成该县平均菜价下降20%，解决了百姓吃菜难的问题。动员爱心企业、亲朋好友140余人结对资助贫困学生320余人次，捐款超过43万元。筹资近8万元，为5个乡的学校陆续配备柴油发电机和柴油，解决学校用电问题。2019年6月26日，国资委党委庆祝中国共产党成立98周年暨中央企业“两优一先”表彰大会上，获评“中央企业优秀共产党员”。7月，被中宣部授予“最美支边人物”称号，入选“中国好人榜”，获敬业奉献好人称号。9月20日，获2019年全国脱贫攻坚贡献奖。

全国“最美奋斗者”、第七届全国道德模范

尼玛顿珠 男，藏族，1965年6月生，中共党员。现任西藏自治区阿里地区改则县物玛乡抢古村党支部书记。尼玛顿珠践行打赢改革试点攻坚战、为牧区改革发展探索新路的承诺，带领村民大胆创新，成立牧民集体经济合作社，推行牧区改革发展新模式，实现整村脱贫，为牧区改革积累了经验、树立了典范，是牧民们的“领头雁”。2018年11月，入选“100名改革开放杰出贡献对象”。12月18日，被党中央、国务院授予“改革先锋”称号，获颁“改革先锋”奖章，并被评为“西藏牧区改革的‘排头兵’”。2019年9月，获得第七届全国道德模范“全国诚实守信模范”称号。9月25日，被授予“最美奋斗者”称号。

全国民族团结进步模范个人

久美多吉 男，藏族，1982年6月生，普兰县巴嘎乡岗莎村人，大专学历。2000年加入中国共产党，2002年任岗莎村4组支教医生，2003年任民兵连连长，2004年任塔尔钦边防派出所联防队队长，2005年任岗莎村4组代理组长，2006年任岗莎村村医，2008年任岗莎村团支部书记兼财务会计，2011年任岗莎村团支部书记兼宣传委员，2017年任岗莎村党支部副书记兼村委会主任。2019年9月，被国家民委评为“全国民族团结进步模范个人”。

全国模范退役军人、全国退役军人工作模范个人

焦云彪 男，汉族，中共党员，日土县卫健委四级主任科员，2011年12月至2013年12月服役于武警西藏林芝森林支队察隅县中队。2013年10月报考阿里地区乡镇基层公务员，先后在日土县多玛乡、卫生局工作。2015年12月，受组织选派到甲岗村担任驻村工作队副队长，2016年12月至2019年4月，担任甲岗村第一书记、驻村工作队队长。2019年7月至10月，为松西村驻村工作队成员。驻村期间，他扎实开展驻村“八项工作任务”，从加强党的基层组织建设、指导村经济发展，帮助贫困户脱贫致富入手，利用在部队掌握的大棚

种植技术成功种出16种蔬菜。同时借鉴其他村的致富经验，制定甲岗村《边境小康示范村建设规划》等相关规划制度。先后获得2015年、2016年、2017年日土县优秀公务员，2016年、2018年日土县优秀驻村工作队队员，2018年日土县优秀共产党员，西藏自治区第二批优秀村（社区）党支部第一书记等荣誉。2019年7月，被评为“全国模范退役军人”。

石确扎堆 男，藏族，1984年6月出生，中共党员，阿里地区措勤县措勤镇武装干事。2019年7月，被评为全国退役军人工作模范个人。

全国“人民满意的公务员”

赤列旺姆 女，藏族，1988年12月生，西藏浪卡子县人，大专学历，中共党员，阿里地区札达县底雅乡副乡长。长期在脱贫攻坚一线工作，思维敏捷、敢闯敢干，面对困难和复杂问题有思路、有办法，工作上尽职尽责、一丝不苟。2014年被评为札达县“优秀共产党员”。2015年被评为“优秀公务员”。2016年被评为自治区“优秀村党支部第一书记”、阿里地区“脱贫攻坚先进工作者”、札达县“优秀共产党员”“先进妇女工作者”。2018年被评为“优秀公务员”。2019年，被授予全国“人民满意的公务员”称号。

全国脱贫攻坚奖奋进奖

尼吉拉姆 女，藏族，中共党员。西藏自治区阿里地区噶尔县扎西岗乡典角村村民。1997年，因一场交通事故尼吉拉姆落下终身残疾，但她没有因此放弃上学。在初中、高中期间，成绩优异，多次获得“优秀学生”和“三好学生”称号。2012年，她四处筹借2000多元，开了一家商店，自食其力。起初生意不太好，但尼吉拉姆身上有一股不服输的韧劲，她耐心经营，坚持每周两次给驻地的边防连、边防前哨送货上门，在方便了边防战士的同时，生意也逐渐好起来，现在每年收入有1万余元。2016年，她主动申请脱贫。逐步致富的她，拿出自己商店的一部分利润，每年给村里的3名孤寡老人和2户贫困户发放生活物品。2019年9月20日，获2019年全国脱贫攻坚奖奋进奖。

第16届“西藏青年五四奖章”集体

◆ 地委机要局全体工作人员合影

中共阿里地委机要局 在“世界屋脊的屋脊”“高原上的高原”阿里，中共阿里地委机要局全体干部立足平凡岗位，坚守“命门”、死护“命脉”，用青春谱写出一曲曲人生赞歌。五年间，争取协调区、地、县三级财政投入2000余万元，升级改造服务保障系统，实现了党中央和习近平总书记重要指示从首都北京到阿里最偏远县在规定时间内最快传递的目标。用电波架起首都北京、首府拉萨与地县党政组织间的生命线、保障线、指挥线，让党和国家的“命脉”在万里高原绽放出耀眼的光芒。成为第16届“西藏青年五四奖章”集体获得者。

党政军群团机关及其工作部门主要领导名录

中国共产党阿里地区委员会

副书记

旦巴旺久（行署专员，4月任）

张 会 明（地委党校校长）

张 晓 峰（行署副专员，援藏，7月离任）

张 小 平（行署常务副专员，援藏，8月任）

韩 学 军（行署常务副专员，河北援藏，8月任）

委 员

张 俊 勇（军分区政委）

西绕加措（纪委书记）

何 兴 茂（组织部部长）

索南才旦（宣传部部长）

沈 照 山（政法委书记）

高 宝 军（噶尔县委书记）

袁 富 国（行署常务副专员）

葛 庆 敏（行署副专员，11月离任）

郭 勇（行署副专员，援藏，7月离任）

王 行 义（5月任）

办公室

常务副秘书长

陈 俊（三级调研员，12月任）

副秘书长

段 永 党（政研室副主任，5月离任）

李 勇（河北援藏，7月任）

刘 晓 春（政研室主任，12月任）

达 娃

洛桑丹增（12月任）

杨 辉（12月任）

四级调研员

尼玛卓嘎（6月任）

组织部（编办、地直机关工委、老干部局）

部 长

何 兴 茂（地委委员、地直机关工委书记）

常务副部长

李 平（编办主任、一级调研员、强基办主任）

副部长

普 琼（老干部局局长）

陈 灵（地直机关工委专职副书记）

白 晓 辉（陕西援藏）

谭 主 峰

张 一 帆（河北援藏）

陈 光 永

部务会成员、纪检监察组组长

边 吉

部务委员

李 卫 华

部务委员、编办副主任

宋 星

老干部局副局长

张 显 邦

地直机关工委副书记

赵 叁 文

次仁玉珍

四级调研员

娄 健

宣传部

部 长

索南才旦（地委委员，11月晋升地区一级巡视员）

常务副部长

姚 明 菊（3月任）

副部长

翟 民 青（河北援藏，8月任）

张 中 亮（12月晋升二级调研员）

巴桑次仁（3月任，11月晋升三级调研员）

蔡 云 锋

部务委员

国 吉（3月任）

统战部

部 长

旦巴旺久（地委委员，4月提任地委副书记、行署专员）

常务副部长

加央次仁

副部长

达瓦多布杰

边 巴

朗嘎次仁（8月退休）

普 布（侨务办主任，8月退休）

赵 红 林（12月任）

二级调研员、地区佛协会长

西绕桑布（6月任）

四级调研员

洛桑次仁

洛桑群培

政法委

书　记

沈 照 山（地委委员）

常务副书记

李 自 强（12月任）

副书记

米玛多吉（8月退休）

张 光 华（兼任）

李 家 海（4月任）

曹　　迪（河北援藏，7月任）

达瓦次仁（12月任）

党　校

校　长

张 会 明（地委副书记）

常务副校长

白玛多吉

副校长

白玛桑珠

黄 代 江

陈　　旭（援藏，7月离任）

郑 屹 宾（援藏，7月任）

政策研究室（改革办、财经办）

主　任

刘 晓 春（12月任）

副主任

李 志 飞（3月任）

段 永 党（5月离任）

蒋 先 平（3月离任）

朱 永 富（3月离任）

郭　　勇

机要局（密码管理局）

局　长

周 灿 华（3月任）

档案馆

馆　长

赵　　军

网信办

主　任

魏 晓 成（3月任）

副主任

卢 文 才（3月任，12月任二级调研员）

白 万 鹏（4月任）

达　　珍（3月任）

人大阿里地区工作委员会

主　任

平措旦增

副主任

唐 文 明

边巴卓玛

嘎玛次珠（10月退休）

任 建 春（离岗休养）

办公室

秘书长

次仁杰阿（3月离任）

副秘书长

巴　　桑（11月退休）

马 占 军

马 春 红（3月任）

卓　　嘎

拉　　巴

阿里地区行政公署

专　员

旦巴旺久（地委副书记，4月任）

常务副专员

张 小 平（地委副书记，援藏，8月任）

韩 学 军（地委副书记，援藏，8月任）

袁 富 国（地委委员）

副专员

张 晓 峰（地委副书记，援藏，7月离任）

葛 庆 敏（地委委员，11月离任）

郭　　勇（地委委员，援藏，7月离任）

段 晓 勇

辜 建 中（革吉县委书记，12月任）

杨 红 兵（措勤县委书记）

刘　　宏

巴桑罗布（6月离任）

梁　　庆

泽仁扎西

秘书长

次仁桑布

办公室

副秘书长

张 程 良

齐　　岩（援藏，7月离任）

杨 家 龙（4月提任地区扶贫办主任）

扈　　波（12月提任地区行署国资委党委书记）

次仁桑珠（4月平级调任地区行政审批便民服务局副局长）

玛 次 仁

李 小 兵

杨 炳 超（8月任）

巴桑罗布（4月提任）

唐 宗 贵（4月提任）

纪委监察组组长

胡 岳 妮

行政审批和便民服务局（3月成立，5月挂牌）

书　记　扎西平措
局　长　刘勇刚
副局长　普布扎西

信访局

党组书记、副局长
　曲绕多吉
党组副书记、局长
　李　赓
党组成员、副局长
　旺　堆
　桑　布
　王代长（6月任）

编译局（藏语委办）

党组书记、副局长（副主任）
　巴桑多吉
党组副书记、局长（主任）
　扎西平措
党组成员、副局长
　塔　杰
　索　朗

驻成都办事处

主　任
　胡远康

驻拉萨办事处

党委书记、主任
　扎西措姆（地区政协副主席）
党委副书记、副主任
　尼玛加参（四级调研员）

驻乌鲁木齐办事处

主　任
　贺章富
副主任
　安永红
　杨　勇

驻叶城办事处

主　任
　廖福海
副主任
　李新杰

公安处

党委书记、国安办主任
　沈照山
党委副书记、处长、督察长
　旦增普布
党委副书记、副处长
　牛振民
党委委员、副处长
　玉　珍
　唐春青（援藏）
　旺　杰
党委委员、政治处主任
　李学亮
党委委员、调研员
　索南次仁
　邓毓法
党委委员
　索南平措
党委委员、看守所所长
　普布扎西
党委委员、特警支队支队长
　达瓦次仁
党委委员
　欧　罗

司法处

党组书记、副处长
　曹甲伟
党组副书记、处长
　卫　东
党组副书记、副处长
　次旦多杰（12月任）
党组成员、副处长
　阿　梅
　于永利

发展和改革委员会（粮食局）

党组书记、副主任
　次仁杰阿
党组副书记、主任
　何　兵
党组成员、副主任
　洛桑丹增
　龚军强
　杨永太（援藏，7月任）
　支　新（援藏，7月任）
　王光胜
　余小波
　马立原（援藏，7月任）
　柳慧楼（援藏，7月任）
　赵殿杰（援藏，7月任）
　任　朗（援藏，7月任）
党组成员、纪检组组长
　杜于华

统计局

党组书记、副局长
　平　措（4月离任）
　辜建中（5月任）
党组副书记、局长
　仁增拉姆
党组成员、副局长
　达娃次仁
　汪发珍（6月任）
党组成员、四级调研员
　周厚恩
　普琼次仁

审计局

党组书记、副局长

庞兴圃

党组副书记、局长

罗　杰

党组成员、二级调研员

桑杰多吉

中次仁

党组成员、副局长

雷德丰

谢天芳

普　布

国有资产监督管理委员会

党委书记

次　仁

主　任

杨国栋

副主任

南嘎次仁

桑杰巴珠

李玉兵

市场监督管理局

党组书记、副局长

巴桑次仁（12月任一级调研员）

党组副书记、局长

陈雁东（12月任一级调研员）

党组成员、副局长

吴龙飞（援藏，7月任）

李生元

次仁巴吉

多吉南加

布达瓦

四级调研员

扎西努布

李晓华

周看领

张海峰

应急管理局

党组书记、副局长

陈国强

党组副书记、局长

确　巴（1月任）

一级调研员

益西次仁（12月任）

党组成员、二级调研员

才　彭（6月套转）

党组成员、副局长

李　伟（3月任地震局局长，11月任防震减灾中心主任，12月晋升三级调研员）

普布顿珠（12月任）

农牧局（3月改为农业农村局）

党组书记、副局长

甘征文（3月离任）

党组副书记、局长

扎西平措（3月离任）

党组成员、副局长

杨文绿（3月离任）

达　珍（3月离任）

次仁贡布（3月离任）

白玛旺扎（3月离任）

农业农村局

党组书记、副局长

王　森（3月任）

党组副书记、局长

次仁贡布（3月任）

党组成员、副局长

杨文绿（3月任）

王福堂（陕西援藏、7月任）

白玛旺扎（3月任）

董　仓（12月任）

水利局

党组书记、副局长

小帕珠（3月离任）

党组成员、副局长

王立东（援藏，7月离任）

马俊峰

张利华（援藏，7月离任）

舒　雄

张　雄（4月离任）

黄　祥（4月任）

梁林江（援藏，7月任）

党组成员、阿里水文分局局长

邱　勇

经济和信息化局

党组书记、副局长

秦建军（12月离任）

张帅军（12月任）

党组副书记、局长

扎西平措（3月离任）

索南仁青（3月任，8月退休）

米玛多吉（12月任）

党组成员、副局长

李志骏

苏学文（8月退休）

巴桑扎西（5月任）

刘国庆（12月任）

商务局（口岸管理办公室）

党组书记、副局长（副主任）

罗　布

党组副书记、局长（主任）

赵文忠

党组成员、副局长（副主任）

尼玛顿珠

琼　桑

党组成员、副局长

普布次仁（4月任）

党组成员、地区供销社主任

唐有军

党组成员、调研员

王贞文

旅游发展委员会（3月改为旅游发展局）

党组书记、副主任
周　　树（3月离任）
党组副书记、副主任、调研员
晋美旺久（3月离任）
党组成员、副主任
米玛旦增（3月离任）
任志涛（3月离任）
尹为民（陕西援藏，3月离任）
高秋波（河北援藏，3月离任）

旅游发展局

党组书记、副局长
周　　树（3月任，10月晋升一级调研员）
党组副书记、局长
晋美旺久（3月任）
党组副书记、副局长
尹为民（陕西援藏，3月至7月）
高秋波（河北援藏，3月至7月）
党组成员、副局长
米玛旦增（3月任）
国　　杰（3月任，10月晋升三级调研员）
聂慧东（陕西援藏，8月任）
高彦武（河北援藏，8月任）
王福军（3月任）

住房和城乡建设局（人民防空办公室）

党组书记、副局长（副主任）
庞永旺
党组副书记、局长（主任）、一级调研员
尼　　玛
党组成员、二级调研员
普布次仁
党组成员、副局长、三级调研员
欧珠多吉
党组成员、副局长（副主任）
段俊峰
尼玛琼达（4月任）
四级调研员
加央次仁
罗江国

自然资源局（原国土资源局）

党组书记、副局长
次仁加拉（12月离任）
党组副书记、局长
刘存瑞
党组成员、副局长
南木色
索南班久
张　　雄（4月任）

环境保护局（3月改为生态环境局）

党组书记、副局长
维色洛珠（3月离任）
党组副书记、局长
顾启华（4月离任）
党组成员、调研员
欧珠多吉（3月离任）
党组成员、副局长
吉　　旺（4月离任）
李才荣（3月离任）

生态环境局

党组书记、副局长、一级调研员
维色洛珠（3月任，12月晋升）
党组副书记、局长
张忠宝（4月任）
党组成员、二级调研员
欧珠多吉（3月任，11月退休）
党组成员、副局长、三级调研员
李才荣（3月任，12月晋升）
党组成员、副局长
加央多吉（4月任）
蒲春炯（5月任）
四级调研员
尚　　磊（4月任）

林业和草原局

党组书记、副局长
嘎玛次珠
党组副书记、局长
苗玉彬
党组副书记、副局长
岗加次仁（4月任）
党组成员、调研员
其美才旺
党组成员、副局长
普　　训
吕继照（12月任）
次仁明久

交通运输局

党组书记、副局长
边巴顿珠
党组副书记、局长
赵亚欧
党组副书记、副局长
龚常平
党组成员、副局长
巴　　珠
周向辉（7月任）
次仁贡布（4月任）

财政局

党组书记、副局长
普布扎西

党组副书记、局长、一级调研员
陈代均
党组成员、副局长
班旦益西（4月离任，任二级调研员）
党组成员、副局长
田雪林（河北援藏，7月任）
张　涛（陕西援藏，7月任）
党　觉
张运江
吴　江（4月任）

科学技术局（科学技术协会）

党组书记、副局长
翟福东
党组副书记、局长
米　玛
党组成员、副局长
吴　鹏（陕西援藏）
吕荣涛
党组成员、副局长、科协主席
欧阳帮华
二级调研员
马兴明
三级调研员
曲　阿
四级调研员
达娃次仁
张尚坤

教育局（体育局）

党组书记、副局长
格　桑
党组成员、副局长
王　斌（7月离任）
唐　浪（5月任）
拉巴次仁（11月退休）
王延涛
陈志良
王洪春
杨　柳

文化（文物）局

党组书记、副局长、一级调研员
巴桑顿珠（12月离任）
次仁加拉（12月任）
党组副书记、局长
刘　炯
党组成员、副局长
刘锦如（12月任）
西绕顿珠
党组成员、文联主席
卢　虎
党组成员、二级调研员
刘军卫
二级调研员
王　锋（12月晋升职级）
四级调研员
张正军（8月退休）

广播电视局

党组书记、副局长
贡布扎西
党组副书记、局长
赵卫东
党组成员、副局长
田泰华（8月退休）
巴桑次仁
罗布旺拉（4月离任）
张志华（12月任）

卫生健康委员会（原卫计委）

党组书记
张帅军（4月任）
主　任
青　松（4月任）
副主任
李永年（4月任）
索　朗（4月任）
胡俊鸿（援藏，7月离任）
洛桑达瓦（11月退休）
陈保军（援藏，7月任）
朱　鸿（12月任）
调研员
洛桑多吉（4月离任）
薛军强（4月任）

阿里地区人民医院

党组书记
李永琴（5月离任）
朱　鸿（12月任）
党组副书记、院长
韩　军（组团式援藏医疗队队长）
党组副书记
朱　鸿（4月至12月）
党组成员、副院长
薛军强
陈福禄
副院长
加　培

阿里地区藏医院

党组书记
明琼多吉
院　长
扎西顿珠
党组副书记
胡俊鸿（援藏，7月离任）
副院长
普布顿珠
院长助理
王海平（援藏，7月离任）

民政局

党组书记、副局长
索南仁青（3月离任）
唐永平（3月任）

党组副书记、局长
米玛次仁
党组成员、副局长
平　措
任国洪
旦　增

人力资源和社会保障局
党组书记、副局长、二级巡视员
张　见
党组副书记、局长
才旺卓玛（12月离任）
尼　玛（12月任）
党组成员、副局长
金艳红
陈　兵
王　林
梁　伟（河北援藏，7月任）
副调研员
王新雄

医疗保障局
党组书记、副局长
帕　珠（3月任）
党组副书记、副局长
曹　志（12月任）
党组成员、副局长
达瓦卓玛（3月至12月）
张英杰（3月任）
党组成员、二级调研员
达瓦卓玛（12月任）

退役军人事务局
党组书记、副局长
刘贤坤（3月任）
党组副书记、局长
强巴白珍（4月任）
党组成员、副局长
平措次仁（5月任）
张克银（4月任）
罗　布（12月任）

民族宗教事务局
党组书记
旺　久（5月任）
局　长
米玛多吉
副局长
武普银（4月任）

扶贫开发办公室
党组书记、副主任
于龙飞（3月离任）
党组书记、副主任、一级调研员
达娃平措（3月任）
党组副书记、主任
达娃平措（3月离任）
杨家龙（3月任）
党组成员、调研员
次仁石曲（11月退休）
党组成员、副主任、二级调研员
张　银
党组成员、副主任
张明林
贾春香（3月任）

中国人民政治协商会议阿里地区委员会

主　席
吕新民
副主席
洛桑山丹（党外）
扎西措姆
辜建中（11月离任）
卫　东
洛桑次仁（11月离岗休养）
王海龙
阿旺顿珠
益西土登（11月补选）
杨　辉（11月补选）

办公室
秘书长
普布次仁（12月离任）
秦建军（12月任）
副秘书长
伦　珠
黄飞虎
金　超

民族宗教文化文史提案委员会
主　任
多吉欧珠
副主任
珠　多
谢建民

农业农村经济社会法制委员会
主　任
于龙飞（12月离任）
普布次仁（12月任）
副主任
加央洛珠（12月离任）
次仁尼玛

教科卫体委员会
主　任
拉　巴
副主任
吉　旺
彭　涛

中共阿里地区纪律检查委员会（阿里地区监察委员会）

纪委书记、监委主任
西绕加措

纪委副书记、监委副主任
王　　伟（12月晋升为一级调研员）
扎西央宗（12月晋升为一级调研员）
刘 登 洪
监委委员、纪检监察员
苏 振 声（6月晋升为二级调研员）
监委委员、纪检监察员
阿旺桑登（6月晋升为二级调研员）
监委委员
韩 胜 斌（3月免去第三监督检查室主任职务）

各派驻纪检监察组

驻地委办公室纪检监察组组长
洛桑旦增
驻行署办公室纪检监察组组长
胡 岳 妮
驻地委组织部纪检监察组组长
边　　吉
驻地委宣传部纪检监察组组长
雷 永 红
驻地委政法委纪检监察组组长
多吉加布（12月晋升为三级调研员）
驻地区发展和改革委员会纪检监察组组长
杜 于 华（12月晋升为三级调研员）
驻地区民政局纪检监察组组长
刘 永 平
驻地区教育局纪检监察组组长
扎西多布杰
驻地区公安处纪检监察组组长
张 培 峰（8月退休）

地委巡察办

主　任
洛　　桑
副主任、二级调研员
王 泰 山
副主任
徐 路 平
二级调研员
贡觉次仁（3月任）

巡察一组

组　长
谢 占 生
正县级巡察专员、一级调研员
巴桑多吉（12月任）
正县级巡察专员
洛卓桑姆

巡察二组

组长、一级调研员
强巴楚成
正县级巡察专员
程 文 献
副县级巡察专员
达　　顿

西藏自治区人民检察院阿里分院

党组书记、检察长
扎　　西
党组副书记、副检察长
多 杰 本（11月退休）
党组成员、副检察长
益西平措
律 庆 堂（援藏，6月离任）
费　　超
贺　　军（援藏，8月任）
党组成员、政治处主任
杨 邦 杰
党组成员、检委会专职委员
索南次仁
党组成员、正县级检察员
桑杰旦增（11月退休）

阿里地区中级人民法院

党组书记、院长
赵 宇 彦
党组副书记、副院长
才旺罗杰（4月任）
党组成员、正县级审判员
巴　　桑
党组成员、副院长
高 佳 伟
扎　　西
王 文 静
罗布郑堆
党组成员、政治处主任
格桑平措
党组成员、副县级审判员
普布顿珠
副院长
柳　　强（援藏挂职，7月任）
副县级审判员、审委会委员
土　　旦
边巴次仁

人民团体

阿里地区工会办事处

党组书记、主任
多 尔 琼（12月晋升为一级调研员）
党组成员、副主任
江　　措（12月晋升为二级调研员）
石确卓玛（12月晋升为二级调研员）
旺　　杰

四级调研员

巴桑次仁（8月任）

白玛顿旦（12月任）

共青团阿里地区委员会

党组书记、书记

刘 勇 刚（4月离任）

段 永 党（4月任）

党组成员、副书记

达瓦桑姆

仁增罗布

马 丽 娟（4月离任）

群央卓玛（4月任）

阿里地区妇女联合会

党组书记、主席

红　　梅

党组成员、副主席

许 文 娜

尼玛桑姆（4月任）

王　　夺（12月任）

阿里地区工商业联合会

党组书记

李 杰 峰（12月兼主席）

主　席

拉巴次仁（12月离任）

副主席

顿　　尼（12月任）

韩 瑞 柱（12月任）

三级调研员

普布次仁

阿里地区残疾人联合会

党组书记、理事长

张 建 平（12月离任）

尼玛拥宗（12月任）

各　县

措勤县

县委书记

杨 红 兵

人大常委会主任

顿　　珠

县　长

扎西罗布

政协主席

石 美 贵

改则县

县委书记

益西土登

人大常委会主任

李　　新

政协主席

才旺占堆

革吉县

人大常委会主任

白玛加布

县　长

王 明 杰

政协主席

洛桑遵珠

噶尔县

县委书记

高 宝 军

人大常委会主任

罗　　旺

县　长

卫　　东

政协主席

嘎玛次珠

普兰县

县委书记

杨　　辉

人大常委会主任

桑　　珠

县　长

曲　　次

政协主席

姚 明 菊（3月免）

杨 国 栋（12月任）

日土县

县委书记

张 黎 明

人大常委会主任

次仁旺久

县　长

拉巴次仁

政协主席

索朗塔杰

札达县

县委书记

马 庆 林

人大常委会主任

多吉欧珠（4月离任）

顾 启 华（5月任）

县　长

扎西次仁

政协主席

白玛仁青

中直、区直机关

中国民用航空西藏自治区管理局阿里航站

党委书记、副站长

罗布扎西

党委副书记、站长

朱　　峰

党委委员、副站长
谭　涛
扎西次仁

阿里地区邮政管理局

党组书记、局长
杨俊岭

国家税务总局阿里地区税务局

党委书记、局长
平　措
党委委员、副局长
次旦多吉
牛卫平
大尼玛扎西（2月任）
党委委员、纪检组组长
王本伟（5月任）
党委委员、总经济师
李　华（2月任）
党委委员、总会计师
欧　珠（5月任）

狮泉河海关

党组书记、关长
沈大为（8月离任）
陈春生（8月任）
党委成员、副关长、缉私分局局长
索朗平措
党委成员、副关长
杨奎亮（1月任）
缉私分局政委
熊圣尧

阿里地区气象局

党组书记
琼玛次仁
党组副书记、局长
卓本刚
副局长
桑　珠
林朝旭（援藏，7月离任）
王峰博（援藏，7月任）
李东样
白　珍
纪委书记
洛桑元旦

企　业

国网阿里供电公司

执行董事、总经理、党委副书记
张明敏
党委书记、副总经理
边久多吉（12月任）
党委委员、副总经理
伊增科
纪委书记、工会主席
普　多
党委委员、总会计师
程晓东
党委委员、副总经理
边久多吉（1月至12月）
谢忠波
曹亿灿（12月任）

中油西藏阿里销售分公司

总经理、党委书记
李俊辉（10月离任）
总经理
葛立均（10月任）
党委副书记、纪委书记
葛立均（10月离任）
副总经理、安全总监
孔德财
副总经理、总会计师
杨　彬
副总经理
夏　涛（8月任）

西藏自治区烟草公司阿里地区公司

党组书记、经理、副局长
旺　扎
党组副书记、局长、副经理
扎西才旺
党组成员、副局长
次　仁

中国邮政集团公司阿里分公司

党委书记、总经理
尼玛贡觉（6月脱产学习）
丹　罗（6月任）
党委委员、副总经理、工会主席
谢生军
纪委书记、副总经理
贺　军（12月任）

中国电信集团有限公司阿里分公司

党委书记、总经理
李德佩（12月底调职）
工会主席、副总经理
扎西多杰（5月任）
纪委书记、副总经理
南木加
副总经理
刘　静
总经理助理
索朗扎西

中国移动通信集团西藏有限公司阿里分公司

总经理
李政权
副总经理
张广群
平措次仁

中国联合网络通信有限公司阿里分公司

党支部书记、总经理
黄 福 志
副总经理
王 国 联
普布顿珠

中国铁塔股份有限公司阿里分公司

副总经理
冯 超 林（主持工作）
总经理助理
海　　平
韩　　巧（4月至10月挂职）

中国人民银行阿里中心支行

行　长
贡觉达娃
副行长
罗 世 文
刘 小 峰
肖　　宁
加　　措
欧　　珠

中国农业银行股份有限公司阿里分行

党委委员
王　　军（主持工作）
党委委员、副行长
达瓦西琼
戴　　轩
边　　多
党委委员、纪委书记
李　　伟
党委委员
李 冬 冬

中国建设银行股份有限公司阿里分行

党委书记、行长
罗布云登
党委委员、副行长
雷 瑞 锋
许　　强
党委委员、派驻纪检组组长
凌　　波（7月任）

中国银行股份有限公司阿里分行

党委书记、行长
边　　巴
党委委员、纪委书记
廖　　聪
党委委员、副行长
曲　　久

西藏银行股份有限公司阿里分行

党委书记、行长
次仁多吉
党委委员、纪委书记、副行长
李 嘉 陵
党委委员、行长助理
西绕加措

人保财险阿里分公司

党委副书记、副总经理
涂　　强（主持工作）
党委副书记、纪委书记、副总经理
格桑多吉
党委委员、总经理助理
王 晓 东

2019年阿里地区获自治区级以上表彰集体一览表

表6

获奖单位	获得荣誉	授予单位
日土县泉水湖一级公安检查站	全国民族团结进步模范集体	国务院
阿里地区医疗人才“组团式”支援医疗队	全国民族团结进步模范集体	国务院
民用航空阿里站	全国民族团结进步模范集体	国务院
地区司法处	全国维护妇女儿童权益先进集体	中华全国妇女联合会
噶尔县妇联	全国维护妇女儿童权益先进集体	中华全国妇女联合会
地区消费者协会	2018—2019年度全国消协组织消费维权先进集体	中国消费者协会
噶尔县狮泉河镇康乐新居人民调解委员会	“大排查·早调解·护稳定·迎国庆”专项活动表现突出集体	司法部
地区税务局	全国七五普法中期先进集体	全国普法办
地区法律援助中心	中央专项彩票公益金法律援助项目贡献突出实施单位	中国法律援助基金会
地区发改委	2018—2019年度全国价格监测工作先进单位	国家发改委价格监测中心
噶尔县市场监督管理局	全国市场监管系统优秀市场监管所	国家市场监管总局
地区良种（原种）场	全国农业农村系统先进集体	农业农村部
地区林草局	全国绿化模范单位	全国绿化委员会
地区财政局	全国财政系统先进集体	人社部、财政部

续表6

获奖单位	获得荣誉	授予单位
塔尔钦边境派出所	国家级民族团结进步创建示范单位	国家民委
阿里检察分院	2019年西藏自治区民族团结进步模范集体	区党委、区政府
地区信访局	2019年西藏自治区民族团结进步模范集体	区党委、区政府
地委组织部	自治区创先争优强基础惠民生活动优秀组织单位	区党委、区政府
地委政法委	2019年度全区平安建设（综治工作）第三名	区党委、区政府
地委政法委	全区“先进双联户”创建活动先进地（市）	区党委、区政府
阿里地区	脱贫攻坚综合评价好的地市	区党委、区政府
地区交通运输局	2019年度西藏自治区脱贫攻坚组织创新奖	区党委、区政府
地区工会办事处	2019年度全区工会工作目标责任考核第一名	区总工会
阿里检察分院团支部	2018年度西藏五四红旗团支部	团区委
阿里地区公路养护段	第15届“西藏青年五四奖章集体”	团区委、区青联
改则县人民法院	全区维护妇女儿童权益先进集体	区妇联
改则县公安局	2019年“西藏网警dou安全”短视频大赛优秀奖	区公安厅
自治区人民检察院阿里分院	全区检察机关扫黑除恶打非治乱专项斗争先进集体	区检察院
武警阿里支队政治工作处	先进部（处）	武警西藏总队
阿里支队机动一大队特战一中队党支部	先进基层党组织	武警西藏总队
地区消防支队革吉县大队党支部	先进基层党组织	西藏消防救援总队
地区消防支队政治处	2019年度先进处室	西藏消防救援总队

续表6

获奖单位	获得荣誉	授予单位
地区消防支队革吉县大队	2019年度先进基层单位	西藏消防救援总队
地区农业农村局	全区农业农村信息化发展延伸绩效管理工作先进单位	区农业农村厅
地区农业农村局	全区农产品质量安全监管延伸绩效管理工作先进单位	区农业农村厅
地区体育彩票销售管理部	2018年度体育彩票销量贡献奖	区体育局
噶尔县人社局	全区社会保障工作先进集体	区人社厅
地区社会福利院	2019年度全区民政系统扶危济困先进集体	区人社厅
地区水利水电勘测设计研究所	全区“三区三州”事业单位脱贫攻坚专项记功	区人社厅
地区民宗局	2019年度全区民委系统信息工作先进集体	区民委
中行阿里分行	突出贡献先进集体	中行西藏自治区分行

2019年阿里地区获自治区级以上表彰个人一览表

表7

姓名	所在单位及职务	获得荣誉	授予单位
赤列旺姆	札达县底雅乡党委副书记、组织委员	全国人民满意的公务员	中组部、中宣部
尼玛顿珠	改则县物玛乡抢古村	第七届全国道德模范“全国诚实守信模范”	中央文明委
		最美奋斗者	中宣部
律庆堂	自治区人民检察院阿里分院援藏干部	最美支边人物	中宣部
罗蒙	阿里地区人民医院妇产科主治医师	最美支边人物	中宣部
段玉平	改则县委常委、副县长	最美支边人物	中宣部
		全国脱贫攻坚贡献奖	国务院扶贫开发领导小组
		入选“中国好人榜”敬业奉献好人称号	中央文明办
达娃顿珠	自治区人民检察院阿里分院	作品《开展法制宣传》在检察题材书画、摄影、音乐作品评选中获摄影作品类三等奖	最高人民检察院政治部
常伟	改则县人民法院	全国法院办案标兵	最高人民法院
阿诺	噶尔县狮泉河镇康乐新居社区人民调解委员会主任	“大排查·早调解·护稳定·迎国庆”专项活动表现突出个人	司法部
焦云彪	日土县卫健委	全国模范退役军人	退役军人事务部
石确扎堆	措勤县措勤镇武装干事	全国退役军人工作先进个人	退役军人事务部
尼玛曲珍	改则县人民法院副院长	全国维护妇女儿童权益先进个人	全国妇联
尼玛拥宗	地区残联党组成员、副理事长	全国残联系统先进工作者	人社部、中国残联

续表7

姓名	所在单位及职务	获得荣誉	授予单位
久美多吉	普兰县巴嘎乡岗莎村村委主任	国家民族团结进步模范个人	国家民委
宗　　吉	地区林草局	保护森林和野生动植物资源先进个人	国家林草局
旺　　扎	地区烟草专卖局（公司）党组书记、经理、副局长	全国烟草行业劳动模范	国家烟草专卖局
陈　　淇	札达县楚鲁松杰乡强基办主任	全区先进驻村工作者	区党委、区政府
尼玛卓玛	改则县察布乡卫生院院长	西藏自治区民族团结进步模范个人	区党委、区政府
李　　广	武警阿里支队机动一大队机动二中队班长	西藏自治区民族团结进步模范个人	区党委、区政府
次仁卓拉	地区民宗局宣教创建和执法监督科科长	全区民委系统信息工作先进个人	区民委
卓　　玛	改则县民政局特困供养中心代理院长	全区民政系统扶危济困先进个人	区政府、区人社厅
巴桑吉宗	普兰县九一校	西藏自治区第九届自治区级普通话水平测试员任职资格培训班“优秀学员”	区国家语委办、区普通话培训测试中心
群　　宗	札达县阿里地区札达县底雅乡什布奇村	西藏自治区第五届劳动模范	区总工会
阿旺群培	札达县人民医院医师	西藏自治区先进工作者	区总工会
桑　　布	邮政阿里分公司邮运驾驶员	第三届“西藏工匠”	区总工会
卓 玛 下	札达县托林镇卫生院院长	第15届“西藏青年五四奖章”	区团委、区青联
扎西多吉	普兰县巴嘎乡江扎寺管委会主任	第15届“西藏青年五四奖章”	区团委、区青联
加增平措	日土县泉水湖一级公安检查站政委	第16届“西藏青年五四奖章”	区团委、区青联
达瓦卓嘎	日土县九年一贯制学校少先队辅导员	2019年度“全区优秀共青团干部”	区团委
肖 玉 菁	自治区人民检察院阿里分院	2018年度“全区三八红旗手”	区妇联

续表7

姓名	所在单位及职务	获得荣誉	授予单位
格桑玉珍	自治区人民检察院阿里分院	2019年“全区五好文明家庭”	区妇联
边　巴	普兰县人民法院	全区维护妇女儿童权益先进个人	区妇联
马彩红	自治区人民检察院阿里分院	2018年度全区检察机关新闻宣传工作先进个人	区检察院
达　瓦	自治区人民检察院阿里分院	2018年度全区检察机关公益诉讼工作先进个人	区检察院
王军芳	自治区人民检察院阿里分院	全区检察机关扫黑除恶打非治乱专项斗争先进个人	区检察院
次旦伦珠	噶尔县人民检察院	全区检察机关扫黑除恶打非治乱专项斗争先进个人	区检察院
德吉边宗	地区中级人民法院书记员	2019年度全区法院基本解决执行难工作先进个人	区高级人民法院
格桑央吉	噶尔县人民法院刑事审判庭庭长	2019年度全区法院刑事审判工作先进个人	区高级人民法院
措　果	地区中级人民法院立案庭庭长	2019年度全区法院先进个人	区高级人民法院
章曙光	武警阿里支队执勤一大队噶尔中队班长	优秀共产党员	武警西藏总队
陈家沛	武警阿里支队机动二大队特战二中队政治指导员	优秀共产党员	武警西藏总队
赵二明	武警阿里支队勤务保障大队警勤中队班长	优秀共产党员	武警西藏总队
陈吉辉	武警阿里支队机动一大队特战一中队政治指导员	优秀党务工作者	武警西藏总队
彭山袁	武警阿里支队机动一大队特战一中队战士	军事训练十大标兵	武警西藏总队
赤列班久	武警阿里支队机动一大队特战一中队战士	特战精英	武警西藏总队
巴桑次仁	普兰县水利局光电管理中心专业技术人员	西藏自治区“三区三州”事业单位脱贫攻坚专项嘉奖	区人社厅
索朗多拉	革吉县水利局光电管理中心主任	西藏自治区“三区三州”事业单位脱贫攻坚专项嘉奖	区人社厅

续表7

姓名	所在单位及职务	获得荣誉	授予单位
扎西加布	措勤县水利局专业技术人员	西藏自治区“三区三州”事业单位脱贫攻坚专项嘉奖	区人社厅
边　　巴	改则县水利局专业技术人员	西藏自治区“三区三州”事业单位脱贫攻坚专项嘉奖	区人社厅
拉巴多吉	札达县水利局专业技术人员	西藏自治区“三区三州”事业单位脱贫攻坚专项嘉奖	区人社厅
扎西次旺	噶尔县水利局光电管理中心主任	西藏自治区“三区三州”事业单位脱贫攻坚专项嘉奖	区人社厅
扎西顿旦	地区水利局专业技术人员	西藏自治区“三区三州”事业单位脱贫攻坚专项嘉奖	区人社厅
南朗扎西	地区体育彩票销售管理部	2018年度全区体育彩票管理个人优秀奖	区体育局
罗　　杰	普兰县霍尔乡幼儿园	幼儿园骨干教师培训班优秀学员	区教育厅
洛桑贡布	普兰县霍尔乡小学	全区优秀教师	区教育厅
才旺多吉	日土县九一校	全区优秀教师	区教育厅
其美卓嘎	札达县香孜乡小学	自治区基层教书满20年荣誉证书	区教育厅、区人社厅
南朗多吉	札达县香孜乡小学	自治区基层教书满20年荣誉证书	区教育厅、区人社厅

2019年阿里地区深入开展创先争优强基础惠民生活动第八批驻村工作先进集体和先进个人

（2020年1月15日　中共阿里地委、阿里行署授予）

2019年阿里地区先进驻村（居）工作队一览表

表8

序号	先进驻村（居）工作队
1	西藏自治区交通运输厅驻麻米乡热轧村工作队
2	西藏自治区第二人民医院驻改则镇鲁仁居委会工作队
3	西藏民族大学驻察布乡古查村工作队
4	阿里地区行署办公室驻措勤镇达东村工作队
5	阿里地委宣传部驻盐湖乡羌麦村工作队
6	普兰县人民政府驻普兰镇科迦村工作队
7	札达县委宣传部驻底雅乡底雅村工作队
8	日土县多玛乡人民政府驻多玛乡多玛村工作队
9	噶尔县人大办公室驻扎西岗乡扎西岗村鲁玛村典角村连片工作队

2019年阿里地区先进驻村（居）工作队队员一览表

表9

姓名	职务
于　华	西藏自治区人民医院驻洞措乡那木起村工作队队长
拉巴扎西	西藏自治区第三人民医院驻古姆乡珠玛日村工作队队长
格桑次仁	西藏自治区藏医院驻察布乡察布村工作队队长
索朗玉珍	西藏民族大学驻察布乡多玛村工作队队长
何志勇	中国移动西藏有限公司驻麻米乡克勤村工作队队长
于　红	中国移动西藏有限公司驻麻米乡次吾嘎木村工作队队长

续表9

姓名	职务
周　　斌	中国银行西藏分行驻洞措乡次日果来村工作队队长
拉巴多吉	阿里地委网信办驻盐湖乡羌麦村工作队队长
巴桑央宗	阿里地区粮食和物资储备局驻雄巴乡八措村工作队队长
顿珠南加	阿里地区石油公司驻雄巴乡结克村工作队队长
土登旦巴	革吉县商务局驻革吉镇那普居委会工作队副队长
曲　　宗	革吉县委组织部驻革吉镇布贡村工作队副队长
吉　　拉	革吉县委宣传部驻革吉镇福康小区工作队副队长
党　　确	革吉县农业农村局驻亚热乡江玛村工作队队长
拉　　巴	人大阿里地工委办公室驻改则镇玉多村工作队队长
群旦欧珠	阿里地区文化局驻麻米乡那木切村工作队队长
格　　旺	阿里地区农业农村局驻察布乡珠强玛村工作队队长
扎西平措	阿里地区医疗保障局驻先遣乡康饶村工作队队长
索朗群久	改则县委办驻洞措乡洞措村工作队队长
卓　　玛	改则县财政局驻改则镇圆梦新居工作队队长
次仁顿珠	改则县水利局驻先遣乡扎布村工作队队长
阿旺加参	改则县文旅局驻改则镇圆梦新居工作队副队长
吾金次仁	普兰县人民政府驻普兰镇多油村工作队队长
白　　珍	普兰县人民政府驻普兰镇科迦村工作队队长
强巴旦增	普兰县人民政府驻巴嘎乡岗莎村工作队副队长
格桑顿珠	普兰县人民政府驻巴嘎乡雄巴村工作队副队长
阿旺曲珍	札达县发改委驻托林镇东嘎村工作队队长
多吉平措	札达县交通局驻托林镇波林村工作队队长
龙　　江	札达县委统战部驻达巴乡达巴村工作队队长
吉　　热	札达县公安局驻楚鲁松杰乡楚松村工作队副队长
国　　杰	札达县楚鲁松杰乡人民政府驻巴卡村工作队副队长
多吉次仁	日土县日土镇驻日土镇热角村工作队队长
贡觉罗布	日土县商务局驻多玛乡乌江村工作队副队长

续表9

姓名	职务
玉　拉	日土县热帮乡驻热帮乡扎普村工作队副队长
德吉曲宗	日土县日松乡驻日松乡德汝村工作队队长
拉巴次仁	日土县东汝乡驻东汝乡松西村工作队副队长
西饶多吉	噶尔县人大常委会办公室驻扎西岗乡工作队队长
扎西才旦	噶尔县政协办公室驻门士乡工作队队长
王进邦	噶尔县人大常委会办公室驻左左乡工作队队员
西　洛	噶尔县委统战部驻扎西岗乡工作队副队长
次仁玉珍	西藏自治区交通运输厅驻江让乡诺仓村工作队队长
苏　云	西藏自治区生态环保厅驻磁石乡刀青村工作队队长
次旦卓嘎	西藏自治区生态环保厅驻磁石乡格玛村工作队副队长
洛桑旦增	阿里地区行署办公室驻措勤镇达东村工作队副队长
仁　青	阿里地区教育局驻达雄乡才扎村工作队队长
达瓦赤来	阿里地委组织部驻达雄乡边山村工作队队长
加　措	措勤县人大常委会办公室驻措勤镇措勤村工作队队长

2019年阿里地区优秀组织单位一览表

表10

序号	优秀组织单位
1	阿里地区交通运输局
2	阿里地区司法处
3	阿里地区水利局
4	改则县改则镇党委
5	普兰县公安局
6	普兰县机关后勤服务中心
7	札达县委统战部
8	札达县财政局
9	日土县财政局
10	日土县热帮乡党委

续表10

序号	优秀组织单位
11	噶尔县扎西岗乡人民政府
12	噶尔县昆莎乡人民政府
13	阿里地区行署办公室
14	阿里地区发展和改革委员会
15	阿里地区藏医院
16	人行阿里支行

2019年阿里地区先进单位

表11

序号	先进单位
1	普兰县创先争优强基础惠民生活动领导小组办公室
2	革吉县创先争优强基础惠民生活动领导小组办公室
3	改则县创先争优强基础惠民生活动领导小组办公室

2019年阿里地区先进工作者

表12

姓名	工作单位
高坤坤	阿里地区强基惠民活动办公室工作人员
聂　强	革吉县雄巴乡强基惠民活动办公室工作人员
次　珍	措勤县强基惠民活动办公室工作人员
聂德印	札达县达巴乡强基惠民活动办公室主任
刘泽文	普兰县强基惠民活动办公室工作人员
米　央	日土县日松乡强基惠民活动办公室工作人员
宋碧馨	噶尔县强基惠民活动办公室工作人员
张　辉	改则县察布乡强基惠民活动办公室工作人员

2019年阿里地区教育系统先进集体和先进个人

（2019年9月5日　阿里地区教育局授予）

一、先进集体（5个）

普兰县霍尔乡小学
措勤县磁石乡小学
噶尔县昆莎乡小学
改则县洞措乡小学
阿里地区双语幼儿园

二、优秀教师（10人）

旦增卓玛　日土县双语幼儿园
次　　央　阿里陕西实验学校
普布加增　地区中学
王　　琴　噶尔县双语幼儿园
贡觉次仁　革吉县盐湖乡小学
次仁顿珠　札达县九年一贯制学校
卓　　拉　改则县完全小学
西绕卓玛　措勤县曲洛乡小学
格桑元旦　普兰县多油村小学
顿珠卓玛　拉萨阿里地区高级中学

三、优秀校（园）长（5人）

扎　　西　噶尔县康乐新居幼儿园
格桑桑布　革吉县亚热乡小学
次仁达瓦　改则县察布乡小学
才旦多吉　地区中等职业技术学校塔尔钦藏医学校
旦增顿玉　措勤县完全小学

四、模范班主任（10人）

巴　　宗　日土县双语幼儿园
韩 玉 花　阿里地区双语幼儿园
曲 宗 玛　噶尔县孔繁森小学
拉巴潘多　革吉县双语幼儿园
旦增曲桑　札达县曲松乡教学点
伦珠曲久　拉萨阿里河北完全中学
尼玛普赤　改则县古姆乡小学
巴桑卓玛　措勤县完全小学
巴桑拉姆　普兰县九年一贯制学校
强久曲珍　地区中学

五、优秀思想政治教育工作者（10人）

何　　芳　日土县九年一贯制学校
普布卓玛　阿里陕西实验学校
段 常 伟　地区中学
扎西措姆　噶尔县门士乡小学
洛　　桑　革吉县中学
白　　央　札达县香孜乡小学
桑 木 觉　改则县教育局
达　　顿　措勤县中学
扎　　西　拉萨阿里河北完全中学
普布次仁　地区中等职业技术学校

六、优秀教育工作者（10人）

南加平措　日土县教育局
坚参扎西　阿里陕西实验学校
阿旺卓玛　阿里地区双语幼儿园
次仁多吉　噶尔县教育局
张 卫 正　地区中等职业技术学校
索朗多布杰　札达县楚鲁松杰乡教学点
其美卓嘎　拉萨阿里河北完全中学
格桑扎西　改则县教育局
白玛央金　拉萨阿里地区高级中学
白玛桑珠　普兰县教育局

2019年阿里地区脱贫攻坚先进集体和先进个人

脱贫攻坚综合评价好的县（3个）

措勤县　革吉县　改则县

脱贫攻坚巩固提升成效显著的县（4个）

噶尔县　札达县　日土县　普兰县

扶贫产业发展成效显著奖（1个）

改则县

劳务输出成效显著奖（1个）

革吉县

电商扶贫成效显著奖（1个）

措勤县

脱贫攻坚奋进奖（10名）

次仁欧珠　噶尔县左左乡下左左村党支部书记

嘎玛努拉　日土县东汝乡懂汝村一组村民

加　措　普兰县普兰镇科迦村委会主任

次旦央宗　札达县香孜乡热布加林村村民

色　木　革吉县盐湖乡羌堆村第一书记

努　桑　革吉县文布当桑乡夏玛村党支部书记

多尔扎　革吉县雄巴乡多仁村二组村民

布益西　改则县洞措乡次日果来村村民

旦巴石确　改则县察布乡玛日玛村党支部书记

次　杰　改则县先遣乡扎布村党支部书记

脱贫攻坚贡献奖（8名）

群　培　地区农业农村局农业技术推广站畜牧师、地区脱贫攻坚指挥部产业脱贫专班工作人员

岳　毅　日土县人大常委会办公室主任、地区脱贫攻坚指挥部办公室综合组工作人员

巴　桑　措勤县措勤镇党委宣传委员、达东村第一书记

白玛仁增　普兰县普兰镇人民政府四级主任科员、县脱贫攻坚指挥部办公室工作人员

久美多吉　普兰县巴嘎乡岗莎村党总支副书记、村委会主任

扎西次仁　地区科学技术局生产力促进中心主任、七级职员（农艺师）

龚　超　地委党校办公室副主任、地区脱贫攻坚指挥部巡视整改办公室工作人员

元鹏鑫　日土县人民政府办公室科员

脱贫攻坚奉献奖（10名）

庄明杰　地区发展和改革委员会基础设施发展（资源节约和环境保护）科科长、地区脱贫攻坚指挥部易地扶贫搬迁组工作人员

曾聪华　普兰县九年一贯制学校教师、地区脱贫攻坚指挥部教育脱贫组工作人员

任国忠　地区扶贫办综合科三级主任科员、地区脱贫攻坚指挥部办公室综合组工作人员

白玛加措　噶尔县门士乡门士村苏娜合作社经理

曹晓飞　改则县脱贫攻坚指挥部办公室科员

拉巴次仁　改则县改则镇党委副书记、组织委员

达吉论珠　札达县达巴乡东波村党支部书记、村委会主任

次旺旦白　札达县曲松乡副乡长
胡俊峰　札达县楚鲁松杰乡后勤服务中心主任、县脱贫攻坚指挥部办公室工作人员
洛　桑　札达县热布加林经济带农业开发专业合作社法人代表

脱贫攻坚创新奖（10名）

旦增次旦　地区民政局科员、地区脱贫攻坚指挥部社会保障组工作人员
罗布吉律　地区水利局农水水电科负责人（正科）
拉巴多吉　地委网信办网评中心副主任
白玛欧珠　噶尔县人力资源和社会保障局局长
扎西德珍　噶尔县扶贫办副主任科员
曾伟红　日土县多玛乡科员、县脱贫攻坚指挥部工作人员
拉巴次仁　日土县东汝乡农牧综合服务中心主任
罗布曲珍　革吉县文布当桑乡人民政府科员、县脱贫攻坚指挥部办公室工作人员
白玛央金　革吉县革吉镇人民政府专业技术人员
强　珍　改则县改则镇人民政府科员

脱贫攻坚组织创新奖（26个）

地区纪律检查委员会监察委员会机关
地委组织部
地区财政局
地区交通运输局
地区住房和城乡建设局
地区教育局
地区民政局
地区卫生健康委员会
地区工会办事处
中国人民银行阿里地区中心支行
噶尔县扎西岗乡人民政府
噶尔县昆莎乡噶尔新村康道农民专业合作社
日土县日松乡人民政府
日土县东汝乡阿汝村经济合作组织
日土县加伟雪山农牧产品开发有限公司
普兰县霍尔乡人民政府
普兰县多油村幸福兴巴有限公司
札达县托林镇人民政府
札达县底雅乡什布奇村林果专业合作社
革吉县革吉镇那普居民委员会
改则县古姆乡人民政府
改则县麻米乡茶措村扶贫集体经济合作社
改则县察布乡嚓如噶玛扶贫开发有限公司
措勤县江让乡加荣村扶贫砂石料厂
西藏阿里大酒店有限责任公司
西藏札达金城建筑有限责任公司

统计资料

2019年阿里地区国民经济和社会发展主要指标一览表

表13

指标名称	单位	2018年实际	2019年实际	比上年增减(%)	2019年分县数据							
					普兰县	札达县	噶尔县	日土县	革吉县	改则县	措勤县	地区
综合												
地区生产总值	万元	556142	620421	7.9	37969	36754	41305	43097	55302	74259	42998	288737
第一产业	万元	64997	68009	6.3	4526	3542	6246	8337	12861	23093	9404	—
第二产业	万元	172343	199906	8.5	10031	11712	12870	8657	14648	12861	8592	120535
工业	万元	13132	22858	13.1	1808	932	189	636	1085	2717	495	14996
建筑业	万元	159211	177048	8.2	8223	10780	12681	8021	13563	10144	8097	105539
第三产业	万元	318802	352506	8.0	23412	21500	22189	26103	27793	38305	25002	168202
人均地区生产总值	元	46174	50601	9.6	29906	43698	34109	33791	29205	27985	22735	
工业												
1.工业总产值（现价）	万元	23450	41071.9	75.1	9364	628	579	669	5873	3076	770	20113
2.工业增加值	万元	13132	22858	13.1	3084	584	363	452	3461	3292	755	10867
# 规模以上工业增加值	万元	5292	5644	12.8								5644

续表13

指标名称	单位	2018年实际	2019年实际	比上年增减(%)	2019年分县数据							
					普兰县	札达县	噶尔县	日土县	革吉县	改则县	措勤县	地区
规模以下工业增加值	万元	7840	17214	25.6	4207	796	496	617	4721	4492	1031	854
3.主要产品产量												
发电量	万千瓦时	9698.12	10017.17	3.3	552.23	274.43	84.35	234.52	532.17	683.65	572.6	7083.22
折合汽车大修	辆											
硼镁石	吨	停产	停产									
自来水	千立方米	2956.5	3029.5	2.5								3248
预制砖	立方米	12620	31000	145.6	31000							
藏香	吨	1.03	0.6868	-33.3							0.6868	
矿泉水	吨	930	842	-9.5	842							

注：2018年人均地区生产总值经四经普核查后有所调整，2018年自来水产量有所调整。

农牧业

1.乡镇数	个	37	37	持平	3	7	5	5	5	7	5	

续表13

指标名称	单位	2018年实际	2019年实际	比上年增减(%)	2019年分县数据							
					普兰县	札达县	噶尔县	日土县	革吉县	改则县	措勤县	地区
2.村（居）民委员会	个	145	145	持平	10	16	15	13	20	49	22	
3.乡村户数	户	22510	22329	–0.8	2044	1704	2288	2375	4324	5748	3846	
4.乡村人口数	人	85781	86856	1.3	8356	5994	7510	9204	17107	23732	14953	
#农业人口	人	4139	4489	8.5	4489							
纯牧业人口	人	69990	70824	1.2	3867	587	7510	3068	17107	23732	14953	
半农半牧人口	人	11652	11543	–0.9		5407		6136				
5.农牧民专合组织	个	202	252	24.8	26	22	69	23	22	55	35	
6.耕地面积	公顷	2201.72	2480	12.6	614.99	691.9	469	677.41	26.7			
7.农作物播种面积	公顷	9924.65	11501.48	15.9	1045.18	408.45	2385.94	2377.2	1598.34	1949.68	1736.69	
#粮食播种面积	公顷	1347.32	1600.01	18.8	580	312.8	296.31	384.3	26.6			
油菜籽播种面积	公顷	45.51	43.8	–3.8	6.3	1.8	8	27.7				
蔬菜播种面积	公顷	225.29	169.55	–24.7	28.69	37.25	78.36	15	3.5	3.68	3.07	

续表13

指标名称	单位	2018年实际	2019年实际	比上年增减(%)	2019年分县数据							
					普兰县	札达县	噶尔县	日土县	革吉县	改则县	措勤县	地区
青饲料面积	公顷	8342.09	9685.33	16.1	430.19	55.8	2001.57	1950.2	1568.24	1946	1733.33	
8.草场面积	万亩	32270	32270	持平	1136	2563	2058	6474	5638	11830	2571	
9.粮食总产量	吨	4800	4935.72	2.8	2867.05	568.57	375.9	1000	124.2			
10.油菜籽产量	吨	77.32	52.75	–31.8	12.78	1.66	12	26.31				
11.蔬菜产量	吨	3596.58	3063.21	–14.8	779.02	670.55	1125.1	354.4	28	88.42	17.72	
12.年末牲畜存栏头数	头（只、匹）	1988265	2007275	1.0	90038	81487	163943	300786	477848	505339	387834	
其中：（1）大牲畜	头（只、匹）	164933	193592	17.4	16009	27222	16311	8775	17755	60888	46632	
# 牛	头	155637	183681	18.0	14364	25123	15243	7604	16493	59801	45053	
马	匹	8965	9586	6.9	1645	1774	1068	1171	1262	1087	1579	
（2）羊	只	1823332	1813683	–0.5	74029	54265	147632	292011	460093	444451	341202	
# 绵羊	只	763009	811249	6.3	32198	27245	46844	85186	216661	226010	177105	
13.牲畜总增数	头（只、匹）	727932	700989	–3.7	30749	22716	43013	78967	186799	181588	157157	

续表13

指标名称	单位	2018年实际	2019年实际	比上年增减(%)	2019年分县数据							
					普兰县	札达县	噶尔县	日土县	革吉县	改则县	措勤县	地区
总增率	%	36.6	35	下降1.6个百分点								
14.适龄母畜数	头（只、匹）	1044537	958318	-8.3	35509	27219	48493	124283	312145	194910	215759	
15.幼畜成活数	头（只、匹）	629151	645178	2.5	29043	17553	40017	78722	166371	171176	142296	
成活率	%	85.6	84.3	下降1.3个百分点	86.8	93.98	75.74	87.61	84.98	87.42	78.65	
16.成畜死亡数	头（只、匹）	54429	61425	12.9	1441	3364	4965	9290	17481	10614	14270	
死亡率	%	2.8	3.1	提高0.3个百分点	1.6	4.3	3.1	2.9	3.5	2.2	3.9	
17.牲畜出栏数	头（只、匹）	614638	620554	1.0	28204	16246	35716	84824	185955	150566	119043	
出栏率	%	31.9	31.2	下降0.7个百分点	31.7	20.7	22.1	26.8	37.6	31	32.7	
18.牧业产品产量												
肉类总产量	吨	10543.91	10750.09	2.0	608.3	564.92	809.6	1280.8	2603	2585.28	2298.19	
奶类总产量	吨	8453.94	9783.28	15.7	512.3	324.41	1354.2	213.45	2359	3386.64	1633.28	
羊毛产量	吨	1279.14	1419.63	11.0	46.05	29.34	106.63	156.27	346	497.1	238.24	

续表13

指标名称	单位	2018年实际	2019年实际	比上年增减(%)	2019年分县数据							
					普兰县	札达县	噶尔县	日土县	革吉县	改则县	措勤县	地区
山羊绒产量	吨	208.34	237.59	14.0	8.3	3.22	21.7	57.17	58	51.97	37.23	
各类皮张产量	张	400268	457146	14.2	9447	8692	12199	1472	139428	151213	134695	
19.农村经济总收入	万元	116856.16	127458.44	9.1	15515.57	14802.73	10928.164	15397.9	22085	22060.16	26668.92	
20.农牧业总产值(现价)	万元	87316	96471	10.5	7670	6318	8030	10855	22297	28220	13082	
21.第一产业增加值	万元	66847	68760	2.9	5440	4502	6247	8900	16673	19260	7737	
22.农畜产品综合商品率	%	69.7	69.7	持平	62	68	74	73	63	72	63.9	

备注：2018年度粮食播种面积为上报数据，正式数据还未反馈。

交　通												
1.车辆拥有量	辆	15352	17253	12.4	542	576	544	435	827	1839	629	11861
2.货运量	万吨	132.07	140.6	6.5	11.41	0.46	10.81	8.8	14.72	11.65	9.39	73.36
# 进藏	万吨	41.89	48.2	15.1	3.18	0.07	2.6	2.31	2.21	2.8	2.32	32.71
出藏	万吨	15.47	16.33	5.6	0.67	0	0	0.03	7.34	0.05	0.24	8

续表13

指标名称	单位	2018年实际	2019年实际	比上年增减(%)	2019年分县数据							
					普兰县	札达县	噶尔县	日土县	革吉县	改则县	措勤县	地区
分运	万吨	74.71	76.07	1.8	7.56	0.39	8.21	6.46	5.17	8.8	6.83	32.65
# 陆运	万吨	132.07	140.6	6.5								
航空	万吨	0.0027	0.0018	-33.3								
3.货运周转量	万吨公里	127812.1	136016.07	6.4								
# 陆运	万吨公里	127809	136014	6.4								
航空	万吨公里	3.1	2.07	-33.2								
4.客运量	万人	14.69	17.57	19.6								
# 陆运	万人	7.19	8.47	17.8								
航空	万人	7.5	9.1	21.3								
5.客运周转量	万人公里	13654.2	15739.3	15.3								
# 陆运	万人公里	5101	5373	5.3								
航空	万人公里	8553.2	10366.3	21.2								

续表13

指标名称	单位	2018年实际	2019年实际	比上年增减(%)	2019年分县数据							
					普兰县	札达县	噶尔县	日土县	革吉县	改则县	措勤县	地区
6.公路通车总里程	公里	15830	19957	26.1								
7.黑色路面里程	公里	4105	5289	28.8								
邮　电												
1.邮政业务总量	万元	1395.45	1774	27.1								
2.电信业务总量	万元	13285	13685	3.0								
3.移动业务总量	万元	11236	11258.14	0.2								
4.联通业务总量	万元	1182	901	–23.8								
注：2018年邮政业务总量为邮政管理局提供的预计数，2019年经济指标中2018年邮政业务总量数据已更新;车辆拥有量自治区暂未反馈。												
财　政												
1.地方财政收入	万元	44159	47016	6.47	5043	3214	6282	5685	1793	5228	1539	18232
# 一般公共预算收入	万元	42814	43383	1.33	3219	3128	5592	4850	1793	5030	1539	18232
# 各项税收收入	万元	30900	25496	–17.49	2072	2090	4992	4487	1265	2915	852	6823

续表13

指标名称	单位	2018年实际	2019年实际	比上年增减(%)	2019年分县数据							
					普兰县	札达县	噶尔县	日土县	革吉县	改则县	措勤县	地区
非税收入	万元	11914	17887	50.13	1147	1038	600	363	528	2115	687	11409
2.地方财政支出	万元	895008	1091586	21.96	95467	79192	94980	103089	93205	139570	90155	395928
# 一般公共预算支出	万元	883682	1081456	22.38	92898	78997	94216	100406	92381	137986	89802	394770
金 融												
1.金融机构存款	万元	1470139	1426426	−2.97	91430	81973	929576	104929	69819	104202	44497	
（1）境内存款	万元	1470049	1426374	−2.97	91408	81973	929546	104929	69819	104202	44497	
住户存款	万元	307876	330715	7.42	28299	27150	177655	29920	20557	28030	19104	
非金融企业存款	万元	255871	188044	−26.51	5516	3862	159366	8452	3460	3686	3702	
机关团体存款	万元	730477	634161	−13.19	57593	50961	319071	66557	45802	72485	21692	
财政性存款	万元	175693	273380	55.60			273380					
非银行业金融机构存款	万元	132	73	−44.70			73					
（2）境外存款	万元	90	52	−42.22	22		30					

续表13

指标名称	单位	2018年实际	2019年实际	比上年增减(%)	2019年分县数据							
					普兰县	札达县	噶尔县	日土县	革吉县	改则县	措勤县	地区
2.金融机构贷款	万元	394061	428273	8.68	24881	39179	223047	49543	17460	41631	32532	
（1）境内贷款	万元	394061	428273	8.68	24881	39179	223047	49543	17460	41631	32532	
住户贷款	万元	195615	242628	24.03	20928	21310	103216	20820	16811	37094	22449	
#消费贷款	万元	110184	142172	29.03	10041	10333	86316	9003	5073	11377	10029	
经营贷款	万元	85431	100456	17.59	10887	10978	16898	11818	11738	25718	12419	
非金融企业及机关团体贷款	万元	198446	185645	–6.45	3953	17868	119833	28723	648	4537	10083	
非银行业金融机构贷款	万元											
（2）境外贷款	万元											
投　资												
固定资产投资	万元	568678	571518	0.5	65938	44443	205983	21138	48729	132448	52839	
其中：500~5000	万元	129102	193900	50.2	40806	18163	43952	18426	16385	31606	24562	
5000以上	万元	439576	353093	–19.7	25132	26280	137506	2712	32344	100842	28277	
房地产开发	万元		24525				24525					

续表13

指标名称	单位	2018年实际	2019年实际	比上年增减(%)	2019年分县数据							
					普兰县	札达县	噶尔县	日土县	革吉县	改则县	措勤县	地区
其中：基本建设投资	万元	520478	460681	–11.5								
设备购置	万元	18381	64375	250.2								
其他费用		29819	46462	55.8								
1.按行业分类：												
农林牧渔业	万元	11437	26469	131.4								
电力、热力、燃气及水生产和供应业	万元	85083	160850	89.1								
交通运输、仓储和邮政业	万元	270495	136031	–49.7								
科技、教育、文化、卫生	万元	24779	20896	–15.7								
水利、环境和公共设施管理业	万元	25816	78888	205.6								
公共管理和社会组织	万元	21710	52287	140.8								
其他投资	万元	129358	96097	–25.7								
2.民间投资	万元	14401	36507	153.50								

续表13

指标名称	单位	2018年实际	2019年实际	比上年增减(%)	2019年分县数据 普兰县	札达县	噶尔县	日土县	革吉县	改则县	措勤县	地区
3.项目施工个数	个	328	370	12.80								
商业、外贸												
1.社会消费品零售总额	万元	129966.5	141851.4	9.1	9170.4	8308.1	10770.8	10436.9	9779.7	10409.7	10089.7	72886.1
#批发零售贸易业	万元	89600.1	99226.3	10.7	6936	7172.9	7927.6	8007	7711.7	8360.7	8364	44746.4
住宿餐饮业	万元	40366.4	42625.1	5.6	2234.4	1135.2	2843.2	2429.9	2068	2049	1725.7	28139.7
#限额以上	万元	30917.8	43704.4	40.4								43704.4
限额以下	万元	99048.7	98147	-0.9	8302.8	7483.2	9761.3	9444.5	8840.8	9403.7	9103.4	35807.3
2.外贸进出口总额	万元	4137.2	3336.11	-19.4	2072	1264.11						
旅游												
1.接待旅客人次	人次	881952	1099925	24.71								
其中：国内游客	人次	828524	1004453	21.23								
国外游客	人次	53428	95472	78.69								

续表13

指标名称	单位	2018年实际	2019年实际	比上年增减(%)	2019年分县数据							
					普兰县	札达县	噶尔县	日土县	革吉县	改则县	措勤县	地区
2.营业收入	万元	108625.6	137463.8	26.55								
3.创汇	万美元	1688	3083	82.64								
广　电												
电影站	个	8	8	持平	1	1	1	1	1	1	1	1
乡镇电影放映队	个	48	48	持平	6	9	5	7	5	8	7	1
电视转播台	座	9	8	减少1座	1	1	1	1	1	1	1	1
调频转播台	座	8	7	减少1座	1	1		1	1	1	1	1
电视单收站	座	711	711	持平	94	99	85	92	112	112	117	
广播电视收转站	座	34	34	持平	4	7	4	6	4	6	3	
广播中波站	座	3	3	持平	1			1				1
文　化												
新华书店	个	9	9	持平	2	1	1	1	1	1	1	1

续表13

指标名称	单位	2018年实际	2019年实际	比上年增减(%)	2019年分县数据							
					普兰县	札达县	噶尔县	日土县	革吉县	改则县	措勤县	地区
文化馆（站）	座	36	36	持平	3	6	5	5	5	7	5	
群众艺术馆	座	1	1	持平								1
文工团	所	8	8	持平	1	1	1	1	1	1	1	1

注：2019年人民币与美元平均汇率6.8985；2018年人民币与美元平均汇率6.6174。

教　育

1.学校个数	所	101	133	增加32所	16	18	15	14	22	26	16	6
# 幼儿园	所	54	86	增加32所	11	10	12	9	16	17	10	1
小学	所	37	37	持平	4	7	3	4	5	8	5	1
初中	所	6	6	持平	1	1		1	1	1	1	
高中	所	3	3	持平								3
职校	所	1	1	持平								1
2.教职工人数	人	1957	2034	3.9	160	130	146	177	231	344	227	619

续表13

指标名称	单位	2018年实际	2019年实际	比上年增减(%)	2019年分县数据							
					普兰县	札达县	噶尔县	日土县	革吉县	改则县	措勤县	地区
# 幼儿园	人	246	335	36.2	38	29	53	48	15	69	27	56
小学	人	945	904	–4.3	79	66	93	86	153	185	141	101
初中	人	476	485	1.9	43	35		43	63	90	59	152
高中	人	183	185	1.1								185
职校	人	107	125	16.8								125
3.在校学生数	人	21136	22876	8.2	1576	826	1381	1824	3015	4506	2835	6913
# 幼儿园	人	3375	3924	16.3	427	234	576	468	428	658	587	546
小学	人	10658	11136	4.5	919	481	805	915	2009	2832	1628	1547
初中	人	4192	4619	10.2	230	111		441	578	1016	620	1623
高中	人	2257	2540	12.5								2540
职校	人	654	657	0.5								657
4.入学率												

续表13

指标名称	单位	2018年实际	2019年实际	比上年增减(%)	2019年分县数据							
					普兰县	札达县	噶尔县	日土县	革吉县	改则县	措勤县	地区
# 幼儿园毛入学率	%	67.96	72.96	增加5个百分点	86.86	66.1	88.09	80.25	40.88	53.89	58.94	
小学入学率	%	99.88	99.89	增加0.01个百分点	99.87	99.75	100	100	99.84	99.82	99.94	
初中毛入学率	%	99.5	120.53	增加21.03个百分点	133.72	146.05	116.05	113.95	117.96	109.25	126.02	
高中毛入学率	%	80.11	82.58	增加2.47个百分点	71.33	70.84	86.37	97.82	62.31	75.43	73.92	
人口												
1.总人口	人	121834	123933	1.72	12723	8526	24910	12870	19072	26735	19097	
# 男性	人	61164	63508	3.83	6873	4033	12253	6792	9794	13732	10031	
女性	人	60670	60425	-0.40	5850	4493	12657	6078	9278	13003	9066	
# 城镇人口	人	36053	37077	2.84	4367	2532	17400	3666	1965	3003	4144	
农牧民人口	人	85781	86856	1.25	8356	5994	7510	9204	17107	23732	14953	
2.出生人口	人	1940	1985	2.32	86	127	363	231	292	511	375	
# 城镇	人	518	513	-0.97	20	58	215	33	25	63	99	

续表13

指标名称	单位	2018年实际	2019年实际	比上年增减(%)	2019年分县数据							
					普兰县	札达县	噶尔县	日土县	革吉县	改则县	措勤县	地区
农牧区	人	1422	1472	3.52	66	69	148	198	267	448	276	
出生率	‰	15.9	16	0.63	6.8	14.9	14.6	17.9	15.3	19.1	19.6	
3.死亡人口数	人	555	584	5.23	32	19	69	55	93	140	176	
# 城镇	人	126	123	-2.38	5	1	33	17	3	14	50	
农牧区	人	429	461	7.46	27	18	36	38	90	126	126	
死亡率	‰	4.3	4.7	9.30	2.5	2.2	2.8	4.3	4.9	5.2	9.2	
4.人口自然增长率	‰	11.4	11.3	-0.88	4.2	12.7	11.8	16.7	10.4	13.9	10.4	
5.总户数	户	37529	38378	2.26	2870	4449	10434	3498	5059	7277	4791	

医疗卫生

1.卫生机构数	个	47	47	持平								
2.医疗机构床位数	张	890	890	持平								
3.医疗卫生人员数	人	872	1020	17.0								

续表13

指标名称	单位	2018年实际	2019年实际	比上年增减(%)	2019年分县数据							
					普兰县	札达县	噶尔县	日土县	革吉县	改则县	措勤县	地区
4.每千人拥有床位数	张/千人	5.27	6.48	增加1.21张/千人								
劳动情况												
1.从业人员年末数	人	14618										
其中：女性	人	5414										
# 在岗职工	人	14028										
其他从业人员	人	389										
2.从业人员劳动报酬	千元	1913130										
# 职工工资总额	千元	1877625										
3.职工人均月工资	元/人月	11154										
劳务输出												
1.外出务工人员	人	23718	24847	4.8	1703	2876	1633	1378	2534	13127	1596	
2.外出务工收入	万元	19223	15777	–17.9	3149	1238.8	1277.83	1130	3898.5	3331.1	1751.66	

续表13

指标名称	单位	2018年实际	2019年实际	比上年增减(%)	2019年分县数据							
					普兰县	札达县	噶尔县	日土县	革吉县	改则县	措勤县	地区
就业												
1.城镇新增就业人数	人	2306	2308	0.1								
2.城镇登记失业率	%	2.4	3.0	增长0.6个百分点								
备注：2018年劳动情况数据为上报数据，最终数据还未反馈。今年劳资与机构改革暂未反馈数据。												
人民生活情况												
城镇居民人均可支配收入	元	36254	39989	10.3	39407	39437	40001	40275	40133	40439	40207	
其中：经营性收入	元	631	691	9.5								
工资性收入	元	34251	37813	10.4								
转移性收入	元	574	621	8.2								
财产性收入	元	798	864	8.3								
农村居民人均可支配收入	元	10868	12228	12.5	12487	11723	12811	12750	11945	12132	11749	
其中：经营性收入	元	6996	7766	11.0								

续表13

指标名称	单位	2018年实际	2019年实际	比上年增减(%)	2019年分县数据 普兰县	札达县	噶尔县	日土县	革吉县	改则县	措勤县	地区
工资性收入	元	1193	1438	20.5								
转移性收入	元	2614	2944	12.6								
财产性收入	元	65	80	23.1								
城镇居民人均居住面积	平方米	55	55	与去年持平								
农村居民人均居住面积	平方米	20	20	与去年持平								
恩格尔系数												
1.城镇居民恩格尔系数	%	50	49	下降1个百分点								
2.农村居民恩格尔系数	%	53	51	下降2个百分点								
价格指数												
居民消费价格总指数	%	102.6	102.1	下降0.5个百分点								
八大类：食品烟酒类	%	104.2	104.1	下降0.1个百分点								
衣着类	%	104.6	100.2	下降4.4个百分点								

续表13

指标名称	单位	2018年实际	2019年实际	比上年增减(%)	2019年分县数据							
					普兰县	札达县	噶尔县	日土县	革吉县	改则县	措勤县	地区
居住类	%	100.6	104.2	上涨3.8个百分点								
生活用品及服务类	%	101.6	101.9	上涨0.3个百分点								
交通和通信类	%	101.9	97.5	下降4.4个百分点								
教育文化和娱乐类	%	100.2	100.2	持平								
医疗保健类	%	100	100.5	上涨0.5个百分点								
其他用品和服务类	%	103.7	102.1	下降1.6个百分点								
商品零售价格总指数	%	102.5	101.5	下降1个百分点								
农业生产资料价格指数	%	100.6	100.8	上涨0.2个百分点								
市场主体情况												
市场主体总计	个	8562	10387	21.32								
注册资金	亿元	103.29	141.86	37.34								
# 非公主体	个	8212	10022	22.04								

续表13

指标名称	单位	2018年实际	2019年实际	比上年增减(%)	2019年分县数据							
					普兰县	札达县	噶尔县	日土县	革吉县	改则县	措勤县	地区
注册资金	亿元	63.53	87.88	38.33								
## 私营企业	个	854	1150	34.66								
注册资金	亿元	53.21	71.63	34.62								
个体工商户	个	7157	8641	20.73								
注册资金	亿元	10.07	13.31	32.17								
农牧民专业合作社	个	201	231	14.93								
注册资金	亿元	2.25	2.93	30.22								
注：市场主体情况由市场监督管理局提供。												
贫困监测												
建档贫困总户数	户	6285	6183	减少102户	492	426	463	539	1203	1940	1120	
建档贫困总人数	人	22948	23159	增加211人	1654	1356	1582	2045	4332	7896	4294	
累计脱贫总户数	户	4418	6183	增加1765户	492	426	463	539	1203	1940	1120	

续表13

指标名称	单位	2018年实际	2019年实际	比上年增减(%)	2019年分县数据							
					普兰县	札达县	噶尔县	日土县	革吉县	改则县	措勤县	地区
# 本年脱贫户数	户	2102	1828	减少274户	19	12	1	9	325	1088	374	
未脱贫户数	户	1867	0	减少1867户								
累计脱贫总人数	人	16212	23159	增加6947人	1654	1356	1582	2045	4332	7896	4294	
# 本年脱贫人数	人	7571	6789	减少782人	28	27	6	23	1052	4330	1323	
未脱贫人数	人	6736	0	减少6736人								
易地搬迁户数	户	—										
易地搬迁人数	人	—										

注：贫困监测数据为脱贫攻坚指挥部最终数据。2015年建档立卡贫困户6508户，贫困人口21419人，2015年深度贫困村91个；2019年计划革吉、改则、措勤三县脱贫摘帽，消除绝对贫困。易地搬迁“三年任务、两年完成”，2017年已完成搬迁任务。

2019年西藏自治区及七地市主要经济指标表

表14

指标名称	单位	拉萨		林芝		山南		那曲		日喀则		昌都		阿里		全区	
		绝对值	增速(%)	绝对值	增速(%)	绝对值	增速(%)	绝对值	增速(%)	绝对值	增速(%)	绝对值	增速(%)	绝对值	增速(%)	绝对值	增速(%)
国内生产总值	亿元	617.88	8.00	172.45	8.10	187.77	8.30	157.53	7.90	279.49	8.10	220.96	8.30	62.04	7.90	1697.82	8.10
第一产业	亿元	20.10	8.20	11.70	2.90	7.50	6.50	19.40	5.90	43.70	7.50	29.00	5.90	6.80	6.30	138.19	4.60
第二产业	亿元	236.14	7.40	60.84	7.80	92.29	7.40	39.87	5.80	94.91	7.20	91.57	5.20	19.99	8.50	635.62	7.00
工业	亿元	68.25	1.80	7.62	6.60	19.02	9.10	4.72	12.60	15.39	11.10	14.43	7.90	2.28	13.10	131.72	5.10
建筑业	亿元	167.89	9.90	53.22	8.00	73.27	6.90	35.15	5.30	79.52	6.50	77.14	4.80	17.70	8.20	503.90	7.50
第三产业	亿元	361.64	8.40	99.91	8.80	87.98	9.30	98.26	9.00	140.88	8.80	100.39	11.50	35.25	8.00	924.01	9.20
规模以上工业增加值	亿元	54.22	0.10	6.21	13.20	16.96	13.80	2.28	-0.40	8.55	13.50	10.72	13.90	0.56	12.80	99.51	3.00
固定资产投资额	亿元		-3.10		-22.80		-7.40		-5.50		11.20		14.50		0.50		-2.10

续表14

指标名称	单位	拉萨		林芝		山南		那曲		日喀则		昌都		阿里		全区	
		绝对值	增速(%)	绝对值	增速(%)	绝对值	增速(%)	绝对值	增速(%)	绝对值	增速(%)	绝对值	增速(%)	绝对值	增速(%)	绝对值	增速(%)
5000万元以上投资项目	亿元		-3.90		-29.30		-13.30		-2.30		22.90		22.70		-19.67		-1.90
社会消费品零售总额	亿元	322.17	9.10	44.89	8.10	59.11	5.90	26.21	6.70	120.91	8.70	61.85	10.40	14.19	9.10	649.33	8.70
限额以上	亿元	101.35	18.40	11.15	1.60	11.97	-24.70	11.33	-7.20	26.40	0.00	16.15	12.70	4.37	40.40	182.73	8.40
一般公共财政预算收入	亿元	117.04	6.30	9.96	-27.80	19.28	2.10	8.72	-1.80	15.69	-10.80	18.03	2.80	4.34	1.30	222.00	-3.60
一般公共财政预算支出	亿元	366.01	22.00	122.83	3.20	182.06	22.30	235.02	11.50	317.24	10.50	308.55	32.40	107.64	21.80	2180.88	10.60
城镇居民人均可支配收入	元	39686	10.70	33041	11.30	34650	10.60	37870	10.50	36455	10.50	32650	10.90	39989	10.30	33797	10.70
农村居民人均可支配收入	元	16216	12.90	16710	12.80	14116	13.00	12150	12.50	11580	13.40	11545	13.40	12228	12.50	12951	13.10
居民消费价格总指数（上年同期=100）	%	102.3	2.3	104.0	4.0	105.2	5.2	102.6	2.6	103.0	3.0	103.6	3.6	102.1	2.1	102.3	2.3

索 引

说 明

一、本索引采用主题分析法编制。索引范围包括类目、分目、条目等。

二、本索引按主题词首字汉语拼音音序（同音按音调）排列，若首字拼音相同则按第二字音序排列，以此类推。

三、索引款目后的数字表示内容所在的页码，数字后的拉丁字母（a、b、c）表示栏别（版面的1、2、3栏）。

四、类目、分目用黑体字。

五、因分目下常设“概况”，为避免过于重复，索引中不再另列“概况”。

A

《阿里报》工作 85a

阿里边境管理支队（原阿里公安边防支队） 161b

阿里草原 60a

阿里地区藏医院 252b

阿里地区广播电视台 243b

阿里地区人民医院 248c

阿里地区首届中直单位党建业务交流会 191b

阿里地区消防支队（原阿里公安消防支队） 164a

阿里地区行署驻成都办事处 116a

阿里地区行署驻拉萨办事处 116c

阿里地区行署驻乌鲁木齐办事处 117a
阿里地区行署驻叶城办事处 118b
阿里地区行政公署 105
阿里军分区 159a
爱心捐赠 134b
安全保卫 161c
安全播出 242b 245b
安全生产 187a 190c 195b
安全生产管理 207c 214c
安全生产监督检查 189a
安置帮教 155c
安置就业及保障 259c
案件执行 153b

B

8月 45a
办公室工作 120c
办文办会 75a
褒扬纪念 260a
保护金融消费权益 222b
保密管理 75c
边境管控 161c
边境基础设施建设 130c
“不忘初心、牢记使命”主题教育 77a
部队建设 161a

C

财税·金融 216
财 政 216a
财政财务收支审计 170a
财政扶贫 217c
财政管理 217a
财政金融 65c
参与生态建设 120b
残疾人联合会 143a
草原建设监理 205c
厕所革命建设 197b
产品质量安全监管 172b
产业发展 106b
产业扶贫 263a
常务委员会会议 121a
成立快递企业（快递员）工会委员会 211a
城乡建设 290b
城乡建设·生态保护 196
城镇基础设施建设 197a
城镇燃气管理 198b
城镇污水、垃圾处理设施建设 197b
惩治群众身边腐败和作风问题 122c
处理联建阿里仓储中心移交问题 117c
畜禽污染及农业面源污染防治 180a
传统业务发展 212a
创建全国民族团结进步示范地区互观互检 260c
创新改革 108c
创新工作方法 115a
创新金融服务 221c
从严治检 151c
促进产业发展 130b
促进非公经济发展 86a
促进“两个健康”发展 142a
促进民生改善 101b
促进农牧民增收 208a
措勤县 266a

D

打击走私 190a

大事记　35

大众创业万众创新　229b

代表工作　102c

党的建设制度改革　91c

党建工作　225c　273a　277c　282c　287a　292b　295c　300c

党外人士队伍建设　85c

党校教育　94c

党政机构改革　94a

党政军群团机关及其工作部门主要领导名录　305

档案管理　96a

档案接收与保管　96b

档案利用和研编　96c

档案实体安全管理　97b

档案展览　96c

道路交通运输　206a

道路养护　163b

道路运输管理服务　207b

地名来源　54b

地情概览　54

地区统战工作会议　85b

地区行署办公室工作　111c

地区政协十届四次全委会　121a

地热景观　60a

地委办公室工作　74c

地委会议（摘要）　68a

地形地貌　57a

地质景观　59c

地质灾害防治　200b

第1次地委会　68a

第1次专员办公会　110b

第3次专员办公会　110b

第4次地委会　68b

第4次专员办公会　110c

第5次地委会　68c

第5次专员办公会　110c

第8次地委会　69a

第8次专员办公会　111a

第9次专员办公会　111a

第10次专员办公会　111b

第11次地委会　69a

第11次专员办公会　111b

第12次专员办公会　111c

第14次地委会　69b

第15次地委会　69b

第16次地委会　69c

第16届"西藏青年五四奖章"集体　304

第17次地委会　69c

第18次地委会　70a

第19次地委会　70a

第22次地委会　70b

第23次地委会　70b

第24次地委会　70c

第25次地委会　70c

第26次地委会　71a

第27次地委会　71a

第28次地委会　71b

第29次地委会　71b

第31次地委会　71c

第32次地委会　72a

第33次地委会　72b

第34次地委会　72b

第36次地委会　72c

第39次地委会　72c

第40次地委会　73a

第44次地委会　73a

第46次地委会　73b

第47次地委会　73b

第48次地委会　73c

第49次地委会　73c

第50次地委会　74a

第51次地委会　74a

第53次地委会　74b
第54次地委会　74c
第55次地委会　74c
第四次全国经济普查　167c
碘盐推广　185a
电子商务发展　188a
调查研究　129c
动物防疫　177c
督办意见建议　103a
督察整改　203a
督导检查　75b　112b
督导考核　265b
队伍管理　149a
队伍建设　165a　215b
对口援藏　126　143a
对口援藏干部管理　78c
对外贸易　188b
对外宣传　84a

E

2月　36b
2019年阿里地区国民经济和社会发展主要指标一览表　331
2019年阿里地区获自治区级以上表彰个人一览表　319
2019年阿里地区获自治区级以上表彰集体一览表　316
2019年阿里地区教育系统先进集体和先进个人　327
2019年阿里地区深入开展创先争优强基础惠民生活动第八批驻村工作先进集体和先进个人　323
2019年阿里地区脱贫攻坚先进集体和先进个人　328
2019年西藏自治区及七地市主要经济指标表　354

F

发展和改革　166a
发展“绿色邮政”　210b
发展特色优势产业　171a
法规与档案行政工作　75c
法律顾问服务　156c
法律监督　150c
法律援助　156b
法　院　151c
法院受援　154a
法制宣传教育　156c
法　治　145
法治扶贫　264c
法治管理　157c
反洗钱　222a
防范化解重大风险　167b
防雷安全　235c
防震减灾　231c
非遗传承保护　240c
风险防控　221c　224a
扶贫开发　261b
扶贫宣传　262c
扶贫资金审计　170a
扶贫资金投入　262b
服务保障　116c
服务地方实体经济　224b
服务离退休干部职工　117b
服务实体经济　221a
服务退休干部职工　117a
服务协调　118c

妇联组织改革　141a
妇女儿童维权　140b
妇女联合会　139b

G

噶尔县　283c
改则县　274b
改则县野血牦牛品质检测　230b
干部保健　81c
干部队伍建设　124a
干部监督　79a
干部教育培训　80b
干部考察与选任　78b
冈底斯藏医分院情况　253c
高原装配式建筑建设　197c
革吉县　278c
各领域干部履职　131c
各县概览　266
各行业体制改革　94b
工程建设领域农民工工资保障　198a
工　会　137a
工会工作　117c
工商业联合会　141b
工业发展　267c　279c
工业、建筑业　63b
工业·商贸·旅游　184
工资福利　79c
公　安　147c
公共场所卫生监督　248a
公共服务　245a
公共文化设施建设　240a
公共资源交易　114c
公积金归集管理　197c
公路水路联防及物流管理　208c
公路养护　207a
公务员管理　79c
公证服务　156a
供　电　186b
供电服务　186c
供销工作　188b
供血服务　248b
巩固“三乙”和创“三甲”　251c
共青团　138b
沟通交流　134c
沟通衔接　136a
构建和谐劳动关系　258a
固定资产投资　64a
关爱妇女儿童　140c
关爱老干部　93b
关心青年成长　138c
广播　电视　241c
广播电视节目播出　244b
归国藏胞服务　85c
规范化建设　100a
规范设置事业机构　94a
国家电网公司第九批援藏工作队　132a
国民经济和社会发展　62a
国内贸易　187c
国有资产管理　170c　218c
国有资产监管　170b

H

河北省第九批援藏工作队　126a
河湖管理与保护　181b
河流湖泊　58a
红色遗址　61a

后勤保障 76b 113a 165c
护理服务 250c
环保监督 101a
环保宣传 202c
环境保护 189a
环境监察执法 202b
环评审批 200c

J

机构编制管理 93c
机关管理 100b
机要密码工作 76a
基层党建 77b
基层基础建设 155a
基层平安创建 146b
基层文化阵地建设 84c
基层政权和社区建设 256b
基础设施建设 213a 213b 269a 294a
基建预算管理 218b
疾病防控 247c
纪检监察 122
纪检监察体制改革 92c
纪特邮票发行监督管理 210c
技术帮扶 135c
寄递翼、渠道平台业务发展 211c
加强党对经济工作的统一领导 93a
价格监管 167a
监测预报 232a
监督工作 100c
减轻企业负担 184c
减税降费 219c
检 察 150a
检察受援 151b
检务公开 151a
建成生态环境保护监管体系 202a
建置区划 54a
建筑市场监管 198a
健康扶贫 247c 264b
践行社会责任 142b
交通·邮政·通信 206
交通运输、邮电通信 64c
交往交流交融 129a 131b 132b
教师培训 238b
教学培训 94c
教育发展 276c 281a
教育扶贫 264a
教育经费投入 238b
教育事业 269c
教育 体育 237a
教育文化 66a
教育文化·广播影视 237
教育援藏 238b
节水型社会建设 181a
结对帮扶 132b 265a
巾帼脱贫 139c
金融扶贫 221b 223b 264b
金融业务发展 211b
金融政策引导 221a
经济和信息化 184a
经济体制改革 88c
经济责任审计 169b
经济综合管理 166
精神文明创建 84b
精神文明建设 98b
精文减会 112a
精准扶贫 188c 214a
景区和星级饭店行业评定 194c
9月 46c
纠治“四风” 123a
就业援藏 133c

举办“科技下乡”集中服务活动　230a
军民共建　160c
军　事　159
军营文化建设　160a

K

会计管理　218c
开办险种　226a
开发建设活动环境保护　167a
康复服务　143c
考古发现　54b
科技发展　227a
科技扶贫　229c
科技服务　220c
科技特派员及“三区”人才工作　229a
科技项目　228c
科技援藏　230c
科普宣传　230a
科学技术　227
科学研究　95a
课题研究　249c
空管保障　209a
快递市场监督管理　209c
快递业信用体系建设　210c
矿产资源管理　200a
扩大旅游区域合作影响力　194b

L

蓝天碧水净土保卫战　201c
劳动就业　256c
劳模推选与表彰　137b
老干部工作　93b
理论学习　83a
历史沿革　54c
立案信访　152c
廉政建设　273c　278b　283a　287c　292b　296a　300c
良种推广　177c
两降一升　247a
“两违”清查整治　199c
“两新”工作　78a
林业和草原保护　203a
林政管理　205a
临床业务　252c
6月　42a
流域生态保护　201b
路政管理　207b
旅游发展　193a
旅游扶贫　194c
旅游规划　193a
旅游市场监管执法　194c
旅游宣传　193c
绿色交通发展　208b
落实安全生产责任　174a
落实“两不愁三保障”　262a

M

矛盾纠纷化解　116c
矛盾纠纷排查调处　146c
贸易、旅游业　65b
美丽阿里建设　109b
民兵工作　160a

民商事行政审判 153a
民生改善 107b
民生水利建设 180c
民生投入 218a
民生项目 144a
民用航空阿里站 209a
民 政 254a
民主法治领域改革 90a
民族团结教育 119c
民族团结进步创建 260b
民族宗教事务 260a

N

农产品检疫 179c
农村人居环境整治 179a
农牧民增收 179a
农牧区改革 178c
农牧业 62a
农牧业发展 267b 275a 279b 285a 288c 293c 297a
农牧业防抗灾 178b
农牧业种植创新试验 178a
农业农村 176a
农业农村污染治理 202a
农业·水利 176

P

平安家庭创建 140a
平安校园建设 239b
普遍服务 212c
普遍服务监督管理 209b
普兰县 288a

Q

7月 43a
七县公安局工作 149c
企业调研 142b
企业经营管理 118a
企业特困职工结对帮扶 138b
企业文化建设 190c
气候气象 58b
气象服务 234b
气象服务 234c
气象业务现代化建设 235c
羌塘国家级自然保护区 58c
强化企业主体责任 175b
强基础惠民生 98c
强基惠民 97b
抢险保通 207b
抢险救援 163a
青少年思想政治教育 138c
区划地名和界线管理 256b
全国民族团结进步模范个人 302
全国模范退役军人、全国退役军人工作模范个人 302
全国“人民满意的公务员” 303
全国少数民族特色村镇申报 261a
全国脱贫攻坚奖奋进奖 303
全国“最美奋斗者”、第七届全国道德模范 302
全国最美支边人物 301
全面深化改革 87c

群众团体　137

R

人保财险阿里分公司　225c
人才引进　81b
人大阿里地区工作委员会　99
"人大代表之家"建设　103c
人工影响天气　235b
人口、人民生活、卫生　66b
人力资源　社会保障　256c
人民调解　155c
人文景点　60b
人物·荣誉　301
认亲结对帮扶　238c
日土县　292c
融媒体改革　244c

S

3月　36c
"三农"服务　178a
"三农"金融服务　223a
"三农"专项服务　235a
"三乙"创建　253a
扫黑除恶专项斗争　147a　148b　154a　173b
扫黄打非　210c　243a
陕西省第九批援藏工作队　129b
商贸、服务业发展　279c
商贸与旅游业发展　267c
商　务　187c
设施蔬菜瓜果水培新技术示范推广　230c
社保兜底　264b
社会保障　257c　271c　277a　281c
社会福利　255c
社会救助　255a
社会生活　254
社会事业发展　285c　291a　294b　299b
社会事业领域改革　91a
社会体制改革　88a
社会宣传　84a
社会组织管理　255c
社区矫正　156a
涉外工作　159c
涉宗领域扫黑除恶专项斗争　87a
深化安全生产领域改革　174b
深化定点扶贫　186a
深化反腐败斗争　123c
深化"放管服"改革　148c
深化商事制度改革　171c
审　计　168c
生产经营　192a
生态扶贫　263c
生态环保　277a　281c　286b　291b　295a　299b
生态环境保护　200b
生态示范创建　201a
生态文明体制改革　89b
生态项目建设　201a
10月　49b
狮泉河海关　189b
11月　51a
12月　52a
"十四五"规划编制　166b
"十四五"援藏规划编制　130c
"十四五"援藏规划调研　127b
石油销售　190b
实施生态修复与建设工程　203c

实有人口服务管理　147a
实战演练　164b
食品安全监管　171c
市场保供　188a
市场监督管理　171b
市场监督执法　172c
示范引领　134c
事项办理　114a
首届象雄藏医药学术会前期准备　253c
数字化建设　97a
“双集中”服务管理　256a
水旱灾害防御　182a
水　利　180a
水利建设管理　182b
水利受援　182c
水利脱贫　183a
水利执法　181c
水土保持　182a
水资源管理　181a
税　务　219a
4月　38c
司法改革　151a　152b
司法为民　153c
司法行政　155a
思想宣传　97c
“四讲四爱”群众教育实践活动　83b
寺庙　60c
寺庙宣教　86c

T

拓展客源市场　194a
特色产业发展　268b　280a　297b
特色农牧业发展　177a
特　载　1
特种设备安全监管　172b
提案办理　119b
提升履职能力　103c
体育发展　239a
天然饮用水产业发展　185b
天文历算研究　253c
通信保障　214a
统计　调查　167c
统计服务　168b
统计援藏　168c
统计资料　330
统战工作　85a
土地空间规划　199a
土地矿产卫片执法　200b
土盐资源开发利用　186a
团队融合　134c
推动国有企业规范化运营　134a
推动落实自治区三年行动计划　265b
推进“三项改革”　122b
推进乡村振兴　98b
退役军人事务　259a
脱贫帮扶　143c
脱贫攻坚　108a　268c　275b　280a　285a　289c　294a　297c
脱贫攻坚成果巩固提升　262b
脱贫攻坚兜底保障　255a

W

网点建设及服务延伸　226b
网络安全和信息化　95c
网络服务　213c
网信工作　96a

危房改造　197a
维护国家政治安全　146b
维护稳定　98a　102a　110a
卫生健康　246
卫星接收设施管理　242c
未成年人涉案检察　150b
位置境域　54a
慰问帮扶　118c　137c　163c
慰问离退休人员　116b
慰问助残　143b
文化产业规划　240a
文化市场监管　240c
文化事业　272a　277a
文化体制改革　90b
文化　文物　239c
文联工作　241c
文明创建　140a
文史资料整理　120a
文物保护　241a
文艺活动与创作　241b
文艺文化事业　84b
5月　40b
污染源普查　202a
武警阿里支队　160b
武警某部交通三支队养护二大队　162c

X

西藏银行阿里分行　225a
辖区管理　161c
“先进双联户”创建　146c
先天性心脏病免费救治　247c
项目调整优化　132a
项目规划　180b
项目建设　132c　177a　193b　206b　238c
242c　276a　280b　285b　289c　298a
项目建设与管理　133b
项目审批　166c
项目审批和招投标　198b
消除“无树村、无树户”　203b
消防安全体系建设　164c
消防宣传与培训　164c
销毁野生动物制品　204c
小微企业金融服务　223a
协调对接第二次青藏高原综合科考　231a
协调服务　116b
新闻宣传报道　243c
信　访　114c
信访排查调处　208b
信息报送　112b
信息产业发展　185c
信息化建设　112c　238a　259a
刑事审判　153a
行署专员办公会（摘要）　110b
行政审批和便民服务　113a
兴林富民　205b
宣传工作　82c　100a
宣传培训　211a
学科建设　249b
雪山、湖泊　59b
巡　察　124a
巡察成果运用　125b
巡察规范化建设　125a
巡回宣讲　261a
巡视整改　265c

Y

烟草专卖　191c

岩画 60c
央企助力富民兴藏 171a
药械药品和化妆品监管 172a
野生动植物资源保护 204b
业务发展 224c
业务技能培训 253b
业务培训 116a
业务转型发展 223c
1月 35a
医疗保障 258a
医疗队伍建设 249a
医疗领域科研攻关 230c
医疗设施建设 250a
医疗卫生 270c 276c 281b
医疗质量管理 250b
医药卫生体制改革 246c
医院等级创建 135a
医院文化建设 252a
依法治税 220a
遗址 60b
义务教育 238a
义诊帮扶 250c
易地搬迁 263b
隐患排查整治 175a
应急管理 173c
应急救援 234a
拥军优抚 259c
用地管理 199b
优化服务管理 136c
优化营商环境 141c
优化营商环境 219c
邮政管理 209b
邮政机要通信监督管理 210a
语言文字工作 238a
预防控制体系建设 174c
园区发展 185b
援藏扶贫 264c
援藏干部人才管理服务 126b
援藏工作 234a 236b 258a 272c 277b 282b 286c 291c 295a 299c
援藏项目 129c
援藏项目建设 126c
援藏资金使用 133a

Z

藏药制剂 253c
藏医特色护理 252c
藏医药事业发展 248b
藏语言文字 编译 115b
藏语言文字宣传 115c
在地委经济工作会议上的讲话（摘要） 1
在地委经济工作会议上的讲话（摘要） 20
责任落实 261c
札达县 296b
招待所服务管理 116b
招商引资 129b 276b 285b 291a 299a
震害防御 232c
政策调研 75c
政策扶持 184c
政策研究 87b
政法队伍建设 147b
政法领域改革 146a
政法委与综治 145a
政法舆论宣传 147b
政府投资审计 169c
政府自身建设 110a
政务服务 114b 272b
政务服务中心建设 113b
政治建设 122c
政治协商 119b

支农惠农　218a
知识产权培育保护　173a
执法规范化建设　148c
执法监督　174c
执勤执法　162b
职工劳动保护　137b
职能变化　258c
职业教育　238a
指导叶城办事处工作　118a
制度建设　252b
“智慧组工”建设　82b
中国电信股份有限公司阿里分公司　213a
中国共产党阿里地区委员会　68
中国建设银行阿里分行　224a
中国联合网络通信有限公司阿里地区分公司　214b
中国联通援藏工作组　133b
中国农业银行阿里分行　222b
中国人民银行阿里地区中心支行　220b
中国人民政治协商会议阿里地区委员会　119
中国铁塔股份有限公司阿里地区分公司　215a
中国移动通信集团西藏有限公司阿里分公司　213c
中国移动援藏工作组　132c
中国银行阿里分行　224c
中国邮政集团公司阿里分公司　211b
重大理赔　226c
重大政策措施落实情况跟踪审计　169b
重点项目　166c
重点项目建设　105b　132a　180c　199b
重要会议　99b　121a　234b
重要活动　139a
住房保障　196a
住房和城乡建设　196a
助力青年就业创业　139a
助力脱贫攻坚　98a　103a　120a
助推脱贫　133c
专卖管理　192c
转移就业　263c
自然保护地建设与管理　204a
自然地理　57a
自然景观　59b
自然资源　58b
自然资源管理　198c
自身建设　87b　170a
综合行政执法改革　94b
综　述　99a　105a　119a　122a　246a
“组团式”教育援藏　134b
“组团式”医疗援藏　135a
“组团式”援藏　127c　130c　251c
组织工作　76c
组织领导　124b
作风治理　265b